眾樂樂

新樂府

truthist

中国音乐文献学

“十三五”国家重点出版规划项目

方宝璋 郑俊晖/编著

人民音乐出版社·北京

ZHONGGUO YINYUE WENXIANXUE

图书在版编目（CIP）数据

中国音乐文献学 / 方宝璋，郑俊晖编著 . -- 北京：人民音乐出版社，2020.12
（中国音乐学文库 / 王耀华主编）
ISBN 978-7-103-05980-7

Ⅰ. ①中… Ⅱ. ①方… ②郑… Ⅲ. ①音乐 - 文献学 - 中国 Ⅳ. ① G257.33

中国版本图书馆 CIP 数据核字 (2020) 第 168816 号

策划出版：赵易山
选题策划：刘沐粟
责任编辑：李亚芳
责任校对：张　琛　欧阳茜

人民音乐出版社出版发行
（北京市东城区朝阳门内大街甲 55 号　邮政编码：100010）
Http://www.rymusic.com.cn
E-mail: rmyy@rymusic.com.cn
新华书店北京发行所经销
北京华联印刷有限公司印刷
787×1092毫米　16 开　24.5 印张
2020 年 12 月北京第 1 版　2020 年 12 月北京第 1 次印刷
印数：1 — 1,000 册　定价：92.00元

凡购买本社图书，请与读者服务部联系。电话：（010）58110591
网上售书电话：（010）58110654
如有缺页、倒装等质量问题，请与出版部联系调换。电话：（010）58110533

目　录

第一章
绪　论

第一节　音乐文献概论

一、文献与音乐文献的含义

"文献"一词的含义从古到今经历了一个发展变化的过程。生活于二千五百多年前的孔子曾对其学生说："夏礼吾能言之，杞不足征也；殷礼吾能言之，宋不足征也；文献不足故也。足，则吾能征之矣。"[①]这是现存资料中所能见到的关于"文献"一词的最早记载，是孔子在考察夏代和商代之礼时囿于文献不足、无法深入时发出的感慨。同样的描述在《礼记·礼运》中也可以找到："我欲观夏道，是故之杞而不足征也，吾得《夏时》焉；我欲观殷道，是故之宋而不足征也，吾得《坤乾》焉。《坤乾》之义，《夏时》之等，吾以是观之。"

汉代经学家郑玄对上述第一段话做的注是："献，犹贤也。我不以礼成之者，以此二国之君文章贤才不足故也。"宋代新儒学代表人物朱熹的注解则是："杞，夏之后。宋，商之后。征，证也。文，典籍也。献，贤也。言二代之礼，我能言之，而二国不足取以为证，以其文献不足故也。文献若足，则我能取之以证吾言矣。"[②]

从此可以看出，由于孔子生活在春秋时期的鲁国（周公封于鲁，鲁国基本上沿用周礼），虽得以从周礼中管窥夏礼和商礼之遗风，但因年代久远、史迹湮灭，夏的后代杞国和商的后代宋国没有保存充分的材料以供

① 《论语·八佾》，影印阮元校刻《十三经注疏》本，中华书局1980年版。

② ［宋］朱熹《四书章句集注》，见《朱子全书》（点校本）第6册，上海古籍出版社、江苏古籍出版社2003年版，第86页。

稽考，加之缺乏通晓古代典章制度的贤才，以至孔子到实地考察亦所获甚少。从这个层面来理解，“文”和“献”有不同的侧重点：“文”指的是典籍资料，“献”指的是博学的贤才。但是，从普遍联系和发展的观点来看，“文”和“献”又相辅相成。人类知识的发展是一个累进的过程，任何贤才的成长都离不开前代知识的哺育，而贤才的学识被记录传承下来后，即成为后世的典籍材料。昨日之“文”造就今日之“献”，今日之“献”亦即明日之“文”。

以“文献”作为书名，肇始于宋元之际马端临的《文献通考》。马氏在《文献通考·自序》中提出：所谓“文”就是叙事，主要指经史、会要、百家传记等史籍材料；所谓“献”则指论事，即当时臣僚之奏疏，次及近代诸儒之评论，以至名流之燕谈、稗官之记录。显然，该书中的“献”和“文”已经没有什么太大的区别。他把“文献”作为涵盖各种历史资料的统称，这种解释同我们今天的理解已经比较接近，可以认为是词义向偏义方向的演化。

目前学术界对文献的解释尚未取得完全一致，其中具有代表性的提法有以下三种：

1.不拘形式和内容，凡用语言或其他符号记录的事实与现象、思想与行为都叫作“文献”或“文件”。现在对图书馆或文献中心所藏各种资料普遍地称作“文献”[①]。

2.为了把人类知识传播开来和继承下去，人们用文字、图形、符号、声频和视频等手段将其记录下来：或写在纸上，或晒在蓝图上，或摄制在感光片上，或录制在唱片上，或存贮在磁带、光盘上。这种附着在各种载体上的记录统称为文献[②]。

3.文献是记录有知识的一切载体[③]。可以看出，三种解释中，第一种解释只强调了被记录的内容，即“事实与现象、思想与行为”，却忽略了内容赖以存在的“附载体”，是不够完整的；第二种解释的着重点是被记录在各种载体上的“人类知识”；第三种解释强调的是记录有知识的“一切载体”。后两种在文献是“知识”和“载体”有机结合这一点上，认识是一致的。总

① 张蕴珊等编《英汉图书馆学词典》，商务印书馆 1982 年版，第 152 页。

② 李纪有等编《图书馆专业基本科目名词简释》，书目文献出版社 1984 年版，第 2—3 页。

③ 黄俊贵《文献著录总则概说》，书目文献出版社 1984 年版，第 97 页。

之，文献一词的概念从古到今虽有所变化，但用来作为概括一切记录知识载体的总称，还是比较合适的。

在界定文献一词内涵的基础上，我们不妨认为音乐文献是记录有人类音乐知识和信息的一切载体。音乐文献包含四个最基本的要素，即知识内容、信息符号、载体材料和信息记录手段。

二、音乐文献的类型

音乐文献若以记录载体为标准，可以划分为石头、甲骨、简帛等音乐文献，纸质音乐文献，蜡质、胶质、光敏介质音乐文献（唱片、电影、缩微胶卷等），磁质音乐文献（录音带、录像带等），光质音乐文献（CD、VCD、DVD等），口碑音乐文献等。若以产生时代为依据，可以划分为古代音乐文献、近代音乐文献、现代音乐文献和当代音乐文献等。若以使用情况为依据，可以划分为一次音乐文献、二次音乐文献、三次音乐文献等。若以流通情况为依据，可以划分为单行本的音乐文献和非单行本的音乐文献等。若以记录内容为依据，可以划分为音乐理论文献、戏曲文献、民歌文献、器乐文献、曲艺文献、宗教音乐文献等。总之，音乐文献类型可以按各种各样的标准进行划分，这里就不再详细列举了。在音乐文献中，由于知识内容是以信息符号表示的，而记录手段又不一定直接呈现在读者面前，所以一件音乐文献最直观的是信息符号和载体材料。以下重点阐述因记录载体不同而形成的不同类型的音乐文献。

上古时期，人们用岩石、甲骨、泥版、陶器、青铜器、丝帛、竹简等载体记录音乐信息。遗存至今的有新疆呼图壁康家石门子岩画、内蒙古阴山山脉狼山地区岩画、青海大通上孙家寨舞人彩陶盆、甘肃酒泉干骨崖舞蹈纹陶罐、曾侯乙编钟等。但这些文献载体有着各式各样的局限：或体积庞大笨重不便携带，或易于破碎腐烂不宜保存，或品质坚硬不易镌刻，或价格昂贵难以普及。

东汉和帝时，尚方令蔡伦总结劳动人民的经验，改进造纸工艺，用树皮、麻头、破布、旧渔网等作为原料造纸。从此，纸质文献逐渐成为音乐文献的主要载体，大大便利了音乐知识信息的传播和推广。

纸张的发明虽然是人类历史上划时代的进步，但纸张本身也存在缺陷。一是保存时间短，经上百年的虫蛀鼠啮和风化腐蚀，往往疮痍满目。二是与磁质、光质音乐文献相比，体积仍嫌庞大。三是只能静态展示，无论伯牙高山流水的古风琴韵，汉唐大曲扣人心弦的舞蹈场面，短箫铙歌发扬蹈厉的歌声，抑或江南丝竹委婉绮丽的旋律，即使借助于最完善的记谱法或图例，在纸质文献上都无法真实地动态地加以再现。对于以声音为标志的音乐艺术而言，更加凸现其缺陷，无怪乎有人曾将中国古代音乐史称为"哑巴音乐史"。

近代以来，随着科技的进步，音乐文献的载体发生了质的变化。自从第二次工业革命，随着爱迪生发明留声机以及电的发现，音乐文献载体从纸质无声静态向蜡质、胶质、光敏介质（感光膜）、磁质、光质音像动态发生质的飞跃。由于音乐是一门视听艺术，所以在其信息资源中音响资料的重要性尤为突出。音乐理论、乐谱可以用文字、符号的形式表现出来，而要听到一首美妙的曲子，没有唱片、磁带、光盘或其他音响资料载体的帮助是不可能实现的。无论是唱片还是磁带、光盘，与以往石头、甲骨、青铜、简帛、纸张等载体相比，不仅具有音像动态的特点，而且从载体上人们无法用眼睛、耳朵直接看到、听到其内容，这就是说其具有"无形性"，必须通过一定的机器设备，如留声机、电唱机、收录机、计算机等运行或转换，才能被人们所看到、所听到。有鉴于此，拙著以"机读型音乐文献"来概括唱片、缩微胶卷、磁带、光盘等近现代载体的音乐文献，以区别于传统的以纸质载体为主的肉眼可以直接看到的"有形"的无声的音乐文献。

这些机读型的音乐文献的出现，具有划时代的意义。总的说来，具有以下几个主要特点：

一是可以反映信息的动态音像。如通过留声机、电唱机、收录机可以播放将音乐信号刻录在蜡质、胶质、磁质上的音乐文献，而且其音响效果具有"高保真"的品质；又如通过录像机、VCD机、DVD机、计算机等不仅可以再现音响，而且还能再现高清晰度的动态图像。所有这些是以往任何传统载体所无法实现的。

二是体积小、容量大。在传统的石头、甲骨、简帛、纸张等载体中，纸质已是体积最小、信息容量最大的载体。但是纸质载体与磁质、光质载体相比，又是小巫见大巫了。如3.5英寸的软盘，能记录1.44兆的信息，约可容纳72万个汉字；而光盘的存储量更为惊人，一张光盘通常可记录650兆的信息，约可记录3.25亿个汉字，相当于一千多部30万字的图书，或储存上万幅图片，七十多分钟音像资料。如一套中国基本典籍电子文库《国学宝典》，共收入一千多部国学典籍，达2亿多个汉字，举凡诸子、历代笔记小说、《十三经注疏》《二十五史》《资治通鉴》《全上古三代秦汉六朝文》《全唐诗》等尽在一张光盘上。

三是检索转录复制迅速、准确、全面。计算机硬件和软件技术的突飞猛进，使磁质、光质文献具有极其强大迅速的检索功能。它们可以在数量浩瀚的文献中进行以“字”为单位，读写速度达到每秒几十万、几百万字节的检索，这是过去靠手工在纸质文献检索中不可能做到的。有的还具备多种数据统计功能，这种统计工作靠人工在纸质文献中进行也是非常困难的。磁质、光质文献拷贝速度极其迅速，只要敲击键盘或者点击鼠标，几十万字的文献短时间内就能完整准确地复制到一个软盘或硬盘上。

四是远程传送迅速，受众面广。现代以计算机为基础，以光导纤维和通信卫星为传播渠道的先进信息技术，最大程度地克服了文献交流在空间和时间上的限制。一项文献信息一旦形成，如果需要的话，可以立即传播到全世界各个角落。国际互联网的开放性、公共性和共享性，使相隔十万八千里的任何一个人，只要弹指一挥间即可实现交流和下载各自感兴趣的文献信息。

磁质、光质文献，尤其是互联网上的音乐文献虽然具有上述的优势，但在较长的时期内也有它的局限性。其一，可检性、完整性欠缺。如目前网络提供的电子版音乐文献全文只是很少一部分，更多的只是书目信息。信息的不完整使检索的结果不能令读者满意。其二，互联网的开放性、自由性使其本身既是信息资源的宝库，也成为信息的垃圾场，充斥着虚假、错误的信息。这引发了人们对网络信息的信任危机。其三，许多数据库由于输入的问题，存在不少错误，使人们在引用时不得不与纸质文献资料相核对。其四，在互联网上，病毒、黑客成为可怕的敌人，它们能使计算机上大量珍贵资料顷刻间化为乌有。其五，磁质、光质文献的使用费用和设备费用比较昂贵，上网往往还要支付一定的通讯和查询费用。

我国目前存世并还在被使用的音乐文献仍然是以纸质载体为主。机读文献尤其是光质文献虽然有逐渐取代纸质文献之势，但根据我国的国情，纸质音乐文献在今后较长的一段时期内仍然会发挥着机读音乐文献不可替代的作用。目前，中国音乐文献资料很大一部分在机读载体中还是空白，又由于纸质音乐文献稳定性高、资料完整、不受设备限制等优点，目前大部分读者仍离不开它们。基于以上情况，拙著仍侧重于纸质音乐文献的介绍。

第二节　音乐文献学及研究对象

有关音乐文献学学科含义以及研究对象的探讨始于1985年许勇三先生发表的《音乐文献学之我见》一文[①]。许先生认为音乐文献学"是以实际音乐作品为出发点，专门对作品与作品之间的风格与技术手法演变作深入研究的一门学科"[②]。1989年，王小盾先生在《音乐文献学和中国音乐学的学科建设》中认为：音乐文献学"将为中国音乐学的健康发展提供切实的保证；为音乐文物研究、民族民间音乐形态研究提供关于历史理论的完整的对比资料；为中国音乐的教学和研究工作提供足够的辅助工具；将从文献学角度，再现中国音乐和中国音乐学的历史发展脉络。其内容包括音乐古籍整理、音乐史料汇集、中国音乐学工具书、中国音乐学史料学"[③]。1990年，郭林先生在《论音乐文献学》一文中提出："音乐文献学是以音乐文献为研究对象，旨在揭示其形态变化、社会流传和整理利用特殊规律，并为开展音乐文献工作提供理论依据的一门专科文献学。"[④]2005年，孙晓辉先生在回顾有关"音乐文献学的学科界定"的探讨时，根据音乐文献学研究范畴及其学科性质的区别，将其学科界定归纳为两种：一是继承中国古典文献学传统的音乐文献学，其学科含义是指运用古典文献学的基本方法，对现存音乐典籍的流传过程进行整理、考证和评判的一门学科。它的对象、方法

① 许勇三《音乐文献学之我见》，《音乐学习与研究》1985年第1期。

② 许勇三《音乐文献学之我见》，《音乐学习与研究》1985年第1期。

③ 王小盾《音乐文献学和中国音乐学的学科建设》，《黄钟》1989年第4期。

④ 郭林《论音乐文献学》，《音乐探索》1990年第3期。

同具有几千年历史以“辨章学术，考镜源流”为宗旨的传统文献学是一致的。另外一种“音乐文献学”的准确定义是“音乐图书情报学”，指运用现代文献的管理方法对音乐文献进行科学管理与编录，促进音乐文献的信息化、网络化。[①]

笔者认为，对音乐文献学及其研究对象存在的分歧主要源于对文献学及其研究对象一直没有公认统一的结论。据不完全统计，文献学的定义达二十多种，其中比较有代表性的有：

王欣夫认为，文献学是一门对历史性材料进行整理与揭示的方法科学。文献学的内容主要包括三个方面：一是目录，二是版本，三是校雠。[②]

邱均平认为，文献学是以文献体系和文献工作系统为研究对象，研究文献情报资源的分布、结构、功能、交流和文献管理及利用的一般规律的科学。[③]

赵国璋、潘树广等认为，文献学是研究文献的产生、发展、整理和利用的学科，随着社会的发展和进步，文献学可分为古典文献学和现代文献学。古典文献学是以古籍的分类、编目、版本、校勘、辨伪、辑佚、注释、编纂、校点、翻译和流通等为主要研究内容的学科。现代文献学侧重文献工作，运用图书馆学和情报学等学科的理论和方法，以知识的组织和检索利用为基本任务，尚在发展与逐步完善之中。[④]

倪波、张志强认为，从文献学的研究对象看，可分为古典文献学和现代文献学两大部分。前者研究古代的文献工作，侧重于目录、校勘、版本等内容。后者是在前者的基础上发展起来的，更侧重于文献的收集、分类、交流和利用。文献学是以文献和文献工作为研究对象，对文献历史、文献工作方法、文献交流和利用规律进行概括和总结的学科。[⑤]

笔者认为，从文献学作为一门工具性的学科来说，无论是古典文献学还是现代文献学，其主干知识都是以目录、版本、校勘为核心内容。古典文献学是现代文献学的基础，而现代文献学则是古典文献学的发展，它们之

① 孙晓辉《音乐文献学的古典与现代》，《黄钟》2005 年第 2 期。

② 王欣夫《文献学讲义》，上海古籍出版社 1986 年版，第 5 页。

③ 邱均平编著《文献计量学》，科学技术文献出版社 1988 年版，第 1 页。

④ 赵国璋、潘树广编《文献学大辞典》，广陵书社 2005 年版，第 1 页。

⑤ 倪波、张志强主编《文献学导论》，贵州科技出版社 2000 年版，第 20—21 页。

间的主干知识是相同的。由于古典文献学侧重于历史典籍，故以主干知识为核心，又延伸出辨伪、辑佚、传注、史源学等；而现代文献学侧重于当代文献，在当代知识"爆炸"和学科分化、细化、综合趋势加强的态势下，以传统主干知识为核心，更注重对文献的分类、检索、交流和利用。

所谓目录，是指按照一定次序编排的一批书名（或篇名）及其叙录。它是简介图书内容和形式，反映文献出版、收藏等情况，指导阅读和检索图书等文献资料的工具。对于古典文献学来说，目录学是读书治学的门径和指南。清代学者王鸣盛在《十七史商榷》卷1说："目录之学，学中第一紧要事，必从此问途，方能得其门而入。"按照中国的学术传统，目录学在学术研究中最大的功用就是"辨章学术，考镜源流"。现代，无论对于文献的急剧增长还是人们对各种文献的特定需求，目录学仍然是了解和检索有关文献的主要手段。即使在当代进入网络化、信息化时代也是如此。就拿音乐文献来说，如今，除了传统的纸质印刷文献，光敏介质的胶片、胶卷及记录模拟信号的录音录像磁带仍在继续使用外，因新技术的不断发明和应用，文献的存储载体、记录方式和出版形态也都有了很大的变化发展。但是，不管存储、记录、检索手段如何进步，都离不开对书目数据库的依赖。目前的音乐书目数据库，是一种计算机可读的、有组织的相关书目数据的集合，它存储包括文摘、提要等项目在内的书目记录，供读者利用计算机终端，通过题名、责任者、出版者、分类号、主题词等途径查找文献出版或收藏信息。其中分类、书名、责任者、出版者、提要等就是古典目录的主要构成要素。现代书目数据库将其通过计算机技术进行处理，使检索更加迅速准确。目前我国许多音乐学院图书馆都正在建设馆藏文献书目数据库，如果书目数据包括分析条目，读者可通过题名、责任者、主题词等直接检索到馆藏的每一本著作、每一篇文章或每一首曲谱。总之，现代计算机技术不是使古典目录学消亡，而是让它进一步发扬光大，进一步发挥其在读书治学中门径和指南的作用。目前国外著名的音乐文献书目数据库有光盘版的《音乐索引》《国际音乐文献目录》《国际音乐期刊索引》。

所谓版本，是指同一种文献在编辑、传抄、刊刻、录制、装订、传播过程中所形成的各种形态的文本。版本学就是研究各种文献的版本源流，比较其优劣异同，鉴别各种版本的真伪高下的专门学问。对于古典文献学来说，学习版本学的知识，首先是有助于读书，它使我们知道读书要重视版本，应选择善本。其次，有助于引书和校书。古典版本学的这种作用在现代文献学中依然是必不可少的。对于音乐工作者来说，不仅理论工作者要讲究版本，而且表演工作者也要讲究版本。同一部音乐作品，由不同的演奏家演奏本身就是一个再创作过程。即使是同一部作品，同一个演奏家在不同时期的演奏也会产生不同的版本，这就是造成一部音乐作品形成的文献“版本”比一般书籍更多的原因。如琴曲《流水》，不同的琴家有不同的打谱处理。又如钢琴家殷承宗多次公演钢琴协奏曲《黄河》，每次演奏都各具特色。在上手一部新作品之前，许多演奏（唱）家都要对作品流传的不同版本进行对比，设计自己的演奏（唱）方案，从而才能博采众长，深入发掘作品的内涵，实现作品的再创造。

所谓校勘，是指改正文献在形成和流传过程中因各种原因而出现的字句篇章上的错误，使之尽可能地恢复或接近文献的原来面目。相对而言，校勘对于阅读古典文献来说尤其重要，但并不排除它在阅读现代文献中的必要性。就拿音乐文献来说，由于现代网络上各种信息良莠不齐、数量庞杂、泥沙俱下，这就需要我们查阅时注意辨别。如部分古典音乐文献电子版，由于录入等各种原因，错误率还比较高，读者如要加以引用，必须核对其纸质善本书。又如当代一些音乐考级教材，其乐谱在使用计算机排版时错误率也不低，要是没有利用权威版本进行对校，演奏自然就是“体无完肤、疮痍满目”。

古典文献学和现代文献学在同以目录、版本、校勘为核心内容的共性中亦包含着各自的特性。古典文献学因其对象以古文献为主，故在三大主干知识的基础上，更侧重辨伪、辑佚、传注、史源等方法的发挥、延伸与应用。如辨伪工作就离不开校勘和版本。“辨伪工作，一开始便和校书工作结合在一起。汉代学者们，原来也是通过校书来考定古书的真伪和时代的。”[①]《汉书·艺文志》所注为伪书者有四五十种，从其留存的辨伪之言可以看出辨伪在其校书工作中的地位。宋代的许多辨伪成就则体现在目录学著作中，如晁公武的《郡斋读书志》、高似孙的《子略》、陈振孙的《直斋书

① 张舜徽《中国文献学·辨伪》，中州书画社 1982 年版，第 185 页。

录解题》等书目文献中都指斥了一些伪书，继承了《汉书·艺文志》以来的辨伪传统，对后代辨伪书目的形成具有不小的影响。又如辑佚工作就是对目录、版本、史源、校勘等知识的综合应用。辑佚工作的程序通常是：首先确定辑佚对象；其次利用目录确定资料范围和搜集资料的线索；再次选择辑佚资料来源的古书版本，摘录佚文，校订文字；最后判定辑佚对象的体例和结构，从而制订辑本的体例，恢复篇章。

与古典文献学不同，现代文献学中的收集、分类、保存、交流和利用等则更多地侧重于图书馆学、情报学等方面的知识。正如《中国大百科全书》（图书馆学、情报学、档案学卷）中所说的："由于文献学的直接研究对象是文献，因图书馆工作和情报工作的主要对象也是文献，因此，文献学与图书馆学、情报学等学科之间不可避免地存在着交叉重复的关系，有时甚至很难划出明确的界限。"①

由于音乐文献学是文献学中的一门专科文献学，两者基本属性是相同的，因此以上古典文献学和现代文献学的联系与区别同样适合于音乐文献学，这从以上论述所列举的音乐文献事例中可得到证明。总之，音乐文献学是以音乐文献和音乐文献工作为研究对象，以音乐文献历史、音乐文献整理、音乐文献的交流和利用等为主要研究内容的学科。

最后必须说明的是拙著对中国音乐文献学的阐述与介绍，立足于我国音乐文献保存和发展的实际情况，侧重于在教学和科研中对音乐文献学的实际应用。具体地说，音乐文献分类是一项十分繁难的工作，可以根据不同的标准，进行不同类别的划分。拙著从我国音乐文献的实际出发，不采用单一的标准对音乐文献进行合乎逻辑性的严格分类的方法，而是从便于读者了解我国音乐文献概貌的愿望出发，把我国从古至今音乐文献大致分为二十六史乐志、律志和艺文志中的音乐文献，《十通》中的音乐文献，会要会典中的音乐文献，类书中的音乐文献，乐谱类音乐文献，音乐著作，古代著述中的音乐篇章，佛教道教音乐文献，报刊类音乐文献，与音乐学相关的工具书，机读型音乐文献等。而且在分类中考虑有关文献的数量，如音乐考古学著作数量有限，且"中国音乐学文库"系列中已有《中国音乐考古学》

① 中国大百科全书总编辑委员会编《中国大百科全书》（图书馆学、情报学、档案学卷），中国大百科全书出版社 1993 年版，第 491 页。

专著，拙著就不将其单独作为一种音乐文献门类予以介绍，而将其归入近现代音乐著作中。相反，正史中的乐志、律志，《十通》中的乐典、乐考，类书中的乐类等保存了大量的古代音乐资料，其内容可以互见互补，其编纂体例也不相同，但都便于治学者查阅，故都设立专章予以介绍。

考虑到拙著的阅读对象大多数是非音乐文献学专业的读者，音乐文献学更多被用来服务于其教学和科研的需要，再加上篇幅所限，拙著只专章介绍音乐文献学的目录、版本、校勘三个方面的基础知识。除此之外，有关辨伪、史源、传注、检索等在相关章节中附带提及，而不做专章介绍了。

总而言之，拙著的宗旨是让读者根据自己教学和科研的需要，能快速便捷地查检和借阅到有关音乐文献，并能正确有效地进行使用。

第三节　音乐文献学的学科定位

一、音乐文献学在文献学中的学科定位

音乐文献学是音乐学和文献学互相渗透交叉的学科。它既是文献学的分支，属于专科文献学之一，如同文学文献学、历史文献学、哲学文献学、科技文献学、教育文献学、美术文献学一样，又是音乐学中的分支，如同音乐史学、音乐考古学、音乐美学一样。作为一种专科文献学，它一方面具有普通文献学的基本属性，如同样重视文献学中对目录、校勘、版本的研究；另一方面又在某些地方呈现出与其他专科文献学不同的特征，如在文献记录的类型上，音乐作品的存在形式是通过一定的记谱法将其记录在纸质、磁质、光质载体上，或通过录音、录像技术记录在声频和视频载体上。自古以来音乐没有国界和种族之分，不受地方语言限制，只要有听觉能力的人都能欣赏。人们读谱、鉴赏音乐，无须懂得德文就能欣赏贝多芬、莫扎特的音乐作品，无须懂得俄文就能欣赏柴科夫斯基的作品。因此，音乐语言是国际性的，音乐文献具有非语言文字的特征。在追求文献的品质时，音乐文献更注重追求音像制品的“高保真”音质。

对于普通文献学来说，音乐文献学作为一种专科文献学，是在普通文献学一般理论和方法基础上，以音乐知识信息为记录内容的专科文献研究上的深化和具体实践。它的建立，使普通文献学的外延进一步扩展，内涵

更加丰富。

二、音乐文献学在音乐学中的学科定位

如何对音乐学学科进行合理科学的分类，自19世纪后半叶近代音乐学体系得以系统建立起，就有多种不同的看法。奥地利音乐学家阿德勒（G. Adler）于1885年在其名著《音乐学的范围、方法和目的》一文中将近代音乐学划分为历史音乐学和体系音乐学两大类。音乐古谱学附属于历史音乐学，文献学和图书馆学、文学史、传记史等均被看作是历史音乐学的辅助学科。1955年，德国学者德列格（H. H. Draeger）提出将音乐学分为音乐史、体系音乐学、音乐民族学（民俗学）、音乐社会学、应用音乐学五大类，音乐史下设乐谱学、音乐理论史、音乐文献史、乐器学、音乐图像学、音乐表演实践史等六个附属学科。1961年，另一位德国音乐学家维奥拉（W. Wiora）在德文版的14卷大百科全书《音乐的历史与现状》中将音乐学的各学科分为音乐史、体系音乐学、民族音乐学和民俗学三大类。可以看出，虽然各种分类法有一定的差异，但音乐文献学基本上与曲谱学同被视为历史音乐学（音乐史）之下的附属学科。诸位前辈音乐学家分类体系的合理与否可以另文讨论，本书意图借此进一步指出音乐学整个学科体系中各分支学科之间并非井水不犯河水的相互隔绝关系（如图一所示），而应该是你中有我、我中有你的相互包含关系（如图二所示）。以两张图示意如下：

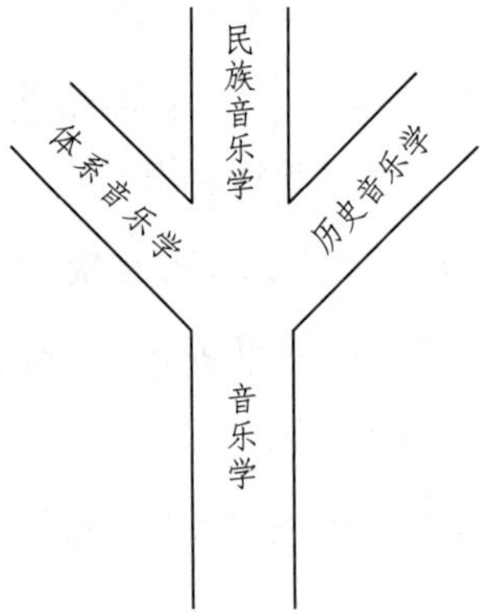

图 一

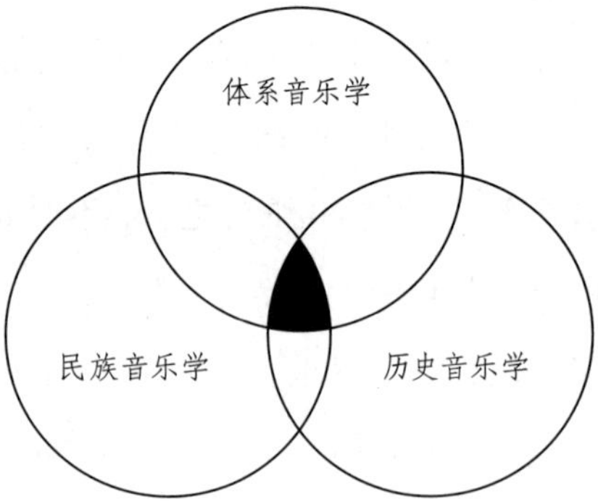

图 二

从图二中我们可以看出，音乐文献学位于各个圆圈的交汇处之中，也就是说，每一个音乐学的分支学科都需要音乐文献学的有力支持。音乐史的

研究自不必说，文献资料是任何历史研究的基础。好比建筑一座摩天大楼，光有设计图纸，没有钢筋、水泥这些原始材料是万万不能的。

民族音乐学同样需要对音乐文献的关注。世界处在永恒的发展变化中。任何一个时代的文明都不能凭空产生，总是前一个时代物质和精神财富累积的总和。任何一个民族都有其历史，也都有其音乐史。只有了解音乐之“历史”，才能理解音乐之“现存”，预见音乐之“未来”。虽然民族音乐学从诞生之日起就强调实际音乐生活调查，并从中吸收和积累丰富现场资料，但这并不意味民族音乐学排斥对文献资料的研究和利用，也不意味着所有课题的研究都要按部就班从头做起。请看杨荫浏先生的光辉榜样吧，他既重视考察现存的乐种，又重视古代文献的运用，《三律考》《笙竽考》等一系列经典著述为后人准确地界定了研究空间；再请看黄翔鹏先生的治学方法吧，正是将实物考察和文献学习的有机结合，使他得以在中国传统乐学、律学领域中如鱼得水，“一钟双音”论断和“同均三宫”理论成为全中国音乐学界的宝贵财富。从整个物质世界的发展来看，人的一生是十分短暂的，不可能事事亲身经历，获取直接经验，而是更多地通过学习前人的间接经验来积累知识。田野工作和文献工作的关系正是如此。我们不必厚此薄彼，强分轩轾。自20世纪80年代起，一些有识之士就不断地呼吁在重视民族音乐学中共时性研究的同时，也要加强历时性研究，如日本学者德丸吉彦在其《民族音乐学》一书中专辟一章“历史的民族音乐学”[①]进行论述。在中国这样具有悠久音乐文化传统的国家进行民族音乐学研究，汗牛充栋般文献典籍的重要性不言自明。

体系音乐学的研究也离不开对音乐文献学基础理论的掌握。就拿乐器表演来说，要成为一个出色的演奏家，必须正确领会作曲家的意图，这必然会涉及对乐曲版本的选择和比较研究。如贝多芬32首钢琴奏鸣曲至少有瓦尔纳原版、布莱科夫原版、申克版、史纳贝尔版、托维版、马廷森版、魏纳版、克尔勒版、卡塞拉版、拉蒙德版、阿尔伯特版、阿劳版、泰勒版等十几个版本，肖邦钢琴作品也有帕德列夫斯基版、牛津大学1932年版、奥格纳版、舒尔茨版、亨勒版、弗里德里曼版、米库里版、齐默尔曼版、爱克尔版等十

① 〔日〕德丸吉彦著，王耀华、陈新凤译《民族音乐学》第十五章，福建教育出版社2000年版。

几个版本。这些版本之间，无论在音符、节奏、力度指示，还是指法、踏板标记和编者注解上都存在着不同之处，有的甚至可谓大相径庭。与钢琴、小提琴等乐器相比，中国古代乐器记谱法的不确定性就更大了。如古琴的减字谱是用减字笔画拼成各种符号，作为左、右两手在古琴音位上弹奏手法的标记，它只记弹奏音位与方法，而不记音名，演奏时需要琴家创造性地进行“打谱”工作。要实现高水平的表演，就必须考订这些版本之间的源流关系，比较其中的异同，从中探讨作曲家的意图，从其所处的时代背景分析其作品的普遍特征，从其生活的阅历和所受教育中分析其风格的形成，从而提出自己的演奏方案，进行二度创作。如果不知道现有的版本，不熟悉前人的研究成果，不懂得各版本的优劣，不能够择善而从，甚至选择错误的版本，不仅自己要犯错误，而且还可能误人子弟。

第四节　中国音乐文献的历史回顾

中国音乐文献起源甚早，据迄今为止所发现的早期较为成熟的文字——甲骨文中，就已有鼓、龠、竽等乐器的记载，由此可见，早在三千多年前的商朝，就有了音乐文献的萌芽。从《诗经》及《汉书》中的《艺文志》《食货志》记载可以知道，西周时期已有了“采诗”制度，即周王朝派“采诗之官”从民间搜集歌曲，并把它们汇编成集。这可算作中国音乐史上目前已知最早的大规模对民间音乐文献的搜集和整理。

春秋战国时期，百家争鸣，出现了诸子百家的著作。在这些著作中，汇集了不少先秦的音乐思想和音乐史料，其中比较著名的有：《墨子》的《非乐》《三辨》，《管子》的《地员》《五行》，《荀子》的《乐论》《富国》，《吕氏春秋》的《大乐》《侈乐》《适音》《古乐》《音律》《音初》，《韩非子》的《十过》，《周礼》的《春官宗伯·大司乐》，《礼记》的《乐记》等。这些音乐文献虽然篇幅都不大，没有单独成为音乐专著，而是以篇章、段落的形式包含在诸子百家著作中，但是在中国音乐史上却占有重要地位，是中国音乐思想史的源头，影响至为深远。

1978年，湖北随县出土的“曾侯乙编钟”，其铭文长达两千八百多字，记载了当时周王室和曾、楚、齐、晋、申等诸侯国的各种律名、阶名、变化音及它们之间的对应关系，再现了先秦乐律学的本来面目。其中的内容有三分之二以上在秦以后失传，因此更显出其在音乐文献上的重大价值。

西汉时期，从民间采集歌曲的制度得到进一步发展。汉乐府曾“采诗夜诵，有赵、代、秦、楚之讴……以合八音之调，作十九章之歌”[①]。成书于两汉的史学名著《史记》和《汉书》，开创了正史《乐书》（《乐志》）和《律书》（《律志》）、《艺文志》的体例。从此，历代正史编纂中延续了这一文本形式记载雅乐的传统。今存的26部正史，17部有乐志（音乐志、礼乐志），8部有律历志，7部有艺文志，使中国历代大量的音乐文献赖此得以很好的保存。

两汉刘向、刘歆父子的《别录》《七略》及班固的《汉书·艺文志》，奠定了中国古代文献的“六分法”，音乐文献分见于六艺略下的乐类和诗赋略下的歌诗类。

魏晋南北朝时期，在“清谈”之风的影响下，乐论有所发展，主要有阮籍《阮步兵集》中的《乐论》，嵇康《嵇康集》中的《声无哀乐论》《琴赋》《琴赞》，刘勰《文心雕龙》中的《乐府》《声律》等。这些乐论涉及音乐创作、表演和欣赏，感情表达和音乐表现、乐器演奏等，颇有创新之处。

这一时期正史中的乐志、律志有南朝刘宋范晔《后汉书》中的《律历志》，梁沈约《宋书》中的《律历志》《乐志》，梁萧子显《南齐书》中的《乐志》，北齐魏收《魏书》中的《律历志》《乐志》等。尤其是沈约《宋书·乐志》在二十六史诸志中占有突出的地位，首创在乐志中记录杂曲、杂乐舞及乐器八音的来源和流变，完整抄录了不少两汉、魏晋“街陌谣讴”和乐府歌辞等，为音乐史的研究保存了弥足珍贵的资料。

古琴谱《碣石调幽兰》为南朝梁代丘明传谱。该谱是目前所知最早的保存至今的中国古代文字谱实物。

晋荀勖《中经新簿》、李充《四部书目》、刘宋王俭《七志》、梁阮孝绪《七录》等，都有关于音乐图书的著录。其中荀勖的《中经新簿》和李充的《四部书目》还开创了古代图书的“四分法”，使音乐文献的归属有了新的变化。

① ［东汉］班固《汉书·礼乐志》（点校本），中华书局1962年版。

隋唐宋时期是我国封建社会的繁荣时期，在音乐文献的整理方面有了长足的发展，其具体表现在大型类书、典章制度之书中都专门有“乐”的部类。类书是一种汇编各种文献资料供人查检使用的工具书。它将古书中的材料分门别类加以辑录，以便了解某一事物的起源和来龙去脉。唐代的《北堂书钞》《艺文类聚》《初学记》《白氏六帖事类集》，宋代的《太平御览》《册府元龟》《事林广记》等，对音乐都立专门部类，汇集了大量历代古籍中的音乐资料。这不仅便于后人查阅，而且更重要的是保存了许多不传之书的音乐资料，成为后人辑佚之渊薮。唐代杜佑编纂《通典》，南宋郑樵编修《通志》，开创了《十通》类典章制度的通史。五代王溥的《唐会要》《五代会要》，以及宋代官修的历朝会要，开创了会要、会典类典章制度的断代史。这两类典章制度史著作也都有专门的乐类来记述历代音乐史事。总之，这一时期的类书、典章制度之书在记录、保存音乐文献资料方面功不可没，并为后代发扬光大。

唐宋时期出现了不少音乐著述，主要有唐武则天敕撰的《乐书要录》、崔令钦《教坊记》、南卓《羯鼓录》、段安节《乐府杂录》、宋阮逸与胡瑗《皇祐新乐图记》、陈旸《乐书》、蔡元定《律吕新书》、朱长文《琴史》等。其中尤具文献价值的是段安节的《乐府杂录》和陈旸的《乐书》。前者所记载的唐代音乐、舞蹈和戏曲的资料，可补《旧唐书》《新唐书》《通典》《唐会要》记载之不足，常为研究唐音乐史者所引用；后者在收录音乐文献方面可谓包罗万象、网罗百氏，在音乐文献史上占有重要的地位。

“燕乐半字谱”和“减字谱”发明后，唐宋乐谱文献大量出现，部分保存至今。如唐代的《天平琵琶谱》《南宫琵琶谱》《五弦琵琶谱》和敦煌曲谱等；宋代赵彦肃所传的《风雅十二诗谱》是目前所见最早的律吕字谱；姜夔《白石道人歌曲》是一部附有乐谱的词集，包含俗字谱、减字谱、律吕谱等多种记谱法。这些乐谱对再现唐宋音乐具有不可替代的文献价值。除此之外，值得一提的是宋人编集的《玉音法事》。这是道教科仪音乐史较早的一部词曲兼备的经韵曲集，囊括了历代和当时流行的大量经韵，并为道曲标注奇特的曲线谱等，使之成为研究古代道教音乐的宝贵典籍。

唐宋时期，文人学士中对音乐有研究者不乏其人。他们写了不少论乐的文章，散落在各自的文集之中，数量甚多，不胜枚举。较知名者有白居易《白氏长庆集》中的《议礼乐》《沿革礼乐》《复乐古器古曲》，薛易简《琴诀》，范仲淹《范文正公集》中的《今乐犹古乐赋》《与唐处士书》，欧阳修《欧阳文忠公文集》中的《书梅圣俞稿后》，司马光《司马光文集》中的《答景仁论养生及乐书》，周敦颐《通书》中的《乐中》《乐下》，沈括《梦溪笔谈》中的《乐律》《补梦溪笔谈·乐律》，朱熹《朱文公文集》中的《琴律说》等。其中沈括《梦溪笔谈》中《乐律》所论述的有关音乐问题，其思想富有创见，所保存的材料可补正史记载之不足。

唐宋时期编纂的正史中有乐志或律志、经籍志（艺文志）的有四部：魏徵等编《隋书》有《音乐志》《律历志》《经籍志》，刘昫等编《旧唐书》有《音乐志》《经籍志》，薛居正编《旧五代史》有《乐志》，欧阳修编《新唐书》有《礼乐志》《艺文志》。其中《隋书·经籍志》在中国音乐目录学史上具有里程碑的地位，它确立了音乐文献在四部分类中的地位，对后世影响深远。

元明清时期继承和发扬唐宋编纂大型类书和典章制度史著作，并在其中设专门部类汇集音乐资料的传统，先后于明永乐年间、清雍正年间编纂了卷帙浩繁的《永乐大典》《古今图书集成》等类书。其中《古今图书集成·乐律典》共136卷，二百余万字，汇集了大量历代音乐史料，而且往往是原书整部、整篇或整段地抄入，较完整地保存了这些资料的原貌，具有较高的文献价值。

元代马端临编著《文献通考》，清代乾隆时先后续编了《续文献通考》《续通典》《续通志》《清通典》《清通志》《清文献通考》。1921年刘锦藻又编成《清朝续文献通考》，遂形成《十通》。《十通》中以《文献通考》《续文献通考》《清文献通考》《清朝续文献通考》这一系统资料最为详尽，其在音乐文献收集方面也是如此。

明代董说编著《七国考》，清代龙文彬编《明会要》，孙楷编《秦会要》，杨晨编《三国会要》，姚彦渠编《春秋会要》，朱铭盘编《南朝宋齐梁陈会要》《晋会要》，再加上南宋徐天麟编《西汉会要》《东汉会要》，差不多历代会要至清代逐渐补齐。明清还继承宋代官修会要的传统，由朝廷主持编纂了卷帙浩繁的《明会典》《大清会典》《大清会典事例》等。总之，除《春秋会要》外，会要会典均有专门部类记载一代音乐史事，便于读者查阅。

元明清时期，音乐专著数量逐渐增多，比较重要者有：元代陈敏子《琴律发微》、燕南芝庵《唱论》、余载《韶舞九成乐补》、刘瑾《律吕成书》，明代韩邦奇《苑洛志乐》、倪复《钟律通考》、朱载堉《乐律全书》、何良俊《曲论》、魏良辅《曲律》、王骥德《曲律》、沈宠绥《度曲须知》，清代康熙《御制律吕正义》、乾隆《御制律吕正义后编》、胡彦昇《乐律表微》、江永《律吕新论》、毛奇龄《竟山乐录》、徐大椿《乐府传声》等。其中燕南芝庵《唱论》是我国古代关于歌唱艺术的系统著述；朱载堉《乐律全书》是一部划时代音乐巨著，在世界音乐史上率先提出十二平均律的等比数列原则，以及"异径管律"理论。

这一时期存世的乐谱比唐宋时期也有增加，其中比较有代表性的有：宋末元初熊朋来《瑟谱》，元王伯成《天宝遗事诸宫调》，明代《神奇秘谱》《风宣玄品》《琴谱正传》《琴书大全》《松弦馆琴谱》《高和江东》等，清代《九宫大成南北词宫谱》《纳书楹曲谱》《遏云阁曲谱》《天韵社曲谱》《北西厢弦索谱》《五知斋琴谱》《琴学心声》《大还阁琴谱》《华秋苹琵琶谱》《南北派十三套大曲琵琶新谱》《闲叙幽音琵琶谱》《陈子敬琵琶谱》《弦索备考》《琴瑟谱》等。其中熊朋来《瑟谱》是现存最早的以瑟为伴奏乐器用于歌唱《诗经》的乐谱，并建立了较完整的瑟学理论框架，保存了不少已佚的瑟学资料。清代《九宫大成南北词宫谱》为戏曲史上的鸿篇巨制，对清初以前的乐谱资料做了一次较为彻底地整理，为后世的曲调钩沉、南北曲研究、曲艺音乐考证提供了大量的实例。

清代受乾嘉学派风气的影响，辑佚工作得到发展，这在音乐文献整理上也有反映。如王谟根据《初学记》等辑出汉蔡邕的琴曲解题著作《琴操》，马国翰《玉函山房辑佚书》共收有散佚音乐著作16种，包括阳城子长《乐经》、梁武帝《钟律纬》、后魏信都芳《乐书》、后周沈重《乐律义》等。

元明清三代所编正史均有乐志，有的还有律志或艺文志，具体是元脱脱等编《宋史》有《律历志》《乐志》《艺文志》，《辽史》有《乐志》，《金史》有《乐志》，明宋濂等编《元史》有《礼乐志》，清张廷玉等编《明史》有《乐志》《艺文志》，赵尔巽等编《清史稿》有《乐志》《艺文志》。以上诸史中，《元史·礼乐志》中有关音乐部分在编纂细目上有较大的创新，不仅介绍乐器，而且还介绍舞器，并以大量的篇幅十分具体细致地介绍各种乐舞的舞蹈动作、乐队舞队各级人员的服装、掌乐机构官员和职掌等，这些在诸史乐志中是不多见的。

近代，在西学东渐和科学技术发展的影响下，中国的音乐文献发生了两个明显的变化：一是音乐文献的种类与数量大大增加，分类与古代传统音乐文献大不相同，其大的分类主要有音乐著作、乐谱、音乐报刊和音乐唱片等，其中音乐著作又可大致分为音乐评论及研究、声律学及音响学、中外音乐史及音乐家传记资料、民族音乐理论研究、音乐教育理论及教材、音乐知识通俗读物、基本乐理、作曲技术、乐曲解说与欣赏、声乐理论及指挥法、西洋乐器理论及演奏法。据《中国音乐书谱志》[①]统计，从1912至1949年，我国音乐书谱和报刊共达3405种。二是音乐文献的载体开始突破纸质文献的限制，出现了蜡质、胶质唱片。这是音乐文献史上的一个重大飞跃，从“无声文献”开始进入“有声文献”。

在近代音乐文献中，比较有代表性的音乐著作有王光祈《东西乐制之研究》、黎青主《音乐通论》、李凌《新音乐论集》、杨荫浏《中国音乐史纲》、阴法鲁《唐宋大曲之来源及其组织》、夏承焘《白石道人歌曲考证》、吴梅《顾曲麈谈》、萧友梅《和声学》、缪天瑞《对位法概论》、高中立《声乐研究法》等，比较有代表性的乐谱有浦梦古《中国音乐谱》、李宝儒编《古今歌曲大观》，比较有代表性的音乐报刊有北京大学音乐研究会编《音乐杂志》、北京国乐改进社编《音乐杂志》、缪天瑞主编《音乐教育》、李凌等主编《新音乐》、上海国立音乐院编《音乐院院刊》、李绿永等编《音乐导报副刊》、桂林音乐阵线编辑部编《音乐阵线》等，比较有代表性的唱片集有上海瑞文图书局《戏曲精华》、上海百代公司《名曲大全》、长城唱片公司《长城唱词》、五桂堂《九大公司名曲大全》等。

1949年中华人民共和国成立以后，我国音乐事业有了长足的发展，广大音乐工作者在理论与方法上有了显著的提高，其研究领域也进一步拓展和延伸，单就音乐著作来说，大致有音乐概论及杂论、音乐美学、音乐社会学、音乐心理学、民族民间音乐、宗教音乐、音乐史、音乐文献整理、音乐考古学、乐律学、基本乐理、音乐创作、声乐理论、器乐理论、指挥法、音乐教

① 裴雅尔《中国音乐书谱志》，人民音乐出版社1994年版。

育、音乐工具书、视唱练耳、音乐欣赏等门类。现代音乐著作随着音乐学本身不断分化的专门化和综合化、边缘化的过程，内部分类比近代更为丰富，如单作曲技术就可再分为和声学、对位法、曲式学、配器法、作曲法等，而且一些新的门类是近代音乐著作中没有的，如音乐社会学、音乐考古学、宗教音乐、音乐文献整理等。20世纪70年代以后，随着科技的日新月异，音乐文献载体又有了质的飞跃，磁质、光质等音像制品不断普及，同时有了体积小、容量巨大、检索迅速准确的电子出版物、数据库。

在现代音乐文献中，比较有代表性的音乐著作有杨荫浏《中国古代音乐史稿》、黄翔鹏《溯流探源——中国传统音乐研究》、中国艺术研究院音乐研究所《民族音乐概论》、东方音乐学会《中国民族音乐大系》、黎英海《汉族调式及其和声》、蔡仲德《中国音乐美学史》、丘琼荪《历代乐志律志校释》、缪天瑞《律学》、王耀华《三弦艺术论》、中国艺术研究院音乐研究所主持的《中国音乐文物大系》等；比较有代表性的乐谱有中国民间歌曲集成编委会主编的《中国民间歌曲集成》、中国戏曲音乐集成编委会主编的《中国戏曲音乐集成》、中国曲艺音乐集成编委会主编的《中国曲艺音乐集成》、中国民族民间器乐集成编委会主编的《中国民族民间器乐集成》等；比较有代表性的音乐报刊有中国艺术研究院音乐研究所主办的《中国音乐学》、人民音乐出版社主办的《音乐研究》、中国音乐家协会主办的《人民音乐》和《音乐创作》、音乐周报编辑部主办的《音乐周报》等；比较有名的磁质、光质大型文献中有不少音乐文献，如《四库全书》光盘、《四部丛刊》光盘、《国学宝典》光盘、《汉籍全文检索系统》光盘、古籍全文检索网络数据库等。

第五节　音乐文献学的功用和学习方法

一、音乐文献学的功用

学习中国音乐文献学至少可以有以下三个方面的帮助：

（一）了解学术源流与动态，掌握治学之门径。中国文献浩如烟海，音乐资料作为其中的一部分无论在数量或种类上都十分庞杂。单说关于宫廷雅乐的文献记载，虽然在正史中有相对独立的乐志和律志，但若关系到相关的人物，必须查找本纪或列传；若涉及相关的典章制度，则必须稽考其他的志、书。26部正史洋洋洒洒4000万字、3249卷（《汉书》以120卷计），对于任何一个学者来说，都是一个极其艰巨的阅读量。至于其他分散的音乐文献就更多了，有汇入丛书的，有以单行本方式行世的，有以分门别类的形式存在于类书中的，更有各种著述中的只言片语等。单《中国音乐书谱志》[①]收入的音乐图书就达5057种之多，而且还不包括1949年以后的书目。如何从这么丰富的文献积累中找到自己所需要的资料，是每一个音乐学者必须掌握的一门基本功。目前，音乐系的学生由于各方面的原因，普遍地缺少文献学的专门训练，缺乏快速查找和使用文献的技能，面对着图书馆的丰富藏书往往感到无从下手，这必然在很大程度上制约其学习和研究的进一步深入。要解决这个问题，就必须借助中国音乐文献学，学习中国音乐文献甚至其他学科文献（如史学、文学文献）积聚流变的一般性规律，懂得哪些书应先读、哪些书应精读、哪些书可泛读、哪些书可读可不读，从而掌握中国音乐文献的各个种类及其特征，懂得借助目录学著作来查找与自己研究专题相关的著作。

现在是知识"爆炸"的时代，有关新知识新创造层出不穷，这对于音乐学来说也不例外。搞科研工作，一条很重要的经验是使自己熟悉所从事领域的学术动态，有意识地把自己推到这一领域的学术前沿，这样就能最大限度地避免在科研工作中的重复劳动。要熟悉自己所从事领域的学术动态，一个重要的途径就是懂得利用文献学作为治学的工具。这在音乐学研究领域也是如此。谢嘉幸先生在"第一届中国音乐心理学学术讨论会"的发言中曾说："全国每年有300个音乐教育学的硕士研究生，其毕业论文的题目与研究内容，很多是重复劳动。"[②]出现这一现象的主要原因之一就是研究者对音乐文献的不熟悉，对自己所从事研究领域的学术动态不了解。至2015年底，中国学术期刊全文数据库收录了10190万篇学术文献，其中音乐舞蹈类论文约321818篇。研究者如在从事某一音乐专题研究之前浏览一下这个数据库，对即将进行的研究领域学术动态自然就有一个概貌性的了解。

---

① 人民音乐出版社 1994 年版。

② 转引自杨和平《当代音乐学中音乐文献史料的整理与研究》，《南京艺术学院学报》（音乐及表演版）2003 年第 1 期。

（二）提供可靠的材料。可靠的材料是一切研究的必要前提。对于中国音乐特别是音乐史和民族民间音乐的研究者而言，这一点显得尤为重要。张之洞在《书目答问·略例》中说："读书不知要领，劳而无功；知某书宜读而不得精校精注本，事倍功半。"音乐文献有很大一部分至今还没有得到系统的整理，包括校勘、断句、注释、今译等。音乐文献中的文字往往有错误，各种版本常常记载不一，存留于民间的曲谱在传抄中更常有抄写不规范或存在错误的情况。笔者曾在家乡福建莆田得到当地乐种"十番八乐"的一份《荔枝楼》的工尺谱，发现与实际演奏效果颇有出入。经取来多个版本对照后才发现原来艺人在抄录曲谱时，多疏于八度之间谱字的区别，如把"仜""伬"等均书为"工"和"尺"，在板眼上抄录的随意性更大，这些都有赖于文献工作者的整理和校正。

要想得到可靠的材料，至少必须注意文献学中的两个基本方法：一是懂得在众多版本的同一种音乐书籍或乐谱、音像制品中选择较为可靠的版本。如司马迁《史记》是从事音乐史研究重要的参考书，由于其是中国著名史学典籍，历代翻刻、注释者不少，版本不下二三十种。如果具备一定的版本学知识，首选的版本应是1959年中华书局的点校本。如果想进一步研究，可以再参考百衲本二十四史中的《史记》、日本泷川资言的《史记会注考证》等。二是自觉培养认真严谨的校书习惯。历史上许多著名的学者都非常重视在读书中进行校对，如王鸣盛、张之洞、陈垣、张舜徽等。对于非专业搞校勘的人来说，养成在读书中自觉备二三个版本细心比勘异同、择善而从的习惯，能使我们在治学中发现和改正所引用的文献中的文字讹误，使我们的理解或解释尽可能地接近原作。在学习研究中，不仅阅读书籍要养成校书的好习惯，即使是演奏乐器、演唱歌曲也要养成校勘乐谱的好习惯，这里就不举例赘述了。

（三）在教学和科研中充分利用各种音乐文献。当代，随着科学技术的日新月异，知识的急剧增长，各种文献大量涌现。这对于音乐文献来说也是如此，不仅数量增加，而且就音乐文献载体的类型来说，也经历了从纸质载体（各种音乐专著、史籍、教科书、工具书、论文集、乐谱、图录、报刊、手稿）到胶质载体（唱片）、磁质载体（录音磁带、录像带）、感光膜载体（或称光敏介质载体，如电影、缩微制品）、光质载体（CD、VCD、DVD、电子出版物）等的飞跃。音乐文献数量与类型的剧增，对音乐文献整理工作提出了新的要求，而现代图书馆学、情报学文献整序理论的产生，又为音乐文献的整理提供了许多可资借鉴的技术方法。如音乐文献的分类、编目著录、图书馆目录组织、书目索引的编制、文献的管理、统计和分析，以及计算机技术和缩微技术在文献贮存和检索工作中的应用，都使音乐文献工作更加复杂化、标准化、专业化。这就要求从事音乐研究、表演和教学的人必须掌握现代音乐文献的理论和方法，即具有较高的检索和利用能力，才能在浩如烟海的音乐文献宝库中迅速准确地查找到自己所需的资料。如音乐文献全文数据库，是将文本文献全部输入计算机，使之成为计算机可以阅读和处理的文本，在全文检索软件的支持下，可以对文本中的各种知识单元，如关键词、人名、曲名，甚至单个汉字进行检索。它是一种可以从各种角度进行检索、选取、组合、排序的数据库，音乐工作者只有掌握了现代音乐文献的检索手段才有可能充分利用这种数据库，为音乐教学和科研服务。

二、学习音乐文献学的方法

学习音乐文献学，必须具备三方面的基础知识。一是必须熟悉各种文献检索的体例和方法。必须懂得利用古人或今人编写的工具书，对传统的纸质文献进行检索。随着计算机技术和国际互联网络的飞速发展，各种古典文献电子版的应运而生，丰富多彩的音像制品的大量涌现，在学习和研究音乐文献学中，将越来越多地使用计算机检索系统。这就要求我们必须熟练掌握一定的计算机知识和技术。二是必须具有较广博的文史知识基础。在音乐文献学中，古典音乐文献占有相当大的比例，这就要求我们必须具备较广博的文史知识基础。有关这方面的知识范围广泛，主要有两大块：一块是文字学、训诂学、音韵学方面的知识；另一块是年代学、职官学、避讳学等方面的知识。三是必须具备扎实的音乐理论知识，尤其是熟悉中国传统乐学、律学理论，如律、调、谱、器等相关知识。

音乐文献学是一门实践性很强的学科，我们在学习时必须勤于实践。如必须有意识地培养勤到图书馆借阅或查阅音乐文献资料的良好习惯，懂得如何充分利用图书馆的音乐文献资源。从某种意义上可以说，一个人音乐文献学的水平与他对图书馆资源的熟悉程度成正比。又如在查阅有关音乐文献资料时必须养成认真严谨的阅读态度，注意比较各种版本的异同，从而发现问题，然后再通过考辨分析，鉴别正误真伪。

对于中国来说，文献学是一门很古老的学科，至少可以追溯到汉代刘向、刘歆父子。在长达两千多年的历史中，古典文献学得到长足的发展，形成了以目录、校勘、版本为三大主干内容，又广涉辑佚、辨伪、注疏、史源、编纂等各种知识的学科。历代传统学者都十分重视文献学的功能，把它作为治学的一种必不可少的手段，积淀了大量宝贵的知识财富。这些知识财富虽然是就古典文献学而言，但其许多方法和原理，对于现代文献学来说，仍有重大的参考价值，值得我们予以继承和发扬光大。音乐文献学作为一种专科文献学，对于这些普通文献学的基本方法和原理，同样是适用的。因此，我们在学习研究音乐文献学时，必须重视从古典文献学中汲取其精华，以达到古为今用。

与此相反，对于中国来说，音乐文献学又是一门很年轻的学科。这里有两层含义，一是音乐文献学作为一门独立的学科，从20世纪80年代提出来后，直到现在还不够完善，有待于同仁的共同努力，全面系统地构建音乐文献学学科体系。二是音乐文献记录手段与载体的特点，使这一学科与当代最先进的录音录像技术、网络传送检索系统、计算机应用技术等息息相关。这使我们在学习研究音乐文献学时，不仅要从古典文献学中汲取营养，更要注意掌握和利用最新科技知识，从而做到与时俱进，不断创新，为音乐文献学学科建设服务。对于音乐专业的读者来说，必须掌握运用最先进检索方法，以自如地在网络上获取快速便捷的音乐文献信息。

第二章
音乐文献的目录

作为一个具有悠久礼乐文化和文献记载传统的民族，我们的先人在漫长的历史长河中遗存了卷帙浩繁的文献。其数量之巨，可谓汗牛充栋，浩如烟海。欲从中快速有效地查阅相关的音乐专题资料，必先借目录学为治学之津逮，掌握其基本理论，了解我国古代音乐文献目录的产生及演变过程，学会正确地使用目录。

第一节 目录的体制

目录是目和录的合称。“目”本指篇目或书名；“录”则是对“目”的说明，也可以是合篇名和叙的简称。久而用之，二者合称，形成了现代意义的“目录”一词。

完整意义上的古典目录主要包括三项内容：书名、解题和小序。古典目录学意义上的书名是任何目录书都少不了的一项，它提供某一本图书的最基本要素——书名、作者、篇数、版本、出版时间和地点等，便于后人考证该书的源流。据《汉书·艺文志》载，《乐记》原有23篇（另有一传本为24篇）。但流传至今的只有11篇，另有12篇已佚，仅存篇名于刘向《别录》之中，分别为《奏乐》《乐器》《乐作》《意始》《乐穆》《说律》《季札》《乐道》《乐义》《昭本》《招颂》《窦公》。12篇佚文中，“季札观乐”之事在《左传·襄公二十九年》有详细记载，不仅录有各国国风和雅颂的诗篇次第，还详载季札听乐后发表的诸多评论。窦公其人其事，略备于《汉书·艺文志》中，“六国之君，魏文侯最为好古。孝文时得其乐人窦公，献其书，乃

《周官·大宗伯》之《大司乐》章也。”桓谭《新论》亦云：“窦公年百八十岁，两目皆盲。文帝奇之，问曰，何因至此？对曰，臣年十三失明，父母哀其不及众技，教鼓琴，臣导引，无所服饵。”可见，虽然这12篇原文全佚，然从其篇名中，我们仍可以得到一些线索，借助其他文献得以知晓其大致内容。

解题又称提要、叙录、书录，它揭示某一本图书的主要内容、写作动机、作者生平等，便于后人考证作者之时代、事迹和学术。其典型代表当推清代的《四库全书总目》，它集中当时学术界第一流的学者，如戴震、邵晋涵、周永年等分别负责经史子集等各部类著作的编定，并逐一为每一部著作撰写目录解题。如蔡元定《律吕新书》一书的部分解题如下：

《律吕新书》二卷（编修李潢家藏本）

宋蔡元定撰。元定字季通，建阳人。庆元中坐党禁，流道州卒，事迹具《宋史·道学传》。朱子称其律书法度甚精，近世诸儒皆莫能及。又云：季通理会乐律，大段有心力，看得许多书。及为是书作序，又曰：黄钟围径之数，则汉斛之积分可考。寸以九分为法，则淮南、太史、小司马之说可推。五声二变之数，变律半声之例，则杜氏之《通典》具焉。变宫变徵之不得为调，则孔氏之礼疏固亦可见。至于先求声气之元，而因律以生尺，则尤所谓卓然者，而亦班班杂见于两汉之制、蔡邕之说与夫国朝会要以及程子、张子之言。盖是书实朱、蔡师弟子相与共成之者，故独见许如此。书分二卷，一为《律吕本原》，凡十三篇……其一卷为《律吕证辨》，凡十篇……今考元定之说，多截竹以拟黄钟之管，皆即以其长权为九寸，而度其围径如黄钟之法。更迭以吹，则中声可得。浅深以列，则中气可验。是截管之法必本之候气也，而候气之说最为荒渺。后汉、晋、隋志所载，又各异同。既云以木为案，加律其上；又云埋之土与地平；又云置于案上而以土埋之，上平于地。此置律有浅深高下之不一也。既云以葭莩灰抑其内端，气至者灰去；又云以竹灰实律，以罗縠覆律口，气至吹灰动縠，有小动、大动、不动三说；又云灰飞动素，散出于外，而气应有早晚，灰飞有多少。其说又不一也。然则候气既不足凭，人声又无左验。是蔡氏所谓声气之元者，亦徒为美听而已，非能见之实事也……凡此皆元定之所未及详者，故特著之，以纠其失焉。

短短数百字的叙录，已经为后人提供了以下的学术信息：

1. 作者蔡元定的姓名、籍贯、师承、主要事迹及查考文献出处。

2.《律吕新书》的写作主旨、动机、主要内容及所据版本。

3.《律吕新书》中学术观点的得失、时人及后人的评论。如古人定律时，常有候气之说，《后汉书·律历志》提及其法，《隋书》载后齐人信都芳以管候气之事后，许多后人甚至蔡元定等精于乐律者，也承其说加以发挥和实践。对此，《四库全书总目》不仅认为“候气之法，最为荒渺”，而且详列出《后汉书》《晋书》《隋书》中关于候气之说记载中互相矛盾之处加以批驳，从而既实现了对本书基本内容的介绍，又超越了本书的内容，上升到学术探讨的层次，堪称目录解题的典范之作。

与解题主要针对某一本图书的情况不同，小序是指对某一部类图书的主旨和特点进行归纳，便于后人掌握该类图书和学派的源流。西汉刘歆《七略》中的《辑略》即是此例。班固撰写《汉书·艺文志》时，将之分附6类之后，便于读者阅读。如六艺略中乐类首先罗列6部著作：《乐记》23篇、《王禹记》24篇、《雅歌诗》4篇、《雅琴赵氏》7篇、《雅琴师氏》8篇、《雅琴龙氏》99篇，随后撰小序如下：

> 《易》曰：“先王作乐崇德，殷荐之上帝，以享祖考。”故自黄帝下至三代，乐各有名。孔子曰：“安上治民，莫善于礼；移风易俗，莫善于乐。”二者相与并行。周衰俱坏，乐尤微眇，以音律为节，又为郑卫所乱，故无遗法。汉兴，制氏以雅乐声律，世在乐官，颇能纪其铿锵鼓舞，而不能言其义。六国之君，魏文侯最为好古，孝文时得其乐人窦公，献其书，乃《周官·大宗伯》之《大司乐》章也。武帝时，河间献王好儒，与毛生等共采《周官》及诸子言乐事者，以作《乐记》，献八佾之舞，与制氏不相远。其内史丞王定传之，以授常山王禹。禹，成帝时为谒者，数言其义，献二十四卷《记》。刘向校书，得《乐记》二十三篇，与禹不同，其道寖以益微。

这段小序在简要回顾音乐（古代的雅乐）由盛转衰过程的基础上，着重地叙述汉代主要乐类著作的来源，揭示其流变经过，辨析其版本的异同，使读者对当时政府大规模的求书活动和获得的乐类著作有了一个概貌性的了解。自刘向、刘歆父子为发端，撰写小序成为中国古典目录编写中的优秀传统。遗憾的是，在后世的史志中，除了《隋书·经籍志》等少量史书外，这一传统没有得到很好的延续。尤其自《旧唐书·经籍志》起，没有采用小序体制，致使后世史志目录不立小序，“由是自唐以下，学术源流多不可考”[①]，实令后人引以为憾。

以这三种基本体制为参照，余嘉锡先生将中国古典目录分为三大类，兹引述如下，以供参考：

一是部类之后有小序，书名之下有解题者。此类目录上承刘向、刘歆之遗绪，今存者如宋晁公武《郡斋读书志》、宋陈振孙《直斋书录解题》、元马端临《文献通考·经籍考》、清《四库全书总目》等。这种目录书名、解题、小序齐全，体制完备，可以览录而知旨，观目而悉词，读者可从中溯流探源。

二是有小序无解题者。如《汉书·艺文志》《隋书·经籍志》。这类目录充分发挥小序“部次流别，申明大道”的功用，使百家之学绳贯珠联，无少缺逸，便于读者对某类图书可先从学术上得到一个概貌，即类求书，因书究学。

三是小序解题皆无者。现存者如《新唐书·艺文志》《宋史·艺文志》《明史·艺文志》，宋郑樵的《通志·艺文略》，清张之洞的《书目答问》等。

这三种目录书在中国学术的发展中发挥着不同的作用，不可以任意诟病或厚此薄彼。小序、书名、解题等体制俱全者固然上佳，但并不意味小序、解题皆无者便一无是处。如果到了大学者手里，仍然可以使百家九流，各有条理。如郑樵编撰《通志·艺文略》，将乐类文献分为乐书、歌辞、题解、曲簿、声调、钟磬、管弦、舞、鼓吹、琴、谶纬等11类，分类颇具新意，可谓“类例既分，学术自明”。

① 余嘉锡《余嘉锡说文献学》，上海古籍出版社 2001 年版，第 61 页。

第二节 中国音乐文献目录的嬗变

一、目录的产生

目录的出现，是文化和图书事业发展到一定程度的必然结果。早在殷商时期，已经出现了一定数量的典籍，“惟殷先人，有册有典”[①]。《吕氏春秋》更是记载“夏太史令终古出其图法，执而泣之……乃出奔如商……殷内史向挚见纣之愈乱迷惑也，于是载其图法，出亡之周”。19世纪末安阳殷墟甲骨的问世，可证商代典籍之丰富。周初实行分封，中央政府和各诸侯国均有数量不等的藏书。藏书之所，或称盟府，或名故府[②]。至孔子在私学中以“六艺”教授学生时，已经有相当数量的材料供他选用，至今仍有不少书名可考，如《事典》《政典》《周公之典》《刑书》《军志》《周志》《周文王之法》《太公之法》《夏训》《牧野之语》等。典籍众多，需对其进行一定的归类和编排，便于阅读和查找。目录的出现就显得势在必行。此外，纸张未发明之前，人们多记事于竹简之上。竹简笨重且容量有限，很可能一篇未了，已是动辄数卷。史书载秦始皇批阅政事，日读120斤奏折即是明证。更有甚者，汉代东方朔觐见汉武帝，用三千奏牍上书。数量之多，以致皇帝读之二月乃尽[③]。为了便于阅读，作者往往在一部著作之始末列出篇名，可视为一书目录之始。

目录的最初雏形，虽然今天已不得见，但仍可以从早期的儒家经典中得以管窥。《周易·十翼》中的《序卦传》编排汇总了64卦的卦名。《诗经》三百余首，皆有篇名和小序，以概括每首诗的大致含义。《隋书·经籍志》载：“古者史官既司典籍，盖有目录，以为纲纪，体制湮灭，不可复知。孔子删书，别为之序，各陈作者所由。韩、毛二《诗》，亦皆相类。”它们具备了一书目录的基本特征。

西汉史学家司马迁在完成《史记》时，作《太史公自序》介绍自己的家世、家学渊源和仕途经历之后，简明扼要地逐卷介绍篇名和写作要旨，可视为汉代一书目录的典范。如“乐者，所以移风易俗也。自雅、颂声兴，则已好

---

① 《尚书·多士》，影印阮元校刻《十三经注疏》本，中华书局1980年版。

② 《左传·僖公二十六年》，影印阮元校刻《十三经注疏》本，中华书局1980年版。

③ ［西汉］司马迁《史记·滑稽列传》（点校本），中华书局1959年版。

郑卫之音，郑卫之音所从来久矣。人情之所感，远俗则怀，比《乐书》以述来古，作《乐书》第二。”又如“非兵不强，非德不昌，黄帝、汤、武以兴，桀、纣、二世以崩，可不慎欤？《司马法》所从来尚矣，太公、孙、吴、王子能绍而明之，切近世，极人变，作《律书》第三”。寥寥数语，即把撰写《乐书》和《律书》的动机和全文的主旨全部交代清楚，并确定了篇目和篇次。由于《史记》在后世的流传中缺佚并屡经增补，出现了《乐书》抄录《乐记》全文和《律书》中乐律、刑律、兵律等相互混杂的现象。如欲加以甄别，具有目录功能的《太史公自序》就成了最权威的根据。

在一书目录出现和发展的过程中，随着典籍的积聚，群书目录也相应出现。虽然秦始皇焚书坑儒，除《秦纪》、医药、卜筮、农书外，大量诸子百家及其他历史古籍惨遭蹂躏，尽入回禄之手，但汉初实行休养生息，废除秦挟书之律，广开献书之路，出现了数次较大规模的求书。如汉军进入咸阳时，刘邦的重要谋士萧何就把秦朝的散乱图书和档案加以收集。汉武帝时，“建藏书之策，置写书之官，下及诸子传说，皆充秘府”[①]。经过几代的积累，政府藏书大盛，“外有太常、太史、博士之藏，内有延阁、广内、秘室之府”，出现了书如山积的盛况。这为西汉末年刘向、刘歆父子奉敕校书奠定了必要的物质基础。

二、“六分法”体系中的音乐文献目录

刘向（约公元前77年—前6年），本名更生，字子政，沛（今江苏沛县）人，精通春秋谷梁之学，数劾外戚参政之弊，曾任谏大夫、宗正等。汉成帝河平三年（公元前26年），他受命整理国家藏书。对于此次整理图书，《汉书·艺文志》曾专门予以记录：

> 诏光禄大夫刘向校经传、诸子、诗赋，步兵校尉任宏校兵书，太史令尹咸校数术，侍医李柱国校方技。每一书已，向辄条其篇目，撮其指意，录而奏之。会向卒，哀帝复使向子侍中奉车都尉歆卒父业。歆于是总群书而奏其《七略》，故有辑略，有六艺略，有诸子略，有诗赋略，有兵书略，有

① ［西汉］班固《汉书·艺文志》。

术数略，有方技略。

从这段记载和今存零星史料中我们可以了解到当时刘向父子等人整理图书和撰写目录的大致情况。在广罗异本、相互比勘的基础上，条别篇章、定著目次，进而写定正本、命定书名。编校整理完毕后，刘向对每一书的主要内容、著者生平、学术得失等进行归纳，撰写叙录，结集而成《别录》。其子刘歆在《别录》的基础上，进一步将整理的图书目录作了分类，即成《七略》。《别录》和《七略》可谓是我国目录学的开山之作，开创了我国文献学研究中“辨章学术，考镜源流”的优良传统。二书亡于唐末五代之初，宋人已不得见。清儒有多个辑本，如马国翰《玉函山房辑佚书》本、洪颐煊《问经堂丛书》本、严可均《全汉文编》本、姚振宗《快阁师石山房丛书》本等，其中保留了一部分刘向所校音乐书籍的珍贵资料，可供读者参考。

如《赵氏雅琴》七篇：“君子因雅琴之適，故从容以致思焉。其道闭邪悲愁，而作者名其曲曰操，言遇灾害不失其操也。雅琴之意事皆出龙德诸琴杂事中。赵氏者，渤海人，赵定也。宣帝时，元康、神爵间，丞相奏能鼓琴者，渤海赵定、梁国龙德，皆召入温室，使鼓琴。时闲燕为《散操》，多为之涕泣者。”

如《师氏雅琴》八篇：“师氏雅琴者，名忠，东海下邳人，言师旷后，至今邳俗犹多好琴也。”

如《龙氏雅琴》百六篇：“亦魏相所奏，与赵定俱召见待诏，后复拜为侍郎。”①

从这些辑佚出来的残言片语，我们可以了解到这3部音乐文献作者的姓名、籍贯、专长以及创作的主旨。由于这些汉代的音乐著作和目录书俱已亡佚，所以这些辑佚本就显得弥足珍贵。

据笔者手头的资料，今人所能见到完整的音乐群书目录，应以《汉书·艺文志》中的记载为最早。《汉书·艺文志》沿袭刘歆《七略》而成，将全部图书分为6大类，即六艺略、诸子略、诗赋略、兵法略、术数略、方

① 马国翰辑《玉函山房辑佚书》，清光绪九年长沙嫏嬛馆刊本。

技略，另有辑略以总其要。每一大类中又有若干小类，共38小类。兹列表如下：

大类(6)	小 类(38)
六艺略	易、书、诗、礼、乐、春秋、论语、孝经、小学
诸子略	儒家、道家、阴阳家、法家、名家、墨家、纵横家、杂家、农家、小说家
诗赋略	屈原赋之属、陆贾赋之属、孙卿赋之属、杂赋、歌诗
兵书略	兵权谋、兵形势、阴阳、兵技巧
术数略	天文、历谱、五行、蓍龟、杂占、形法
方技略	医经、经方、房中、神仙

通检《汉书·艺文志》，可以发现乐类文献主要分布于六艺略下的乐类以及诗赋略下的歌诗类，这可视为音乐文献在古典目录学“六分法”体系中位置的典型体现。

六艺略乐类共记载音乐文献6部，共165篇。兹罗列如下：《乐记》23篇、《王禹记》24篇、《雅歌诗》4篇、《雅琴赵氏》7篇、《雅琴师氏》8篇、《雅琴龙氏》99篇。诗赋略歌诗类共记载歌诗28部，共314篇[①]。兹罗列如下：《高祖歌诗》2篇、《泰一杂甘泉寿宫歌诗》14篇、《宗庙歌诗》5篇、《汉兴以来兵所诛灭歌诗》14篇、《出行巡狩及游歌诗》10篇、《临江王及愁思节士歌诗》4篇、《李夫人及幸贵人歌诗》3篇、《诏赐中山靖王子哙及孺子妾冰未央材人歌诗》4篇、《吴楚汝南歌诗》15篇、《燕代讴雁门云中陇西歌诗》9篇、《邯郸河间歌诗》4篇、《齐郑歌诗》4篇、《淮南歌诗》4篇、《左冯翊秦歌诗》3篇、《京兆尹秦歌诗》5篇、《河东蒲反歌诗》1篇、《黄门倡车忠等歌诗》15篇、《杂各有主名歌诗》10篇、《杂歌诗》9篇、《雒阳歌诗》4篇、《河南周歌诗》7篇、《河南周歌(诗)声曲折》7篇[②]、《周谣歌诗》75篇、《周谣歌诗声曲折》75篇、《诸神歌诗》3篇、《送迎灵颂歌诗》3篇、《周歌诗》2篇、《南郡歌诗》5篇。

《汉书·艺文志》中的乐类文献编目具有以下特点：

一是体例清楚，有纲有目，具有较强的系统性。由于其编制技术比较精致，能将图书的内容和形式两种分类标准有机地结合起来使用，所以具有一定的科学性。

二是讲究学术源流。班固在编撰《汉书·艺文志》时，虽然删去了《别

① 《汉书·艺文志》原文作314篇，实际数目为316篇。

② 原文无“诗”字，但根据上下文均作“歌诗”，疑脱“诗”字。

录》和《七略》中的解题部分，但却保留了小序。

三是体现出典型的尊儒思想。在《汉书·艺文志》中，乐类位于六艺略之中，六艺略又位于所有目录之首。春秋末年，孔子兴办私学，授课内容包括礼、乐、射、御、书、数，授课教材包括《诗》《书》《礼》等。但孔子在世时儒学并未见重于时君，只是诸子学派中的一家。孔子殁后，儒家更是一分为八，有子张之儒、子思之儒、颜氏之儒、孟氏之儒、漆雕氏之儒、仲良氏之儒、孙氏之儒、乐正氏之儒，各方论争不休[①]。直到西汉，董仲舒上《天人三策》，建议"诸不在六艺之科、孔子之术者，皆绝其道，勿使并进"[②]，经汉武帝采纳后，儒学开始获得封建社会正统思想的地位。《汉书·艺文志》中的乐类文献编目，正是体现了汉武帝之后，儒家经典上升为官方学术，儒家思想成为统治的主导思想这一历史变化。《汉书·艺文志》六分法所体现出来的崇儒倾向在长达两千多年封建社会的图书分类体系中始终占据主导地位。乐作为六艺之一，其著作得以位居儒家经典之列，居于显著地位。

四是在一定程度上反映了汉代音乐发展的特征。自刘邦起，汉代最高统治者大多偏爱民间音乐。朝廷以乐府为依托，采集了大量的民间歌曲。汉武帝时期的乐府"采诗夜诵，有赵、代、秦、楚之讴。以李延年为协律都尉，多举司马相如等数十人造为诗赋，略论律吕，以合八音之调，作十九章之歌"[③]。从诗赋略中记载的28部歌诗名称可以看出，有描写汉军征伐的，有描写宫闱生活的，还有从各地征集来的民歌。特别是《河南周歌（诗）声曲折》7篇和《周谣歌诗声曲折》75篇，更是引起过音乐学界的关注。如有的学者认为是乐谱[④]，有的学者则认为"声曲折"名称可能是以声韵曲折之文字来标记歌诗音高[⑤]。

三、"四分法"体系中的音乐文献目录

（一）"四分法"体系的确立

"四分法"是我国古代图书分类法的另外一大系统。东汉末年，宦官专

---

① ［战国］韩非《韩非子·显学》，影印浙江书局《二十二子》本，上海古籍出版社1986年版。

② ［西汉］董仲舒《春秋繁露》，中华书局1975年版。

③ ［西汉］班固《汉书·礼乐志》。

④ 杨荫浏《中国古代音乐史稿》（上册），人民音乐出版社1981年版，第134页。

⑤ 刘再生《"声曲折"之我见》，《中国音乐学》1990年第1期。

权，军阀割据，战乱不已，图书散佚严重。曹魏政权建立后，下令进行图书征集工作，将搜集来的图书藏在秘书、中、外三阁，秘书郎郑默制图书目录《中经》。晋武帝泰始十年（274年），秘书监荀勖又撰《中经新簿》，将当时存书分甲、乙、丙、丁四部，其分类体系如下：

甲：六艺、小学

乙：古诸子家、近世子家、兵书、兵家、术数

丙：史记、旧事、皇览簿、杂事

丁：诗赋、图赞、汲冢书

这与后世通用的四部的顺序略有不同，子部的内容置于史部之前。至东晋著作郎李充编制《晋元帝四部书目》时，将乙、丙两部的内容次序互换。《隋书·经籍志》采用四部分类法，从而确立了其在中国封建社会图书分类中的统治地位。

《隋书·经籍志》出自李延寿、敬播、魏徵等名家之手，是唐代官修史志目录。其根据隋代的国家藏书，并参考隋代藏书目录而编成，正所谓“远览马史、班书，近观王、阮志、录，挹其风流体制，削其浮杂鄙俚，离其疏远，合其近密，约文绪义”[①]。其分类体系如下：

大类	小 类
经部	易、书、诗、礼、乐、春秋、孝经、论语、纬书、小学
史部	正史、古史、杂史、霸史、起居注、旧事、职官、仪注、刑法、杂传、地理、谱系、簿录
子部	儒、道、法、名、墨、纵横、杂、农、小说、兵、天文、历数、五行、医方
集部	楚辞、别集、总集
附	道经、佛经

在《隋书·经籍志》中，音乐文献目录在经部、集部[②]中均有所见。经部分10类，其中乐类载有《乐社大义》《乐论》《古今乐录》《乐书》《乐杂书》《乐元》《管弦记》《乐要》《乐部》《春官乐部》《乐府声调》《乐经》《琴操》《琴操抄》《琴谱》《琴经》《琴说》《琴历头簿》《新杂漆调弦谱》《乐谱》《乐谱集》《乐略》《乐律义》《钟律义》《乐簿》《齐朝曲簿》《大隋总曲簿》《推七音》《乐论事》《乐事》《正声伎杂等曲簿》《太常寺

① ［隋唐］魏徵等《隋书·经籍志》（点校本），中华书局1973年版。

② 史部中不单独见著于目录的音乐文献不在本章讨论范围。关于其情况及查检，详见本书第四、五、六章。

曲名》《太常寺曲簿》《歌曲名》《历代乐名》《钟磬志》《乐悬》《乐悬图》《钟律纬辩宗见》《当管七声》《黄钟律》等四十余部著作，但各书名下的卷数总和与小序的卷数略有出入，尚待进一步考证。集部分三类，录有《乐府歌辞抄》《歌录》《古歌录抄》《晋歌章》《吴声歌辞曲》《陈郊庙歌辞》《乐府新歌》等多部文献。

《隋书·经籍志》中收入的音乐文献目录在体例上较为完整，充分地发挥了小序揭示学术源流的功能。难能可贵的是，它不仅收入现存的诸书，而且对已亡佚和待考的书籍也做了明确的记载，如《乐义》11卷，梁武帝召集朝臣撰；《宋元嘉正声伎录》，张解撰；《钟律纬》6卷，梁武帝撰；《乐府歌诗》20卷，秦伯文撰；《乐府歌诗》12卷，不著撰人；《乐府三校歌诗》10卷，不著撰人；《太乐歌诗》8卷，《歌辞》4卷，张永记；《魏燕乐歌辞》7卷，不著撰人；《晋歌章》10卷，不著撰人；《晋歌诗》18卷，《晋燕乐歌辞》10卷，荀勖撰；《宋太始祭高禖歌辞》11卷，不著撰人；《齐三调雅辞》5卷，不著撰人；《古今九代歌诗》7卷，张湛撰；《三调相和歌辞》5卷，不著撰人；《三调诗吟录》6卷，不著撰人；《奏鞞铎舞曲》2卷，不著撰人；《管弦录》1卷，不著撰人；《伎录》1卷，不著撰人；《太乐备问钟铎律奏舞歌》4卷，郝生撰。这些古代音乐著作虽早已不传，但我们仍可从其书名和作者名姓中推测其大致内容，对两晋南北朝时的音乐种类和音乐文献得以一窥。

《隋书·经籍志》在中国音乐目录学史上具有里程碑的地位，它确立了音乐文献在四部分类中的地位。《旧唐书·经籍志》稍做更改，在子部增入杂艺术一类。此后的宋、元、明、清历朝，无论是《新唐书·艺文志》《宋史·艺文志》等史志目录，或者《崇文总目》等官修目录以及《郡斋读书志》等私人藏书目录，大都遵循《隋书·经籍志》确立的四部分类法而小有变更。至清乾隆年间《四库全书总目》问世后，四部分类法在图书领域的正统地位更加不可动摇。

（二）“四分法”体系的集大成

自乾隆三十七年（1772年）起，清朝政府组织大批人力、物力和财力，编修《四库全书》。纂修期间，每当一部书籍校订完毕，四库馆臣就会拟写一篇提要，论述各书大旨、著作源流，罗列作者爵里，考述各书之得失，辨订文字增删和篇帙分合。这些提要经总纂官纪昀和陆锡熊等综合、润色后，分类编排，汇成一书，即《四库全书总目》（又称《四库全书总目提要》）200卷。

《四库全书总目》分经、史、子、集4部，部下分类，凡44类，类下列属，共66属。列表如下：

大类（4）	小类（44）
经部	易类、书类、诗类、礼类（周礼、仪礼、礼记、三礼总义、通礼、杂礼）、春秋类、孝经类、五经总义类、四书类、乐类、小学类（训诂、字书、韵书）
史部	正史类、编年类、纪事本末类、别史类、杂史类、诏令奏议类（诏令、奏议）、传记类（圣贤、名人、总录、杂录、别录）、史抄类、载记类、时令类、地理类（宫殿疏、总志、都会郡县、河渠、边防、山川、古迹、杂记、游记、外纪）、职官类（官制、官箴）、政书类（通制、典礼、邦计、军政、法令、考工）、目录类（经籍、金石）、史评类
子部	儒家类、兵家类、法家类、农家类、医家类、天文算法类（推步、算书）、术数类（数学、占候、相宅相墓、占卜、命书相书、阴阳五行、杂技术）、艺术类（书画、琴谱、篆刻、杂技）、谱录类（器物、食谱、草木鸟兽虫鱼）、杂家类（杂学、杂考、杂说、杂品、杂纂、杂编）、类书类、小说家类（杂事、异闻、琐语）、释家类、道家类
集部	楚辞类、别集类、总集类、诗文评类、词曲类（词集、词选、词话、词谱词韵、南北曲）

《四库全书总目》中的音乐文献目录，散于经、子、集各部。除经部乐类外，子部有艺术类，集部有词曲类。兹逐部罗列如下，供读者参考。

经部乐类共22部，483卷：（1）《皇祐新乐图记》3卷，宋阮逸、胡瑗奉敕撰；（2）《乐书》 200卷，宋陈旸撰；（3）《律吕新书》2卷，宋蔡元定撰；（4）《瑟谱》6卷，元熊朋来撰；（5）《韶舞九成乐补》1卷，元余载撰；（6）《律吕成书》2卷，元刘瑾撰；（7）《苑洛志乐》 20卷，明韩邦奇撰；（8）《钟律通考》6卷，明倪复撰；（9）《乐律全书》42卷，明朱载堉撰；（10）《御制律吕正义》5卷，清圣祖御定；（11）《御制律吕正义后编》 120卷，清允禄、张照等奉勅撰；（12）《钦定诗经乐谱》 30卷，《乐律正俗》1卷，清永瑢、邹奕孝等奉勅撰；（13）《古乐经传》5卷，清李光地撰；（14）《古乐书》2卷，清应撝谦撰；（15）《圣论乐本解说》2卷，清毛奇龄撰；（16）《皇言定声录》8卷，清毛奇龄撰；（17）《竟山乐录》4卷，清毛奇龄撰；（18）《李氏学乐录》2卷，清李塨撰；（19）《乐律表微》8卷，清胡彦昇撰；（20）《律吕新论》2卷，清江永撰；（21）《律吕阐微》 10卷，清江永撰；（22）《琴旨》2卷，清王坦撰。

子部中有艺术类和小说家类。艺术类的琴谱属收录4部，29卷：（1）《琴史》6卷，宋朱长文撰；（2）《松弦馆琴谱》2卷，明严澂撰；（3）《松风阁琴谱》2卷附《抒怀操》1卷，清程雄撰；（4）《琴谱合璧》 18卷，明杨抡撰、清和素译。杂技属收录2部，2卷：（1）《羯鼓录》1卷，唐南卓撰；（2）《乐府杂录》1卷，唐段安节撰。小说家类收1部，1卷：《教坊记》1卷，唐崔令钦撰。

集部中词曲类文献的情况比较复杂。古代诗、词多以入乐，词乐关系密切，不少著名文人如柳永、苏轼、秦观、周邦彦等人经常为歌唱填词。虽然由于种种原因，其乐谱并未流传下来，但不能否定其作为词乐典籍的客观存在。同时，一些论词律、词韵的理论著作多涉及词乐关系、南北曲源流等，值得关注。读者可根据需要自行查找，这里只列出比较典型的几部：如词集属中有著名的《白石道人歌曲》4卷、《别集》1卷；词话之属中有王灼《碧鸡漫志》、沈义父《沈氏乐府指迷》、陈霆《渚山堂词话》、毛奇龄《词话》、徐釚《词苑丛谈》；词谱、词韵之属有康熙钦定《词谱》、万树《词律》；南北曲之属有沈德符《顾曲杂言》、康熙钦定《曲谱》、周德清《中原音韵》。

《四库全书》堪称我国古代典籍之渊薮，收集图书近三千五百种，近八万卷，基本上涵盖了乾隆以前中国古代的重要著作，其中元代以前的书籍搜集更加完备，达90%以上。《四库全书总目》中音乐文献目录的书名、解题、小序等体制完整，具有很高的学术价值，实为治学入门之津逮。但音乐学子使用《四库全书总目》时，还必须注意到以下三点：

一是存目和著录书目必须兼重。《四库全书》编修时，各地进呈上来的6793种图书未能收入《四库全书》，而被列入存目，几乎是著录书的两倍。其中音乐文献七十余部，涵盖雅乐、乐律、琴谱、声乐、诗调词调、曲律、南北曲等多方面内容，在数量上大大超过著录的音乐书目。存目进呈本除极少数发还外，绝大部分藏于翰林院讲读、编检二厅。20世纪初，八国联军攻占北京，翰林院成为战场，进呈本荡然无存。据初步统计，存目书已有部分亡佚，因此存目提要就成为了解这部分佚书的唯一途径。现存者近五千种，大部分为稀见的珍本，分藏在海内外的二百多个图书馆、博物馆、大专院校和个人手中。1997年10月，《四库全书存目丛书》出版，该书极力搜得列入存目的4508种图书。2001年9月，齐鲁书社又出版了《四库全书存目丛书补编》，补收二百余种书籍。兹将存目中音乐文献的目录和《四库全书存目丛书》的收录情况加以对比说明，以供参考。

经部乐类存目42部，收入《四库全书存目丛书》31部：(1)《雅乐发微》8卷，明张敔撰；(2)《大乐律吕元声》6卷，附《大乐律吕考注》4卷，明李文利撰、李元校补；(3)《古乐经传全书》2卷(存目提要名《古乐经传》3卷)，明湛若水、吕怀撰；(4)《乐律纂要》1卷，明季本撰；(5)《乐律举要》1卷，明韩邦奇辑；(6)《乐经元义》8卷，明刘濂撰；(7)《乐典》36卷，明黄佐撰；(8)《律吕新书分注图算》13卷，明许珍撰；(9)《律吕古义》3卷，明吕怀撰；(10)《李氏乐书》6种20卷(存目提要只注明19卷)，明李文察撰；(11)《律吕正声》60卷，明王邦直撰；(12)《律吕正论》4卷，明朱载堉撰；(13)《律吕质疑辨惑》，明朱载堉撰；(14)《乐经以俟录》，明瞿九思撰；(15)《律吕解注》2卷，明邓文宪撰；(16)《乐经集注》2卷，明张凤翔撰；(17)《大乐嘉成》1卷，明袁应兆撰；(18)《古乐义》12卷，明邵储撰；(19)《大成乐律全书》1卷，清孔贞瑄撰；(20)《律吕图说》2卷，清王建常撰；(21)《钟律陈数》1卷，清顾陈垿撰；(22)《乐经内编》20卷，清张宣猷、郑先庆撰；(23)《律吕新书注》2卷，清周模撰；(24)《赓和录》2卷，清何梦瑶撰；(25)《易律通解》4卷(存目提要作8卷)，清沈光邦撰；(26)《乐律古义》二卷，清童能灵撰；(27)《大乐元音》七卷，清潘士权撰；(28)《律吕新书笺义》2卷，附《八音考略》1卷，宋蔡元定撰，清罗登选笺；(29)《黄钟通韵》2卷附琴图补遗，清都四德撰；(30)《乐原》不分卷，清嚣嚣子撰；(31)《律吕纂要》2卷，清不著名氏。

未收入《四库全书存目丛书》的有11种：(1)《六乐说》无卷数，明刘绩撰；(2)《蔡氏律同》2卷，明蔡宗兖撰；(3)《琴瑟谱》3卷，明汪浩然撰；(4)《八音摘要》2卷，明汪浩然撰；(5)《箫韶考逸》2卷，明吕怀撰；(6)《律吕分解》2卷，《律吕发明》2卷，明孙应鳌撰；(7)《舞志》12卷，明张敉撰；(8)《雅乐考》20卷，明韦焕撰；(9)《律吕新书衍义》1卷，清吕夏音撰；(10)《律吕图说》1卷，清张紫芝撰；(11)《音律节略考》1卷，清潘继善撰。

子部艺术类琴谱之属存目12种，《四库全书存目丛书》所收11种：(1)

《琴谱大全》10卷，明杨表正撰；（2）《文会堂琴谱》6卷，明胡文焕撰；（3）《理性元雅》6卷（所收者为4卷指法1卷），明张廷玉辑；（4）《青莲舫琴雅》4卷，明林有麟辑；（5）《伯牙心法》1卷，明杨抡撰；（6）《太古遗音》不分卷，明杨抡辑；（7）《操缦录》10卷，清胡世安撰；（8）《溪山琴况》1卷，清徐上瀛撰；（9）《琴学心声谐谱》1卷（附《听琴诗》1卷），清庄臻凤撰；（10）《诚一堂琴谈》2卷，清程允基撰；（11）《琴学》内篇1卷、外篇1卷，清曹庭栋撰。除此之外，仅明代无锡宋仕校正、杨嘉森编的《琴谱正传》6卷未收入。

集部词曲类词话、词谱诗韵、南北曲之属存目18部[①]，《四库全书存目丛书》收录15部：（1）《乐府指迷》2卷，宋张炎撰；（2）《古今词论》1卷，清王又华撰；（3）《填词名解》4卷，清毛先舒撰；（4）《诗余图谱》3卷，明张綖撰；（5）《啸余谱》 10卷，明程明善撰；（6）《填词用谱》6卷、续集2卷，清赖以邠撰；（7）《词韵》2卷，清仲恒编；（8）《张小山小令》2卷，元张可久撰；（9）《碧山乐府》5卷，明王九思撰[②]；（10）《朝野新声太平乐府》9卷，元杨朝英撰；（11）《词品》1卷，元涵虚子撰；（12）《雍熙乐府》13卷，旧本题为海西广氏编；（13）《度曲须知》2卷，《弦索辨讹》2卷，明沈宠绥撰；（14）《琼林雅韵》，明朱权撰；（15）《南曲入声客问》1卷，清毛先舒撰。

除以上15种外，未收入者有《词旨》1卷，元陆辅之撰；《古今词话》6卷，清沈雄撰；《词学全书》14卷，清查继超撰等。

二是《四库全书总目》以儒家伦理道德规范为标准，对音乐书籍分类不尽合理。四库馆臣认为，乐是六经之一，具有移风易俗的社会功用，只有“辨律吕，明雅乐”的书才有资格入经，而“讴歌末技、弦管繁声”的唯有斥居于杂艺、词曲类中，方能“各得其伦”。这在经部乐类小序和子部艺术类小序表现得尤为明显：

经部乐类小序：“沈约称《乐经》亡于秦。考诸古籍，惟《礼记·经解》有乐教之文。伏生《尚书大传》引辟雍舟张四语，亦谓之《乐》。然他书均不云有《乐经》。大抵乐之纲目具于《礼》，其歌词具于《诗》，其铿锵鼓舞则传在伶官。汉初制氏所记，盖其遗谱，非别有一经为圣人手定也。特以宣豫

① 词曲类下的词集和词选二属，读者可根据研究的需要自行查找。

② 《张小山小令》和《碧山乐府》收入《四库全书存目丛书补编》（齐鲁书社 2001 年版）。

导和，感神人而通天地，厥用至大，厥义至精，故尊其教得配于经。而后代钟律之书亦遂得著录于经部，不与艺术同科。顾自汉氏以来，兼陈雅俗，艳歌侧调，并隶云韶。于是诸史所登，虽细至筝琶，亦附于经末。循是以往，将小说稗官未尝不记言记事，亦附之《书》与《春秋》乎？悖理伤教，于斯为甚。今区别诸书，惟以辨律吕、明雅乐者，仍列于经。其讴歌末技、弦管繁声，均退列杂艺、词曲两类中。用以见大乐元音，道侔天地，非郑声所得而奸也。”

子部艺术类小序："琴本雅音，旧列乐部。后世俗工拨捩，率造新声，非复清庙、生民之奏，是特一技耳。”

子部艺术类琴谱之属按语："以上所录皆山人墨客之技，识曲赏音之事也。若熊朋来《瑟谱后录》、汪浩然《琴瑟谱》之类，则全为雅奏，仍隶经部乐类中，不与此为伍矣。”

这样一来，同为器乐文献，熊朋来的《瑟谱》、汪浩然的《琴瑟谱》和王坦的《琴旨》归在经部乐类，而《琴史》《松弦馆琴谱》《松风阁琴谱》等却归入子部艺术类。又如南卓的《羯鼓录》叙述盛唐时期羯鼓源流、形状及常用的155首鼓曲曲目；段安节的《乐府杂录》追录唐代乐部、歌舞、俳优、乐器、乐曲等，是研究唐代音乐的重要参考资料。《新唐书·艺文志》将它们归入经部乐类，四库馆臣对此大为不满，认为“雅郑不分，殊无条理”，只能归入“名品纷繁，事皆琐屑”的杂技之属。实际上，浏览经部乐类的内容，可以发现这些“辨律吕、明雅乐”的著作主要是关于宫廷雅乐和乐律理论的书，而“讴歌末技、弦管繁声”者，乃文人音乐与民间音乐之相关文献。它们是同一性质的不同类别。《四库全书总目》区分它们的标准，不是从书籍的功用和性质出发，而以儒家的伦理道德观念为准绳，将音乐文献或入经、或入子、或入集，这在图书分类上不能不带有一定的缺陷。

三是对书籍的评价有时尚欠公允。从总体上看，《四库全书总目》无疑是一部学术价值极高的目录学专著，但由于封建统治阶级立场的局限性，对一些书籍的评价有失公允。如批评朱载堉《乐律全书》“琴瑟至用一字十六弹”的谱诗方法，认为诗乐应该“一字一音，合于大音希声之义”。此外，由于篇幅巨大、卷帙浩繁、成书时间紧迫，往往读未终篇，即率尔操觚，所以不可避免地存在纰缪疏漏。限于篇幅，这里就不一一列举了。余嘉锡先生穷其毕生精力，旁征博引，辨其失误，撰成《四库提要辨证》。全书共四百九十余篇，考订极为精审，1958年由科学出版社出版，1980年中华书局作了标点重排后再版。此外，近人胡玉缙从乾嘉之后大量的藏书志、读书志、笔记、日记、文集里，博汇广采，把有关《四库全书总目》的意见和评论加以辑录，并加上自己的论点，编成《四库全书总目提要补正》，补正的书籍达两千三百余种之多。该书1964年1月由中华书局出版。若要使用《四库全书总目》来查找音乐文献，最好同时参考这两部工具书。

（三）"四分法"体系在当代音乐文献整理中的运用

"四分法"体系影响持久深远，在一定程度上适用于中国古代知识结构和学科门类，所以尽管有一定的缺陷，但为许多古籍目录书所采用，如影响很大的《中国古籍善本书目》等。这里重点谈谈《续修四库全书》在音乐目录编制上对"四分法"体系的运用。

编修《续修四库全书》的直接目的是为了弥补《四库全书》的遗漏。《四库全书》虽是一部大型丛书，但在文献收录上仍有其局限。第一，许多同时代和近世二百多年的重要著作未被列入；第二，受正统观念的局限，一些被视为小道却有价值的民间艺术如戏曲、曲艺、小说等被排除在外；第三，随着地理学、考古学、金石学的日益兴隆，文物日新，如一些罕见的古本出世，敦煌曲谱和曾侯乙编钟重见天日，部分前代流传海外之书如《魏氏乐谱》和《碣石调幽兰》等得以回传。这些文献平日分散于各藏书机构，往往难得一睹，更不用说外借和复印。所以把这些宝贵的资料汇集，从中选取善本加以影印出版，是一件功德无量、惠及后学的大事。

《续修四库全书》依照"四分法"体系收录书籍5213种，精装1800册，于2002年由上海古籍出版社出版。其收录范围包括：《四库全书》遗漏、摒弃、焚毁，或列入存目而确有学术价值的图书；《四库全书》已收而版本残劣，有善本足可替代的书籍；乾隆中期以后至辛亥革命以前各学术门类、流派的代表性著作；四库馆臣所轻视所不收戏曲、小说中确具文学价值的部分；新从海外访回而合于选录条件的古籍，以及新出土的卷帙成篇的竹简帛书。编纂中，编委会向国家图书馆、上海图书馆、南京图书馆、天津图书馆、浙江图书馆等82家藏书单位商借底本。每种入选图书，均选取最佳版本影印，为无法接近宋元古刻和名家稿本的普通读者提供极大的便利。

《续修四库全书》对音乐文献目录的编排基本沿用《四库全书》体例，但结合具体情况有所调整。

经部乐类收录35种乐律理论书籍，其中9种与《四库全书存目丛书》所收重复，版本亦基本相同。不重复的26部著作除唐代的《乐书要录》和明代的《太律》外，大多是清乾隆后的著作，如江永《律吕新义》4卷附录1卷，汪绂《乐经或问》3卷、《乐经律吕通解》5卷，程瑶田《乐器三事能言》1卷，钱塘《律吕古谊》6卷，凌廷堪《燕乐考原》6卷、《晋泰始笛律匡谬》1卷，安清翘《乐律心得》2卷，徐养原《管色考》1卷、《荀勖笛律图注》1卷、《律吕臆说》1卷，陈懋龄《古今乐律工尺图》，戴长庚《律话》3卷，蒋文勋《律吕賸言》3卷，葛铭《古今声律定宫》8卷，缪阗《庚癸原音》4种，戴煦《音分古义》2卷附1卷，陈澧《声律通考》10卷，俞樾《乐记异文考》1卷，毕华珍《律吕元音》1卷附录1卷，载武《乐律明真解义》1卷、《乐律明真明算》1卷、《乐律明真立表》1卷、《乐律拟答》1卷。

《四库全书》子部艺术类设琴谱属，原只收录琴谱，但《续修四库全书》将收录范围扩大至其他种类乐谱，约三十余种。包括蔡邕《琴操》2卷补遗1卷，丘明传谱《碣石调幽兰》1卷，朱权《臞仙神奇秘谱》3卷，《太音大全集》5卷，杨表正《重修正文对音捷要真传琴谱大全》10卷，蒋克谦《琴书大全》22卷，张大命《太古正音琴经》14卷、《太古正音琴谱》4卷，汪芝《西麓堂琴统》25卷，徐祺《万峰阁指法閟笺》、《大还阁琴谱》6卷、《溪山琴况》1卷，庄臻凤《琴学心声谐谱》2卷，徐常遇《琴谱指法》2卷，徐祺《五知斋琴谱》8卷，王善《治心斋琴学练要》5卷，曹尚絅《琴谱新声》6卷附指法等若干卷，曹庭栋《琴学内篇》1卷、《琴学外篇》1卷，陈澧《琴律谱》1卷，缪阗《音调定程》1卷、《弦徽宣秘》1卷，祝凤喈《与古斋琴谱》4卷附补义1卷，娄启衍《琴律指掌》1卷，《敦煌曲子谱》1卷，《敦煌舞谱》2卷，魏皓《魏氏乐谱》1卷，徐养原《管色考》1卷，为光《弦索备考》6卷，华文桂《琵琶谱》3卷，华文彬《借云馆曲谱》2卷，李祖棻《南北派十三套大曲琵琶新谱》2卷附录1卷，林鸿《泉南指谱重编》6卷等。大致可分为琴谱、琴论、其他乐谱3类，编著于明代以前的4种、明代的6种、清代以后的二十余种。《续修四库全书》子部艺术类不仅在书目的选择上颇具代表性，而且较注意版本的选择。如《碣石调幽兰》据影刻唐写本影印，

《敦煌曲子谱》据法国国家图书馆藏唐五代写本影印，《魏氏乐谱》据日本明和五年书林芸香堂刻本影印等，最大程度地保存了原本的面貌。

音乐目录在《续修四库全书》集部最大的变化是将"曲类"从《四库全书》的"词曲类"中独立出来，上升为与"词"平级的类目，这反映了学术观念上的进步。宋元戏曲和散曲兴起后，获得了长足的发展。但由于轻视戏曲观念作祟，《四库全书》把大量曲类文献排除在外，历来为学术界所诟病。此次续修，在一定程度上弥补了这个缺憾。除《曲品》《青楼集》《南词叙录》《乐府传声》《曲律》《录鬼簿》《今乐考证》等十余部曲类研究著作外，《续修四库全书》集部既收录《刘知远诸宫调》《明成化说唱词话》等曲艺文献，又有《新定十二律京腔谱》《新定九宫大成南北词宫谱》《纳书楹曲谱》《遏云阁曲谱》等戏曲曲谱，还有《太霞新奏》《山歌》《霓裳续谱》《白雪遗音》等民歌集。因数量较多，这里就不一一列举了。

纵观全书音乐文献编目，尚有两个待完善之处：

一是子部艺术类中有三种著作与经部乐类重复选用，一部是清代徐养原的《管色考》，另两部是清代缪阗的《音调定程》和《弦徽宣秘》。前者在全书的第115册和第1069册均可见，后者作为《庚癸原音》四种中的两种，已收入经部乐类（第116册），后又单独列入第1095册。《管色考》论管制、谱字、杀声结声、旋宫、燕乐二十八调等；《音调定程》乃缪氏不满意叶堂《纳书楹曲谱》而作，他认为这本曲谱"于宫商根柢气数本源未尝研虑，致曲首所标宫调名目仍袭唐宋陋习，除黄钟《醉花阴》、商调《集贤宾》外，无一不谬，诚白圭之玷也"[①]。缪氏在书中将音调指掌衍为六十格，详列声律阴阳，并从《纳书楹曲谱》中摘例加以说明。

二是个别书目的归类还可进一步探讨。如子部艺术类收入华文彬的《借云馆曲谱》，是书乃一部歌曲集，收录10首清代颇为流行的小曲，和同类中的器乐谱并不相类，在内容上更加接近冯梦龙辑的《山歌》和《太霞新奏》等。如能改入集部曲类，既可名实相符，又便利读者检索。

"四分法"分类体系在今天的古籍整理和编目工作中仍发挥相当的作用，加上各省乃至各高校图书馆往往也沿用"四分法"对古籍进行编目。因

① 见缪阗《音调定程·序》，清同治五年芜湖缪氏刻本。

此，音乐学者还是有必要了解这种分类法的基本特征和主要优缺点。

四、近现代音乐文献目录

近现代音乐文献目录的编制在新图书分类法的影响下，出现两个显著的变化：一是综合图书分类法中音乐文献编目的改进；二是音乐专科文献目录的出现。

（一）综合图书分类法中音乐文献编目的改进

从19世纪下半叶起，随着西乐东传，中外音乐文化交流日益频繁，新音乐蓬勃发展，简单地套用旧有的四部分类法已无法容纳新出现的音乐书籍，这一问题在其他学科中也同样存在。为了适应这一客观要求，近代我国相继出现了一些新的图书分类法，并引进杜威《十进分类法》。据不完全统计，这一时期我国所编的各种分类法约有二十余种，其中影响较大的有：沈祖荣、胡庆生的《仿杜威十进分类法》，杜定友的《世界图书分类法》，洪有丰的《图书分类法》，刘国钧的《中国图书分类法》，皮高品的《中国十进分类法》，何日章、袁勇进的《中国图书十进分类法》，安徽省立图书馆的《图书分类法》，裘开明的《哈佛大学中国图书分类法》，王云五的《中外图书统一分类法》等。它们多将音乐文献列于艺术、美术等大类之下，反映了当时音乐书籍出版和音乐学科的发展特点。

中华人民共和国成立后，先后出版数十种综合性和专业性的图书分类法，其中影响最大的当推《中国图书馆分类法》（简称《中图法》）。《中图法》①历经修订，下设22个大类的知识分类框架，分别以英文大写字母为代号，音乐文献主要位于艺术类（代号为J）图书之中，下设7个类目：音乐理论、音乐技术理论与方法、西洋器乐理论与演奏法、民族器乐理论和演奏法、中国音乐作品、各国音乐作品、音乐事业等。

《中图法》体系中音乐文献目录的编制具有以下三个方面的优点：

一是摒弃了传统以儒家道德伦理观念为分类准绳的做法，在很大程度上克服了旧有分类法中音乐文献分散编目的弊端。正如上文所述，无论是“六分法”还是“四分法”都存在着将音乐文献分散归类的不足，而这正是

---

① 国家图书馆《中国图书馆分类法》编辑委员会编《中国图书馆分类法》（第五版），国家图书馆出版社2010年版。

盲目机械地尊经崇儒、追求正统、区分雅郑的必然结果。这个问题在《中图法》中得到了根本纠正。从总的来说，原有经部乐类的著作大多归入“音乐技术理论与方法”类目下的“中国乐律学”（代号J612.1）；原有子部艺术类中的音乐著作多归入“中国音乐作品”类目下的“民族器乐曲”（代号J648）等；原有集部词曲类中的音乐著作多归入“中国音乐作品”类目下的“古代曲谱”（J642.7），从而变零散为集中，还音乐文献一个有机文献整体的应有面目。《中图法》以辩证唯物主义和历史唯物主义为指导，将艺术视为社会科学的一个门类，认为“艺术是通过艺术手段塑造形象反映社会生活、表现作者情感思想的一种社会意识形态”[①]，从而将其从位于“六经”下的附庸地位解放出来，赋予其独立学科的意义，符合现当代音乐学发展的要求。

二是在编排上立足于传统音乐文献资料的保存和当代音乐学科发展的实际，以音乐学科分类和知识分类为基础，依照从总到分、从一般到具体、从理论到实用的原则，既继承了传统音乐文献目录编制的成果，又反映了当前音乐学学科文献建设的成果，及时反映新主题、新事物的发展，实现了目录编排上静态与动态的有机结合。“音乐理论”（代号J60）类目收音乐哲学、音乐美学、音乐心理学、音乐社会学、音乐创作方法和经验、音乐表演学、音乐评论、民族音乐研究、宗教音乐研究、音乐史等一般论述的书籍；“音乐技术理论与方法”（代号J61）类目收音乐物理学、音乐生理学、乐律学、基本乐科、作曲理论、指挥、声乐理论、戏剧音乐理论、舞蹈音乐理论、音乐工艺学等相关书籍；“西洋器乐理论与演奏法”（代号J62）类目收西洋管弦乐、弹拨乐、键盘乐、打击乐、电子音乐理论和演奏法等相关书籍；“民族器乐理论与演奏法”（代号J63）类目下收国内外民族器乐理论和演奏法等相关书籍；“中国音乐作品”（代号J64）和“各国音乐作品”（代号J65）类目主要收录国内外等相关乐曲；“音乐事业”（代号J69）是随着改革开放后音乐演出管理事业和经纪组织蓬勃发展而在第4次修订中新设置的类目。可以看出，《中图法》的分类体系既涵盖中国传统音乐的文献，又囊括新音乐和当代新兴音乐事项的书籍。在音乐理论上涉及音乐哲学、音乐

① 国家图书馆《中国图书馆分类法》编辑委员会编《〈中国图书馆分类法〉第五版使用手册》，国家图书馆出版社 2012 年版，第 176 页。

美学、音乐史学、民族音乐学、音乐表演学、音乐物理学、音乐生理学、作曲技法理论、音乐工艺学等，在音乐实践上则有各类古今中外乐器的表演理论和演奏法、戏曲表演、曲艺表演、器乐声乐作品、电子音乐等，是一个呈开放性状态的体系。

三是注重编目上的实用性。为适应旧时私家藏书楼向公共图书馆的转变和开架阅览取书的需要，《中图法》在文献编目上力图做到分类明确，能清晰反映图书资料在书架上的顺序，便于管理人员和读者取归图书；扩大使用了交替类目，为音乐专业图书馆利用综合性图书分类法创造了条件；同时由于采用了类目参见等多种方法，较好地解决了交叉学科和边缘学科（如音乐生理学和音乐物理学等）的分类问题；采用汉语拼音和阿拉伯数字相结合的混合号码，使标记符号清楚，便于记忆。由于字母基数多，可相应缩短类号，加之配号制度的灵活，能适应类目的增加和压缩，从而保证了分类法的相对稳定性和扩充发展的可能性。

（二）音乐文献专科目录的出现和发展

音乐文献专科目录的源流可追溯到南宋时期的郑樵。郑樵（1104—1162），字渔仲，福建莆田人，撰有《通志》200卷，并在其中创立《艺文略》来表述其图书分类的新体系。《艺文略》分12类、100家、371种。其中乐类下分乐书、歌辞、题解、曲簿、声调、钟磬、管弦、舞、鼓吹、琴、谶纬等11种，共收音乐文献181部、1004卷。郑樵把散布于各部类的音乐文献加以集中，并提升到与经、子相同地位的一级目上来，反映出其敏锐的学术洞察力和睿智的学术眼光，真正做到了“类例既分，学术自明”。虽然只是作为综合目录中的一部分，但其将音乐文献集中编目的思想是音乐文献目录理论发展中弥足珍贵的一部分。遗憾的是这种音乐文献编目思想在中国古代并没有得到更深入的发展和推广。

近代学堂乐歌运动之后，全国中小学课堂普遍开设唱歌课，社会音乐教育、音乐师范教育和专业音乐教育获得较大的发展，“乐”逐渐摆脱了封建时代中作为“礼”附庸的地位，成为一门独立发展的学科。在这一趋势下，我国开始出现部分音乐专科目录，如周庆云编《琴书存目》、袁同礼编《中国音乐书举要》、北平中华乐社编印《书谱目录》、伯英校编《曲海总目提要拾遗》等。

中华人民共和国成立之后，随着音乐文献整理工作的深入，出现了《存见古琴曲谱辑览》《中国音乐书谱志》《中国音乐理论书目大全》《民国时期音乐文献总目》等影响较大的音乐专科目录。下面分别择要加以介绍。

《存见古琴曲谱辑览》[①]，查阜西（1895—1976）编。该书卷首有所收谱集（谱本）一览表、未收谱集（谱本）一览表、存见有谱古琴曲总表内各琴曲的索引、别名异名琴曲检查表，以备查检。正文分存见有谱古琴曲总表、存见古琴谱集及其所收琴曲的提要、存见琴曲解题辑览、存见琴曲歌词辑览4个部分，将现存的三千多个古琴曲专谱的解题、歌词、段数、弦法、典藏逐一标出。对于古琴曲流传中常见的托名作曲和异名同名现象，采用一律存异的办法。编辑的体例如下：第一，以曲名为纲，索引为目，先列琴曲索引表和参谱、据谱表，别名异名各琴曲表等以便易于查找；第二，按谱本出现的先后列成总表，以便看出琴曲创作改编的发展和存见的处所；第三，列出琴曲从汉以来包括曲序、曲跋、分段标题的解题；第四，录出包括从唐以来形成一派“鄙俚”民间文学的琴曲的谱内旁词。凡检查一个琴曲有何传谱，有无解题或歌词，可先查卷首的索引，次查总表，然后检查各谱集、谱本的提要。是书收录齐备，是查检我国古琴曲谱的重要参考书。

《中国音乐书谱志》全名《中国音乐书谱志（先秦—1949年音乐书谱全目）》。其编写肇始于1962年中国艺术研究院音乐研究所资料室受全国图书联合目录组的委托，编辑《全国音乐图书联合目录》，共收书谱五千多种，以1911年为界，分为前、后两部分。

前期部分收录从先秦至1911年的音乐书谱共1859种，分别归入音乐理论和历史、歌曲音乐、舞乐、说唱音乐、戏曲音乐、器乐曲、宗教音乐和典礼音乐、综合类等8个一级类目。每个项目下视情况可设有二级、三级和四级子目，如“音乐理论和历史”下设乐论、律吕、乐志和音乐典制、音乐家传记资料、西洋音乐理论、乐器考、纪事杂论等7个二级子目；而“器乐曲”下设吹奏乐器、拨弦和拉弦乐器、民族器乐合奏、西洋器乐曲等4个二级子目，其中“拨弦和拉弦乐器”下又设古琴、瑟、筝、琵琶、三弦等5个三级子目，古琴下又设琴论和琴谱2个四级子目。

① 音乐出版社 1958 年版。

后期部分收录从1912至1949年的音乐书谱和报纸杂志共3405种，分别归入音乐理论、技术理论、歌曲、歌舞音乐、说唱音乐、戏剧音乐、器乐曲、宗教音乐和典礼音乐、综合参考类、中文音乐期刊和音乐报纸等10个一级类目。每个项目下视情况可设有二级、三级、四级和五级子目，如“音乐理论”下设音乐评论及研究一般著作、乐律学及音响学、音乐史及音乐家传记资料、民族音乐理论研究、音乐教育理论及教材、音乐知识通俗读物等6个二级子目，其中“民族音乐理论研究”下设中国民族音乐理论研究、东方各国音乐及民族音乐研究、西洋各国音乐及民族音乐研究3个三级子目，“中国民族音乐理论研究”下设总论、歌曲音乐、歌舞音乐、说唱音乐、戏剧音乐、器乐曲及乐器理论研究与演奏法等6个四级子目，“歌曲音乐”“戏剧音乐”“器乐曲及乐器理论研究与演奏法”各子目根据需要还设有为数不等的五级子目。

重视书谱的版本和典藏是《中国音乐书谱志》的一大优点，如“《苑洛志乐》”（明代韩邦奇撰）条目，共收集了明嘉靖戊申刊本、明嘉靖己酉二十卷本、清康熙二十二年重刊本、淮南吴元莱重刊本、清道光六年刊本、关中雷晟裕德堂修补薛氏刻本二十卷、抄本二十卷、清乾隆十二年关中式古堂二十卷、嘉庆十一年修补乾隆十一年朝邑薛氏重刊本二十卷、四库全书文溯阁本等10个不同的版本，并逐一注明其馆藏地点，使读者可择善而从之。参加全书馆藏编目的有北京图书馆、科学院图书馆、人民大学图书馆、北京大学图书馆、中国音乐学院图书馆、中国艺术研究院戏曲研究所和音乐研究所图书馆以及各主要省馆共37家，诚可谓“一目在手，了然在胸”，几可概览古今音乐书谱之大体。书后附有“待访部分”和“散佚部分”，乃王世襄先生从历代官私书目、方志目录中辑得，其来源颇为广泛，为今后音乐书谱的整理搜集工作提供了一份珍贵的参考资料。

作为一份专科音乐目录，《中国音乐书谱志》搜罗全面，分类科学，编制基本合理，具有很强的实用价值。但作为一份音乐学工作者案头必备的工具书，如能进一步完善个别书籍的归类①，组织人力撰写出书目解题，并在此基础上进一步辨析学术源流，可使读者事半功倍，必将对中国的音乐

① 如“近代歌曲”将西洋各国歌曲归入中国歌曲集。

学研究起到更大的作用。

若要查询1949年后出版的音乐理论书目，就必须利用陈建华、陈洁编的《中国音乐理论书目大全》[①]一书。该书编录1949—1999年间国家出版社、新中国成立初期的私营、联营和公私合营出版社正式出版的音乐理论书籍。全书分音乐理论、音乐史纪、音乐创作、音乐表演、音乐赏析5大类。音乐理论下设概论、音乐教育、基本乐理、视唱练耳、民族民间音乐5个二级子目，音乐史纪下设中外音乐史、音乐家评传2个二级子目，音乐创作下设和声学、对位法、曲式学、配器法、作曲法5个二级子目，音乐表演下设声乐演唱、管弦乐器、民族乐器、键盘乐器、其他乐器、指挥法6个二级子目，音乐赏析下设音乐欣赏、音乐工具书2个二级子目。每本书目著录书名、著译者（前人著作的校点注释者）及其著作方式、出版时间和出版者。部分书目还有内容提要，具有一定的参考价值。

由钱仁平主编的《民国时期音乐文献说明》[②]著录民国时期的1804种音乐书谱、1321种音乐唱片、88种音乐期刊。书谱和期刊部分注明书名、编（著）者、出版事项等，按照题名拼音首字母进行排序，题名相同者则参照著者、出版社、出版年代等依次排序。唱片部分暂收录上海音乐学院图书馆馆藏，注明表演者、唱片规格、出品方、馆藏状态等，以各唱片公司名称汉语拼音首字母为序，同一唱片公司下按出版编号顺序排列。

第三节　音乐文献目录学的功用

目录学知识是音乐文献学研究和教学中的一项重要内容。读书最切要者，目录之学。目录明，方可读书。目录不明，终是乱读。下面就音乐文献目录学对音乐学研究的辅助作用做些具体说明：

一、有助于掌握历代音乐文献的基本情况

我国是一个重视礼乐教化的国家，音乐记载的传统非常悠久，但是遗存至今的不过十之一二而已。唐代以后，雕版印刷得到推广和运用，典籍

---

① 上海音乐出版社2003年版。

② 广西师范大学出版社2013年版。

失传的速度虽然大大减缓，但亡佚的比例仍高于保存下来的。元灭南宋距今不过七百余年，但《宋史·艺文志》所载的音乐书籍大多已不见于天壤之间。在这种情况之下，通过存世的目录，我们可以掌握各时代音乐文献概貌，并从中分析某一时期音乐学术源流的基本特点。如《汉书·艺文志》中所载的音乐书籍几已全部亡佚，但我们仍可从六艺略的目录中推断出“乐”在当时社会生活中的重要地位，古琴具有较高的艺术表现力，并出现了一批知名的琴家；从诗赋略的目录中可以洞察音乐在汉代祭祀仪式、燕飨、巡幸、内宫生活中广泛运用的情况。更重要的是，通过不同时期音乐目录的对比考证，我们可以管窥古代音乐的演变。如将《隋书·经籍志》与《汉书·艺文志》进行对比，不仅可以知道唐初音乐书籍的数量要比汉代多了数倍，而且出现了新的音乐品种，从而在一定程度上弥补了因文献缺失而造成的遗憾。

二、有助于掌握现存音乐文献的情况

古代文献不仅缺佚严重，即使流传下来的也有不少问题。诚如余嘉锡先生指出：“盖书籍由竹木而帛而纸；由简编而卷，而册，而手抄，而刻版，而活字，其经过不知其若干岁，缮写不知其几何人。有出于通儒者，有出于俗士者。于是有断烂而部不完，有删削而篇不完，有节抄而文不完，有脱误而字不同，有增补而书不同，有校勘而本不同。”[①]这种情况在音乐文献的流传中更为常见，这是因为后世的编者和刻工往往并不熟谙音乐，在刻版中不求甚解，后又疏于校雠所致。倘若今天的研究者拿到这样的误本，以讹传讹，就很容易形成误解，造成研究上的困难和偏差。因此，在阅读一本书籍之前，必先求其善本。欲求善本，就必须从其目录入手。如要研究《朱文公文集》中的音乐文献，我们通过查阅《四库全书总目》，可得知其最早编于南宋末年，闽、浙皆有刻本。明成化年间莆田黄仲昭将闽、浙两个版本互校，补充了闽本中缺少的部分书信，是现存椠刻时间较早、内容较全面的版本。据此，可将明嘉靖年间刊行的黄仲昭校定本作为工作底本，而以其他版本加以参照。优秀的古典目录往往记载图书的版本情况，可以帮助研

① 余嘉锡《余嘉锡说文献学》，上海古籍出版社 2001 年版，第 74 页。

究者分析某一图书不同时期的不同版本和流传情况，进而估计各个版本的价值。

三、有助于了解音乐研究学术动态和文献检索

在当代中国，音乐学的发展正呈方兴未艾之势，研究队伍不断扩大，各音乐学院和不少师范院校相继招收音乐学的硕士乃至博士研究生。每位学生在动手撰写学位论文时，首要的工作是论证选题的科学性和可行性，其中一项必不可少的内容就是获取尽可能多的学术情报，掌握前人的研究成果，以便使自己处于这一研究领域的前沿。如果做不到这一点，那么就很可能出现选题重复研究的现象。有的学生经过极其艰苦的劳动，却得出了一个前人早在数十年甚至百年前就已完成的研究结果，陷入尴尬的境地。现今的大型图书馆动辄藏书达数百万册以上，如果对目录学的知识一窍不通，不知道发挥图书资料索引的作用，甚至连音乐文献在图书馆中的代号都不清楚，那么面对着图书馆和资料室的丰富藏书，往往只能是手足无措。即使竭尽全力，充其量不过仅得一隅而已。相反，如果能学习点《中图法》的常识，就可以对全国绝大多数图书馆的图书分类体系有所了解；如果能懂得利用人大复印报刊资料目录的检索功能，就可以查找各年度主要期刊上的文章，做到“即类求书，因书究学”，最大限度地找到自己所需的参考资料，有效利用前人已经积累的知识宝藏，使自己的研究工作可以站在一个制高点上。

第三章
音乐文献的版本与校勘

音乐文献中的版本学与校勘学，是文献学中版本学与校勘学中的一部分。两者之间的关系是：一方面其包含的原理、方法、作用等是大致一样的；另一方面从具体涉及的对象来说，音乐文献只是文献中特定的一部分，因此，前者也必然存在某些特殊性。基于这种认识，本章在介绍音乐文献的版本和校勘时，在以两者的共性为基础上，尽可能突出音乐文献版本与校勘的特性。

第一节　版本学的产生、发展与研究对象

就古典文献学而言，版本一般指一书经过多次传写或刊刻印刷而形成的各种不同本子；而研究版本的特征和差异，鉴别其真伪和优劣，辨明其产生与演变等，是为版本学。一种图书在流传中，从时间上说，年代越久远，一般就有越多的不同版本相连续而延绵下来；从空间上说，传播越广泛，不同的版本也就越多。如该图书属于写本，或由于简策纸页之断烂脱落残缺，或由于传抄之讹衍脱倒，或由于师授之不同，就会出现一书而有诸种异本。如该图书属于印刷本，情况就更为复杂。如由于雕刻印刷的单位、性质不同，就出现所谓官刻、家刻、坊刻等诸种版本；由于雕刻印刷的时代不同，则有宋版、元版、明版之分；由于雕刻印刷的地域不同，又有蜀本、浙本、闽本之异。一种书的各种不同版本，不仅在纸张、墨色、字体、版式、行款及装帧等外在形式上有所不同，更重要的是在书的内容上，如卷帙之分合多寡、文字之讹误异同、内容之繁简详略等方面也会有所不同。如明代

朱载堉的《乐律全书》，其不同版本之中的卷数、顺序、著作种类等都不大相同。商务印书馆1931年万有文库影印明万历郑藩刻本的卷数与顺序为：《律学新说》4卷，《乐学新说》不分卷，《算学新说》不分卷，《律吕精义》内篇、外篇各10卷，《操缦古乐谱》不分卷，《旋宫合乐谱》不分卷，《乡饮诗乐谱》6卷，《六代小舞谱》不分卷，《小舞乡乐谱》不分卷，《二佾缀兆图》不分卷，《灵星小舞谱》不分卷，《圣寿万年历》2卷，《万年历备考》3卷，《律历融通》4卷。而文渊阁《四库全书》本的卷数与顺序是：《律吕精义》内篇、外篇各10卷，《律学新说》4卷，《乐学新说》不分卷，《算学新说》不分卷，《操缦古乐谱》2卷，《旋宫合乐谱》2卷，《乡饮诗乐谱》6卷，《六代小舞谱》2卷，《小舞乡乐谱》不分卷，《二佾缀兆图》不分卷，《灵星小舞谱》2卷。《中国古籍善本书目》著录《乐律全书》明万历郑藩刻本卷数与顺序是：《律吕精义》内篇、外篇各10卷，《律学新说》4卷，《乐学新说》1卷附《乐经古文》1卷，《算学新说》1卷，《操缦古乐谱》1卷，《旋宫合乐谱》1卷，《乡饮诗乐谱》6卷，《六代小舞谱》6卷，《小舞乡乐谱》1卷，《二佾缀兆图》1卷，《灵星小舞谱》1卷。明万历郑藩刻增修本在与前刻本卷数与顺序完全相同的基础上，又在其后增加了《圣寿万年历》2卷，《万年历备考》3卷，《律历融通》4卷附录1卷，共10卷。

版本学究竟始于何时，目前学术界看法还不大一致。据笔者理解，因为版本主要是对图书而言，因此，当是有了图书之后，才开始有了版本。历史上，简策具备了图书的要素而成为最早的正式图书，于是开始有了版本。而版本的研究当以西汉刘向、刘歆父子对这些简策图书的搜集整理为开始。刘氏父子整理图书时，广搜异本，删除重复，条别篇章，定著目次，校雠脱漏，写定正本，著录编目等。到了宋代，随着刻书事业的兴盛，版本学也进入一个新的发展阶段。宋人读书治学刻书已注意辨别版本，如陈振孙《直斋书录解题》卷8云："此书（《元和姓纂》）绝无善本，顷在莆田，以数本参校，仅得七八。后又以蜀本校之，互有得失，然粗完整矣。"廖莹中刻《九经》，曾用数十种版本校勘后，才决定一种佳本来刻印流传[①]。《遂初堂书目》还有著录版本之专项，记录了成都石经本、秘阁本、旧监本、京本、

① 周密《癸辛杂识·后集》，影印文渊阁《四库全书》本，台湾商务印书馆。

江西本、吉州本、杭本、旧杭本、越州本、湖北本、川本、川大字本、川小字本、高丽本等多个版本的名称。一书既然有许多不同刻家，就会出现多种刻本，那么讲究比较各种刻本之优劣得失就成为必然。这些标志着至宋代，我国版本之学已初步形成。清代，版本学大盛于一时，发展成为一门有理论、有方法的学问。版本目录和版本学著作十分丰富，其中著名者有《天禄琳琅书目》《增订四库简明目录标注》《也是园藏书记》《爱日精庐藏书志》《士礼居藏书题跋记》《读书敏求记》等。清代以版本学为专业者，人才辈出，凡考据学家大多擅长版本学。他们在订正经史诸子的字句讹误时，往往需要研究版本和借助于版本学的知识，如卢文弨、钱大昕、段玉裁、阮元、顾广圻等。

版本学作为一门学问，其研究的对象主要有三个方面：一是研究各种图书版本产生和发展的历史，如雕版源流和演变、传抄源流等。二是研究各种图书版本的优劣异同，加以鉴别、判定年代、品评得失、指明特点，并从直接或间接的经验中总结和概括出规律性的东西。三是研究版刻、印刷、装帧等各方面的技术和它的演变、发展与成就，如印刷墨色、字体刀法、藏书印记、版式行款、纸质装帧等，从而为版本的鉴别提供技术条件。

第二节　版本的类型

我国印刷术历史悠久，历代印刷出版的书籍浩如烟海，汗牛充栋，种类繁多，从而形成了各种各样不同的版本类型。以下根据不同的划分标准，胪列各种不同类型的版本。

（一）根据刊刻的不同年代而进行划分，可分为唐卷子本、五代本、北宋本、南宋本、金本、元本、明本和清本等。如其中的宋本书，不仅目前存量稀少，具有珍贵的文物价值，而且大多数精校精刻，是公认的善本书，为历代学者所重视。

（二）根据雕刻印刷单位的性质不同可分为官刻本、家刻本、坊刻本。官刻本根据官府性质的不同又可细分为国子监本、兴文署本、经厂本、武英殿本、内府本、府学本、州学本、县学本、各路儒学刻本、官书局刻本等。官刻本中，一般说来，大多质量较好，如清武英殿刻本，校勘精详，写刻工致，印刷精美，堪与宋本媲美。家刻本又称家塾本，其刻书不以营利为主要目的，且大多出于著名学者或藏书家之手，故一般质量上乘。家刻本中有以室名标示的，如世采堂本、晦明轩本、汲古阁本、知不足斋本等；有以刻主姓名标示的，如黄善夫本、周必大本、吴勉学本等。坊刻本以营利为目的，质量良莠不齐。有的书贾为牟取暴利，粗制滥造，校雠不精，甚至故意删除节选，偷工减料。但坊刻本也有不少精品，如宋代杭州棚北大街睦亲坊陈氏书铺、元代福建建安余志安勤有堂等所刻的书，均是有名的善本书。

（三）根据刻书地区的不同可分为浙本、闽本、蜀本、平阳本及朝鲜本、高丽本、日本本、越南本等。浙本中又可细分为杭州本、衢州本、婺州本、台州本等，闽本中又可细分为建宁本、建阳本、麻沙本等。古代各个地区的刻本在质量上也有差别。如在宋代，浙本书大都精校精刻，为宋版中之最佳者；而闽本中的麻沙本，多数书籍讹误较多，刊版较粗，常为世人所诟病。《石林燕语》卷8云："今天下印书，以杭州为上，蜀本次之，福建最下。"这种评价，是有一定根据的。当然，宋代闽本中也有精品者，如南宋建安万卷堂就刻有不少善本书。

（四）根据刻印先后可分为祖本、原刻本、初印本、后刻本、重刻本、翻刻本、复宋本、复元本、复明本、仿宋本、影刻本等。一般说来，学者和藏书家等都比较重视祖本、原刻本或初印本，因为初次刻印的书，往往比较接近原稿，错讹少，材料真实，比较可靠，而重刻、翻刻本则难免发生讹脱衍倒甚至窜改等。还有复宋本、复元本、复明本及仿宋本、影印本等一般都照该书原样不动地复刻，其错误也较少，甚至达到乱真的程度，故也较受读者的欢迎。

（五）根据刻印的情况可分为精刻本、写刻本、单刻本、丛书本、家藏本、抽印本、节本、翻印本、增订本、配本、递修本、百衲本、三朝本、通行本、普及本、邋遢本、书帕本等。

（六）根据印制颜色的不同可分为兰印本、红印本、朱墨本、三色五色六色套印本等；在版画中又有饾版、拱花等。

（七）根据字体的大小、订本的大小可分为大字本、小字本、巾箱本、袖珍本等。根据活字的材料不同可分为泥活字本、木活字本、铜活字本、铁活字本、铅活字本等。自清乾隆以后一段时期，活字本又称聚珍本。

（八）根据制版的方式不同可分为雕版本、影印本、石印本、铅印本、铜版印本、珂罗版印本、泰山磁版本等。当代，随着科学技术的发展，许多书籍做成光盘，叫电子版。不同商家出版的同一种文献的不同光盘，就成为不同的电子版，如《四库全书》《二十四史》的光盘都有多种版本。

（九）非印刷类型的版本可分为唐写本、明抄本、清抄本、传抄本、精抄本、近抄本、影抄本、影宋抄本、毛抄、清稿本、朱丝栏抄、乌丝栏抄、内府写本等。

（十）根据文物价值和使用价值可分为孤本、秘本、珍本、善本等。

这里必须特别提出的是有关"善本"的问题。究竟何为"善本"，学术界自古至今看法不一，众说纷纭。限于篇幅，这里不拟展开讨论，笔者认为有关善本之定义，可分为两个层面理解比较合适。一是从文物价值层面来说，所谓善本主要指年代越为久远，其文物价值一般就越大；或某种版本书籍存世越为罕见，其文物价值一般也越大。从这一标准来衡量，一般所说的孤本、珍本、秘本均可列入善本。除此之外，一些古籍其本身内容并无多大学术价值，但它反映了古籍印刷技术水平与发展，反映了古籍书法、雕刻艺术风格，反映了书籍所用材料（如纸张、印墨等），这些古籍从文物价值来说，均可算作善本而加妥善保存。目前中国绝大部分图书馆收藏的善本书一般主要从这个层面来界定的。还有《中国古籍善本书目》事实上也是以文物价值为主要标准来收录善本的。二是从学术价值层面来说，一种书籍不管时代先后还是存世多少，只要在篇章上无缺漏、错乱，在文字上无讹脱衍倒等，经过精校细勘，接近或完全符合该书原貌，内容完整，就应该称得上善本。因为从学术价值角度看，我们读书治学，就是注重追求错误少、内容完整的好书。古人云："读书必求善本"，就是从学术价值层面来说的。如从这一标准来说，我们当代出版的许多点校本古籍，均是治学中首选的善本书。研究中国古代音乐，正史中的乐志、律志及艺文志是重要的文献资料。而有关二十四史的版本，经历代传刻常见的就有明南京国子监刻二十一史、明万历北京国子监刻二十一史、清乾隆武英殿刻二十四史、清同治光绪年间五省官书局合刻二十四史、民国商务印书馆印张元济辑百衲本二十四史、中华人民共和国成立后中华书局排印点校本二十四史。纵观其版本演变，可谓是后出转精。清武英殿本经过学者校勘，撰有《考证》，胜于明本；民国百衲本集各史旧刻予以影印，并校改了大量有版本依据的明显错误，另撰《校勘记》，就错误较少这个角度讲，显然又胜于武英殿本。现代中华书局点校本，则集全国学有专长之名家，广收各种版本进行校勘，并吸收前人校勘考证之成果，经过精校细勘，再加上新式标点，划分段落，并撰写了详细的《校勘记》，还编有配套的纪传索引、人名索引、地名索引、引书索引等，从总体上看已大大胜过前代一切版本，可谓是目前读者首选的善本。

当然，目前图书馆收藏的许多善本书，其实是文物价值与学术价值两者兼备。如大多数宋版书籍，年代既已久远，存世也十分罕见，而且又是精校精刻精注，完整地保存了古籍的原貌，可谓是“两全其美”的善本。

第三节 版本的鉴定

版本的鉴定是一个比较复杂困难的问题，而且是一项经验性很强的技术，必须多见多识多闻，才能在实践中逐步提高鉴定水平。本书主旨不在于深入探讨有关鉴定技术，而仅在于简略介绍一些基本的鉴定方法和原则，供读者在阅读古籍时能进行最基本的版本鉴定，至于遇到一些比较困难的版本鉴定问题，最好还是当面请教一些学有所长的专家。

版本鉴定主要是针对古代书籍而言，因为近现代出版的书多有版本记录页，对书籍版本情况作了详尽的介绍。因此，一般不存在着版本情况不清而需要鉴定的问题。早在1914年，当时中国政府公布的《出版法》第三条就已规定：“出版之文书图画，应将左列各款记载之：一、著作人之姓名、籍贯；二、发行人之姓名、住址及发行之年月日；三、印刷人之姓名、住址及印刷之年月日；其印刷所有名称者，并其名称。”[①]1972年国务院出版口所修订的《关于图书版本记录的规定》也指出：图书版本记录包括以下项目：一、书名；二、著作者（或绘制者）、编辑者、翻译者的姓名（或笔名、单位名称）；三、出版者、印刷者和发行者的名称；四、出版年月、版次、印次、印数；五、统一书号、定价[②]。但是，民国之前的古籍没有版本记录页，所以有

① 张静庐辑注《中国近代出版史料》（近代初编），上海书店出版社2003年版，第331页。

② 中国出版工作者协会编《中国出版年鉴》（1980），商务印书馆1980年版，第628页。

些古籍版本不清，加上历史上一些人为的因素，更使版本鉴定成为困难，故需要通过多种手段加以辨别。

（一）验牌记。牌记又称书牌子、木记、碑牌和黑围等，相当于后世的版权页或商标，其内容一般表示刻书时间、地点、刊刻者，以资识别；或说明自己所刻书籍和别人所刻书在质量上的区别；或表示版权等，申明不许翻刻复版；或反映刻书过程、所刻字数、所刻部数及售价等情况。总之，牌记对我们全面认识版本，了解版本的嬗变是很有价值的。如宋刻《史记集解索引正义》，在卷首《集解序》后有“建安黄善夫刊于家塾之敬室”牌记二行，这就使我们一目了然该书所刻年代、地点及刊刻者。古书牌记的形式是多种多样的，比较常见的是碑形和方形，也有钟形、鼎形、亚字形、香炉形的。其位置有的在封面，有的在扉页，有的在序后、跋后、目录后、凡例后、校刊姓氏后、附录后等，还有在卷端的、卷一末的、逐卷末的、书末的。牌记虽然是鉴别版本的重要依据，但是我们在利用时也要注意绝不能单纯凭牌记确定古书的刊刻年代，因为有些古书的牌记经过书贾伪造或后人照样翻刻，已不是原书的真实情况，稍不留心就会得出错误的结论。还有不少古书没有牌记，如宋代浙江刻本系统一般就没有牌记。

（二）细读前后序跋。古书一般都有序跋。序通常刻在卷首，跋则在卷末。序跋除叙述该书内容、编著意图外，往往还介绍本书的版本源流、编著情况以及刊印过程等，末署序跋作者的姓名和撰写时间、地点等。因此，如果把一本书的前序后跋全看过，那么对该书从撰著到刊刻、抄写，以及再版，就有了一个大致的了解。一般说来，序跋的撰写时间同书的刻印时间往往相差不远，因此序跋对鉴定版本具有重要的参考价值，即可以参照序跋所署年月，判定其刻版时代。如果一书有几个人写的序跋，应以最晚的一个年月日为准。序跋虽然是鉴定古书版本的一个重要依据，但是许多古籍在长期流传中，或因版片漫漶残缺，而加以重修递补；或因传本稀少，而加以重新翻刻；或对原书内容加以增补、校订、注释等，而重新再版。像这些情况如在该书重新问世时不在序跋交代清楚，或有人故意作伪不予说明，甚至抽新序留旧序，以此充古，而我们仍相信书中的序跋，并以此作为判断刻版的依据，就会造成错误。如版本学家毛春翔曾见到海源阁藏《大戴礼记》，曾因被书贾抽出序跋，而以元版充宋版。后在友人处见到一部同样的书，经核对，才知被抽去元至正甲午刘真刻于嘉兴路儒学序，而导致被误定为宋本。[①]

（三）考刻工。刻工是指雕刻书版工匠名。古籍不少都有刻工名，大概是为了支付工钱，也为了表示负责。刻工大都记在版心下方，有的姓名俱全，有的只记姓或名，还有冠以籍贯的。一位刻工一生总要刻许多书，其中有些书有明确年代，例如有序跋、牌记明确记载年代的，那么这些书就可作为刊刻年代的参照，从而也就定下了这些书刻工的时代，其他一些没有明确年代的书，如刻工相同，其年代大致也可推定相同。如南宋绍兴间杭州刻本《广韵》，版心有刻工陈锡、包正、徐杲、徐茂、徐升、陈明仲、陈询、孙勉、徐政等人，《乐府诗集》也有徐杲、徐升、陈询等四十余人。后者虽然没有序跋、牌记年月，但从刻工姓名可证明当也是南宋杭州地区所刻。利用刻工判断版本虽是一种行之有效的办法，但在具体操作时必须注意四个方面的问题：一是历史上不同的刻工，其姓名有偶然相同的现象。因此在鉴定时必须参照其他证据进行分析，以防张冠李戴。二是有的刻工寿命长，其刻字职业生涯比较长，因此据刻工鉴定版本时不能将他们的工作时间估计得太短，以免确定版本年代误差太大。三是某些刻工为了谋生经常到外地刻书，我们据刻工确定某书为某地区刻本时应采取慎重态度，尽可能再参照其他一些旁证。四是明清复刻宋元本，有的也将刻工姓名照样翻刻，因此鉴定版本不能只凭检验刻工来断定。后世学者颇重视鉴定版本中刻工的作用，先后编有各种刻工名表供人查阅，如日本学者长泽规矩编《宋元刊本刻工名表初稿》，中国学者王重民在《中国善本书提要》中附《刻工人名索引》，何槐昌编《宋元明刻工表》等，均可在鉴定时检索参考。

（四）查避讳。避讳是中国古代文化中的一种特殊现象，避讳就是在文字上不得直书本朝君主或所尊之名，如遇到这类字时，采取缺笔、改字、空字或删字等办法进行回避。避讳有避国讳、家讳等。一般说来，宋代刻书都避讳，浙本最严格，蜀本、闽本则不甚严。元代刻书不避讳，只是在复制宋版时偶沿旧本避讳不改。明代早中期刻本基本上不避讳，只有最后三位皇帝泰昌（朱常洛）、天启（朱由校）、崇祯（朱由检）在位时避讳。清代

① 参见毛春翔《古书版本常谈》，上海人民出版社1977年版，第100页。

则自康熙开始均避讳，道光后又有所松动。刻书避讳为我们确定版刻的下限提供了一定的参考，如宋代仁宗及其后各朝的音乐书籍，遇五音（宫、商、角、徵、羽）中的“徵”字，为避宋仁宗赵祯同音讳，有些改作“祉”。如宋本《资治通鉴考异》30卷，书中凡“朗”“匡”“胤”“敬”“贞”“恒”等字，皆缺笔避讳，其余则不避，因此有人断为宋仁宗时的刊本。又如《桯史》记载，南宋学者岳珂在朋友家做客，适逢有人鬻琴。琴体铭文标示其于唐代宗大历三年制造，于唐德宗贞元十一年修理。众人对此深信不疑，而岳珂通过仔细观察，指出铭文中“贞”字缺旁点不成字，很显然是宋朝人为避宋仁宗帝讳的写法，从而使琴的价格下降十分之九。[①]在鉴定版本中，避国讳容易掌握，避家讳则比较复杂，难以简单判断，有时颇费周折。利用讳字鉴定版本同样有一些需要注意的地方：一是书贾往往剔除某些字的末笔，使人觉得原是避讳缺笔；二是各个时代避讳的宽严程度和方式不尽相同，同是宋代，家刻本和坊刻本就没有官刻本那么严格，有的字避，有的字不避；三是翻刻古书照样翻刻讳字，或者后朝人刊刻前朝人的著作，也故意避前朝之讳。所有这些，我们在查避讳鉴定版本时都必须予以注意。各朝究竟避哪些讳字，近人张惟骧所撰《历代讳字谱》，可供我们检索参考。此外，陈垣《史讳举例》是集史讳研究大成之作，尤有细读的必要。

（五）看版式。版式指书版的样式，可大致分为边栏、行款、书口三部分。不同时代雕刻的书，其版式有着不同的特点；同一种书，各种版本的版式也有许多是不相同的。因此，研究版式是鉴定版本的方法之一。边栏大致有四周单边、左右双边、四周双边三种形式，就现存宋、元本书来看，宋本多左右双边，元本多四周双边。但由于三种形式的边栏在宋代皆已出现，因此以边栏形式确定版本年代很不可靠。但是有一点却是可以作为较可靠依据的，那就是版框的高广。翻刻本与原刻本行款往往相同，但它们的版框高广的长度一般都有差别，据此即可判断出它们的不同版本。王重民《中国善本书提要》采用公制长度计量单位记录版框的高度，十分精确方便，可作为判断版框的重要参考。

行款是指每页雕版书的版面有多少行，每行有多少字，通常以半页计

① 见岳珂《桯史》卷13“冰清古琴”条，四部丛刊续编景元本。

算。由于某时某地所刻书在行款上大体有规律可循，而一书多刻，行款也常有差异，所以人们往往通过对行款的研究来鉴定版本。如宋陈旸所著《乐书》，《宋元本行格表》载半页13行，宋本每行21字，元本则每行26字。因此依据字数不同、行数不同可以作为区别刻本年代的证据之一。清代江标辑有《宋元本行格表》，今人斐子英也辑有《宋元行格表》，可作为鉴别各朝刻本行款的参考。

书版中央不刻正文的部位称版心或书口，因为宋元时期通行蝴蝶装，此部位朝里，故名版心；宋元以后书籍改成包背装、线装，此部位朝外，故改称书口。书口往往也具有时代与地区特征，可作为鉴定版本的参考。如宋浙本、蜀本系统多白口，单鱼尾，版心记字数及刻工；宋建本前期类似浙本，中后期多黑口，双黑鱼尾。元浙本，书口仿宋浙本，但也出现了一些细黑口；元建本，几乎全是黑口，而且越晚越粗，双黑鱼尾或花鱼尾。明本早期沿元建本，大黑口，双黑鱼尾；中期仿宋浙本，变为白口，单鱼尾；晚期仍多白口，单鱼尾。清代基本沿用了明后期书口的风格。利用书口鉴定版本有两点应加注意：一是书口虽具时代风格，但也有例外，如一般认为大黑口本为元代或明初所刊，其实南宋末年与明嘉靖以后也有黑口本。二是要谨防书贾在书口上作伪。

（六）辨字体。古代刻书的字体受到时代风气与传统习惯的影响，不同时代不同地区所刻的书，其字体往往呈现出不同的特色。因此，辨字体也是鉴定版本的证据之一。总的说来，宋版书，浙本多用欧体字，蜀本多用颜体，闽本也用颜体，而刀法更峭削，有锋棱。元浙本仍袭宋浙本风格，但增加了赵体风格。元建本仍沿颜体，但要瘦些，圆劲一些，不像宋建本那样横特别细、竖特别粗。元杂剧、话本多俗体字，雕刻较草率。明代刻本，分早中晚三期，字体不同。早期多赵体字；中期则仿宋浙本作欧体，但比宋本板滞、生硬；晚期逐步形成长方形的横细竖粗的宋体字。清代基本上通行宋体字，但在康熙至乾隆间又盛行一种软体字写刻。以上对历代刻本字体的介绍仅就一般情况而言，而实际上不少刻本的字体同时代风尚、地区特点往往有一定的差别。因此，单凭字体判定版本很不可靠，还要参考其他证据。

（七）看纸墨。印书所用之纸墨具有时代和地域特征，所以对纸墨进行研究是鉴定版本比较可靠的办法。宋浙本多用白麻纸、黄麻纸，蜀本多用白麻纸，有“帘纹”。这种麻纸，据化验多是楮树皮为原料制成。宋建本为竹纸，发黑，易脆，质量较差。宋代用公文纸背印书的也不少。宋本用墨，质料精良，一般浓厚似漆，开卷有一种书香。虽遇潮湿而无漂迹，燥而无烟痕。元代印书用纸承袭宋代，主要还是用黄麻、白麻纸，竹纸次之。由于麻纸对风吹日晒有很强的抗性，所以有些宋元印本，流传至今已近千年，犹完整如新。元代用墨，略逊于宋代，差者秽浊。明代早期好的印本仍用白麻纸（皮纸），一般书用竹纸；万历以后多用竹纸，微黄，较薄，日久易脆。明代印书还盛行一种白棉纸，质细而柔，纤维多，韧性强。明代刻本早期和中期墨色还好。万历以后，多以煤烟和面粉代替墨汁，色浅，易浸染脱落，使版面模糊。清代印书，用纸品种繁多，较有特色的是武英殿本喜用开化纸，白而匀洁，但日久会出现黄斑。又有一种连史纸，白而匀细。清代的书籍大部分仍用竹纸，还有一大部分用毛边纸。清代制墨原料较精，墨色较明刻本为胜。随着现代科技的发展，通过化学、物理的方法鉴定纸墨而确定版本时代，是比较可靠的办法。

（八）看题识藏印。历代藏书名家或学者收集到善本之书时，往往都仔细考证版本的异同正讹，并在卷首或卷尾和前后扉页，用朱笔或墨笔作题跋识语，叙述本书价值，内容正误，收藏源流，刻印情况，属哪一时代刻本，获书经过等，有的还借题发挥自己的学术思想。这些经过研究考证后的名家题跋识语，是鉴定版本的有力佐证，有很大的参考价值。因为这些藏书家或学者一般都具有丰富的目录版本学知识，他们鉴定的成果历来为言版本者所重视。名家题识不仅有助于我们鉴定版本，而且也提高了该书的价值。将古籍题识纂述成书的做法始于明代，流传至今的主要有都穆《南濠题跋》、徐𤊹《红雨楼题跋》、毛晋《隐湖题跋》等。清代黄丕烈《荛圃藏书题识》、王国维《观堂题跋选录》等更是名家题识，对鉴定版本甚有参考价值，故为后世所宝。

藏书家还有一个传统，就是喜欢在自己所购书的卷端或卷内钤上藏书印。我们如果把某书上的众多藏书印按时间顺序排列起来考查，就可以勾画出一本书的流传源流。由于版本的时间下限当早于藏书家的收藏时间，因此人们往往可通过藏书印作为鉴定版本的辅助手段。如读者对篆刻艺术有一定的了解，那么还可以从藏书印进行辨伪。如名藏书家或学者大多为饱学之士，对篆书都很讲究。因此，考察印章篆文是否符合法度，可以帮助我们辨别印章的真伪。还有从使用的印泥也可鉴别印章的真伪。一般藏书家都很爱护自己的藏书，用的都是好印泥。质量好的印泥，颜色深厚，永不变色，盖在书上有立体感，而且不走油。质量差的印泥颜色刚盖上还红，稍过时日，色就浅了，有时还会由红变黑，走油也非常厉害。有时通过藏书印还可以判断古籍是否善本。如一本古籍所盖的藏书印都是知名藏书家、版本学家、校勘家、学者的印章，此书十有八九是善本书。

（九）对别本。在鉴定版本中，用别一相同或相关的本子比勘是较可靠的鉴定方法。人们可以逐一对比纸张、墨色、字体、版式、讳字、刻工、牌记等，从而辨别是否为同一版本或同一时代同一地区的版本。但是在现实中，要找到相同或相关的本子来进行比勘是不容易的。因此，人们可以通过影印本或书影来进行比勘。近现代以来，商务印书馆编印的《四部丛刊》初编、续编、三编，以及《百衲本二十四史》《古逸丛书》和《续古逸丛书》等，都是用宋元明清各种善本书影印的，仅《四部丛刊》初编就收了宋本书45种、金本2种、元本29种、影写宋本13种、影写元本4种、明写本6种、校本25种、明活字本8种等，其余则皆明清刻，共三百多部。还有如《古本戏曲丛刊》一、二、三、四集，就有六百多种。根据不完全估计，中华人民共和国成立前后影印的古籍就达几千种之多。这些影印本对我们今天校勘古书，核对版本，用处甚大。除此之外，许多书影汇编也是比勘的重要资料，其中北京图书馆编印的《中国版刻图录》几乎集中了全国善本书的精英，依时代地区为序，详细说明，许多过去未见著录的善本书也一一影印出来。这种书影汇编把原书一点不走样地展示出来，读者如能细心勘比，不失为鉴定版本之较为可靠的捷径。当然，影印本与书影汇编也有不足之处，主要是不能反映纸墨的情况，而在辨别古书版本中，这两者又是不容忽视的。

（十）查著录。前人在鉴定版本方面做了大量的工作，并运用版本目录的形式总结了他们的鉴定成果。版本目录一般除著录书名、卷数、册数、作者、版本外，往往还兼记牌记、刻工、讳字、版式、序跋、藏印等。像这样的著录对我们鉴定版本具有很高的参考价值。当我们对一部古书初步鉴定之后，最好查阅一下有关的版本目录，如果结论和版本目录相同，又能找到一些旁证，这个结论就可能是对的；反之，就要重新考证。历史上，南宋尤袤《遂初堂书目》开创后世版本目录学之先河，第一次记载不同的版本。明代晁瑮等人撰的《晁氏宝文堂书目》，其中子杂、乐府两大类中，著录了好多种元明话本、杂剧和传奇，对研究我国古典小说和戏曲版本颇有参考价值。《曲海总目提要》和《曲海总目提要补编》是我们查找戏曲版本的专科目录。傅惜华编的《元代杂剧全目》《明代杂剧全目》《明代传奇全目》是我们研究元明两代杂剧和传奇版本的目录。当代上海图书馆编辑、中华书局出版的《中国丛书综录》3册，集全国41个图书馆所藏丛书2797种，是迄今为止我国丛书目录中比较完备的一种，对查考丛书版本大为有用。《中国古籍善本书目》也是我们查考何者为善本书的重要依据。它按经部、史部、子部、集部、丛部编排，其中音乐文献比较集中的是经部卷2乐类，子部卷17艺术类之下乐谱，集部卷31曲类之下诸宫调、散曲、俗曲、曲选、曲谱、曲律、曲评、曲话、曲目等。这是迄今为止记录我国古籍善本书目最为详尽的一部著作。我们把版本书目作为鉴定古籍的重要工具，但并不等于说它们可以代替一切而不顾古籍本身的具体情况。版刻的形式特征和内容才是我们鉴定版本的第一手依据，版本目录只不过是旁证而已。更何况由于各种原因，前人那些版本目录或多或少有所失误，因此绝不可以本末倒置，过于迷信和依赖版本目录。

以上我们介绍了鉴定古籍版本的10种主要方法，但是由于古籍浩如烟海，经过漫长的累积和流传过程，存在着各种各样的复杂情况，加上人为的作伪，如改牌记、抽序跋、换年号、挖目录、易书名、重装订、染纸色、伪造题识、假避讳、在书口扣填年号等，使我们上述任何一种鉴定方法，都存在着一定的局限性。因此，我们在进行古籍鉴定时，必须尽可能地综合运用上述方法。只有各个方法所鉴定的结论彼此一致，那最终的结论才是比较可靠的。正如今人毛春翔在《古书版本常谈·如何鉴定版本》中所说："字体、刀法、纸张、墨色都对了，再看版式行款；又都对了，再看前后序跋，及有无牌记，或校勘衔名，有无前人藏书印记等等。这样一步一步地审阅后，再参考前人书目题跋，乃下断语，大概不会错了。"这真是行家经验之谈！除此之外，与版本鉴定的有关知识是多方面的，有些比较直接，有些就间接一些。我们学习中国音乐文献，不仅要熟悉音乐史，对校勘学和目录学要有较深的了解，而且还要有丰富深厚的文史知识，这样才能在上述10种主要方法之外努力寻找旁证，以期对版本鉴定做出更有说服力、符合客观事实的结论。如可利用语言与年代的关系、地名沿革与年代的关系、官制与年代的关系、著者与刻书人的生平、古籍的文体、书中述及的历史事件和引用的文献时代等来进行多方位的考证，才能去伪存真，避免一些错误，从而得出正确的鉴定结果。

第四节　版本学的作用

版本学的作用是多方面的，如可以帮助我们免受书贾的欺骗，购好书藏善本；也可以指导我们在读书、校书中求善本，避免被书中的错误所蒙蔽。这里，仅就读书治学方面谈谈版本学的作用。

首先，读书应择善本。清代著名学者张之洞在《书目答问·略例》云："读书不知要领，劳而无功；知某书宜读而不得精校精注本，事倍功半。"图书在长期的流传过程中，因各种原因产生了一些不同的版本，而这些版本之间从文字到编次又往往存在着很大的差别。如这个版本的书经名家精校精注，错误较少，那就是善本，我们读之就会获得正确的信息；如那个版本的书粗制滥造，错误很多，那就是劣本，我们读之就会被不正确的信息误导，甚至会犯一些常识性的低级错误。

古籍篇章文字讹脱衍倒是常有的事，如果我们具备一定的版本学知识，就可以较自觉地在读一部不大熟悉的古书时，尽可能弄清楚"其所据何本？校订何人？出于谁手？刻于何年？款识何若？有谁题跋？孰为序引？板存何处？有无缺讹？一书曾经几刻？诸刻有何异同"[①]等等，这样便可以知道哪种本子的书内容比较完整，文字比较正确，注释比较精当，从而选择善本，达到事半功倍的效果。总而言之，版本学是我们顺利地进行读书治学的重要条件之一，不讲求版本，日读误书而不知，是不知读书治学的基本方法。

其次，校书应广备众本，择善本为底本。广搜异本，进行比较，择善而

---

① 章学诚《文史通义新编》，上海古籍出版社1993年版，第324页。

从，是校书最基本的方法。因为收集的本子多了，互勘异同的依据就多了。选择好的本子，则由于文字错误少，内容比较完整，可靠性较大。如丘琼荪在撰《历代乐志律志校释》一书时，单校释《史记·乐书》和《史记·律书》就网罗《史记》各种版本凡三十余种：《史记集解》南宋绍兴三年淮南路官刊本、绍兴杭州刊本、明崇祯十四年常熟毛氏汲古阁刊本，《史记百衲宋本》清诸城刘喜海集本、刘燕庭集本，《史记集解索隐正义》南宋庆元建安黄善夫刊本、明正德十二年闽中廖铠刻本、明嘉靖四年金台汪谅刊本、明嘉靖四年震泽王延喆刊本（清初翻刻王延喆本、同治九年湖北崇文书局翻刻王延喆本、1912年鄂官书处重刊本）、明嘉靖十三年秦藩朱维焯刊本、明万历三年南监祭酒四明余有丁校司业周子义同校本、明万历九年刘氏滇中刻本、明万历间广东监察御史张守约修刊本、清乾隆四年武英殿刊本、同治五年金陵书局刊本，《史记集解索隐》明正德十年白鹿洞书院刊本，《史记题评》明嘉靖间刊本，《史记评林》明万历四年吴兴凌稚隆辑校本，又《增补评林》明温陵李光缙增补本，《史记抄》明西吴闵振业辑诸家评语校刻，《史记》明万历四十六年虎林陈祖苞刻本、天启刊本、崇祯元年抄本、崇祯九年刊本、清南宫邢氏刊本、1936年前国立北平研究院史学研究会排印本，《史记汇评》明崇祯十年昆山葛鼎、金蟠订阅本，《史记测议》明崇祯十三年华亭徐孚远、陈子龙测议本，《史记索隐》汲古阁刊本，《史记论文》清武进吴见思评点本，《史记略铨》清乾隆间嘉定王鸣盛刊本，《史记会注考证》日本泷川资言集注并考证本。在这众多的版本中，丘琼荪选择公认的善本——涵芬楼影印百衲本二十四史中黄善夫刊本《史记集解索隐正义》为底本，再以其他版本参校。

在校勘中，假如异本不多，可以逐一对校。但是如果异本较多，则很难逐一对校，那就必须先弄清版本源流系统，将众多版本归并为若干个系统。然后每个系统依据时代先后找出祖本，这样，通校的工夫可限于祖本与祖本之间。其余从祖本衍生的本子则作为参校本。丘琼荪在校《史记·乐书》和《史记·律书》时就采取了这个办法，从众多的版本中，理出明刻《史记》有五个系统：（1）宋黄善夫本系统，翻刻者有廖铠本、汪谅本、王延喆本、秦藩本。（2）蒙古中统本系统，翻刻者有游明本、建宁官刊本、刘洪本、白鹿洞本。（3）元彭寅翁本系统，明南监余周本、南监冯周本、南监张江本、张守约本，疑皆出于彭本；他如北监刘杨本、刘氏滇中本，则皆从余周本出；而彭本或亦出于黄善夫本。（4）评本，明代评本《史记》至多，无一定之系统；三注全者，则有杨慎、李元阳题评本，凌稚隆《评林》本，葛鼎、金蟠汇评本等，而凌评尤为个中翘楚。（5）毛氏汲古阁集解本、索隐本皆出宋本，别成系统。由此可以得知，丘氏通过对众多《史记》版本的梳理，其点校工作就可以做到点面结合，深入细致，有条不紊而事半功倍，集众本之长而后出转精。

再次，通过版本学鉴定出土古籍。历史上，不断有一些古籍出土，在鉴定时，就必须具备一定的版本学知识。否则，面对出土古籍，我们将会显得束手无策。如1967年上海嘉定县城东平整土地时，出土了11种说唱词话和南戏《白兔记》，经鉴定是明成化七年至十四年用竹纸刊印的，为当时所能见到的最早的明代唱本。1976年在山东一鲁王墓中发现了不少元明刻本，其版本价值非常高，纠正了现存书中某些版刻前人鉴定的错误。

最后，版本学不仅对音乐理论研究者，尤其是对音乐史、音乐文献、音乐考古研究者帮助甚大，而且对于音乐演奏者、演唱者也有一定作用。如一首曲子可能因有不同的版本，其演奏或演唱的旋律、歌词就会有差别。如钢琴协奏曲《黄河》、独奏曲《夕阳箫鼓》就有不同的版本，其曲调就有所变化。还有即使旋律完全一样，但由于编订者的不同，各种版本的指法、踏板的标注也不相同，有时差异还很大。当代，随着音响光盘的日益普及，同一首曲子，不同时代、不同地区、不同流派的演奏家对其进行多种诠释，并分别制成不同版本的光盘资料。这都需要演奏者必须具有一定的版本学知识，有意识地广泛收集各种版本，深入研究对比，根据自己对乐曲的理解择善而从。

第五节　文献错讹的类型

文献经过传抄、刻印、排印等，难免会出现错误。错误的类型，如细加分析，则种类甚多。清代训诂学家王念孙著《读书杂志》，对《淮南子》内篇订正了九百余条字句的错误，并从这九百余错误中归纳出“致误之由”，凡64例（即错误的类型）。这里限于篇幅，不可能按照王氏的细目一一介绍，只能进一步概括归纳为误字、衍文、脱文、倒置、多重错误五大类。

（一）误字。误字如从产生的原因来看，大致有形近而误，不明词义而误，音同音近而误，一字误为二字，二字误为一字等，其中最为常见的是因形近而误。如二十四史百衲本《晋书·律志》云“凡笛体用角律，其长者八之，短者四之。宫中实容，长者十六”。而《晋书斠注》及沈约《宋书·律志》同文“宫中实容”作“空中实容”，从文义分析，正确者当为后者，前者即因形近而致误。其次如百衲本《史记·乐书》云“齐者，三伐之遗声也，齐人志之，故谓之齐”。而《礼记》及《史记》其他数种版本同文“三伐之遗声也”作“三代之遗声也”，从文义分析，正确者当为“三代之遗声也”。再次如百衲本《晋书·律志》云“无射上生中吕，长六寸万九千六百八十二分寸之万二千九百七十四”，而其他数种版本同文作“长六寸万九千六百八十三分寸之万二千九百七十四”，此数为“置一而九三之以为法”之数，即三之九次方，百衲本《晋书·律志》因不慎错抄或错刻而致误。有关音同、音近而误的情况在通俗文学作品、剧本、话本中最为常见，这里举《伍子胥变文》中的部分例子（下列括号中是改正的字）：净（争）侵、清（请）托、喜不自昇（胜）、列（烈）女、木剧（屐）、宝剑相雠（酬）、麦饭一讴（瓯）、风流如（儒）雅、舞道（蹈）、下知地里（理）等。[①]

（二）衍文。衍文就是多余的文字，其致误的原因有后人传写传刻中不小心混入或重复而造成的，或因涉及上下文而衍，涉注文而衍，也有因无知者妄增而衍的。如南宋黄善夫本《史记·司马相如列传》：“米就，请具而奏之，相如以为列仙之传居山泽间”索隐：“列仙之传居山泽。按：传者，谓相传以列仙居山泽间，音持全反。小颜及刘氏并作儒。儒，柔也，术士之称，非。”这段正文19字，索隐40字，共59字，黄善夫本重复出现。这是坊刻本不重视校勘而留下的较为明显的衍文。又如百衲本《晋书·律志》有注文“若长短大小不合于此，器用不便或声均法度之齐等也。然笛竹率上大下小，不能均法度齐，必不得已，取其声均合。”这里“不能均法度齐”文义不通，沈约《宋书·律书》和《晋书斠注》无“法度”二字，当是承上文“器用不便或声均法度之齐等也”而衍。再如《大戴礼记·曾子制言中》：“冻饿而

① 参见王重民等编《敦煌变文集》卷1，人民文学出版社1957年版。

守仁，谓其守也，则君子之义也，其功守之义，有知之，则愿也；莫之知，苟我自知也。”据卢文弨、孔广森考校，该句应作：“冻饿而守仁，则君子之义也。有知之，则愿也；莫之知，苟吾自知也”。其中“谓其守也”“其功守之义”均为注文而误入正文。古书正文夹注，每以字之大小区别，正文大字，注文亦单行，仅用小字。如抄写时大小不明显，正文和注文常混淆不分，故常致误。

（三）脱文。脱文也叫夺文，即漏掉文字。其产生有因不慎而误脱的，也有因不明其义而脱漏的。如百衲本《晋书·律志》引《周礼》之文“重一钧，其声中黄钟之宫”，因不慎脱“之宫”二字，丘琼荪在《历代乐志律志校释》中据《周礼》原文而补上。又如《晋书·律志》“姑洗之笛：正声应姑洗，下徵应应钟，长二尺二寸四分七厘有奇。蕤宾之笛：正声应蕤宾，下徵应大吕，长三尺九寸九分五厘有奇”。两句之间漏“仲吕之笛：正声应仲吕，下徵应黄钟，长二尺一寸三分三厘有奇”。按照十二律的顺序，显然在姑洗和蕤宾之间漏了仲吕一句，杨荫浏在《中国音乐史纲》中指出其脱并予以补上。

（四）倒置。倒置即文字颠倒，有因不慎而倒置，或因不明其义而倒置的。如百衲本《晋书·乐志》引《周官·大司乐》文“奏黄钟，歌大吕”倒置作“奏大吕，歌黄钟”，丘琼荪在《历代乐志律志校释》中据原文加以改正。此是因引文不慎而倒置。又如《吕氏春秋·重己》：“是其所谓非，非其所谓是，此之谓大惑。”陶鸿庆《读诸子札记》五认为：“‘非’‘是’二字当互易。原文本云：‘是其所谓是，非其所谓非。’上文云：‘其所谓是者，未尝是。’是‘是其所谓是’也。又云：‘其所谓非者，未尝非。’是‘非其所谓非’也。今本互误，则非其旨。高注云：‘是己之所是，非己之所非，而以此求同于己者也，故谓之大惑。’是其所见本不误。”这是因不明其文义而倒置也。

（五）多重错误。多重错误指一句中有几处错误，如既有误字又有衍文，既有脱文又有倒置等种种情况。这种错误如没有依据正确的版本进行校勘，单凭理校法一般难度甚大。如清惠栋《松崖笔记》卷2《仁》：“《春秋元命苞》曰：仁者情志，好生爱人。故其为人以其人，立字二为仁。仁人，言不专于己，念施与也。”这段话虽然可以勉强断开句子，但文义不通，尤以“其为人以其人，立字二为仁”费解。查中华书局影印宋刻《太平御览》卷360《人事部》载有此段文字：“‘仁者情志，好生爱人。故其为仁以人，其立字二人为仁。’注：‘二人，言不专于己，念施与也。’”我们以后者校前者，发现前者错误多处，故致难解其意。剖析其误系多重错误纠缠在一起：其一，“为人”为误字，当为“为仁”；其二，“其人”为倒置，当为“人其”，“人”归上句，“其”归下字；其三，“立字二为仁”中有脱文，当为“立字二人为仁”。把这三处误、倒、脱改正后，重新断句即为“其为仁以人，其立字二人为仁”，意思就明白了。其四，“仁人”为误字，当为“二人”。其五，最后一句因脱“注”字，将注文误入正文。这一段虽仅有32字，竟然发生五重错误，校勘者如没有找到正确的原文进行校勘，是很难将其理清的。

第六节　校勘的主要方法

校勘，亦称校雠、校订，广义上说指同一书籍，用不同版本和有关资料，或翻译书的原文相互核对，比勘其文字篇章的异同，以订正错误；狭义上说主要指校正古籍中由于抄写或翻刻等原因而产生的字句、篇章等错误。陈垣《元典章校补释例》总结出校法四例（对校法、他校法、本校法、理校法），甚为精当。在实践中，这四种方法又经常配合运用，互相补充，所以又有综合法，共有五种。兹举音乐古籍校勘之例略加说明。

（一）对校法

对校法是用同书别本互校的校勘办法。早在西汉，刘向《别录》所说的“一人持本，一个读书，若怨家相对，为雠”，就是典型的对校法。现在我们在进行对校法时，一般不是两人对校，而是一个人把两个本子摊在桌子上，一个作为工作底本，遇到两本异处，就把异文统统记在工作底本上，让人看到你的校本，就像看到另一个本子一样。这种功夫叫作“死校”，目前在校勘中还是最基本、最常用的一种方法。

进行对校法，首先要广泛搜集同书别本。别本，包括手稿、古抄本及各种刊本。在这些本子中选择一本错误较少的本子作为底本，然后用其他本子校勘，从而发现问题，进行鉴别，择善而从。如百衲本《晋书·律志》：“如别省图，不如视笛之孔，故重复作蕤宾伏孔笛。”此句“视笛之孔”原作

“视笛之了”，显然文义不通，存在误字。丘琼荪在《历代乐志律志校释》中据音义本、明补本、南监本、毛本、殿本等改为“视笛之孔”。又如《史记·乐书》“然后草木茂，区萌达”句，《正义》注曰：“区，音勾。草木据其成体之茂，区萌据其新牙，故曰达。达，犹出也。曲出曰区，菽豆之属。直出曰萌，稻稷之属也。”百衲本原文脱“曲出曰区”，《历代乐志律志校释》依金陵本、崇文本补。

（二）他校法

陈垣《元典章校补释例》卷6《校法四例》云：“他校法者，以他书校本书。凡其书有采自前人者，可以前人之书校之。有为后人所引用者，可以后人之书校之。其史料有为同时之书所并载者，可以同时之书校之。此等校法，范围较广，用力较劳，而有时非此不能证明其讹误。”这里非常精当地概括了他校法可广为利用前人之书、后人之书和同时之书。其实，他校法也可算对校法的一种，只不过不是同书别本相对校，而是异书同片段相校。应用他校法，由于是寻找他书中与本书相同或基本相同的片段，因此工作显得繁重艰巨，并需要校勘者博览群书，有丰富的文史知识，才能多发现他书中与本书相同的片段。在他校法中，发现他书中可供本书校勘的资料愈多，就愈容易发现问题，也愈容易得出可靠的结论。在运用他校法时，应正确对待古类书及文集古注。这种书是他校时的参考资料，但绝不可尽信。因为古人所编类书，所注文集，在引书时往往比较随便，有的约取其辞，有的节用书意，不尽如原文。所以在运用这些资料时，要十分慎重，特别只有一个例证时，更不能尽据以改正原文。下列他校法两例，以资说明。

百衲本《史记·乐书》：“诎信、俯仰、级兆、舒疾，乐之文也”一句，以《乐记》《黄氏日抄》校之，“级兆”当为“缀兆”；再以本校法证之，同书之下《乐化章》第三段有“行其缀兆”句。郑注云：“缀，表也，所以表行列也。兆，域也，舞者进退所至也。”由此可见，“级兆”当作“缀兆”较为明白。又如据闻一多《楚辞校补·校引书目板本表》所载，他在从事该书校补时，引用类书及文集注作为校勘资料者，有57种。他的许多校补结论，都是在广征博引多条例证之下才做出的，很有说服力。《楚辞校补》对《楚辞·招魂》“十日代出，流金铄石些”的校考是：“按古言‘天有十日’，更番运照。则一时仍只一日，此犹常态也。又言‘十日并出’，（《庄子·齐物论篇》《淮南子·本经篇》《御览三》引《逸周书》）则十日同时俱出，故其为热酷烈，异于常时。此曰'流金铄石'，似'代'当为'并'之讹。'十日并出，流金铄石'，犹《淮南子·本经篇》言'十日并出，焦禾稼，杀草木'也。今本作'代'，或后人习闻代出之说而妄改。《类聚一》《白帖一》《御览四》《合璧事类前集一一》《文选》刘孝标《辨命论》注、《草堂诗笺二八》雷笺、《五百家注韩集》、卢仝《月蚀诗》孙注引俱作'并'，可据以正今本之误。"这里闻氏引用了11处其他古文献的记载，通过他校法，再辅以理校法，从而证"十日代出"为"十日并出"之误。

（三）本校法

本校法指以本书校本书，在本书上下文、目录与正文、注文与正文之间寻找证据，以校正误脱衍倒之处。本校法起源甚早，刘向《别录》所说的"一人读书，校其上下，得谬误，为校"，可能就是指本校法。本校法比较可靠。因为一本书有一本书的体例，一个作者的用词造句也有一定的个性和时代性，虽不是直接原文对校，可是根据本文的上下文义，相同相近的句式，相同的用语，校勘本书的错误，在没有同书别本可以对校的情况下，不失为一种较好的办法。当然，采用本校法也有一定的难度，必须熟悉本书内容，最好能烂熟于胸，这样才能融会贯通，运用自如，左右逢源。

百衲本《晋书·律志》："如别省图，不如视笛之孔，故复重作蕤宾伏孔笛。"《晋书斠注》本引《舒艺室随笔》曰："案蕤宾下疑脱'林钟'二字，盖惟此二律用八倍角笛也。"《舒艺室随笔》的这个结论是对的，可用本校法进一步予以证实。同书下文"凡笛用角律，其长者八之"句下注云"蕤宾、林钟也"。可见，八角之笛有二，即蕤宾之外还应有林钟。又紧接下句"短者四之"注云"其余十笛皆四角也"，亦可反证十笛之外应有二笛为八角也。又如《楚辞·离骚》："乃年岁之未晏兮，时亦犹其未央。"闻一多《楚辞校补》："案'犹其'二字当互乙。上文'虽九死其犹未悔'，'唯昭质其犹未亏'，'览余初其犹未悔'，'览察草木其犹未得兮'，并作'其犹未'可证。王注曰'然年时亦尚未尽'，正以'尚未'释'犹未'，是王本未倒。"这里，闻一多举出《离骚》本文中四个文法一致的句子，又举出王逸注作证据，证明"犹其未央"为"其犹未央"，令人信服。这是本校法的很好运用，非熟读本诗，细致比勘，独具眼力，很难达到如此成就。

（四）理校法

理校法也称推理校勘法，是指校勘者利用文例、文字、音韵、训诂、语法、历史、地理、典章制度、乐理等方面的线索，通过演绎、归纳、类比等推理，从而订正书中的错误。陈垣在《元典章校补释例》卷6《校法四例》中论理校法说："段玉裁曰：'校书之难，非照本改字不讹不漏之难，定其是非之难。'所谓理校法也，遇无古本可据，或数本互异，而无所适从之时，则须用此法。此法须通识为之，否则卤莽灭裂，以不误为误，而纠纷愈甚矣。故最高妙者此法，最危险者亦此法。"这是陈氏极为宝贵的经验之谈。总之，运用理校法在校勘诸种方法中，难度最大，也最危险。校勘者必须十分慎重，切忌一知半解而妄改。

古代律学涉及许多计算和乐理问题，比较难懂，后人不遑研核，转相传写刊刻，错乱颇多。如百衲本《晋书·律志》所载黄钟、大吕、太簇、夹钟、姑洗、仲吕、蕤宾、林钟、夷则、南吕、无射、应钟等十二笛长度时，其中数字有误者四笛，缺漏者一笛。而且其他版本或同类著作虽也有记载，亦很不统一，校勘者难以定其是非。鉴于这种情况，杨荫浏在《中国音乐史纲》中通过理校法，依据乐理，逐一核算，加以订正。其中太簇之笛"长二尺五寸三分一厘有奇"当为"二尺五寸二分八厘有奇"；姑洗之笛长"二尺二寸三分三厘有奇"当为"长二尺二寸四分七厘有奇"；林钟之笛"长三尺七寸九分一厘有奇"当为"长三尺七寸九分二厘有奇"；应钟之笛"长三尺九寸九分六厘有奇"当为"长二尺九寸九分六厘有奇"。并补"仲吕之笛：正声应仲吕，下徵应黄钟，长二尺一寸三分三厘有奇"。

（五）综合法

综合法就是指在校勘中综合运用对校、他校、本校、理校等诸种基本方法，其在实际校勘中依情况不同而分别采取对校与他校结合、本校与理校结合、他校与本校结合，或其中三种方法结合，甚至四种方法均结合使用。在校勘中，单用一种校勘法得出的结论，往往不一定可靠。如能尽可能地寻找更多的证据，多采用诸种方法，从各个角度去校证，那其结论就可靠得多，同时亦显示出校勘者的功力。限于篇幅，兹举一个较典型的例子，以作说明。

《荀子·君道》"人主欲得善射射远中微者，悬贵爵重赏以招致之……

欲得善驭速致远者，一日而千里，悬贵爵重赏以招致之。”王念孙《读书杂志》曰：“‘欲得善驭速致远者’，元刻世德堂本‘速’上有‘及’字，卢（文弨）从宋本云‘俗间本有及字’。念孙按：有‘及’字者是也。‘及速’与‘致远’对文。行速则难及，道远则难致，故唯善驭者乃能及速致远，非谓其致远之速也，则不得以‘速致远’连读。‘善驭及速致远’与‘善射射远中微’对文，若无‘及’字，则与上文不对，一证也。《王霸篇》云：‘欲得善射射远中微，则莫若羿、蠭门矣；欲得善驭及速致远，则莫若王良、造父矣’，与此文同一例，二证也。《淮南·主术篇》云：‘夫载重则马羸，虽造父不能以致远。车轻而马良，虽中工可使追速。’‘追速致远’即‘及速致远’，三证也。《群书治要》有及字，四证也。”周祖谟说：“读此文可悟校书之法”[①]，信然也。其实，这里不仅四证，依其顺序共有八证，其一通过对校元刻一证；其二通过他校卢文弨举宋本二证；其三通过理校分析文法“及速”与“致远”对文三证；其四通过理校分析“及速致远”和“速致远”文义不同四证；其五通过理校分析文法“善驭及速致远”与“善射射远中微”对文五证；其六通过本校《王霸篇》六证；其七通过他校《淮南子·主术篇》七证；其八通过他校《群书治要》八证。这里王氏为校“及”一字，竟然综合应用了对校、他校、本校、理校四法，共举八证支持自己的结论，可谓精绝，不愧为校勘学之典范也。

第七节　与校勘有关的问题

（一）校勘中尽可能收集更多的不同版本及与其相关的资料进行校比，因为拥有越多的版本和相关资料，意味着互勘异同的依据也就越多。同时，尽可能采用多种方法（即对校、他校、本校、理校）进行校证，从不同角度支持结论。总之，多一个证据和多一种方法，就多一份说服力，结论就愈可靠。

（二）校勘中要注意在众多的异本中选一个好本子作底本。好本子就是善本，内容完整，文字比较正确的。底本好很重要，既能保证校勘的质

① 周祖谟《周祖谟语言文史论集·论校勘古书的方法》，浙江古籍出版社1988年版，第436页。

量，又能收到事半功倍的效果。

（三）校勘中时代愈早的本子往往比较可靠，因为书少传抄一次，少翻刻一次，也可以少一些讹误。但是旧本固然可贵，也不可一味迷信，因为不少旧本中也有讹误。类书古注也不可尽信，因为古人引书比较随便，往往不是一字不漏不改地照抄原文。

（四）校书应持慎之又慎、多闻阙疑的态度。校书中切不可强不知以为知，以不误为误，逞臆妄改。我们从事校勘工作，固然就是为了订正讹误，但是每改一字，定要谨慎，如没有充分根据，宁可存疑待考。宋朝彭叔夏《文苑英华辨证》自序云："叔夏年十二三时，手抄《太祖皇帝实录》，其间云'兴衰治□之源'，阙一字，意谓必是'治乱'。后得善本，乃作'治忽'。三折肱为良医，信知书不可以意轻改。"这是深知甘苦之言，值得我们借鉴。

（五）在读书中培养校书的好习惯。学习校勘知识的人应该说绝大部分不是专职搞校勘工作的，他们掌握校勘学的知识只是作为读书治学的一种手段。许多学者都强调读书必须校书。如清王鸣盛云："欲读书必先精校书，校之未精而遽读，恐读亦多误矣。"[①]叶德辉甚至在《藏书十约》中说："书不校勘，不如不读。"我们今天在读书中必须养成随读随校的习惯，即在有可能的情况下，每读一书可多备二三个版本，遇到有疑问或重要或将引用的句子和段落，可在几个版本中细心比勘异同，择善而从。正如陈垣在《通鉴胡注表微·校勘篇》中所说："校勘为读史先务，日读误书而不知，未为善学也。"我们认为校勘不仅是读史之先务，应该是所有读书治学之先务，如日读误书而不知，治学中怎能得出正确的结论？

（六）对于专业的校勘工作，其校勘成果有各种不同的方式。简而言之，大致有四种类型。其一，采取定本式。即根据校勘的结果，把底本中误衍脱倒等错误，一一改正过来，成为一本较完善的定本，并在有改动的地方作校记，说明改动的地方和理由。其二，采取底本式。即不改动底本，在注中作校记，或书后附校勘记，说明底本某处有误，其根据是什么，应如何改正。其三，采取定底结合式。即介于定本与底本式之间，正文全用底本，再用符号改成定本，再在注中或书后作校记，说明理由。其四，采取札记

① 王鸣盛《十七史商榷》卷首《自序》，中国书店 1987 年版。

式。即不录原书全文，只录校记。以上四种方法，各有所长，应根据不同情况而定。定本式适用于普及本，便于读者阅读；底本式保存原书面目，供研究者考核原委。定底结合式可兼顾一般读者和研究者，是目前比较常用的一种方式，如中华书局二十四史点校本、丘琼荪《历代乐志律志校释》等均采取这种方式。札记式则为略去原书之全文，节省篇幅，其作用与底本式相似。

第四章
二十六史乐志、律志和艺文志中的音乐文献

第一节 二十六史及乐志、律志和艺文志

二十六史的形成是一个历史过程。唐代称《史记》《汉书》《后汉书》《三国志》《晋书》《宋书》《南齐书》《梁书》《陈书》《魏书》《北齐书》《周书》《隋书》为十三史。宋代于唐代所称的十三史之外，加《南史》《北史》《新唐书》《新五代史》，称为十七史。明代又于宋代所称的十七史外，加《宋史》《辽史》《金史》《元史》，合称为二十一史。清乾隆时，官修的《明史》告成。人们又把《旧唐书》《旧五代史》加上，合称二十四史。与此同时，《四库全书总目》以纪传体为正史，并诏定二十四史为正史。自此，正史遂为二十四史专有之名称。1921年北京政府下令以柯劭忞所著的《新元史》列为正史，与旧有二十四史合称为二十五史。当代，又有学者将成书于清末的《清史稿》增入，总称其为二十六史。二十六史中，除《新元史》之外，其余均有中华书局的点校本[①]。这是目前最流行的、使用最方便的、较好的版本。《新元史》目前最普及的是开明书店二十五史本。最后必须指出的是，在二十六史的诸种版本中，民国时期商务印书馆影印的百衲本二十四史在进一步研究中值得参考。

在二十六史中，并非诸史都有乐志、律志和艺文志。据统计，二十六史中，有乐志者17史，有律志者8史，有艺文（经籍）志者7史，兹列表如下：

---

① 本书引用的所有正史版本，均为中华书局点校本，以下均不再注明。

作者	书名	乐志、律志、艺文志情况
西汉司马迁	史记	乐书1卷、律书1卷
东汉班固	汉书	律历志2卷（其中上卷论律）、礼乐志1卷、艺文志1卷
南朝刘宋范晔	后汉书	律历志3卷（其中第一卷论律）
唐房玄龄等	晋书	律历志3卷（其中上卷论律）、乐志2卷
梁沈约	宋书	律历志3卷（其中第一卷论律）、乐志4卷
梁萧子显	南齐书	乐志1卷
北齐魏收	魏书	律历志2卷（其中上卷论律）、乐志1卷
唐魏徵等	隋书	音乐志3卷、律历志3卷（其中第一卷论律）、经籍志4卷
后晋刘昫等	旧唐书	音乐志4卷、经籍志2卷
宋欧阳修等	新唐书	礼乐志12卷（其中第十一、十二卷论乐）、艺文志4卷
宋薛居正等	旧五代史	乐志2卷
元脱脱等	宋史	律历志17卷（其中第一卷、四卷、十四卷论律）、乐志17卷、艺文志8卷
元脱脱等	辽史	乐志1卷
元脱脱等	金史	乐志2卷
明宋濂等	元史	礼乐志5卷（其中第二至第五卷论乐）
民国柯劭忞	新元史	乐志4卷
清张廷玉等	明史	乐志3卷、艺文志4卷
清赵尔巽等	清史稿	乐志8卷、艺文志4卷

这里必须提到的是，今人丘琼荪先生将二十六史中所有乐志、律志详加校注，完成《历代乐志律志校释》一书。令人遗憾的是，书稿中大部分未及出版，即毁于“文革”。其幸存者有第一分册中的《史记·乐书》《史记·律书》《汉书·律志》《汉书·乐志》《后汉书·律志》，第二分册中的《晋书·律志》《晋书·乐志》《宋书·律志》《宋书·乐志》《南齐书·乐志》《魏书·律志》《魏书·乐志》，第三分册中的《隋书·音乐志》《隋书·律志》，第四分册中的《金史·乐志》，第五分册中的《明史·乐志》《清史稿·乐志》。20世纪末，由王小盾教授主持的博士点学术项目，对丘稿缺失进行补校、补释工作，其成果近期已陆续或即将出版。所有这些基础性的研究，对二十六史乐志、律志的引用都具有重要的参考价值。

限于篇幅，以下笔者选择几种较有代表性和重要者略做介绍。

第二节 《史记》中的《乐书》和《律书》

《史记》是我国第一部著名的纪传体通史，130篇，西汉司马迁（约公元前145—前86年）撰。是书记载着上自传说中的黄帝下至汉武帝时期，将近三千年的历史事迹。全书共分为十二本纪、十表、八书、三十世家、七十列传。其中八书为礼书、乐书、律书、历书、天官书、封禅书、河渠书、平准书，专记典章制度的兴废沿革。《史记》在体例上开创了纪传体史书的先例，在史料的收集上极其广泛丰富，叙事翔实严谨，论断精审卓越，文笔生动通俗。因此，被誉为"史家之绝唱，无韵之离骚"。当然，由于时代的局限，司马迁的史观也深深地打上了封建思想的烙印。是书记载着上下三千年的史事，涉及的内容复杂广泛，司马迁以一个人的力量来编撰此书，难免存在着力不从心之处。如在史料的收集与整理方面，就有一些疏漏和前后抵牾的地方。

从《太史公自序》来看，130篇的《史记》，司马迁在当时是已全部完成了。但是在以后的流传过程中，却有散佚。班固在《汉书·司马迁传》中曾说，《史记》"而十篇缺，有录无书"。三国时魏人张晏注解说，司马迁去世后，散失了《景帝纪》《武帝纪》《礼书》《乐书》《兵书》《汉兴以来将相年表》《日者列传》《三王世家》《龟策列传》《傅靳列传》等10篇。元帝、成帝时，褚少孙补其缺，作《武帝纪》《三王世家》《龟策列传》《日者列传》。这样看来，《史记》在西汉末就有散佚。今本《史记》中，凡是褚少孙所补的部分，都冠有"褚先生曰"字样，极易区别。至于《史记》中其他人增补的文字，其增补的内容是哪些，补写者又是些什么人，目前尚难以考证清楚。

历史上研究注释《史记》的成果不少，这为我们今天阅读该书提供了许多方便。其中比较流行的是《史记》三家注，即南朝宋人裴骃的《集解》、唐司马贞的《索隐》和唐张守节的《正义》。三家注原本各自单行，北宋时始合为一编，把各家注文散在《史记》正文之下，阅读起来比较方便。在研究《史记》的各种专著中，清人梁玉绳的《史记志疑》一书，用力最深，参考价值较大。日本汉学家泷川资言撰的《史记会注考证》也是一部较有参考价值的书。今人丘琼荪撰的《历代乐志律志校释》第一分册中有《史记·乐书》《史记·律书》的校释，对读者深入了解古代音乐史也很有帮助。

现存最好的《史记》刻本，是南宋绍熙年间黄善夫刊本，百衲本二十四史中的《史记》就是根据这个本子影印的。1959年中华书局出版了点校本《史记》，是目前最普及、最好的一种本子。

《史记·乐书》基本上是《礼记·乐记》的翻版，但如果将两者仔细加以对比，除发现在个别文字上有所不同外，在篇章的编排顺序和篇数上有明显的差别。据笔者初步判断，《史记·乐书》可为《礼记·乐记》中的脱简和错简提供参照。因此，具有重要的文献价值。

其一，《礼记》共49篇，第19篇为《乐记》，系将《乐记》原书11篇合为1篇，故唐孔颖达《礼记正义》云："《乐记》十一篇入《礼记》也。"细观《史记·乐书》，除完整保存《礼记》中《乐记》11篇文字外，还在《礼记·乐记》篇末"子贡问乐"之后增加两部分文字：一是"凡音由于人心"至"夫乐不可妄兴也"；二是"夫上古明王举乐者"至"故君子终日言而邪辟无由入也"。《余嘉锡论学杂著》和臧庸《释经日记》认为，这两部分是《乐记》亡佚之《奏乐》和《乐义》两篇文字。如此说成立，《史记·乐书》所取《乐记》文字不是11篇而是13篇，可补《礼记·乐记》11篇之不足。

其二，《史记·乐书》在篇次上与《礼记·乐记》有两处明显不同。一是《乐记》"君子曰：礼乐不可斯须去身"至"礼乐可谓盛矣"这部分文字。《礼记·乐记》是在《宾牟贾》篇"则夫《武》之迟久，不亦宜乎"之后；而《史记·乐书》则在《乐象》篇之后，即上接"生民之道，乐为大焉"，下承《魏文侯》篇开头"魏文侯问于子夏曰"。二是《乐记》"乐也者施也"至"然后可以有制于天下也"这部分文字。《礼记·乐记》是在《乐象》篇"生民之道，乐为大焉"之后，即取代"君子曰：礼乐不可斯须去身"至"礼乐可谓盛矣"这部分文字；而在《史记·乐书》则在《乐礼》篇末尾"哀乐之分，皆以礼终"之后。据张守节《史记正义》所定《乐记》各部分文字的篇名，"君子曰：礼乐不可斯须去身"至"礼乐可谓盛矣"为《乐化》篇，《礼记·乐记》置于《宾牟贾》篇之后，而《史记·乐书》置于《乐象》篇之后。"乐也者施也"至"然后可以有制于天下也"这部分文字包括两篇的内容："乐也者施也"至"则所以赠诸侯也"为《乐象》篇第五段，"乐也者，情之不可变者也"至"然后可以有制于天下也"为《乐情》篇。从此，我们加以排列，《史记·乐书》的篇章顺序是《乐本》《乐论》《乐礼》《乐施》

《乐情》《乐言》《乐象》《乐化》《魏文侯》《宾牟贾》《师乙》(《奏乐》《乐义》),《礼记·乐记》的篇章顺序是《乐本》《乐论》《乐礼》《乐施》《乐言》《乐象》《乐情》《魏文侯》《宾牟贾》《乐化》《师乙》。这与张守节《史记正义》所载:郑玄所定篇目《乐本》《乐论》《乐施》《乐言》《乐礼》《乐情》《乐化》《乐象》《宾牟贾》《师乙》《魏文侯》不同,有待进一步深入探讨。

其三,"乐也者,施也;礼也者,报也。乐,乐其所自生;而礼,反其所自始。乐章德,礼报情,反始也。所谓大路者,天子之舆也;龙旂九旒,天子之旌也;青黑缘者,天子之葆龟也;从之以牛羊之群,则所以赠诸侯也。"此段文字,《史记·乐书》作为《乐施》篇内容,接《乐施》篇第三段之末"哀乐之分,皆以礼终"后面。张守节《史记正义》则依据《礼记·乐记》此段在《乐象》篇"生民之道,乐为大焉"之后,而认为此段文字属于《乐象》篇内容,因后来增补者"不以次第而乱升在此段"。笔者从该段开头文字"乐也者,施也"及整段主旨为天子送诸侯之礼,初步判断《史记·乐书》把它作为《乐施》篇内容是合理的。丘琼荪在《历代乐志律志校释》中亦云:"余疑'乐也者,施也'七句与'所谓大路者'八句,俱为《乐施章》文,本相衔接。原章次似为'哀乐之分,皆以礼终'下接'乐也者,施也'七句,又接'所谓大路者'八句,其下再接'乐者,圣人之所乐也'六句,此六句《正义》既谓为'《乐施章》第三段后'文字,理当接在此处,盖此前皆《乐施章》第三段文也。"

还有有关《乐化》究竟是在《史记·乐书》中处于《乐象》与《魏文侯》之间,还是在《礼记·乐记》中处于《宾牟贾》与《师乙》之间,丘琼荪在《历代乐志律志校释》中指出:"实则邓以谠所见甚是,应以《乐化章》为第七(应为第八),此后接以《魏文侯》《宾牟贾》《师乙》三段问乐事而全书告终。《乐记》原章次误,乃错简。"笔者赞同邓、丘之说。

由于《史记·乐书》几乎整篇内容都源于《乐记》,因此有关其所反映的音乐思想,放在拙著第九章第四节介绍。

《史记·乐书》乐论的事例中,反映了先秦、秦、西汉的一些音乐史事。如舜作五弦之琴,以歌《南风》;夔始作乐,以赏诸侯;纣为朝歌北鄙之音,身死国亡;孔子问宾牟贾及乐之事,凡问有五;子贡见师乙,而问乐焉;晋平公听师旷之乐，或吉或凶；魏文侯见子夏，而问于乐也；西汉高祖过沛诗三侯之章，令小儿歌之；汉家春歌《青阳》，夏歌《朱时》，秋歌《西皞》，冬歌《玄冥》。

《史记·律书》主要记述了两个方面的内容。其一，律书将黄钟、大吕、太簇、夹钟、姑洗、仲吕、蕤宾、林钟、夷则、南吕、无射、应钟十二律同角、亢、氐、房、心、尾、箕、井、鬼、柳、星、张、翼、轸、奎、娄、胃、昴、毕、觜、参、斗、牛、女、虚、危、室、壁二十八舍（即二十八宿），甲、乙、丙、丁、戊、己、庚、辛、壬、癸十母（即十天干）和子、丑、寅、卯、辰、巳、午、未、申、酉、戌、亥十二子（即十二地支）进行对应论述。其二，用三分去益（即三分损益）法对十二律数进行推算。

总之，《史记》中的《乐书》和《律书》基本上是属于音乐理论的著述，在阐述理论时涉及一些音乐史事，对研究中国古代音乐史，尤其是音乐理论史具有较大的参考价值。《乐书》可补正《礼记·乐记》中的脱简和错简，具有重要的音乐文献价值。《史记》开创的在纪传体史书中以乐书、律书（后世改作乐志、律志或礼乐志、音乐志、律历志等）的形式来记述音乐发展史，其首创之功是难能可贵的，对后世影响极其深远。

第三节　《汉书》中的《乐志》和《艺文志》

《汉书》是我国第一部纪传体断代史，共100篇，东汉班固（32—92）撰。班固父亲班彪，曾续补《史记》，称为《后传》。彪卒后，班固认为《后传》内容不够详尽，于是进一步搜集史料，改订体例，撰著《汉书》。固死时，还有八表和《天文志》未成，由其妹班昭和马续续写完成。

《汉书》所记，从汉高祖元年（前206年）始，至王莽地皇四年（23年）止，计229年，包括了西汉一代的历史。全书由十二帝纪、八表、十志、七十列传组成，计100篇。因为有些篇文字繁重，分为子卷，共120卷。体例方面，基本上继承《史记》而有所变更。如改书为志，取消了世家，并入列传。《汉书》的十志虽沿袭《史记》的八书，但有合并，有新增，而且记事比《史记》更详尽，更有系统。如将《史记》中的《律书》和《历书》合并为《律历志》，将《礼书》和《乐书》合并为《礼乐志》。又将《平准书》扩写为《食货志》，新增《刑法》《五行》《地理》《艺文》四志。班固认识到写历史人物和事件，可以只叙西汉一代，而典章制度，往往前后相承，不能只写一个朝代，而割断其前后的联系。因此，《汉书》十志每叙一事，不为断代所限，而都追本溯源，将沿革兴废写清楚。《汉书》行文结构比较严密，词简意赅。其记事系统而详尽，正如范晔所评“文赡而事详”。不仅十志如此，纪、传也是一样。以前有人认为司马迁述三千年之事，才50万字，班固述二百余年事，却用了80万字，由此便认定固不如迁。以字数的多少来评论史书的优劣是不可取的，而从这个数字却正好可以说明班固叙事的详尽。当然，《汉书》难免也存在着问题，最主要的是思想观点比较保守，事事以儒家正统思想为准绳，文中不少地方还充斥着五德终始、天人感应、阴阳灾异等浓厚的神秘宗教气息。

《汉书》喜用古字，比较难读。自从它问世以后，替它作注释的人比较多。唐初的颜师古集众家之长，加上自己的研究心得，写成新注，即为《汉书》的颜注本。清末王先谦撰《汉书补注》一书，可以说是继颜注以后又一次集大成的工作。1962年中华书局的点校本《汉书》就是以《汉书补注》作为底本，析出注文，只收颜注，不收补注，然后参校诸本而完成的。这是《汉书》目前最流行的版本。

《汉书》十志中有《律历志》2卷、《礼乐志》1卷、《艺文志》1卷，其中《礼乐志》和《艺文志》较有创新，对后世影响较大。因此，以下就简略介绍后两者。

《汉书·礼乐志》中对音乐史的记述与《史记·乐书》最大的不同是，前者注重音乐史事的记载而后者则注重音乐理论的阐述，作为历史著作来说，《汉书·礼乐志》更符合音乐史的要求。自《汉书·礼乐志》之后，二十六史中有乐志的均效法，《汉书》以记载一代音乐史事为主。由此可见，《汉书·礼乐志》对后世乐志编撰内容影响之深远。

《汉书·礼乐志》后半部分记载音乐内容，首先，追溯了先秦音乐发展简史。主要者有黄帝作《咸池》，颛顼作《六茎》，帝喾作《五英》，尧作《大章》，舜作《招》，禹作《夏》，汤作《濩》，武王作《武》，周公作《勺》。春秋时期，周道始缺，怨刺之诗起。然后，按时间顺序记述西汉一代重要音乐史事。汉兴，高祖命叔孙通因秦乐人制宗庙乐。高祖唐山夫人制

《房中祠乐》；孝惠二年，更名曰《安世乐》。武帝时，乃立乐府，采诗夜诵，有赵、代、秦、楚之讴。以李延年为协律都尉，多举司马相如等数十人造为诗赋，略论律吕，以合八音之调，作十九章之歌。哀帝时，罢乐府官，裁减各乐种人员。西汉规定高祖庙奏《武德》《文始》《五行》之舞；孝文庙奏《昭德》《文始》《四时》《五行》之舞；孝武庙奏《盛德》《文始》《四时》《五行》之舞。总之，《通典》《西汉会要》及《文献通考》等抄录的西汉音乐史事，绝大部分是依据《汉书·礼乐志》所述。

《汉书·艺文志》是我国现存最早的一部目录文献，沿袭刘歆《七略》分六艺、诸子、诗赋、兵书、术数、方技六略，收书596家，13269卷。每略有总序，每家之后有小序；对先秦学术思想的源流演变，作了简明的叙述。在《汉书·艺文志》中，音乐著述散见于以下诸略中：六艺略中诗家有《诗经》28卷，鲁、齐、韩3家。《鲁故》25卷，《鲁说》28卷，《齐后氏故》20卷，《齐孙氏故》29卷，《齐后氏传》 39卷，《齐孙氏传》28卷，《齐杂记》18卷，《韩故》36卷，《韩内传》4卷，《韩外传》6卷，《韩说》41卷，《毛诗》 29卷，《毛诗故训传》30卷。《艺文志》小序中云："诵其言谓之诗，咏其声谓之歌。"由此可见，同一首作品，用朗诵的形式表达即是诗，用歌唱的形式表达即是歌。六艺略中乐家有《乐记》23篇，《王禹记》24篇，《雅歌诗》4篇，《雅琴赵氏》7篇，《雅琴师氏》8篇，《雅琴龙氏》99篇。《艺文志》小序中对《乐记》的来龙去脉做了简略明晰的交代，尤具史学价值。小序云："武帝时，河间献王好儒，与毛生等共采《周官》及诸子言乐事者，以作《乐记》，献八佾之舞，与制氏不相远。其内史丞王定传之，以授常山王禹。禹，成帝时为谒者，数言其义，献二十四卷记。刘向校书，得《乐记》二十三篇，与禹不同，其道浸以益微。"可见，最迟至西汉末年，《乐记》就有两种不同内容的版本，真伪难辨。班固则认为后者真实程度较高，故在目录中列于首位，冠以《乐记》之名，而后者则名其为《王禹记》。班固十分重视乐，在六艺略总序中，他把乐列为五常之首，易作为五常之原。

诗赋略中歌诗有28家，具体为《高祖歌诗》2篇，《泰一杂甘泉寿宫歌诗》14篇，《宗庙歌诗》5篇，《汉兴以来兵所诛灭歌诗》14篇，《出行巡狩及游歌诗》10篇，《临江王及愁思节士歌诗》4篇，《李夫人及幸贵人歌诗》3篇，《诏赐中山靖王子哙孺子妾冰未央材人歌诗》4篇，《吴楚汝南歌诗》15

篇,《京兆尹秦歌诗》5篇,《杂歌诗》9篇,《周谣歌诗》75篇,《诸神歌诗》3篇,《送迎灵颂歌诗》3篇等。西汉诸歌诗的内容绝大部分目前已不得而知,但从以上摘录的篇名可以看出,西汉歌诗涉及的范围较为广泛,有皇家祭祀祖宗、祝寿、出行巡狩、赏赐等歌诗,也有大量地方性、历史性的歌谣,以及歌颂诸神、迎神、送神的歌诗等。

术数略中历谱家有《律历数法》3卷;五行家有《钟律灾异》26卷,《钟律丛辰日苑》23卷,《钟律消息》29卷,《黄钟》7卷,《五音奇胲用兵》23卷,《五音奇胲刑德》21卷,《五音定名》15卷等与音乐可能有关。除此之外,诸子略中杂家《吕氏春秋》《淮南内》《淮南外》,儒家《孙卿子》等均有论乐的篇章。

总之,《汉书·艺文志》所著录的有关音乐文献虽然大部分今天已散佚,但我们仍可从中了解到在西汉图书六分法下音乐文献的分类和归属。

第四节 《宋书》中的《乐志》和《律历志》

《宋书》100卷,南朝梁沈约(441—513)撰。是书所论上起东晋安帝义熙元年(405年),下至宋顺帝昇明三年(479年),共70余年的历史。《宋书》共分帝纪10卷,列传60卷,志30卷。《宋书》共八志,《礼》《乐》《律》《历》《天文》诸志沿袭《史记》《汉书》旧例,把《郊祀》《舆服》二志并入《礼志》,易《地理》为《州郡》;缺《食货》《刑法》《沟洫》《艺文》等,却另创《符瑞志》。宋志叙事,吸收《汉书》诸志的特点,不限于本朝,往往追溯三代,尤其详于魏晋。这虽然似乎不合乎断代为书的体例,但保存了不少珍贵的史料,对于了解历代典章制度的沿革兴废,却很有帮助。

《宋书》在长期流传过程中,残缺和错误不少。1974年中华书局出版的点校本以北京图书馆所藏宋元明三朝递修本、明北监本、毛氏汲古阁本、清乾隆四年武英殿本、金陵书局本、商务印书馆影印三朝本(即百衲本)进行互校,择善而从。这是目前最普及最好的版本。

《宋书·乐志》在二十六史诸乐志中占有突出的地位。沈约敏锐地觉察到《汉书·礼乐志》中有关乐部分记述的不足。正如他在《志序》中所指出的:“《乐经》残缺,其来已远,班氏所述,政抄举《乐记》,马彪《后书》,

又不备续。”因此，对《乐志》所包含的内容作了较大的扩充和改进。

其一，《乐志》效法《汉书》重史事的体例，以时代为顺序，记述了从黄帝至南朝刘宋时期的重要音乐史事，尤其详于三国两晋时期。如魏武时期，杜夔善八音，创定雅乐，复先代古乐。文帝时，改汉《巴渝舞》曰《昭武舞》，改宗庙《安世乐》曰《正世乐》，《嘉至乐》曰《迎灵乐》，《武德乐》曰《武颂乐》，《昭容乐》曰《昭业乐》，《云翘舞》曰《凤翔舞》，《育命舞》曰《灵应舞》，《武德舞》曰《武颂舞》，《文始舞》曰《大韶舞》，《五行舞》曰《大武舞》。这使从汉历代至魏晋乐曲、乐舞的演变有迹可循。明帝时，定太祖武皇帝乐曰《武始之乐》，高祖文皇帝乐曰《咸熙之舞》，制定本朝之乐为《章斌之舞》。魏雅乐四曲：一曰《鹿鸣》，后改为《於赫》，咏武帝。二曰《驺虞》，后改曰《巍巍》，咏文帝。三曰《伐檀》，后省除。四曰《文王》，后改曰《洋洋》，咏明帝。魏晋讫江左，犹有《夏育扛鼎》《巨象行乳》《神龟抃舞》《背负灵岳》《桂树白雪》《画地成川》等杂伎之乐。晋成帝年间，废除《高絙》《紫鹿》《跂行》《鳖食》《齐王捲衣》《笮儿》等杂伎之乐。晋武泰始年间，荀勖造《正德》《大豫》二舞歌诗，又作新律笛十二枚。刘宋武帝永初元年，改太乐诸歌舞诗。又改《正德舞》曰《前舞》，《大豫舞》曰《后舞》。

其二，首创在乐志中记录杂曲、杂乐舞及乐器八音的来源和流变。《宋书》在二十六史中是继《史记》和《汉书》之后第三部有乐志的史书。《史记·乐书》和《汉书·礼乐志》对杂曲、杂乐舞及乐器八音重视不够，因此基本上不予涉及，更谈不上记述其来源和流变了。沈约认为“八音众器，并不见书”，“讴谣之节，一皆屏落，曾无概见”，这是其不足的地方。因此，《宋书·乐志》对此做了比较详细的追本溯源。如记述传说中有娀氏时北音、夏禹时南音、夏后孔甲时东音、周公时西音等四方之歌。重点记载了汉魏至刘宋时杂曲和乐舞的来源和流变，其中杂曲主要有《子夜哥》《凤将雏哥》《前溪哥》《阿子》《欢闻哥》《团扇哥》《督护哥》《懊侬哥》《六变》《长史变》《读曲哥》，乐舞主要有《鞞舞》《杯盘舞》《公莫舞》《拂舞》《白纻舞》等。在诸史乐志中，《宋书·乐志》最早以八音（金、石、土、革、丝、木、匏、竹）的顺序对各种乐器分门别类做了介绍，并尽可能地考辨其源流。其中金类有钟、镈、錞、镯、铙、铎，石类有磬，土类有埙，革类有鼓、鞉、节，丝类有琴、瑟、筑、筝、琵琶、箜篌，木类有柷、敔，匏类有笙、竽，竹类有律、吕、箫、管、篪、龠、笛。这种分类记述法对后世影响深远，成为纪传体史书乐志及《十通》、会要等记述乐器的圭臬。

其三，《宋书·乐志》最为可贵的是完整地抄录了不少两汉、魏晋“街陌谣讴”以及乐府歌辞等。这既为音乐史研究保存了弥足珍贵的资料，也为文学史留下瑰丽的古诗篇。如其中著名者有古词《鸡鸣》《东门行》《艳歌罗敷行》《东阿王》以及汉鼓吹铙歌18曲（《朱鹭》《思悲翁》《艾如张》《上之回》《翁离》《战城南》《巫山高》《上陵》《将进酒》《君马黄》《芳树》《有所思》《雉子》《圣人出》《上邪》《临高台》《远如期》《石留》），魏鼓吹曲12篇（《初之平》《战荥阳》《获吕布》《克官渡》《旧邦》《定武功》《屠柳城》《平南荆》《平关中》《应帝期》《邕熙》《太和》），晋鼓吹歌曲22篇（《灵之祥》《官受命》《征辽东》《宣辅政》《时运多难》《景龙飞》《平玉衡》《文皇统百揆》《因时运》《惟庸蜀》《天序》《大晋承运期》《金灵运》《於穆我皇》《仲春据旅》《夏苗田》《仲秋狝田》《从天道》《唐尧》《玄云》《伯益》《钓竿》），吴鼓吹曲12篇（《炎精缺》《汉之季》《据武师》《乌林》《秋风》《克皖城》《关背德》《通荆门》《章洪德》《从历数》《承天命》《玄化》）。从这些现存的歌词来看，其内容相当广泛，有抒发民生之艰辛，歌颂男女恋情，描写农村自然风光和生活，感叹人生无常等，而魏、晋、吴鼓吹曲则是其建国之史诗。这些歌词与乐曲的关系，大致如沈约在《乐一》中所说：“凡此诸曲，始皆徒哥，既而被之弦管。又有因弦管金石，造歌以被之，魏世三调歌词之类是也。”沈约之所以用《乐二》《乐三》《乐四》大量的篇幅来记载歌词，正如他在《志序》中所云：“郊庙乐章，每随世改，雅声旧典，咸有遗文。又案今鼓吹铙歌，虽有章曲，乐人传习，口相师祖，所务者声，不先训以义。今乐府铙歌，校汉、魏旧曲，曲各时同，文字永异，寻文求义，无一可了。不知今之铙章，何代曲也。”因此，《宋书·乐志》“自郊庙之下，凡诸乐章，非淫哇之辞，并皆详载”。从而为后人留下了一份不可多得的音乐史和文学史财富。

《宋书·律历上》记述乐律沿革，主要者有黄帝使伶伦取竹制十二管，以定律吕；汉元帝时，郎中京房知五音六十律之数；晋泰始年间，中书监荀勖作十二笛，以定十二律，即黄钟之笛、大吕之笛、太簇之笛、夹钟之笛、姑洗之笛、中吕之笛、蕤宾之笛、林钟之笛、夷则之笛、南吕之笛、无射之笛、应钟之笛。尤其可贵的是，沈约在《律历上》中准确记录了十二笛的长度，对于考证晋笛律，甚有价值。

第五节 《隋书》中的《音乐志》《律历志》《经籍志》

《隋书》85卷，唐魏徵（580—643）等撰。隋朝从隋文帝开皇元年（581年）建国，至开皇九年（589年）统一全国，于隋炀帝大业十四年（618年）为唐所灭，立国凡38年。《隋书》记载了这三十多年的历史，虽然时间不长，但由于隋开创的典章制度，为唐代所继承，因此，在二十六史中具有承前启后的意义。

《隋书》有帝纪5卷、列传50卷、志30卷。《隋书》十志虽无新目，但几个重要的志都有。《隋书》十志原为梁、陈、齐、周、隋五代史而作，称《五代史志》。后五代各史单行，《五代史志》遂并入《隋书》。因此，《隋书》十志所叙内容包括南北朝诸时期，而详于隋代。十志是《隋书》中很重要的一个部分，保存了不少珍贵的史料，这在《律历志》《经籍志》《音乐志》方面也有反映。十志虽只30卷，但从字数分量看，比55卷的纪、传部分还要多。如中华书局出版的点校本《隋书》，共有一千九百余页，纪传部分为900页，志的部分为1000页。

《隋书》最早的本子是宋天圣二年刻本，已经失传。中华书局1973年出版的点校本参校了宋刻递修本、元大德饶州路刻本（即百衲本）、元至顺瑞州路刻明修本等9种版本，择善而从。因此，中华书局点校本是目前最普及最好的版本。

《隋书·音乐志》虽然追溯前代乐制，但主要还是记载梁、陈、齐、周、隋五代。梁武帝亲自制定礼乐，立为四器，名之为通，每通皆施三弦。一曰玄英通：应钟弦、黄钟弦、大吕弦；二曰青阳通：太簇弦、夹钟弦、姑洗弦；三曰朱明通：中吕弦、蕤宾弦、林钟弦；四曰白藏通：夷则弦、南吕弦、无射弦。梁武帝笃敬佛法，又制《善哉》《大乐》《大欢》《天道》《仙道》《神王》《龙王》《灭过恶》《除爱水》《断苦轮》等10篇正乐，以述佛法。陈后主尤重声乐，遣宫女习北方箫鼓，谓之《代北》，又于清乐中造《黄鹂留》《玉树后庭花》《金钗两臂垂》等曲。隋文帝开皇初定令，置七部乐：《国伎》《清商伎》

《高丽伎》《天竺伎》《安国伎》《龟兹伎》《文康伎》；隋炀帝大业中，乃定《清乐》《西凉》《龟兹》《天竺》《康国》《疏勒》《安国》《高丽》《礼毕》为九部乐。《隋书·音乐下》还比较详细介绍九部乐的来历、曲名、乐队配器和乐工人数等，为我们研究隋九部乐及唐初十部乐提供了珍贵的史料。这里必须特别指出的是，隋九部乐中有七部是少数民族或邻国的音乐，这对于研究少数民族和邻国音乐史，具有十分重要的参考价值。北齐、北周和隋炀帝时，百戏散乐逐渐风行。至大业年间，“百戏之盛，振古无比”①。“金石匏革之声，闻数十里外。弹弦擫管以上，一万八千人”②。

鼓吹作为一种军乐曲，自汉以来受到重视。曹魏、孙吴、晋都曾加以沿用，把汉鼓吹曲改变曲名及乐曲内容，作为歌功颂德、鼓舞士气的一种手段。南梁、北齐、北周因之，都创制了本朝鼓吹曲代替汉鼓吹曲，兹列表如下，以明三代沿革。

汉与南梁、北齐、北周鼓吹曲名对应表

汉代鼓吹曲名	南梁鼓吹曲名	北齐鼓吹曲名	北周鼓吹曲名
1. 朱鹭	1. 木纪谢	1. 水德谢	1. 玄精季
2. 思悲翁	2. 贤首山	2. 出山东	2. 征陇西
3. 艾如张	3. 桐柏山	3. 战韩陵	3. 迎魏帝
4. 上之回	4. 道亡	4. 殄关陇	4. 平窦泰
5. 拥离	5. 忱威	5. 灭山胡	5. 复恒农
6. 战城南	6. 汉东流	6. 立武定	6. 克沙苑
7. 巫山高	7. 鹤楼峻	7. 战芒山	7. 战河阴
8. 上陵	8. 昏主恣淫慝	8. 擒萧明	8. 平汉东
9. 将进酒	9. 石首局	9. 破侯景	9. 取巴蜀
12. 有所思	10. 期运集	12. 嗣丕基	10. 拔江陵
11. 芳树	11. 於穆	11. 克淮南	11. 受魏禅
15. 上邪	12. 惟大梁	15. 平瀚海	12. 宣重光
10. 君马黄		10. 定汝颍	13. 哲皇出
13. 稚子班		13. 圣道洽	14. 平东夏
14. 圣人出		14. 受魏禅	15. 擒明彻
16. 临高台		16. 服江南	

① 《隋书·音乐（下）》。

② 《隋书·音乐（下）》。

（续表）

汉代鼓吹曲名	南梁鼓吹曲名	北齐鼓吹曲名	北周鼓吹曲名
17. 远如期		17. 刑罚中	
18. 石留行		18. 远夷至	
务成		19. 嘉瑞臻	
玄云		20. 成礼乐	
备注：汉代鼓吹曲序号按《宋书·乐志》，南梁、北齐、北周鼓吹曲序号则按《隋书·音乐志》。			

《隋书·律历志》中对音乐史最具价值的是所记校定历代容量、尺度之异同，对于汉魏至南北朝乐律之考证，极具参考价值。正如《隋书·律历（上）》所载："龠，黄钟之宫，长九寸，空围九分，容秬黍一千二百粒，称重十二铢，两之为一合。三分损益，转生十二律。"《隋书·律历（上）》所载度量衡中与乐律关系密切的主要有两种。其一是记载15种黄钟的不同容量："晋前尺黄钟容黍八百八粒。梁法尺黄钟容八百二十八。梁表尺黄钟三：其一容九百二十五，其一容九百一十，其一容一千一百二十。汉官尺黄钟容九百三十九。古银错题黄钟龠容一千二百。宋氏尺，即铁尺，黄钟凡二：其一容一千二百，其一容一千四十七。后魏前尺黄钟容一千一百一十五。后周玉尺黄钟容一千二百六十七。后魏中尺黄钟容一千五百五十五。后魏后尺黄钟容一千八百一十九。东魏尺黄钟容二千八百六十九。万宝常水尺律母黄钟容黍一千三百二十。"其二是记载了15种尺的不同长度：(1)周尺；(2)晋田父玉尺；(3)梁表尺；(4)汉官尺；(5)魏尺；(6)晋后尺；(7)后魏前尺；(8)中尺；(9)后尺；(10)东后魏尺；(11)蔡邕铜龠尺；(12)宋氏尺；(13)开皇十年万宝常所造律吕水尺；(14)杂尺；(15)梁朝俗间尺。尺的长短与音律高低密切相关，如"荀勖造钟律，时人并称其精密，唯陈留阮咸，讥其声高。后始平掘地，得古铜尺，岁久欲腐，以较荀勖今尺，短校四分。时人以咸为解。"[①]《隋书·律历（上）》云："此（宋氏尺）宋代人间所用尺，传入齐、梁、陈，以制乐律。"

《隋书·经籍志》是我国现存的第二部史志书目。本书收录梁、陈、齐、周、隋五代官私书目所载现存典籍，分经史子集四部共47类，总计14,466种，89,666卷。亡佚书目，以夹注方式依类附入。各部、各类之末，仿照《汉

① 《隋书·律历（上）》。

书·艺文志》体例，附以总序、小序，简要说明诸家学术源流及其演变。对于唐以前古籍的品类、流变，主要靠本书的记载而略可考见其大概。

中国古代图书六分法至四分法的转变，主要经历了晋荀勖的《中经新簿》、李充的《晋元帝四部书目》，最后至《隋书·经籍志》而终于完成。四分法对后世影响深远，成为目录学史的主流，至清代编纂《四库全书总目》达到顶峰。古代有关音乐的著述，由于四分法的制约，散见于经史子集四部之下，这在《隋书·经籍志》中就有明显的反映。以下就《隋书·经籍志》所载与音乐有关书目，略做分析。

《经籍志》经部中有关音乐的著述主要有两类：一是诗经类。"《诗》者，所以导达心灵，歌咏情志者也。故曰：'在心为志。发言为诗。'……初但歌咏而已，后之君子，因被管弦，以存劝戒。"①由此可见，《诗》最初是配上曲子歌唱的，后来再加上器乐伴奏。《经籍志》所载《诗》39部，442卷，如《韩诗》22卷、《集注毛诗》24卷、《毛诗笺音证》10卷、《毛诗谱》3卷、《毛诗拾遗》1卷、《毛诗辨异》3卷、《毛诗草木虫鱼疏》2卷、《毛诗义疏》20卷、《毛诗释疑》1卷等。从摘录的书目可以看出，后代对《诗经》有从经学角度阐发其义理或评论，有从字音文学角度进行注释，有从历史角度进行考证辨析和拾遗补缺，有从音乐角度对其谱曲，有从名物角度对其进行考察。这些著作与音乐直接关系的是谱曲，即上述所谓"歌咏而已"，"因被管弦"。其次是对《诗》注音和韵律的考订等，如《毛诗笺音证》10卷、《毛诗并注音》8卷。二是乐类。《经籍志》所载乐类42部，142卷，与音乐都有直接的关系，兹抄录如下：《乐社大义》10卷、《乐论》3卷、《乐论》1卷、《古今乐录》12卷、《乐书》7卷、《乐杂书》3卷、《乐元》1卷、《管弦记》10卷、《乐要》1卷、《乐部》1卷、《春官乐部》5卷、《乐府声调》6卷、《乐府声调》3卷、《乐经》4卷、《琴操》3卷、《琴操抄》2卷、《琴操抄》1卷、《琴谱》4卷、《琴经》1卷、《琴说》1卷、《琴历头簿》1卷、《新杂漆调弦谱》1卷、《乐谱》4卷、《乐谱集》20卷、《乐略》4卷、《乐律义》4卷、《钟律义》1卷、《乐簿》10卷、《齐朝曲簿》1卷、《大隋总曲簿》1卷、《推七音》2卷、《乐论事》1卷、《乐事》1卷、《正声伎杂等曲簿》1卷、《太常寺曲名》1卷、

① 《隋书·经籍志》。

《太常寺曲簿》11卷、《歌曲名》5卷、《历代乐名》1卷、《钟磬志》2卷、《乐悬》1卷、《乐悬图》1卷、《钟律纬辩宗见》1卷、《当管七声》2卷、《黄钟律》1卷。这些音乐著作虽然大部分已亡佚，但从书名推测，大致又可以分为以下几种类别。1. 乐论，大致是有关音乐的总论，涉及面广，如论乐与政治、社会的关系，音乐与人情感的关系等。2. 乐谱，大致包括声乐谱、器乐谱，或者声乐、器乐混合的总谱。3. 乐律，包括研究钟律、管律等各种乐律的高低及计算方法。4. 乐制，主要涉及与封建等级关系密切的乐悬制度。5. 乐事，即有关历代音乐史事及传闻等。6. 其他有关历代乐名、曲名研究，以及琴的演奏等。

《经籍志》史部中有关音乐的著述主要见于纪传体史书《史记》《汉书》《后汉书》《晋书》《宋书》《南齐书》《魏书》中的乐志、律志和艺文志等。

《经籍志》子部中有关音乐的著述比较零星分散，一般见于某部著作中的一些篇章。如比较重要的有《吕氏春秋》中的《仲夏纪》《大乐》《侈乐》《适乐》《古乐》《季夏纪》《音律》《音初》《制乐》《明理》，《孙卿子》（即《荀子》）中的《乐论》，《墨子》中的《非乐》，《淮南子》中的《天文训》，《庄子》中的《至乐》，《管子》中的《地员》等篇。除此之外，历数类中的《推〈汉书·律历志〉术》1卷、《黄钟算法》38卷、《算律吕法》1卷，显然是专门研究乐律或与乐律相关的著作。五行类中的《五音相动法》2卷、《五音相动法》1卷、《风角五音图》2卷、《风角杂占五音图》5卷等也是研究音乐的著作。正如五行类小序所云："五行者，金、木、水、火、土，五常之形气者也……在目为五色，在耳为五音。"五音，宫、商、角、徵、羽也。

《经籍志》集部中有关音乐的著述主要集中于总集类，如《古乐府》8卷、《乐府歌辞抄》1卷、《歌录》10卷、《古歌录抄》2卷、《晋歌章》8卷、《吴声歌辞曲》1卷、《陈郊庙歌辞》3卷、《乐府新歌》10卷、《乐府新歌》2卷等。还有从《隋书·律历志（上）》大篇幅所引梁武帝《钟律纬》和《音乐（上）》大段所引沈约有关组织人员编纂乐书的奏文推测，集部中别集类所载《梁武帝集》和《沈约集》等个人文集中当也有一定数量论音乐的文章。

第六节 《旧唐书》中的《音乐志》和《新唐书》中的《艺文志》

《旧唐书》200卷，后晋刘昫（888—947）等撰。是书有本纪20卷、志30卷、列传150卷；记事上起唐高祖武德元年（618年），下讫哀帝天祐四年（907年），共计近290年的历史。

《旧唐书》在保存史料方面，是应该充分肯定的。由于后晋距离唐代时间近，文献尚存，经作者的大力搜集，史料大体是完备的。特别难能可贵的是，《旧唐书》记载的许多史料，没有经过改写，虽然缺乏剪裁熔铸之功，显得繁琐冗杂，但能保持原貌。从文献学的角度看，这更能得到研究者的重视。《旧唐书》保存的史料，以唐初至唐代宗时期的比较完备，而唐后期的史料则偏少。

1975年，中华书局出版了点校本《旧唐书》。该版本以清道光年间扬州岑氏惧盈斋刻本为工作本，并参校明嘉靖闻人诠刻本（百衲本二十四中《旧唐书》即以闻人诠刻本与残宋本相配补）、清乾隆年间武英殿刻本等数种版本，择善而从。因此，中华书局点校本是目前最流行最好的版本。

《新唐书》225卷，北宋欧阳修（1007—1072）、宋祁（998—1061）等撰。是书有本纪10卷、志50卷、表15卷、列传150卷，记事时间与《旧唐书》大体相同，为整个唐代290年的历史。

总的说来，《新唐书》的志和表写得比较好，而且还有所创新，历来为学者们所称道。志共分为13目，其中10目为前史所共有，而《仪卫》《兵志》2目，是本书新创立的。大部分志的内容都比较充实，为研究唐代的典章制度提供了系统的材料，如《新唐书·食货志》不仅比《旧唐书·食货志》分量多，而且也比较有系统、有条理地保存了大量社会经济史的资料。又如《天文志》和《历志》在篇幅上超过《旧唐书》三倍以上，记载了唐代流行的7种历法，特别可贵的是保存了历法史上占有重要地位的《大衍历》的历议。从编书体例和文字简洁方面，《新唐书》超过《旧唐书》。但《新唐书》由于过分强调“其事则增于前，其文则省于旧”。因此，往往为了追求文字上的简省，没有把史事交代清楚，或把一些重要的史实删除掉了，甚至出现一些疏漏错误。更有甚者，作者因厌恶骈文，竟把《旧唐书》记载的原历史骈体文，改写成散文，以至于改变了历史文献的原来面貌。总之，如从保存较完整的原始史料看,《新唐书》则不如《旧唐书》。

1975年,中华书局出版了《新唐书》点校本。该版本以百衲本为工作本,参校了北宋闽刻十六行本、南宋闽刻十行影印本、汲古阁本、殿本等。该本是目前最流行最好的版本。

由于《旧唐书》与《新唐书》二者各有优缺点,所以都有存在的价值,研究者最好参照使用,这在音乐史研究方面也是如此。如上所述,《新唐书》在志、表方面编撰较好,但其《礼乐志》中的音乐部分则不如《旧唐书·音乐志》记载的全面、详细、系统,而且有一些明显的疏漏之处。当然,另一方面,《新唐书·礼乐志》中记述的音乐史实,一小部分则是《旧唐书·音乐志》所缺。因此,也可补其不足。而从《新唐书·艺文志》来看,其记载的内容则明显超过《旧唐书·经籍志》,前者所载书目增加很多,特别是开元以后的著作补充不少,这在音乐书目方面也有类似的反映。鉴于上述理由,本书选择了《旧唐书·音乐志》和《新唐书·艺文志》作为主要阐述对象,再与《新唐书·礼乐志》和《旧唐书·经籍志》略做适当的比较和补充。

有关唐代音乐史的沿革演变,《新唐书·礼乐十一》总结得相当精当:"唐为国而作乐之制尤简,高祖、太宗即用隋乐与孝孙、文收所定而已。其后世所更者,乐章舞曲。至于昭宗,始得盈孙焉,故其议论罕所发明。若其乐歌庙舞,用于当世者,可以考也。"由此可见,有唐一代在乐制、乐理方面变化甚少,其音乐的盛唐气象主要表现在乐章舞曲方面。

有关唐乐律、乐制的厘定,正如《新唐书·礼乐十一》所总结的,主要就是唐初祖孝孙和张文收所为。有关祖孝孙建旋宫之法的记载,《新唐书》详于《旧唐书》;而有关张文收厘改郊祀用乐等,则《旧唐书》详于《新唐书》。

《旧唐书·音乐志》详于《新唐书·礼乐志》中音乐部分的主要是对表现盛唐气象的乐章舞曲的记述。其一,《旧唐书·音乐志》具体记述了唐八部立部伎(《安乐》《太平乐》《破阵乐》《庆善乐》《大定乐》《上元乐》《圣寿乐》《光圣乐》)和六部坐部伎(《燕乐》《长寿乐》《天授乐》《鸟歌万寿乐》《龙池乐》《破阵乐》)的乐队配器、舞队人数及服装等。其二,《旧唐书·音乐志》记载了唐代尚存的清乐曲(《白雪》《平调》《清调》《瑟调》《公莫舞》《巴渝》《明君》《凤将雏》《明之君》《铎舞》《白鸠》《白纻》《子夜》《前溪》《阿子》《欢闻》《团扇》《懊憹》《长史变》《督护》《读曲》《乌夜啼》《石城》《莫愁乐》《襄阳乐》《栖乌夜飞》《估客乐》《杨伴》《骁壶》《常林欢》《三洲》《采桑》《春江花月夜》《玉树后庭花》《堂堂》《汎龙舟》等）的来源。其三，较详细地记载了四夷（唐周边少数民族或邻国）乐，其中东夷二（《高丽乐》《百济乐》）；南蛮三（《扶南乐》《天竺乐》《骠国乐》）；西戎五（《高昌乐》《龟兹乐》《疏勒乐》《康国乐》《安国乐》）；北狄三（《鲜卑乐》《吐谷浑乐》《部落稽乐》）。《旧唐书·音乐（二）》中对以上四夷乐大部分都介绍了乐工的服装、乐舞的人数和服装以及乐队配器等。其四，《旧唐书·音乐（二）》在记述散乐时，除介绍各种杂技之外，与音乐有关的主要是叙述歌舞戏大面、拔头、踏摇娘、窟垒子的由来。其五，《旧唐书·音乐（二）》在记载乐器时虽然提到八音为金、石、丝、竹、匏、土、革、木，但在具体介绍各种乐器的来历、结构、形状、制作材料、音色等时，又不按八音的顺序，而按管、箫、笛、篪、筚篥、柷、敔、舂牍、拍板、琴、瑟、筝、筑、琵琶、阮咸、箜篌、七弦、太一、六弦、天宝乐、埙、缶、钟、錞于、铙、铜磬、方响、铜钹、钲、铜鼓、磬、鼓、柷拍的顺序，即匏、竹、木、丝、土、金、石、革的顺序，与传统八音顺序不同。笔者初步推测，随着中国古代音乐的发展，至盛唐时期，管弦乐在乐队中的地位逐渐重要，而钟、鼓、磬、缶等打击乐和埙的作用下降。因此，金、石、土、革等类乐器退居后者，而竹、丝等类乐器进居前者。如唐代著名的"《燕乐》"，就是"奏之管弦，为诸乐之首，元会第一奏者是也"[①]。其具体配器据《通典·乐典》燕乐所载为玉磬一架、大方响一架、笛筝一、筑一、卧箜篌一、大箜篌一、小箜篌一、大琵琶一、小琵琶一、大五弦琵琶一、小五弦琵琶一、吹叶一、大笙一、小笙一、大筚篥一、小筚篥一、大箫一、小箫一、正铜钹一、和铜钹一、长笛一、尺八一、短笛一、揩鼓一、连鼓一、鼗鼓二、浮鼓二、歌二。由此可见，在燕乐乐队中，弦乐九，管十，打击乐亦十，而金类乐器钟、錞、铎等，土类乐器埙、缶等则已不见踪影。总之，管弦乐在乐队中的作用日益突出。这种情况在《旧唐书·音乐（一）》关于四夷乐中有更明显的反映，限于篇幅，这里就不再举例说明。

① 《旧唐书·乐志（一）》。

以上《旧唐书·音乐志》记载的唐代五个方面的“乐章舞曲”在《新唐书·礼乐志》音乐部分或阙如或记述过于简略。具体说，有关散乐方面的史料不见于《新唐书》。有关器乐的记载《新唐书》只是简单地罗列乐器的名称；有关唐代立部伎八、坐部伎六，《新唐书》基本上也只是提到乐舞名称。而有关四夷乐，《新唐书》把其主要安排在唐十部乐中介绍，因为正如欧阳修等所云：四夷乐中，“八国之伎，列于十部乐”。但是其对四夷乐的介绍，也不如《旧唐书》详细，一般只涉及乐队配器，而没记载乐工、乐舞的服装等。其有关唐代尚存的历代清乐曲的记载，《新唐书》一般也只是简略地注明其时代，有作者可考者再加上作者。而《旧唐书》不仅有时代、作者，许多乐曲还附上其产生的史事、传说等，对研究者了解乐曲的背景、内容、意境、风格等具有参考价值。如《旧唐书·音乐（二）》对清乐曲《督护》的记述是“《督护》，晋、宋间曲也。彭城内史徐逵之为鲁轨所杀。徐，宋高祖长婿也。使府内直督护丁旿殡敛之。其妻呼旿至阁下，自问敛逵之事，每问辄叹息曰：‘丁督护！’其声哀切，后人因其声广其曲焉。今歌是宋孝武帝所制，云‘督护上征去，侬亦恶闻许。愿作石尤风，四面断行旅。’”而《新唐书·礼乐（十二）》对此记载则是，“《丁督护》，晋、宋间曲也”。由此可见，如仅按《新唐书》的记载，我们根本无法了解《丁督护》究竟是歌唱什么内容、具有什么风格的曲子，而从《旧唐书》的记载，我们就大致清楚《督护》是妻叹亡夫之曲，故风格是“其声哀切”。

当然，我们通过《旧唐书·音乐志》与《新唐书·礼乐志》音乐部分的对比，并不是说《新唐书·礼乐志》有关音乐部分是没有价值的。总的说来，《旧唐书·音乐志》史料价值胜于《新唐书·礼乐志》，但《新唐书·礼乐志》有一些比较重要的记载则为《旧唐书·音乐志》所缺。如《礼乐（十二）》载：“唐之盛时，凡乐人、音声人、太常杂户子弟隶太常及鼓吹署，皆番上，总号音声人，至数万人。”“大中初，太常乐工五千余人，俗乐一千五百余人。”这两则记载以具体的数字说明唐代从乐人员之多，从一个侧面反映了唐代音乐之盛。

《新唐书·艺文志》所载音乐书目的增多主要体现在经部中的乐类，而且所增加的书目以唐朝人著述为主。与《旧唐书·经籍志》经部中乐类相比，《新唐书·艺文志》经部中乐类所增加的书目大致有两种：一是《旧唐书·经籍志》经部中乐类所无，但在集部中总集类有录：荀勖《太乐杂歌辞》3卷，《太乐歌辞》2卷，《乐府歌诗》10卷，谢灵运《新录乐府集》11卷，郑译《乐府歌辞》8卷，翟子《乐府歌诗》10卷，《三调相和歌辞》5卷，《汉魏吴晋鼓吹曲》4卷。《新唐书》作者把它们从集部中总集类移到经部中乐类，说明了作者有意把它们与总集类中文学作品区分开来；而且把乐府中的民歌以及鼓吹曲等归入经部中的乐类，反映了《新唐书》作者对原来不登大雅之堂的民歌的重视。这在当时封建士大夫中是相当难能可贵的。二是《新唐书》所增书目既不见于《旧唐书·经籍志》经部，也不见于集部的有：张文收《新乐书》12卷，刘贶《太乐令壁记》3卷，徐景安《历代乐仪》30卷，崔令钦《教坊记》1卷，吴兢《乐府古题要解》1卷，郗昂《乐府古今题解》3卷，段安节《乐府杂录》1卷，窦琎《正声乐调》1卷，玄宗《金风乐》1卷，萧祐《无射商九调谱》1卷，赵惟柬《琴》3卷，陈拙《大唐正声新址琴谱》10卷，吕渭《广陵止息谱》1卷，李良辅《广陵止息谱》1卷，李约《东杓引谱》1卷，齐嵩《琴雅略》1卷，王大力《琴声律图》1卷，陈康士《琴谱》13卷、《琴调》4卷、《琴谱》1卷、《离骚谱》1卷，赵耶利《琴手势谱》1卷，南卓《羯鼓录》1卷。总之，《旧唐书·经籍志》经部中乐类共记录有关音乐著述29部，《新唐书·艺文志》在经部乐类中全部抄录，只是把《旧唐书》留进录、凌秀注的《管弦记》一部折成两部，记录成留进《管弦记》12卷和凌秀《管弦记》10卷，加上《新唐书》把《旧唐书·经籍志》集部中总集类8部归入经部中乐类，因此，《新唐书》把《旧唐书》有关音乐著述37部全部抄录经部中乐类，在数目上增为38部。加上《新唐书》新增的《旧唐书》所无的23部，《新唐书·艺文志》经部中乐类共著录有关音乐著作总计61部。这里还要说明的是《新唐书》在抄录《旧唐书》时也略做改动，其中孰是孰非还有待于细考。如《旧唐书》题季玄楚撰的《乐经》30卷，《新唐书》则把季玄楚改为李玄楚；《旧唐书》题赵耶律撰《琴叙谱》9卷，《新唐书》则把赵耶律改为赵邪利；《旧唐书》中《三调相和歌词》3卷，《新唐书》则记录为5卷；《旧唐书》中谢灵运《新撰录乐府集》11卷，《新唐书》则记录为《新录乐府集》11卷。

《新唐书·艺文志》和《旧唐书·经籍志》中史部与子部有关音乐著述的记载基本相似，与《隋书·经籍志》相比也没什么大的变化，这里就不做介绍了。

第七节 《元史》中的《礼乐志》

《元史》210卷，明宋濂（1310—1381）、王祎（1322—1373）等撰。是书共有本纪47卷、志58卷、表8卷、列传97卷，记述上起13世纪初蒙古族的兴起，成吉思汗统一蒙古各部，下至至正二十八年（1368年）元顺帝北遁沙漠。

《元史》成书比较仓促，前后两次开局编修，总共只用了331天的时间就全部完工。因此，在编写中对史料来不及进行较多的修饰，基本上是照抄照录各朝实录、《经世大典》《功臣列传》等元朝官修典籍和碑志、案牍等原始资料，或者略加删节而已。因此，客观上编修者在无意中更多地保存了元代许多史料的原貌，这对今天研究者来说显得更加珍贵。当然，《元史》由于成书仓促，且出于众手，在编纂方面也有不少谬误，如一些列传重出、译名不统一、年代史实的乖误等。

1976年，中华书局出版了《元史》点校本，该本以百衲本（残洪武本和南监本合配影印）为底本，再参校明万历北监本、清乾隆武英殿本和道光本等，还参考了胡粹中《元史续编》、邵远平《元史类编》、曾廉《元书》、屠寄《蒙兀儿史记》及钱大昕《廿二史考异》、汪辉祖《元史本证》等。该版本是目前最普及最好的版本。

《元史》中《礼乐志》总共五卷，其中《礼乐（一）》记述"礼"，而《礼乐（二）》至《礼乐（五）》论述"乐"，这改变了以往纪传体史书礼与乐合志中往往重礼轻乐的现象。《元史·礼乐志》中有关音乐部分在编纂细目上有较大的创新，共分为制乐始末、登歌乐器、宫悬乐器、节乐之器、文舞器、武舞器、舞表、郊祀乐章、宗庙乐章、社稷乐章、先农乐章、宣圣乐章、郊祀乐舞、宗庙乐舞、泰定十室乐舞、乐服、大乐职掌、宴乐之器、乐队等。

元代在乐制、律制方面没有什么大的创新，在《制乐始末》中值得注意的主要有三个方面：其一，元朝重视征用西夏、金、南宋旧乐，尤其是在全国范围内征聘金朝知乐人才，派人随其肄习；收集金和南宋散佚在民间的乐器，并加以补制齐备。如《礼乐（二）》载："元初，钟用宋、金旧器，其识曰‘大晟’‘大和’‘景定’者是也。后增制，兼用之。”其二，制宫悬、登歌乐、文武二舞，有事则用于太庙。其三，制定元朝一代各种乐曲。如元朝乐曲总名曰《大成之乐》，其迎送神曲曰《来成之曲》，烈祖曰《开成之曲》，太祖曰《武成之曲》，太宗曰《文成之曲》，睿宗曰《明成之曲》，定宗曰《熙成之曲》，宪宗曰《威成之曲》等。

《礼乐（二）》不仅介绍乐器，而且还介绍舞器，这是与一般乐志不同的。其在介绍乐器时，首先是按登歌与宫悬不同乐种的配器来介绍的。《元史》对乐器的介绍比以往诸史乐志详细、具体，达到人们按其文字所述可以准确复制的程度。如“瑟四。其制，底面皆用梓木，面施采色，两端绘锦。长七尺。首阔尺有一寸九分，通足中高四寸，旁各高三寸；尾阔尺有一寸七分，通足中高五寸，旁各高三寸五分。朱丝为弦，凡二十有五，各设柱，两头有孔，疏通相连。以黄绮夹囊贮之。架四，髹以绿，金饰凤首八”。由此可见，其瑟材料、形状、尺寸、弦数，甚至连彩漆绘色、装饰以及贮瑟之囊均也做了细致的说明。《礼乐（二）》在介绍各种乐器时，按金、石、丝、竹、匏、土、革、木的顺序叙述。

《礼乐（二）》不仅介绍传统的八音乐器，而且还另立细目介绍节乐（指挥）之器麾和照烛，文舞器纛、籥、翟，武舞器旌、干、戚、金錞、金钲、金铙、单铎、双铎、雅鼓、相鼓、鼗鼓以及舞表等，这在以往诸史乐志中是仅见的。

《礼乐（四）》在记述郊礼乐舞、宗庙乐舞及泰定十室乐舞时，以大量的篇幅十分具体、细致、有序、完整地介绍了各种乐舞的舞蹈动作、步伐、造型，以及与音乐的配合。这在以往诸史乐志中也是不多见的。兹节录一段，以窥一斑：

迎神文舞，《思成之曲》。黄钟宫三成。始听三鼓。一鼓稍前，开手立；二鼓合手，退后；三鼓相顾蹲。三鼓毕，间声作。一鼓稍前，舞蹈；二鼓高呈手；三鼓举左手，收，左揖；四鼓举右手，收，右揖；五鼓退后，相顾蹲；六鼓两两相向立；七鼓复位，俛伏；八鼓举左手，开手，正蹲；九鼓举右手，开手，正蹲；十鼓稍前，开手立；十一鼓合手，退后，躬身；十二鼓伏，兴，仰视；十三鼓舞蹈，相向立；十四鼓复位，交籥，正蹲；十五鼓躬身，受。

终听三鼓。(止)。

《礼乐(五)》第一个细目“乐服”，记载了元代乐队舞队各种级别人员的服装。如“乐正副四人，舒脚幞头，紫罗公服，乌角带，木笏，皂靴”；“乐工，介帻冠，绯罗生色鸾袍，黄绫带，皂靴”；“舞人，青罗生色义花鸾袍，缘以皂绫，平冕冠”。这种专设一个细目介绍乐服在诸史乐志中还是首创。《礼乐(五)》第二个细目“大乐职掌”首先介绍大乐署官员配置“令一人，丞一人”，职掌“郊社、宗庙之乐”。这种在乐志中介绍掌乐机构官员和职掌的做法在诸史乐志中也是罕见的。“大乐职掌”主要记载361人宫悬和51人登歌乐队的排列、演奏等。其记载之详细、具体，在诸史乐志中也是很突出的。第三个细目“宴乐之器”，介绍元代宴乐时所用乐器，其中“兴隆笙”“胡琴”“火不思”“云璈”等是诸史乐志中首次见于记载的。第四个细目“乐队”，记载了“乐音王队”“寿星队”“礼乐队”“说法队”的男女人数、服饰、乐器、舞器、所演唱演奏的乐曲、舞蹈的动作、步伐、造型等，内容甚为详尽丰富。兹节录一段：

次七队，乐工十有六人，冠五福冠，服锦绣衣，龙笛六，觱篥六，杖鼓西，与前大乐合奏《金字西番经》之曲。次八队，妇女二十人，冠珠子菩萨冠，服销金黄衣，璎珞，佩绶，执金浮屠白伞盖，舞唱前曲，与乐声相和，进至御前，分为五重，重四人，曲终，再起，与后队相和。

第五章
会要会典中的音乐文献

第一节　会要会典的纂修

会要是断代的典章制度专史，搜罗的材料颇为丰富，可补正史之不足，而且其分门别类的特点使读者便于查考各代的政治、经济、文化、军事制度等。从今人查考的角度来看，《十通》是纵论历代典章制度，会要和会典是横叙一代史实，二者不能偏废。一般说来，了解历代制度沿革，主要可查《十通》；查考一代制度，可利用会要、会典；如要做深入的研究，就必须核对史志和参考其他专著。当然，这三者之间是相互联系的，不能截然分开，如纵的利用《十通》查各类制度的历史因革，可以参考会要、会典，横的利用会要、会典查一代史实，也可参考《十通》。但是，由于《十通》、会要主要取材于史著、实录、文集等，大部分已是第二手材料，所以查出来的结论要加以引用时，最好与原始材料核实一下。

据目前所知，历史上最早开始编会要的是唐德宗时期，苏冕首次编撰唐高祖以后九朝事为《会要》40卷；唐宣宗时，杨绍复等续编唐德宗以后七朝事为《续会要》40卷。苏、杨之书虽然已佚，但开创会要这一史书体裁，不为无功。北宋王溥据苏、杨二书并补充唐宣宗至唐末史事而成《唐会要》100卷，又另撰写《五代会要》30卷。这是我国现存最早的两部较为完备的会要著作。自此之后，会要体史书日益受到人们的重视。宋代专门设立了会要所，前后十次大规模地纂修会要，成书两千两百余卷。南宋徐天麟著《西汉会要》70卷、《东汉会要》40卷。《唐会要》和《五代会要》不分门，只标出目，还不大方便查阅。《西汉会要》和《东汉会要》则分为帝系、礼、乐、舆服、学校、运历、祥异、职官、选举、民政、食货、兵、刑、方域、番夷等15门，门下再分细目。徐氏的分类，足可代表这一类著作，使之更便于查检。

此后，元代虞集、欧阳玄等著《经世大典》，也可说是元朝的会要；明董说著《七国考》，相当于战国的会要。清代，补著历代会要蔚然成风，龙文彬著《明会要》，孙楷著《秦会要》，杨晨著《三国会要》，姚彦渠著《春秋会要》，朱铭盘著《南朝宋齐梁陈会要》《晋会要》。总之，差不多历朝会要在清代逐渐补齐，分类大多数从徐天麟的15门，或略有增减。

此外，明清官修的会典，不以门类分隶材料，而以吏、礼、兵、工、户、刑六部为纲，注重于章程法令和各种典礼，与会要略异，如《明会典》《大清会典》等。清代还编撰《大清会典事例》，材料比《大清会典》更加详细丰富，其中集大成者是光绪朝《大清会典事例》。

历史上还有一些著作，虽不取会要之名，而实际上也是分门别类评述当代典章制度，与会要无异。如宋李攸《宋朝事实》、李心传《建炎以来朝野杂记》等，实际上也应属于会要体的著作。

历代会要中，除了《春秋会要》之外，均设有“乐”门，门下再分细目，记述一代音乐史事。因此，我们如要了解或研究某朝代音乐史，可先查阅会要，就可便捷地得到有关音乐方面的基本史料。由于历代会要、会典较多，限于篇幅，不能一一涉及，以下选取数种有代表性、音乐史料价值较高者略做介绍。

第二节 《七国考》中的“音乐”门

《七国考》14卷，明末董说编纂。《七国考》共分职官、食货、都邑、宫室、国名、群礼、音乐、器服、杂记、丧制、兵制、刑法、灾异和琐征14门，分类辑录战国时期秦、齐、楚、赵、韩、魏、燕七国的典章制度。战国时期，由于群雄割据，战事连年，典章文献百不存一。《七国考》以《战国策》《史记》为主要材料来源，在此基础上广为辑录，兼取先秦诸子及杂史，因此取材比较丰富。由于作者引书不够谨慎，甚至把一些小说、寓言一类书里的话，也收集了进去。是书还大量引用春秋时期的史料，几乎占了全书的三分之一。所引史料本身有错误的也不少。这些，都是读者在使用时必须注意的。

《七国考》目前最普及的是中华书局1956年排印本。此本以《守山阁丛书》本为主，另以吴兴刘氏嘉业堂刊本进行参校，是比较好的版本。

《七国考》卷10以国家为序，记述战国时期七国的音乐。在秦音乐中，有乐曲《钧天之乐》，有乐器昭和钟、灵鼉鼓、宣和琴、闲邪琴、超屏琴、盆瓶、缶瓮、筝；在田齐音乐中，有乐曲《房中之乐》，有乐器大吕钟、和竽、齐瑟；在楚音乐中，有乐曲《潇湘洞庭之乐》《轻风流水之诗》《皓露秋霜之曲》《下里巴人》《阳阿采菱》《阳春白雪》《朝日鱼丽》《烈女引》《霹雳引》《楚明光》《巫音》《楚些》，有乐舞《躬舞》《万》，有乐器九龙之钟、楚钟、楚公钟、方磬、绕梁琴、青翻琴、秋阳琴、楚笙、警鼓；在赵音乐中，有乐曲《肆夏》，有乐舞《广舞》，有乐器灵文筝、赵瑟、鹿（笙之类）、赵烈侯之石（磬）；在魏音乐中，有音乐著作《魏乐书》，有乐器钟、镈、大磬、惠侯琴、悬琴、槌凿；在燕音乐中，有乐舞《萦尘》《集羽》《旋怀》，有乐器筑，有乐曲《筑曲十二弦》。

《七国考》卷7所载音乐史事有的不能简单地从标目中反映出来，必须由读者从行文中细心体味。如对比李斯《谏逐客书》所云："夫击瓮扣瓶，弹筝抚髀，而歌呼呜呜，快耳目者，真秦之声也。"《战国策》载苏秦曰："临菑之民，无不吹竽鼓瑟，击筑弹琴。"我们大致可以推断，战国时西方秦国与东方齐国的音乐是有所不同的，秦国乐器是瓮、瓶、筝、髀，而齐国乐器是竽、瑟、筑、琴。苏秦之语虽有夸大其词之嫌，但也从一个侧面说明当时齐国音乐文化之普及。

《七国考》卷7音乐门中所引用的古文献不少，比较著名可信的就有《史记》《战国策》《左传》《国语》《淮南子》《吕氏春秋》《说文》《新论》等。最后必须指出的是《左传》是记述春秋时代的历史，起自鲁隐公元年（前722年），终于鲁哀公二十七年（前468年）。因此，读者如使用《七国考》中辑录的《左传》材料，必须注意其年代。

第三节 《西汉会要》中的"乐"门

《西汉会要》70卷，南宋徐天麟编纂。是书所载的典章制度，以类相从，分门编载，共分为帝系、礼、乐、舆服、学校、运历、祥异、职官、选举、民政、食货、兵、刑、方域和蕃夷15门。对研究西汉的典章制度及其演变，有一定的参考价值。但此书主要取材《汉书》和《史记》，故于汉制之见于他书者，概不采掇，未免失之于狭窄。

该书有清光绪年间江苏书局翻印的武英殿本以及商务印书馆排印本行世。1976年，上海人民出版社将此书校点整理出版，是目前最流行的比较好的版本。

《西汉会要》卷21《乐上》主要记述了西汉重要音乐史事。如汉高祖时制宗庙乐和房中祠乐。汉代，祭祀帝庙有武德、文始、五行、四时之舞。武帝时，乃立乐府，采诗夜诵，有赵、代、秦、楚之讴。以李延年为协律都尉，多举司马相如等数十人造为诗赋，略论律吕，以合八音之调，作十九章之歌。卷22《乐下》则记载了安世房中歌十七章之诗，郊祀歌十九章：《练时日》一、《帝临》二、《青阳》三、《朱明》四、《西颢》五、《玄冥》六、《惟泰元》七、《天地》八、《日出入》九、《天马》十、《天门》十一、《景星》十二、《齐房》十三、《后皇》十四、《华烨烨》十五、《五神》十六、《朝陇首》十七、《象载瑜》十八、《赤蛟》十九。《乐下》还记载了武帝时招待四夷之客时，作《巴俞》都庐、海中《砀极》、漫衍鱼龙、角抵之戏以观之。

读者在查检《西汉会要》时，不妨仔细阅读其小字注释部分。《四库全书总目》云："班固书最称博赡，于一代礼乐刑政，悉综括其大端，而理密文繁，骤难得其体要。天麟为之区分明白，经纬本末，一一犁然，其铨次极为精审。"如上引"《巴俞》都庐、海中《砀极》、漫衍鱼龙"，如不参阅注释，是很难明白其意思的。在《西汉会要》中，徐天麟辑录了有关注释，使后世读者了解其文。如有关"都庐""《砀极》"，李奇曰："都庐，轻体善缘者也。《砀极》，乐名也。"师古曰："巴人，巴州人也。巴俞之人所谓赍人也。劲锐善舞，本从高祖定三秦有功，高祖喜观其舞，因令乐人习之，故有《巴渝》之乐。"

第四节 《三国会要》中的"乐"门

《三国会要》22卷，清杨晨编纂。全书共分帝系、历法、天文、五行、方域、职官、礼、乐、学校、选举、兵、刑、食货、庶政和四夷15门。是书旁搜博引，采录之书多达一百五十多种。凡琐闻轶事，则作为杂录附之于后。

该书由江苏书局初刊于光绪二十六年（1900年），黄岩杨氏刊有《崇雅堂丛书》本。中华书局1956年据江苏书局本校点出版，是目前普遍流行的较好版本。

《三国会要》卷14"乐"门内容丰富。首先，详乐制沿革。魏武平荆州，获杜夔，使其创定雅乐。杜夔传旧雅乐4曲：《鹿鸣》《驺虞》《伐檀》《文王》。太和中，左延平改夔《驺虞》《伐檀》《文王》三曲，更自作声节，其名虽存，而声实异。黄初二年，改《巴渝舞》曰《昭武舞》，改《宗庙安世乐》曰《正始乐》，《嘉至乐》曰《迎灵乐》，《武德乐》曰《武颂乐》，《昭容乐》曰《昭业乐》，《云翘舞》曰《凤翔舞》。其次，胪列乐舞、乐曲。三国时期，有乐舞鞞舞、铎舞、巾舞（即公莫舞）、盘舞、鼓角横吹曲，相和13曲、但歌4曲、清商三调歌、大曲、楚调怨诗、陈思王鼙舞歌5篇、魏鼙舞歌5篇、魏鼓吹曲12篇（《初之平》《战荥阳》《获吕布》《克官渡》《旧邦》《定武功》《屠柳城》《平南荆》《平关中》《应帝期》《邕熙》《太和》）、吴鼓吹曲12篇（《炎精缺》《汉之季》《据武邺》《乌林》《秋风》《克皖城》《关背德》《通荆门》《章洪德》《从历数》《承天命》《玄化》）。《三国会要》卷14还记录了魏、吴鼓吹曲12篇的唱词，从中可以看出魏、吴鼓吹曲其实就是魏、吴建国之史诗。魏晋以来，鼓吹曲章，多述当时战功。如魏鼓吹曲第6曲《定武功》唱曰："定武功，济黄河；河水汤汤，旦暮有横流波。袁氏欲衰，兄弟寻干戈；决漳水，水流滂沱。嗟城中如流鱼，谁能复顾室家！计穷虑尽，求来连和；和不时，心中忧戚。贼众内溃，君臣奔北；拔邺城，奄有魏国。王业艰难，览观古今，可为长叹！"

《三国会要》在记述三国音乐史事时，往往还上溯两汉旧制，这在客观上有助于读者了解两汉至三国音乐流变。《三国会要》所记载的一些两汉音乐史实，为《西汉会要》《东汉会要》所不载。如《三国会要》在记述魏、吴鼓吹曲12篇时，均与汉鼓吹相对应，这使读者能具体知道《西汉会要》《东汉会要》所缺载的汉鼓吹曲名，即《朱鹭》、《思悲翁》、《艾如张》、《上之迴》、《翁离》（《拥离》）、《战城南》、《巫山高》、《上陵》、《将进酒》、《有所思》、《芳树》、《上邪》。

第五节 《唐会要》中的“乐”类

《唐会要》100卷，宋王溥（922—982）编纂。是书虽然修成于宋初，但其主要部分却是在中、晚唐时期由苏冕、杨绍复等写成。所以，书中所保存的唐代史料异常丰富，多为新、旧《唐书》所无。全书共分帝系、礼、宫殿、舆服、乐、学校、刑、历象、封建、佛道、官制、食货、四裔等13类，对于唐代典章制度的沿革变迁，叙述得很详细。

《唐会要》在清代以前没有刻本，传抄本脱误之处甚多。通行的刊本，以武英殿聚珍本为最好。商务印书馆出版的国学丛书本，就是以它为底本的。1955年，中华书局曾用商务印书馆纸型重印过，校改了其中讹文误字及断句错误较大者。这是目前最流行的版本。书末附《唐会要校勘表》，供读者参阅。

《唐会要》卷32《雅乐上》和卷33《雅乐下》主要详唐朝乐制沿革。唐高祖时，命太常少卿祖孝孙考正雅乐。孝孙以陈梁旧乐，杂用吴楚之音，周齐旧乐，多涉胡戎之伎，于是斟酌南北，考以古音，而作大唐雅乐。贞观初，张文收复采三礼，更加厘革。开元中，又造三和乐，又制文舞、武舞，采用钟、磬、柷、敔、晋鼓、琴、瑟、筝、竽、笙、箫、笛、篪、埙、錞于、铙、铎、舞拍、舂牍等，谓之雅乐。黄巢起义后，昭宗即位，命太常博士殷盈孙按《周官·考工记》，究其铣于鼓钲舞之法，用算法乘除镈钟之轻重高低，乃定悬下编钟。《唐会要》卷33主要介绍唐朝各种乐曲、乐舞。如凯乐即鼓吹之歌曲、献功之乐也。凯乐中最著名的是《破阵乐》《应圣期》《贺朝欢》《君臣同庆乐》等4曲。燕乐，即宴百僚，奏十部乐：《燕乐》《清商》《西凉》《扶南》《高丽》《龟兹》《安国》《疏勒》《康国》《高昌》。其后分为立、坐二部。立部伎有八部：《安乐》《太平乐》《破阵乐》《庆善乐》《大定乐》《上元乐》《圣寿乐》《光圣乐》。坐部伎有六部：《燕乐》《长寿乐》《天授乐》《鸟歌万岁乐》《龙池乐》《大小破阵乐》。清乐，一般指东晋、南北朝间，承袭汉、魏相和诸曲，吸收当地民间音乐发展而成的“俗乐”。至唐其词存者有《白雪》《公莫舞》《巴渝》《明君》等32曲，能合于管弦者，惟《明君》《杨叛儿》《骁壶》《春歌》《秋歌》《白雪》《堂堂》《春江花月夜》等8曲。散乐，即乐舞杂技，历代有之，但时兴时废。至唐则官府设散乐。除上述主要乐种外，《唐会要》卷33《诸乐》中还记载了不少乐曲，对了解唐代音乐甚有价值。如其中一条记述天宝十三载七月十日太乐署供奉曲名及改诸乐名，下列许多原曲名及改后曲名，这使我们今天能够清楚地知道这些乐曲的来龙去脉。又如唐代十部乐中的《燕乐》，《诸乐》中记述了其来历："贞观十四年，有景云见，河水清。协律郎张文收采古《朱雁》《天马》之义，制景云河清歌，名曰《燕乐》，奏之管弦，为诸乐之首。"《唐会要》卷33最后记述了四夷乐：东夷高丽、百济2国乐，南蛮扶南、天竺、南诏、骠国4国乐，西戎高昌、龟兹、疏勒、康国、安国5国乐，北狄鲜卑、吐谷浑、部落稽3国乐。

《唐会要》卷34《论乐》不只是涉及音乐理论，而更多地记载了与音乐有关的史事。兹略举数例，以窥一斑：武德元年，万年县法曹孙伏伽上书请废百戏散乐。先天元年，太子舍人贾曾谏请禁断女乐。汉魏之时，乐人皆以贱隶为之；武德四年，诏乐人一同民例。乐工之杂士流，自兹始也。

在会要体史书中，《宋会要辑稿》和《唐会要》保存了大量未经删减的原始资料，如诏令、奏议等，因此在考证史料正误方面尤有价值。如陈旸《乐书》将"平清瑟"误为一种乐器，马端临《文献通考·乐考》以讹传讹，照录不改。但是如果细心查阅《唐会要》卷33《清乐》，其中有一段文字云："又七曲有声无词，上林凤雏平调、清调、瑟调，平折命啸，通前四十四篇存焉。"[①]由此可见，"平清瑟"不是乐器，而是三种调式。

第六节 《宋会要辑稿》中的"乐"门

《宋会要辑稿》为宋代官修。全书共分帝系、后妃、乐、礼、舆服、仪制、瑞异、运历、崇儒、职官、选举、食货、刑法、兵、方域、蕃夷、道释17门，材料丰富。有一些史料，仅见于本书，或他书简略，而本书详备。总之，此书是研究宋史必不可少的史料书。但是，我们也必须看到，影印本的《宋会要辑稿》由于是手抄本，未经排比、校勘、整理，因此也存在着不少的问题，如较大篇幅的复文和文字上的讹误等。

---

① 有关平、清、瑟作为三种调式，沈约《宋书·乐志三》亦有记载。

宋代编辑的会要，计有《庆历国朝会要》《元丰增修五朝会要》《政和重修会要》《乾道续修四朝会要》《乾道中兴会要》《淳熙会要》《嘉泰孝宗会要》《庆元光宗会要》《嘉泰宁宗会要》《嘉定国朝会要》等13朝会要。宋代官修会要10次，共计两千两百余卷，卷数之多，为历代会要体史书所望尘莫及。元修《宋史》时，宋代历朝会要就是重要史科依据。但《宋史》诸志与《宋会要》相比，详略悬殊，前者篇幅大大小于后者；并且前者由于经过删减，与后者相比，不少地方有失实之处。

明初，文渊阁所藏的《宋会要》原本，只有残本203册。明宣德年间，文渊阁藏书大半付之一炬。《宋会要》原本自此之后也不见踪迹。所幸明代初年编修《永乐大典》，将宋历朝会要记载的史事分隶于各韵，使其绝大部分内容得以保存下来。清代嘉庆十四年（1809年），徐松入全唐文馆，任提调兼总纂官。时《永乐大典》虽已散失一千余册，但所存尚有十之八九。徐松利用职务之便，把《永乐大典》中有关宋代历朝会要的条文让人一一抄出，得五六百卷。这就是弥足珍贵的《宋会要辑稿》。该抄本后几经易手，于1936年由国立北平图书馆影印200册。中华人民共和国成立后，该影印本多次再版，成为目前最普及的版本。

《宋会要辑稿》乐门共8卷。乐一至二为律吕，主要记述了北宋建隆年间和岘，景祐年间李照，皇祐年间阮逸，元丰年间杨杰、刘几，元祐年间范镇，崇宁年间魏汉津等六次改革乐制。乐三详定乐律，主要记载宋代各种乐队的乐器和人员配置、乐章的撰制等。如“雅乐登歌用工员三十一，歌四，埙、篪、巢、笙和笛各二，编钟、编磬各一，筝、阮咸、九弦琴、七弦琴、筑、瑟、箫各二，节鼓一，太乐令一员押乐，乐正一员节奏，应奉协律郎一员押麾，挟仗色一人主麾。举偃、亲祠、郊庙及上寿并同此制，岁时常祠、中祠以上用登歌乐亦如之”。宋代各种场合之下的乐队不仅乐器和人员配置不同，而且所演唱和演奏的乐曲也不相同，因此，各朝陆续撰制了不少乐章。如：“庆历三年八月二十七日，太常礼院言：‘四时荐飨太庙、后庙、奉慈庙，有司摄事，酌献升降，逐室各有乐章，惟送神通用，乞别撰后庙、奉慈庙送神乐章一首。’诏可。”

乐四至五主要记述乐器、乐舞及乐种。《宋会要辑稿》乐器目不同《十通》以八音的顺序介绍每一种乐器，而基本上是以时间顺序介绍历朝乐器的制造、修补及各种乐队、乐种的配器。乐舞、乐种目记载各种乐舞、乐种，如郊祀乐、诗乐、教坊乐、四夷乐等。

乐六至八以大量的篇幅记录各种乐章的歌词、各种典礼仪式所用乐章之名及程序。乐章的歌词绝大部分是歌功颂德、祈祥求福，各种典礼仪式用乐之程序则与礼制关系密切。因此，这些内容的音乐史料价值比较有限。

《宋会要辑稿》乐门内容虽然比较详尽，但由于《宋会要》原本已散佚，目前存世的又是从《永乐大典》中辑佚的手抄本，因此，与《文献通考·乐考》和《宋史·乐志》相比也有一些缺漏，在编排上略显杂乱。如《文献通考·乐考》和《宋史·乐志》中有关琴律的记载，则不见于《宋会要辑稿·乐门》；又如《宋会要辑稿》乐三详定乐律主要记载宋代各种乐队的乐器和人员配置，乐四在乐器中也介绍各种乐队、乐种的配器，二者有比较明显的交叉重叠。总之，读者在查阅《宋会要辑稿·乐门》时，最好能同时参考《文献通考·乐考》和《宋史·乐志》，这样不仅能更全面地了解宋代音乐史，而且在校比中可以发现一些文字上的讹误。

第七节 光绪《大清会典事例》中的“乐部”

会典是官修的典章制度史，其体例虽然可以溯源于《唐六典》，但主要是从宋、元以来的会要发展而来的。会典事例主要是对会典的补充，有两种编纂方法：一是将事例内容附于会典各门类之下；二是事例自成一书，但编纂体例仍本于会典，即从事分类，然后在各门类中再以时间顺序编排诸条事例。从总的说来，明清两朝是会典详于会要，会典事例则又详于会典。尤其是清代光绪年间编纂的《大清会典事例》达1220卷，《图》270卷，而同时期所编《大清会典》仅100卷。由此可见，《大清会典事例》比《大清会典》在史料上大为丰富。而且会典和会典事例均是根据当时原始档案资料编撰而成，比起历代编纂的会要（《宋会要》除外）和各正史中的“志”来说，其史料的准确性也更为可靠。

明代于弘治、嘉靖、万历年间三次编修会典，刊行于世的有《正德会典》和《万历会典》。目前通行的万有文库本是《万历会典》，为治明史者的重要参考书。清代继承明代编修会典的传统，于清康熙二十三年（1684年）开始创修，后经雍正、乾隆、嘉庆、光绪各朝迭加续纂。康熙、雍正两朝编纂，都是将事例分散附在会典各门类之下，依年系事。从乾隆年间开始，其编纂的会典和事例各成一书。自此以后，嘉庆、光绪年间编纂时相沿不改，仍将会典与事例各自分开成书。而且，续修的主要部分是增加了事例，所以会典前后各本基本上大体一致，而事例在内容上则大大增加。

会典和事例都是采取"以官统事，以事隶官"的编撰方法，以政府机构为纲，系以各种政事，然后再以时间顺序排列。光绪《大清会典事例》首列宗人府，其次是内阁、军机处、吏户礼兵刑工六部、理藩院、都察院、各寺监、八旗都统、内务府和总理各国事务衙门等。光绪《大清会典图》270卷，共绘有图333幅，以图说的形式记载了清代礼、乐、冠服、舆卫、武备、天文、舆地等内容，与事例中的文字互资考证，形象地说明清代的典章制度。光绪《大清会典事例》及《大清会典图》在清代诸会典、事例中最详尽地汇编了清代各官衙的执掌、政令、事例，及职官、礼仪等制度的沿革嬗变，是研究清代典制十分重要的资料。光绪《大清会典事例》目前通行的是官刻本的上海商务印书馆1908年石印本，光绪《大清会典图》有光绪二十五年石印本。

光绪《大清会典事例》（以下简称《事例》）卷524至卷541为乐部，隶于六部中礼部之下，记载有清一代宫廷、官府音乐史事。以下依其顺序，简要缕述其内容：

《事例》卷524记载了乐部设官、演乐和乐律，其中乐部有关设官的记载是《事例》重要的特点之一。因为历代史志、《十通》或会要、会典对乐官的记载不是阙如就是语焉不详，而《事例》则详其沿革、执掌、人员编制等。据《事例》卷524载，清代乾隆七年（1742年）置乐部掌管大祭祀、大朝会演乐及审定乐器音律事务。设"管理大臣"或"典乐大臣"，无定员，由礼部满员尚书1人兼任，后改由各部侍郎、内务府大臣兼理，而满洲王公大臣中懂音乐者亦可派为"管理大臣"。凡大祀之前典乐大臣进行演乐，祭祀时则列班监乐，朝会亦同。此外，内务府掌仪司所掌管宫中庆贺"燕飨"之乐及銮仪卫所掌管之卤簿诸乐，也均由乐部统一管理。其所属机构有神乐署、和声署和什榜处。神乐署司郊庙祠祭奏乐事务。顺治元年（1644年）设神乐观，隶属于太常寺（时属礼部），置汉提点1人，左右知观各1人，协律郎5人，司乐26人。乾隆七年（1742年）乐部设立之后，神乐观改隶乐部，后改观为所，知观改为知所。十九年（1754年），改为神乐署，提点改为署正，知所改为署丞。下置协律郎5人，司乐25人，乐生180人，舞生300人，皆汉员。和声署司殿廷朝会乐律及舞仪事务，置署正、署丞，满、汉各1人。清初沿明制，设教坊司以掌殿廷所用大乐，隶属礼部。雍正七年（1729年），改教坊司为和声署。乾隆初设立乐部，和声署改属乐部，定署正、署丞、供奉、供用官，均以礼部、内务府、太常寺、鸿胪寺官兼摄。和声署总人数达194人，内有乐工、鼓手等140人。什榜处掌管演奏“掇尔多密”（音律平和）乐曲，设掇尔契达1人，六品衔达2人，七品衔达2人，拜唐阿60人。

《事例》卷524演乐所载内容不多，其一规定乐工的服色。如顺治十年奏准：“教坊司乐工服色，中和乐用红补服四十领，丹陛乐用红百花袍三十领。”其二督促乐工要勤于演习。清初奏乐人员平日怠于肄习，以致乐章音韵多不中节，朝廷一再下谕乐工务演习精熟，声调和谐，并规定了乐工定期演乐的条例。其三规定乐部署史学习安南、廓尔喀、粗缅甸、细缅甸4项音乐。

该卷音律主要围绕康熙、乾隆两朝编撰《律吕正义》和《律吕正义后编》对有关乐律进行议论，如音律节奏应与乐章歌词相符，编钟律吕倍半之制，旋宫转调之法，五六工尺上与宫商角徵羽兼注，等等。

《事例》卷525、卷526乐制主要规定大祀、中祀、飨、先农及亲耕、先蚕及躬桑、群祀、尊号、徽号、朝会、宫廷、大婚、册立、册封、颁诏、颁时宪书，恭进玉牒、恭进实录、恭送御书，恭进贺表、巡幸、幸学、临雍、经筵、幸翰林院、策士、大阅、命将、出师、受降、凯旋、部燕、乡燕、迎春等各种祭典礼仪上的不同奏乐。如清初规定：“方泽大祀，迎神奏中平之章，奠玉帛奏广平之章，进俎奏咸平之章，初献奏寿平之章，亚献奏安平之章，终献奏时平之章，彻馔奏贞平之章。”又如乾隆七年规定：“大阅，驾出行宫至御宫，鼓吹铙歌大乐作；礼毕，驾还行宫，铙歌清乐作。”总之，此两卷乐制与礼制关系密切，对研究清代宫廷礼仪具有一定的参考价值。

《事例》卷527乐制主要记载各种奏乐的乐队编制。如皇帝御太和殿，受百官朝贺。乐部和声署于殿檐前设之，“东列金镈钟一，编钟十有六，建鼓一；

西列玉特磬一，编磬十有六，均悬以簨簴。又设琴四、瑟二于钟、磬之前，设箫四、笛四、排箫二、埙二、篪二于琴、瑟之后，俱北向。又东列麾一、柷一，西列敔一，又东西分列笙八、搏拊二，俱东西相向。器各以乐工一人司之”。此卷还记载了清朝邻邦和周边少数民族的乐队编制。如丰泽园筵燕可用朝鲜乐，“器用朝鲜之笛、管、俳鼓各一”；也可用瓦尔喀部乐，“器用瓦尔喀部之觱篥、奚琴各四”；也可用安南国乐，“器用安南之丐哨二，丐鼓、丐拍、丐弹弦子、丐弹胡琴、丐弹双韵、丐弹琵琶、丐三音锣各一”。

《事例》卷528记载了佾舞、队舞、蒙古乐曲、朝鲜国俳乐、瓦尔喀部乐、回部乐、番子乐、廓尔喀部乐、越南国乐、缅甸国乐、赏赉等各种奏乐、舞蹈的乐队人员编排、配器、服装和舞队的人员编制、器具、服装等。如“回部乐：凡筵燕，回部司手鼓一人，即达卜；司小鼓一人，即那噶喇；司胡琴一人，即哈尔札克；司洋琴一人，即喀尔奈；司二弦一人，即塞他尔；司胡拨一人，即喇巴卜；司管子一人，即巴拉满；司金口角一人，即苏尔奈。皆衣锦面绢裹杂色纺丝接袖衣，锦面布裹倭缎缘边回回帽，青缎靴，绿紬褡膊。司舞二人，舞盘二人，皆衣靠子，上下身锦腰襕纺丝接袖衣。掷倒大回子四人，皆衣靠子，上下身杂色纺丝接袖衣，戴五色紬回回小帽，余与司乐人同。小回子二人，衣杂色紬面绢裹衣，余与大回子同。以上共十八人，豫立丹陛下。俟朝鲜国俳乐各伎艺下，即上。先作乐，司舞二人起舞，舞盘人随舞毕。掷倒伎上，走索寻橦百戏呈技毕，同下。”

《事例》卷529卷530记载乐器、舞蹈器具，此两卷记载乐器与前代会要会典、史志、《十通》等相比有两个突出的特点：其一十分详尽具体地记载了各种乐器、舞蹈器具的形状、结构、尺寸、油漆、颜色、装饰等，如再参照《大清会典图》（卷36至卷44）中乐器图，今天我们可以准确地复原清代各种乐器。如瑟“以桐木为之，其梁用紫檀。身绘云龙，首尾绘锦，边绘彩云，弦孔以螺蚌为饰。其体前广后狭，面圆底平中高，首尾俱下。通长六尺五寸六分一厘，前后梁高广俱七分二厘九毫；前梁内际至额七寸二分九厘，至尾五尺八寸三分二厘；后梁内际至尾一尺四寸五分八厘；梁内弦，长四尺三寸七分四厘；额广一尺四寸五分八厘，前腰广一尺三寸八分五厘一毫，后腰广一尺三寸一分二厘二毫，尾广一尺二寸三分九厘三毫；前足高二寸九分一厘六毫，后足二寸一分八厘七毫；尾边为云牙，长一尺七寸四分九厘六毫。

底孔二，前后梁外，各为孔以受弦。弦首结于瑟体之中，弦尾从后底孔出而环绾于后梁之上。弦凡二十有五，每弦二百四十三纶。中一弦用黄，两旁各朱弦十有二”。其二记载了邻邦和周边少数民族的乐器，而且同样十分详尽具体地记载了这些乐器的形状、结构、尺寸、油漆、颜色、装饰等。这对于我们今天了解和研究邻邦和少数民族乐器，提供了珍贵的历史文献资料。如缅甸乐器接内塔兜呼，我们今天单从其名称很难了解其究竟是何种乐器，但如果查阅了《事例》卷530和《大清会典图》的有关记载，我们就可知道这是一种长筒形鼓打击乐器：“制类手鼓，以木为匡，长一尺四寸六分，两面俱冒以革，面径五寸一分六厘，四周以丝条相结，如璎珞状，两端各有一纽，系以帛，横悬于项，以手击之。”

此两卷首先记载用以指挥的麾和戏竹，然后以八音顺序介绍乐器。其中金之属凡二十，镈钟、编钟、方响、云锣、铜鼓、铜点、铜钹、钲、金、大铜角、小铜角、金口角（唢呐）、蒙古角、锣、铙、小和钹、大和钹、星、钖、海笛；石之属凡二，特磬、编磬；丝之属凡六，琴、瑟、奚琴、筝、琵琶、三弦；竹之属凡五，排箫、箫、笛、篪、头管；匏之属一，笙；土之属一，埙；革之属凡十二，建鼓、搏拊、大鼓、杖鼓、龙鼓、导迎鼓、行鼓（陀罗鼓）、手鼓、小杖鼓、禾词鼓、腰鼓、得胜鼓；木之属凡四，柷、敔、画角、拍板。卷530在介绍八音乐器之后，还记载了舞蹈器具5种：节、干、戚、羽、籥。

清朝疆域广大，周边居住着众多的少数民族，与邻邦文化交流也甚为密切，《事例》卷530还详尽具体地记载了少数民族和邻邦的乐器。其中蒙古乐器4件，胡笳、筝、胡琴、口琴；番部乐器15件，筝、琵琶、胡琴、二弦、三弦、月琴、提琴、火不思、轧筝、笙、箫、笛、管、云锣、拍板；朝鲜国乐器3件，笛、管、俳鼓；瓦尔喀部乐器2件，觱篥、奚琴；回部乐器8件，达卜、那噶喇、哈尔扎克、喀尔奈、塞他尔、喇巴卜、巴拉满、苏尔奈；廓尔喀部乐器5件，丹布拉、萨朗济、达布拉、达拉、公古哩；安南国乐器8件，丐鼓、丐哨、丐弹弦子、丐弹胡琴、丐弹双韵、丐弹琵琶、丐三音锣、丐拍；缅甸国乐器12件，其中粗缅甸5件：接内塔兜呼、稽湾斜枯、聂兜姜、聂聂兜姜、结莽聂兜布，细缅甸7件：不垒、巴打、蚌札、总稿机、密穹总、得约总、接足。

《事例》卷531至卷541为乐章，即用于演唱的歌词。从今天的眼光来看，其歌辞绝大部分为歌功颂德、粉饰太平、华而不实之辞。并且据《事例》卷524乐律所载，乾隆五十一年规定："咏歌时自应一字一音，庶合声依永律和声之声。"由此可见，这些清代宫廷歌曲是属于念唱式的音乐。不言而喻，不论从文学角度还是从音乐角度来说，这些清代宫廷乐章其价值都较有限，故兹从略，不予介绍。

第六章
《十通》中的音乐文献

第一节 《十通》简介

《十通》是书名带“通”字的10部大书的总称。唐代杜佑《通典》开《十通》之首，后有南宋郑樵撰《通志》，元初马端临撰《文献通考》，合称《三通》。清代乾隆时设三通馆，先后续编《续文献通考》《续通典》《续通志》《清通典》《清通志》《清文献通考》，合为《九通》。1921年，刘锦藻以一人之力，经过28年的辛勤劳动，将乾隆五十一年至清末的材料搜集整理，编成《清朝续文献通考》，遂使《九通》增为《十通》。

《十通》是一套有关中国历代典章制度的大型工具书，共计两千七百多卷，规模宏大，内容广博。凡历代政治、经济、军事、文化等制度的沿革演变，是书都做了分门别类、比较简明翔实的记载。《十通》中《通典》《通志》《文献通考》的价值高于《续三通》和《清三通》，因为后者虽然在保存史料方面有着一定功绩，但许多地方互相重复，其作用和影响远远不及前者。《十通》按《通典》《通志》《文献通考》三个系统其分类详略不同，但“乐”类则是三个系统所共有的。今天，无论是从研究历史还是音乐史来看，如果以文献学资料性来看，《文献通考》及其三部续作这一系统相对说来都最为详尽完备。因此，刘锦藻只续《文献通考》，而不续《通典》《通志》，显示了其学术眼光。当然，这也并不否定《通典》《通志》二十略的重要性。总之，三个系统可以互见互补，在“乐”类上亦是如此。

1935—1937年，上海商务印书馆编印万有文库时，将《九通》的乾隆官刊本并版缩印，又将刘锦藻撰《清朝续文献通考》铅字排印，分编精装为16

开本21大册（索引1册），予以出版。其中《三通》各书卷末附：《通典考证》1卷、《通志考证》3卷、《文献通考考证》3卷，皆为乾隆官刊时所附。商务印书馆在编印《十通》时，为方便读者检索查阅，又附上《十通索引》。《十通索引》共分四部分：一是说明，有《十通一览表》；二是四角号码索引，全部名词术语按首字的四角号码顺序排列，下注书名和页码；三是单字笔画检查表，供不熟悉四角号码检字法者使用；四是分类详细目录。治音乐史者由于主要是查寻"乐"类，因此常使用者是检字索引，可通过查检某一音乐制度、事物或人名之首字，即可检得所需之资料。可以说，直至目前为止，万有文库本《十通》仍是最佳最方便实用的版本，屡经再版，全国各省和一般高校图书馆均有购藏。

最后必须指出的是，由于《十通》主要取材于史志、实录、奏疏等，大部分是第二手材料，所以要加以引用时，最好能与原始材料核实一下；如果是作较深入的研究，更应该和原始材料参照使用；如发现记载不一致的地方，尤其要注意考证辨析。

第二节 《通典》《续通典》《清通典》中的乐典

《通典》200卷，唐代著名政治家、史学家杜佑（735—812）著。《通典》是我国第一部论述历代典章制度的专史，上起远古，下至唐玄宗天宝末年。全书分为食货、选举、职官、礼、乐、兵刑、州郡、边防8典，有系统，有门类，内容丰富，保存了大量珍贵的史料，是研究唐中期以前各代政治、经济、文化、军事制度不可或缺的参考书。杜佑撰写此书，参考征引了二百多种书籍。全书取舍严谨，脉络清楚。《四库全书总目》称其"详而不烦，简而有要，原原本本，皆为有用之实学"，实非过誉之辞。

清朝乾隆时，三通馆臣奉敕编修《续通典》《清通典》。《续通典》衔接《通典》，起自唐肃宗至德元年（756年），至明思宗崇祯十七年（1644年）止。全书分类基本上同《通典》一样，惟兵、刑分开，各为1典，即共有9典。《续通典》记录了唐后期至明代将近九百年间的有关政治、经济、文化、军事等方面的典章制度，以明代最为详备。《清通典》则衔接《续通典》，起自清太祖努尔哈赤天命元年（1616年），终于清高宗乾隆五十年（1785年）。

《清通典》体例与《续通典》完全相同，仍分9典。它是研究清开国至乾隆中期170年间社会典章制度的重要参考书之一。

《通典》《续通典》中的乐典均为7卷，《清通典》乐典则为5卷。"三典"中的乐一、乐二是有关历代音乐沿革的记载，上自远古时期伏羲氏、神农氏、黄帝的音乐种类名称，下至清乾隆时期，勾勒出一条比较清晰明朗的脉络。历史上许多著名的乐制和乐种等，均可在此找到线索。如汉武帝时设置音乐机构"乐府"，广采民歌；李延年为协律都尉时，根据西域乐曲《摩诃兜勒》写成28首新曲，被用作军乐。东汉明帝时，音乐按其功能有郊庙之乐、雅颂之乐、黄门鼓吹和军中铙歌之分。隋唐时期"燕乐"，在一些礼仪上被推崇为雅乐；唐贞观初，作《破阵乐舞》，显示唐太宗武功。宋太祖、太宗留心雅乐，至皇祐间，始定大安之名。明代，李文利三寸九分为黄钟，朱载堉为开方乘除之说。古代乐种至清康乾时期蔚为大观，有祭祀乐、朝会宴飨乐、导迎乐、铙歌、鼓吹乐、杂歌曲、舞、杂舞曲、散乐、杂乐、四方乐等。

"三典"乐三主要记载乐律学的基本理论及历代律制的沿革。乐典该卷以十二律、五声八音名义、五声十二律旋相为宫、五声十二律相生法、历代制造等为纲，条分缕析介绍它们的变化发展，以及历代学者对其研究的理论。如《通典·乐典》就记载了汉朝京房的六十律；魏武帝时杜夔造玉钟定律制；晋代荀勖的笛律；隋朝万宝常创立八十四律等。《清通典·乐三》则辑录了康熙时《律吕正义》和乾隆时《律吕正义续编》中的有关议论乐律的篇章，如五声八音名义、五声十二律相生法。

"三典"乐四记载从远古到清代乾隆时期的乐器。乐典按质地材料对乐器进行分类，即金、石、土、革、丝、木、匏、竹八音分类。《通典》《续通典》《清通典》各乐典虽然都按八音分类来记载乐器，但各类之下乐器又略有不同，这表明从上古到清代乐器的创造和改进在不断进行，其制作水平也在逐步提高。同时还反映了我国少数民族音乐文化与汉族音乐文化得到进一步的融合，各民族共同使用的乐器逐渐增多。当然，从《通典》《续通典》《清通典》所记载的乐器变化也可以看出，有些乐器逐渐被历史所淘汰而最终湮没无闻。如金类乐器，《通典·乐典》载有钟、栈钟、镈、錞于、铙、镯、铎、方响、铜钹、铜鼓等10种，而《续通典·乐典》载有清声钟、景钟、镈钟、编钟、金錞、金镯、金铙、金铎8种。《清通典·乐典》则多达18种：镈、钟、编钟、方响、云锣、大铜角、小铜角、金、钲、金口角、铜鼓、铜点、钹、蒙古角、口琴、哈尔扎克、喀尔鼎、苏尔鼎。石类乐器，《通典·乐典》仅载磬、鞷2种，而《续通典·乐典》则有特磬、编磬、笙磬、颂磬、磬石5种。丝类乐器，《通典·乐典》和《续通典·乐典》同载7种，但具体种类不同，前者7类是琴、瑟、筑、筝、琵琶、阮咸、箜篌，而后者7类是七弦、太一、六弦、天宝乐、琴、阮、瑟。《清通典·乐典》则有15类：琴、瑟、筝、琵琶、三弦、奚琴、六弦筝、胡琴、月琴、二弦、提琴、和必斯、轧琴、塞塔尔、喇巴卜。

除了归为八音的乐器外，乐典还记载了一些"准乐器"。如《通典·乐典》就记载了桃皮、贝、叶3种，而《续通典·乐典》则增加至7种，即在原来3种基础上又多了玳瑁古笛、红牙管窍、红牙拍板、椰壳筒。

乐四最后还记载了历代"乐悬"的情况。所谓"乐悬"，就是指钟、磬等乐器悬挂件数及方位的规定，体现了统治阶级的等级观念及礼乐意图，各朝之制有所不同。

《通典》和《续通典》乐五、乐六记载了歌、杂歌曲、舞、杂舞曲、清乐、坐部伎、立部伎、四方乐、散乐、前代杂乐等。《清通典》则把这些内容并到乐二历代沿革总述之中。

《通典》和《续通典》"歌"记录了不少善歌者和音乐史事，如善歌者秦青、韩娥、王豹、虞公、李延年、朱顾仙、宋容华、吴安泰、丽音、许永新、李衮、绛树、李可及、道士真无、菊夫人等，其音乐史事中最为人津津乐道的是有关"声振林木，响遏行云"和"余音绕梁三日不绝"的记载。从这些善歌者和音乐史事中，我们还可以获取重要的音乐史料信息。如唐段安节云："善歌者必先调其气，氤氲自脐出，至喉乃噫其词，即分抗坠之音。既得其术，即可致遏云响石之妙也。"由此可见，早在唐代，先人对声乐运气发音体会之深刻。

"杂歌曲"主要记载了历代曲名及其来历。如周朝《白雪》，汉朝《明君》《相和》《凤将雏》，晋、南北朝《吴歌》《碧玉歌》《懊垄歌》《子夜歌》《长史变》《阿子歌》《桃叶歌》《前溪歌》《团扇歌》《督护歌》《读曲歌》《乌夜啼》《石城乐》《莫愁乐》《襄阳乐》《寿阳乐》《栖乌夜飞》《三洲歌》《估客乐》

《杨叛儿》《襄阳蹋铜蹄》《上声歌》《常林欢》《玉树后庭花》，隋朝《骁壶》《泛龙舟》，唐朝《得至宝》《道调子》《春光好》《秋风高》《荔枝香》《一斛珠》《谪仙怨》《舞山香》《于蔿于》《阳光曲》《播皇猷》《葱岭西》《蜀道易》《万斯年》《杨柳枝》《望江南》《文叙子》《瑶台第一层》，五代十国《还乡歌》《陌上花》，宋朝《醉翁引》《御街行》《醉蓬莱》，辽朝《削浪沙》，金《江水曲》，元《白翎雀》《鹦鹉曲》《乌盐角》。这些有关杂歌曲名称及来历的记载为后代研究音乐史者提供了十分宝贵的资料。

“舞”与“杂舞曲”记载了历代各种舞蹈及配乐。如在“舞”类，先秦有《帗舞》《羽舞》《皇舞》《旄舞》《干舞》《人舞》，宋代有《队舞》之制，辽代有《大乐舞》，金朝有《仁丰道洽之舞》和《功成治定之舞》，元朝有《武定文绥之舞》和《内平外成之舞》，明朝有《文德之舞》和《武功之舞》。而“杂舞曲”类，秦末有《公莫舞》，汉朝有《巴渝舞》《槃舞》《鞞舞》《铎舞》，三国吴有《白鸠舞》，晋有《白纻舞》，唐有《霓裳羽衣舞》《达摩支健舞》，五代十国《邀醉舞》等。

关于四方乐，《清通典·乐二》所载较有特色，其涉及的边疆少数民族与外国音乐有波尔都哈尔国、壹大里呀、朝鲜、琉球、准噶尔部、喀什噶尔、爪哇、浡泥、湖南苗族、两广苗族、云南苗族、贵州苗族等。尤其是其中记载清初西洋音乐的传入，如云乌勒鸣乏朔拉犀七字记乐和五线界声者，均是难得的中外音乐交流史料。

《通典·乐七》《续通典·乐七》《清通典·乐五》主要记载了历代关于音乐议事、奏疏，起自三国曹魏，终于清乾隆年间。如《郊庙宫悬备舞议》《宗庙迎送神乐议》《三朝上寿有乐议》《巴渝舞杂武舞议》《国哀废乐议》《古乐淡且和议》《律尺议》《元丰朝会乐十议》《黄钟三寸九分不合于理议》《五声必兼二变议》《管弦分均议》等。这些议事、奏疏是我们今天研究历代音乐制度、音乐活动和音乐理论的重要资料。

从《乐典》所载历代音乐史料可知，作者编撰时参考了大量的典籍。如杜佑在撰写《通典·乐典》时，其主要参考资料就有《易》《周礼》《礼记》《广雅》《世本》《尔雅》《风俗通义》《释名》等。《续通典·乐典》所引材料除各代正史外，还有《唐六典》《唐会要》《五代会要》《册府元龟》《太平御览》《山堂群书考索》《契丹国志》《大金国志》《元典章》《明集礼》《明会典》等。

总之，《通典》《续通典》《清通典》中的乐典采用横排竖写的方法，溯源明流，比较翔实、系统、连贯地记载了从远古至清乾隆年间的音乐史实，便于读者查阅，不失为学习研究中国古代音乐史有用的参考书。尤其是《通典》中有关唐代的音乐史料，出于当时人之手，更是弥足珍贵。

第三节 《通志》《续通志》《清通志》中的乐略

《通志》200卷，宋郑樵（1104—1162）著。这是一部纪传体的通史，自上古起，到隋朝为止（略部分到唐朝）。全书分为帝纪、后妃传、年谱、略、列传5部分，内容比较繁杂。《通志》精华在略，包括氏族、六书、七音、天文、地理、都邑、礼、谥、器服、乐、职官、选举、刑法、食货、艺文、校雠、图谱、金石、灾祥、昆虫草木二十略。除二十略外，《通志》其余部分大多是抄录、删改前史，价值不大。《四库全书总目》对郑樵虽多有批评，但对二十略仍是加以赞扬，认为它“采摭既已浩博，议论亦多警辟，虽纯驳互见，而瑕不掩瑜”，评价还是比较允当的。

清朝乾隆时，三通馆臣奉敕编修《续通志》和《清通志》。《续通志》分本纪、后妃传、略和列传4部分。是书与《通志》相衔接，本纪、后妃传、列传从唐初起到元末为止，因《明史》修于清代，已有纪、传，故明不再撰入；略始于五代，终于明末。《续通志》中略的门类与《通志》相同，也分为二十略。从总的来说，《续通志》二十略没有增加什么新的东西，其内容大多与《续通典》《续文献通考》重复，但三书仍可互相参看。《清通志》则衔接《续通志》，起自清太祖努尔哈赤天命元年（1616年），终于清高宗乾隆五十年（1785年）。《清通志》无本纪、后妃传、列传和年谱，仅有二十略，其略名与《通志》《续通志》完全一致。《清通志》各略内容还比较丰富，对研究清朝前期的政治、经济、文化情况有一定帮助。但此书与《清通典》互相重复之处也不少，其作用与价值相仿。

《通志》中乐略仅2卷，《续通志》中乐略则有3卷，《清通志》中乐略也仅2卷。由此可见，内容都较少。

《通志·乐略二》记载十二律、五声八音名义，五声十二律还相为宫、五声十二律相生法、历代制造、权量、八音（金、石、土、革、丝、木、匏、竹），其具体内容几乎全部摘录《通典》乐三、乐四的相关部分。因此，没有什么参考价值。但是《通志·乐略一》记载的音乐史事大部分则是《通典·乐典》所缺的，可补其不足。以下简要介绍乐略一的梗概，便于学习者查检。

郑樵在乐略一中，首先以《乐府总序》和《正声序论》勾勒了上古至唐音乐发展史的轮廓，并发表了自己的见解，对当今研究音乐理论的发展有重要的参考价值。然后对汉短箫铙歌22曲（《朱鹭》《思悲翁》《艾如张》《上之回》《拥离》《战城南》《巫山高》《上陵》《将进酒》《有所思》《芳树》《上邪》《君马黄》《雉子班》《圣人出》《高台》《远如期》《石留》《务成》《元云》《黄爵行》《钓竿篇》），相和歌30曲（《江南曲》《度关山》《长歌行》《薤露歌》《蒿里传》《鸡鸣》《对酒行》《乌生八九子》《平陵乐》《陌上桑》《短歌行》《燕歌行》《秋胡行》《苦寒行》《董逃行》《塘上行》《善哉行》《东门行》《西门行》《煌煌京洛行》《艳歌何尝行》《步出夏东门行》《野田黄雀行》《满歌行》《櫂歌行》《雁门太守行》《白头吟》《气出唱》《精列》《东光》），清商曲7曲（《子夜》《前溪》《乌夜啼》《石城乐》《莫愁乐》《襄阳乐》《王昭君》）等以注释的形式对各曲来历或内容做了介绍。除此之外，郑樵还注重记载一些以特定题材为对象的曲子。如以名都或地方民谣为题材的都邑34曲（《齐瑟行》《京兆歌》《左冯翊歌》《扶风歌》《荆州乐》《敦煌乐》《青阳乐》《浔阳乐》《寿阳乐》《凉州乐》《邯郸歌》《长干行》《故绛行》《西长安行》《临碣石》《襄阳蹋铜鞮》《南郡歌》《荆州歌》《陈歌》《吴歌》《郧都引》《蔡歌行》《越城曲》《越谣》《孟门行》《燕支行》《汾阴行》《新昌里》《洛阳陌》《大堤曲》《出自蓟北门行》《江南行》《江南思》《长平行》），以四季时辰天气为题材的时景25曲（《阳春歌》《青阳歌》《春日行》《秋风辞》《北风行》《苦热行》《秋歌》《朝歌》《晨风歌》《朝来曲》《夜夜曲》《夜坐吟》《遥夜吟》《春日有所思》《元云》《朝云》《雷歌》《惊雷歌》《云歌》《胥台露》《白日歌》《明月篇》《明月子》《日出行》《日与月》），以历史人物为题材的人物9曲（《大禹》《成连》《湘东王》《祖龙行》《百里奚》《项王亦曰盖世》《楚王曲》《安定侯曲》《李延年歌》），以神仙为题材的神仙22曲（《步虚辞》《神仙篇》《外仙篇》《升仙歌》《升天行》《仙人篇》《游仙篇》《仙人览六著篇》《海漫漫》《桃源行》《上云乐》《武陵深行》《招隐》《反招隐》《四皓》《萧史曲》《方诸曲》《王乔歌》《元丹邱歌》《紫溪翁歌》《渔父》《归去来引》)，以草木为题材的草木21曲(《赤白桃李花》《秋兰篇》《芙蓉花》《采莲曲》《采菱曲》《采菊》《茱萸篇》《蒲生歌》《城上麻》《夹树》《夹树有绿竹》《绿竹》《树中草》《冉冉孤生竹》《杨花曲》《桃花曲》《隋堤柳》《种葛》《江篱生幽渚》《浮萍篇》《桑条》)，以飞鸟走兽为题材的鸟兽21曲(《白虎行》《乌栖曲》《东飞伯劳歌》《拟东飞伯劳》《双燕》《燕燕于飞》《泽雉》《沧海雀》《空城雀》《雀乳空井中》《斗鸡》《晨鸡高树鸣》《鸳鸯》《鸣雁行》《鸿雁生北塞行》《黄鹂飞上苑》《飞来双白鹤》《双翼》《只翼》《凤凰曲》《秦吉了》)。

郑樵还十分重视对琴曲的记载，在乐略一中共有琴操57曲，包含九引(《思归引》《走马引》《霹雳引》《烈女引》《伯妃引》《琴引》《楚引》《贞女引》《箜篌引》)，十二操(《将归操》《猗兰操》《龟山操》《越裳操》《拘幽操》《岐山操》《履霜操》《雉朝飞操》《别鹤操》《残形操》《水仙操》《怀陵操》)，三十六杂曲(《河间杂弄》二十一章《蔡氏五弄》《双凤》《杂鸾》《归风》《送远》《幽兰》《白雪》《长清》《短清》《长侧》《短侧》《清调》《大游》《小游》《明君》《胡笳》《白鱼叹》《广陵散》《楚妃叹》《风入松》《乌夜啼》《楚明光》《石上流泉》《临汝侯子安之》《流渐涸》《双燕离》《阳春弄》《悦人弄》《连珠弄》《中挥清》《畅志清》《蟹行清》《看客清》《便僻清》《婉转清》)。

《续通志·乐略一》记载的门类与《通志·乐略一》大致相同，但具体内容可补《通志·乐略一》和《续通典·乐典》记载之不足。如《续通志·乐略一》云："臣等谨按郑樵于正声中录琴操五十七曲……兹谨采其志中所未及者，以续九引、十二操之后，至杂曲三十六一类，则取琴谱诸篇以附之，别录于此。"《续通志·乐略一》共补《通志·乐略一》所不载琴操76曲。据粗略估计，《续通志·乐略》所补或增加《通志·乐略》和《续通典·乐典》不载者主要有宋铙歌14曲、隋唐鼓角横吹17曲、宋鼓吹10曲、唐乐署供奉226曲、宋教坊排当96曲、唐南诏乐曲1首、宋龟兹乐曲2首、宋牂牁曲1首、元达达乐曲28首、元回回曲3首、五代梁雅乐、后唐雅乐、晋雅乐、汉雅乐12成曲、周雅乐12顺曲、汉上寿乐1首、唐述佛法曲1首、宋云韶部乐曲13首、宋法曲2首、宋瑞曲30首、宋大乐3曲、宋鹿鸣宴乐曲4首、金宴乐1曲、金本曲1

首、明宴乐43曲等。

还有《续通志·乐略》所载音乐史料有时虽然与《续通典·乐典》大体上相似，但如细细比对，却发现在细节上还是有不少差异，这为我们的深入研究提供了线索。如《续通典·乐典五》杂舞曲载：舞者"有《健舞》《软舞》《字舞》《花舞》《马舞》，健舞曲有《稜大阿连》《柘枝》《剑器》《胡旋》《胡腾》，软舞曲有《凉州》《绿腰》《苏合香》《屈柘》《团圆旋》《甘州》等"。而《续通志·乐略一》则载"唐软舞曲十：《垂手罗》《回波乐》《兰陵王》《春莺啭》《半社渠》《借席乌夜啼》《苏合香》《掘柘枝》《团乱旋》《甘州》；唐健舞曲十：《阿辽》《柘枝》《黄獐》《拂林》《太渭州》《达磨支》《大杆阿连》《剑器》《胡旋》《胡腾》"。由此可见，《续通志·乐略》所载不仅总数多，而且名称也不一样，值得我们进一步考证辨析。

《清通志·乐略》两卷内容较为简略。乐略一主要记载清康乾时期乐章，如铙歌大乐28章、铙歌清乐27章、平西凯旋郊劳铙歌16章、平定两金川铙歌16章、笳吹乐章67章、番部合奏乐章30章、御制新乐府、铙歌鼓吹曲等。乐一均仅胪列每一乐章的名称，使我们对此只能有一个大致的了解。如从铙歌大乐28章中《长白山》《布尔湖》《建辽阳》《沈阳城》《铁岭山》《孕嘉产》《毓灵禽》《蕃珍树》《建皇极》《铄皇清》可以看出，此铙歌大乐是歌颂清建国历程的。又如从御制新乐府中的《卖炭翁》《母别子》《盐商妇》等可以看出，其内容很多是关系现实民间疾苦问题的。《清通志·乐略二》主要记载清康乾间宫廷祀飨音乐和乐舞，音乐史料价值不大，兹略。

第四节 《文献通考》《续文献通考》《清文献通考》《清续文献通考》中的乐考

《文献通考》348卷，元马端临（1254—1322）著。此书记载自上古起至南宋宁宗嘉定末年为止，其中以宋代制度最为详细。《文献通考》分类详细，条理清晰，共分为田赋、钱币、户口、职役、征榷、市籴、土贡、国用、选举、学校、职考、郊社、宗庙、王礼、乐、兵、刑、经籍、帝系、封建、象纬、物异，舆地、四裔等24考。《文献通考》材料比《通典》《通志》详细丰富，包括了宋宁宗以前历代政治、经济、文化、军事等各方面的情况，给后代学者带来了很大的便利，所以明清以来的史学家对《文献通考》等比较重视。但是《文献通考》由于卷帙浩繁，难免也有缺漏讹误之处。正如《四库全书总目》所评：该书“大抵门类既多，卷繁帙重，未免取彼失此。然其条分缕析，使稽古者可以案类而考。又其所载宋制最详，多《宋史》各志所未备。案语亦多能贯穿古今，折衷至当，虽稍逊《通典》之简严，而详赡实为过之，非郑樵《通志》所及也”。

清朝乾隆时，三通馆臣奉敕编修《续文献通考》和《清文献通考》。《续文献通考》衔接《文献通考》，起自宋理宗宝庆元年（1225年），终于明思宗崇祯十七年（1644年）。其门类仍从《文献通考》，只是分郊社考为郊社、群祀二考；宗庙考为宗庙、群庙二考，总共为26考。《续文献通考》采用的事迹以正史为主，而参以说部杂编，议论则广取诸家文集，而佐以史评语录，材料相当丰富。总的说来，其文献价值在《续通典》和《续通志》之上。《清文献通考》则衔接《续文献通考》，起自清太祖努尔哈赤天命元年（1616年），终于清高宗乾隆五十年（1785年）。《清文献通考》体例与《续文献通考》完全相同，共分26考。是书所记虽然与《清通典》《清通志》多有重复，但比后两者在内容上会更详细，分类上更细致，使用也更方便。

《清朝续文献通考》400卷，刘锦藻著。此书与《清朝文献通考》相衔接，上起自乾隆五十一年（1786年），下终于清灭亡的宣统三年（1911年）。《清朝续文献通考》共分30考，其中26考同于《续文献通考》和《清朝文献通考》，新增加的有外交、邮政、实业、宪政四考。是书系统完整，材料丰富，是我们了解乾隆以后清代一百多年政治、经济、文化、军事、外交等方面的重要参考书之一。

《文献通考·乐考》共21卷，洋洋二十余万言。《文献通考·乐考》在音乐分类、编写顺序上模仿《通典·乐典》，只是在分类上更加细致。如《通典·乐典四》将八音、权量与乐悬合为一节论述，而在《文献通考·乐考》中，马端临则用6卷的篇幅分别记叙八音，并在金石土革丝木匏竹之下再细分为雅部、胡部、俗部3部。马端临在编写体例上的独创是采用了“文”“献”“注”三者结合的方法。所谓“文”，就是叙事，“本之经史，而参之以历代会要，以及百家传记之书”，选取史料叙述历史上发生过的现象，阐述历史事件，记录历史人物。所谓“献”，就是论事，将前贤对所叙史实的评论附录其后，“先取当时臣僚之奏疏，次及近代诸儒之评论，以至名流之燕谈、稗官之记录，凡一话一言，可以订典故之得失，证史传之是非者，则采而录之”。所谓“注”，即是在叙述具体史实，陈述前贤评论之后，附注史学家自己独特的史学见解。《文献通考》的“注”是考异式自注，主要是辨误、质疑与考证。在《文献通考》中，为了区分“文”“献”“注”，在排版上“文”采用顶格的方式，“献”较“文”低一格，“注”比“献”又低一格。

《文献通考》乐考一至乐考三是历代乐制，从上古至唐睿宗时期的乐制沿革。《文献通考》“文”的部分几乎就是抄录《通典·乐典》中的历代沿革。其增加的部分主要在“献”和“注”。从唐睿宗之后至宋宁宗时期的乐制沿革，是《文献通考·乐考》新增加的内容，其中最主要者是记载了自建隆讫崇宁六次乐制改作，即宋太祖建隆时和岘乐，宋仁宗景祐中李照乐，皇祐中阮逸乐，神宗元丰中杨杰、刘几乐，哲宗元祐中范镇乐，徽宗崇宁以来有魏汉津乐。

《文献通考·乐考四》在记述上古自唐肃宗时历代制造律吕时主要以《通典·乐典三》中的历代制造为蓝本，然后略加增补。如《通典》中的历代制造始于汉文帝时张苍始定律历，而《文献通考》中的历代制造律吕则增补了黄帝使伶伦为黄钟之宫，以及周官太师掌六律六同以合阴阳之声两条。《文献通考·乐考四》在《通典·乐典三》的基础上又续写了自五代后周世宗显德六年王朴定新律至宋徽宗魏汉津律。由于历代制造律吕就是历代乐制沿革的主要内容，如北宋六次乐制改作就是调整乐律音高。因此，《文献通考·乐考四》的历代制造律吕与同书乐考一至乐考三的历代乐制有所重复。

《文献通考·乐考五》为记载律吕制度，主要转引了朱熹《仪礼经传通解》中的《钟律篇》。马端临在乐考五采纳朱熹的观点，赞成用司马迁《史记》中九进位的办法来计算律数，而不主张郑玄用十进位的办法来计算。因为“盖律管之长以九为本，上下相生以三为法”。“郑氏之言分寸，审度之正法也；太史公之言，欲其便于损益而为假设之权制也。”“郑氏之法苦于难记而易差，终不若太史公之法为得其要而易考也。”马端临由于意识到制定律吕的关键之一是必须有准确严格的度量衡标准，因此，在乐考六中，把《通典·乐典四》中十分简略的“权量”进行扩充增补，利用《周礼》《考工记》《汉志》《隋志》以及唐宋有关资料，对历代度量衡制度的沿革变化做了细致的考察。

《文献通考》乐考七至乐考十三以《通典·乐典四》为蓝本，对金、石、土、革、丝、木、匏、竹八音及乐悬等做了比后者更为详尽全面的叙述。其一，《文献通考》在金之属、石之属、土之属、革之属、丝之属、木之属、匏之属、竹之属之下再分雅部、胡部、俗部。其二，《文献通考》八音每类之下乐器种类有明显的增加。如金之属雅部之下载有钟、镛、镈、剽、栈、编钟、青钟、赤钟、黄钟、白钟、黑钟、金錞、錞于、金镯、金钲、丁宁、大金铙、小金铙、小钲、金铎等，金之属胡部之下载有方响、铁响、编钟、正铜钹、铜钹、铜铙、铜钲、铜角、龙头角、大铜鼓、中铜鼓、小铜鼓、铁拍板、铜锣等，金之属俗部之下载有大编钟、中编钟、小编钟、大镈、博山钟、飞廉钟、仪钟、衡钟、古文钟、千石钟、九乳钟、平陵钟、杜陵钟、华钟、鸣钟、哑钟、方响、单铎、双铎、风铎、车铎、贾铎、铜铎、将于、铁笛、铜管、铜琵琶、鼓吹钲、警严钲、刁斗、呛呛、铜角、铜磬、铜钵、铜簴、铁磬、铁簴、金管、铜律等。又如丝之属雅部之下载有大琴、中琴、小琴、次大琴、雅琴、十二弦琴、两仪琴、七弦琴、大瑟、中瑟、小瑟、次小瑟，丝之属胡部之下载有胡琴、奚琴、匏琴、胡瑟、大箜篌、小箜篌、竖箜篌、卧箜篌、凤首箜篌、搊琵琶、大琵琶、小琵琶、秦汉琵琶、昆仑琵琶、蛇皮琵琶、屈茨琵琶、卧筝、搊筝、弹筝，丝之属俗部之下载有颂琴、击琴、一弦琴、十三弦琴、月琴、素琴、素瑟、蕃瑟、雅瑟、十九弦瑟、二十七弦瑟、黄钟瑟、宝瑟、太一乐、天宝乐、绕梁、双凤琵琶、金镂琵琶、直颈琵琶、曲颈琵琶、大忽雷琵琶、小忽雷琵琶、阮咸琵琶、云和琵琶、二弦琵琶、六弦琵琶、七弦琵琶、八弦琵琶、五弦筝、十二弦筝、十三弦筝、银装筝、云和筝、鹿爪筝、轧筝、鼓筝、击筑、乐准等。其三，马端临十分推崇宋代陈旸的《乐书》，在记叙八音中金、石、土、革、丝、匏、竹、木各大类乐器或其大类之下一些主要乐器之前，均援引陈旸《乐书》对此评论。如在丝之属雅部之下，马氏就连篇累牍地抄录了陈旸《乐书》中《琴瑟上》《琴瑟中》《琴瑟下》之论。但马端临也并不盲目信从陈氏之说，在乐考中对《乐书》也提出不少质疑。如马氏认为："箜篌或以为师延所作，靡靡之乐，盖郑、卫之淫声也；或以为汉武帝使乐人侯调作之，以祠太一，盖汉世郊庙之乐而非先王之雅乐也，然俱不言来自胡中。陈氏《乐书》以入胡部，未知何据，当考。”当然，马端临在抄录陈旸《乐书》时也有以讹传讹之嫌。如在陈旸《乐书》中，有些不属于乐器的内容陈氏却把其归于八音乐器类。如“胡弄”并非乐器，而是泛指胡乐曲，陈氏却把它当作乐器，马端临在《文献通考·乐考》也不加辨析地照抄。

乐考十四至十六记载乐歌，主要参考了郑樵《通志·乐略一》和陈旸《乐书》的有关内容。如《通志·乐略一》中的汉短箫铙歌22曲、汉鞞舞歌5曲、鼓角横吹15曲、相和歌30曲、汉武帝郊祀之歌19章、梁武帝雅歌12曲、唐雅乐12和曲等，陈旸《乐书》中的魏短箫铙歌12曲、魏鞞舞歌5曲等，《文献通考·乐考》均做了较完整的抄录。有的在抄录的基础上做了一些更具体的补充，如《通志·乐略一》在记述汉房中祠乐仅说明其乐的来历，并没具体胪列汉房中祠乐17章的名称；而《文献通考·乐考十四》则在此基础上胪列了房中歌17章的名称，即《大孝备矣》《七始华始》《我定历数》《王侯秉德》《海内有奸》《大海荡》《安其所》《丰草葽》《雷震震》《都荔遂芳》《桂华》《美芳》《嘉荐芳矣》《皇皇鸿明》《浚则师德》《孔容之常》《承帝明德》等。《文献通考》不仅完整地抄录《通志》和《乐书》的史料，而且还大段转引郑樵和陈旸的乐论。

《通典·乐典》和《通志·乐略》对乐舞的记载都比较简略，尤其是后者。马端临则比较重视乐舞，在乐考十七、十八作了较细致、系统的记述。《文献通考》充分利用了《通典》的记录基础，对《通典》所载《兵舞》《帗舞》《羽舞》《皇舞》《旄舞》《干舞》《人舞》，以及杂舞《公莫舞》《巴渝舞》《盘舞》《鞞舞》《铎舞》《白纻舞》等均做了抄录，并在此基础上补充了《云门大卷》《大咸》《大韶》《大夏》《大濩》《大武》《象》《野舞》《万舞》《城舞》《文舞》《武舞》《大定舞》《圣寿舞》《光圣舞》《燕乐舞》《长寿舞》《天授舞》《万岁舞》《龙池舞》《小破阵乐舞》《狮子舞》《中和舞》《六合还淳舞》《顺圣舞》《承天舞》《一戎大定舞》《神宫大乐舞》《霓裳羽衣舞》《景云舞》《坐部舞》《立部舞》《倾杯舞》《软舞》《健舞》《叹舞》《大合之舞》《象功之舞》《来仪之舞》《昭德之舞》《文德之舞》《武功之舞》等。尤其可贵的是，《文献通考·乐考》不仅记载乐舞名称及来历，而且还比较具体地记载了舞器、舞衣及舞蹈动作。如舞器有相、应、牍、雅、戈、籥、弓矢、戚、扬、翟、鹭、翿、纛、羽葆幢、旌、节、麾、箾等，舞衣有冕、皮弁等。由于有关舞蹈动作的记载较长，兹节录一段，以窥一斑。宋神宗元丰二年，“详定所以朝会乐而有请者十：其三，定文舞武舞……舞者发扬蹈厉，为猛贲趫速之状。每步一进则两两以戈盾相向，一击一刺为一伐，（四伐）为一成，成谓之变。至第二表为一变，至第三表为二变，至北第一表为三变，舞者覆身向堂，却行而南至第三表为四变。乃击刺而前，至第二表回易行列，舂雅节步分左右而跪，以右膝至地，左足仰起，象以文止武为五变；舞蹈而进，为兵还振旅之状，振铎摇鼗击鼓，和以金錞，废镯鸣铙，复至南第一表为六变，而舞毕。”

乐考十九至二十一以《通典·乐典六》为纲进行大篇幅的扩充增写。乐考十九俗部乐即《通典·乐典六》中的清乐部分，但前者的内容大大超过后者。乐考十九俗部乐主要介绍汉清商三调，隋开皇七部乐，唐高祖时九部乐、清乐三十六曲，唐玄宗时立部伎、坐部伎，唐玄宗时霓裳羽衣舞，宋云韶部、钧容直、大晟乐等。乐考二十散乐百戏即《通典·乐典六》中的散乐，主要介绍历代乐舞杂技。两者内容详略大同小异，乐考二十主要补充了一些五代宋时的材料。乐考二十的鼓吹即《通典·乐典六》中的前代杂乐。乐典六只记述到隋朝灭亡，而乐考二十则记述至南宋孝宗。乐考二十一夷部乐是《通典·乐典六》中四方乐的扩充。乐考二十一亦按东夷、西戎、南蛮、北狄四个方位叙述，但所涉及的地区和国家多于《通典·乐典六》。如在东夷中《文献通考·乐考》记载了高丽、百济、獩貊、三韩、夫余、新罗、日本、勿吉等9个国家或地区的音乐，而《通典·乐典六》仅记载高丽和百济两个国家的音乐。乐考二十一最后部分是彻乐，记录历代在某些特殊情况下，如国君、大臣去世时，暂停音乐活动。

《续文献通考》乐考在纲目结构上与《文献通考》是基本一样的。乐考一至五记述历代乐制，起自宋光宗绍熙五年（1194年），终于明崇祯十五年（1626年）。《续文献通考》历代乐制大量抄录了正史乐志、本纪以及实录的有关记载，资料丰富、翔实，但由于缺乏必要的裁减提炼，有记流水账之嫌，重点不够突出。《续文献通考》作者在乐考一序中云：“自绍兴、乾道以来，以清净无欲为天下先，教坊弛不复作，故其书于宁宗之世罕有登载。自今观之，宋南渡后偏安多故，实未暇修废举坠……辽乐多出于唐，而金元明仍用之，异名同实，非祗一端。”由此可见，历代乐制虽然记载详细，但由于客观上的原因，南宋后有重大变革的事件甚少。

《续文献通考》乐六至七记载律吕制度，其中历代对律吕制度的议论颇有价值。如元英宗时翰林学士承旨赵孟頫著《乐原》《琴原》各一篇；明弘治中李文利著《律吕元声》，独宗《吕览》黄钟三寸九分之说；韩邦奇著《苑洛志乐》，其论律宗蔡元定之说；嘉靖九年中允廖道南请复古乐；嘉靖十年致仕行太仆寺丞张鹗请定雅乐；嘉靖十四年太常寺卿张颚请设特钟特磬以为乐节，复宫悬以备古制，候元气以定钟律；黄佐著《乐典》；万历中王邦直著《律吕正声》；愍帝时黄道周著《乐律论衡》。以上所著所制，《乐考》均摘录其说主要观点和其制主要活动，并附上各种评论。乐考八记载宋至明历次制定和校勘度量衡的活动，这就是姜夔所言：“雅俗乐高下不一，宜正权衡度量。”

乐考九至十一记载金、石、土、革、丝、匏、竹、木八音和乐悬。《续文献通考》在叙述各种乐器时，如是《文献通考》所无的乐器，均在此乐器名称之下标一“增”字，从而使读者一目了然。如丝之属，在其下有标“增”字的乐器有二十弦、二弦琵琶、三十六弦琵琶、七十二弦琵琶、凤琶、大五弦、小五弦、三弦、十四弦等。但须注意，限于当时编撰者的见闻，有的新增者严格说并不算作乐器，如金之属中新增者自鸣钟，其实是计时之钟，而不是乐器之钟。

乐考十二至十六为乐歌，主要记载了从宋至明历代宫廷祀神、祭祖、朝贺、宴飨、庆典等乐曲，内容不外是歌功颂德、祈祥求福，音乐艺术价值不大。乐考十七为乐舞，记载从宋至明宫廷乐舞，其中十分详细具体地记载了元代郊祀乐舞、宗庙乐舞的阵形、舞蹈动作、文舞器、武舞器、乐舞服装、乐器、舞表以及音乐与舞蹈的配合等等，对研究音乐史和舞蹈史提供了较为具体形象的材料。

《续文献通考》乐考十八为俗部乐，乐考十九为散乐百戏，主要记载了民间音乐、乐舞以及杂技等。此二考比较有史料价值，广引博征历代文集、笔记和小说中有关民间音乐、乐舞和杂技的记载。如乐考十九录《琐碎录》云：“《柘枝舞》本北魏拓拔之名，易‘拓’为‘柘’，易‘拔’为‘枝’。”如没有此条记载，我们今天已很难真正了解《柘枝舞》名称之义了。

《续文献通考》乐考二十主要记述了夷部乐和彻乐。有关夷部乐内容极其简略，远不如《文献通考》详细全面。其中所记载我国周边少数民族音乐以及中国与周边国家的音乐文化交流具有一定的参考价值。

《清文献通考·乐考》比《清通典·乐典》和《清通志·乐略》详尽。因此，这里就其中比较有音乐史料价值的内容做一介绍。

乐考一、二记载清康熙至乾隆时期宫廷祀飨庆典之乐制，音乐史料价值不大，兹略。乐考三为制造律吕，主要辑录了康熙时《律吕正义》中的定尺造律，其中十分具体详细地记录了各种不同积、径之管中黄钟、大吕、太簇、夹钟、姑洗、仲吕、蕤宾、林钟、夷则、南吕、无射、应钟十二律的古尺、今尺长度。这对于研究清朝乐律具有重要的参考价值。

乐考四、五分别辑录康熙时的《律吕正义》和乾隆时的《律吕正义后编》中的“取音用律、旋宫辨调诸论”。如《律吕正义》中的黄钟转生律吕篇、审定十二律吕五声二变篇、审定十二律吕高低字谱篇、十二律吕同径倍半生声应五声二变篇、旋宫起调篇等，《律吕正义后编》中的乐问含少篇，乐问朱载堉新说篇、乐问往而不返篇、乐问中声篇、乐问四倍律篇、乐问变律篇、乐问律吕分均篇、乐问黄钟不为商篇、乐问三大祀篇、乐问宗庙不用吕篇、乐问社稷以下用月律篇、乐问朝日用太簇篇、乐问工尺字谱篇、乐问候气飞灰篇。乐考六辑录《律吕正义》《律吕正义后编》中十分具体详细的度量衡表和权量表，这就是“同律而必及于度量衡。诚以其受法于律，三者之制皆与律同。斯为同矣，故曰黄钟为万事根本”。

乐考七至十四辑录乐器，其中乐考七辑录金之属镈钟、编钟、铜鼓、铜点、钹、蒙古角、哈尔扎克、苏尔奈、喀尔奈、钲、金（锣）、大铜角、小铜角、方响、云锣、金口角、唢呐、口琴。乐考八辑录石之属特磬、编磬，土之属埙，革之属建鼓、搏拊、杖鼓、小杖鼓、俳鼓、达卜、那噶喇、大鼓、龙鼓、导迎鼓、行鼓、手鼓。乐考九、十辑录丝之属琴、瑟、奚琴、胡琴、番部胡琴、提琴、塞他尔、喇巴卜、筝、六弦筝、轧筝、琵琶、月琴、三弦、二弦、和必斯。乐考十一辑录匏之属笙。乐考十二、十三辑录竹之属排箫、箫、笛、篪、胡笳、觱篥、巴拉满、管、画角，木之属柷敔、拍、拍板、番部拍、麾、戏竹。乐考十四记载清康熙时期各种朝祭宴享中的乐悬之制。

乐考十五至十八为乐歌，绝大多数记录宫廷祈神求福、歌功颂德的歌词。《清通典·乐典》仅载歌名的许多乐章，在《清文献通考·乐考》中则能查阅到完整的乐章歌词，如上引歌颂大清建国历程的《长白山》《布尔湖》《建辽阳》《沈阳城》《铁岭山》《孕嘉产》《毓灵禽》《蕃珍树》《建皇极》《铄皇清》等。

乐考十九乐舞记录清康乾间各种祭祀筵宴中乐舞人员编制，以及所用舞器节、干、戚、龠、羽等。乐考二十为俗部乐，二十一为散乐百戏，二十二为鼓吹，二十四为彻乐，内容都相当简略，音乐史料价值不大。

乐考二十三为夷部乐，记录了外国和边疆少数民族音乐。其中较有价值的是比《通典·乐典》更详细地记载了西洋五线界声，以乌勒鸣乏朔拉犀7字记乐，以及奏乐之音韵疾徐，彼以手势之一抑一扬定为长短之度以准迟违等。除此之外，夷部乐还记载了朝鲜、琉球、爪哇、浡泥等邻国和准噶部、回部、湖南苗、四川苗、两广苗、云南苗、贵州苗等少数民族的音乐及有关习俗。

《清朝续文献通考·乐考》凡14卷，比《文献通考》《续文献通考》《清文献通考》卷数都少，但其中不少内容还是较具音乐史料价值，尤其是反映了近代东西音乐交融的时代特征。

乐考一记载了从乾隆至清末朝廷乐制的变化，由于其总体是“略有增益，无甚变更”，因此其内容简略，没有什么重大乐制可述。

乐考二、三为律吕制度。首先是律吕论上下，纵论历代诸家律吕之说和雅乐、颂乐、清商、燕乐。其次是雅乐制度，论律源，律吕名义、律准、制律管法、雅音、三分损益、雅均、音算、雅乐器。再次是颂乐制度，论颂律名、颂律、乐经、《礼记·礼运》正义所云旋律法、周乐五音和缪转调图、颂乐之音域、雅律颂律音域对照表、阴阳两调同音不同律、周之律算、四上竞气正解、五音相生、七弦琴。第四是清乐制度，论清商三调分别、长短清平侧诸调界说、律算、乐器、正声调之律音相配。第五是燕乐制度，论移宫换羽、燕乐之音域、燕乐二十八调、闰音、胡乐燕乐七音比较图、犯调。第六论述累黍定律、四率密律、十四平均律、立宫起调、铸定钟律、镈钟律分、编钟律分。

乐考四为度量衡。刘锦藻认为“度量衡为经国宜民之要务……古圣王洞悉民隐，严为审定，不敢师心自用，臆为创作，必准乐律以同其数。盖以律生于天籁，无古今中外之殊，非人力所能改造。准此为制，虽传之万世，而莫越范围”。他把清代度量衡的发展分为两个阶段：第一阶段是康乾时期“远绍虞廷，近正明制，制五金木石之表，立为定法，载在会典，颁行海隅，遵行有岁”。第二阶段是自西法入中国，一切陈规，或重行编制，或改造新章，亦时会使然。乐考四最具特色的是将中国度量衡与法国度量衡进行比较。

乐考五至九为记载乐器，其有四个鲜明特色。一是介绍每一种乐器时，均附有精美的插图，使读者对其有直观、形象的了解。众所周知，在记录乐器时，图像有着文字无法比拟的直观性。有些乐器如没有附图介绍，后人仅凭文字记述可能很难清楚地知道其形状、构造或性能。二是比较全面系统地介绍了西洋管弦、键盘、打击乐器。三是把乐器分为雅乐、众乐、西乐3门介绍。四是所涉及的乐器种类是《十通》中最多的。乐考介绍的雅乐乐器有麾、镈钟、编钟、编磬、特磬、琴、瑟、排箫、笛、箫、篪、笙、黄钟埙、大吕埙、搏拊、应鼓、柷、敔、大鼓、镛钟、节、龠、羽、干、戚。众乐乐器有音乐仪器（隔八管、一弦琴、旋宫图、准琴）、七弦琴、五十弦大瑟、二十五弦瑟、大箜篌、小箜篌、竖箜篌、十五弦筝、南筝、十四弦筝、十三弦筝、五弦筝、六弦琵琶、八弦琵琶、四弦琵琶、大弦鼗、小弦鼗、阮、南三弦、北三弦、匏琴、双清、月琴、二弦、总稿机、密穹总、丹布拉、喀尔奈、塞他尔、火不思、喇巴卜、洋琴、筑、金刚腿、轧筝、提琴、得约总、幢琴、奚琴、哈尔札克、萨郎济、大提琴、独弦、二弦、倍四提琴、胡琴一、胡琴二、拉之、六胡、京胡、板提、梆胡、广胡、二胡、四胡、潮胡、潮提、板胡、编箫、十二宫箫、十二宫笛、侧调箫、平调箫、清调箫、黄钟笛、无射笛、南吕笛、雅龠、雅笛、梆笛、小笛、横吹、踶、埙、铜篪、小篪、大篪、不垒、蒙古角、海笛、大铜角、小铜角、画角、湾铜角、金口角、聂兜姜、聂聂兜姜、巴拉满、苏尔奈、小唢呐、中唢呐、大唢呐、胡笳、觱篥、十二律笙、和笙巢、倍八管、半四小管、倍四大管、共鸣杖、头管、中管、方响、云锣、稽湾斜枯、公古哩、歌钟、缶琴、应、巴打拉、腰鼓、杖鼓、小杖鼓、拍鼓、手鼓、俳鼓、行鼓、接内搭兜呼、龙鼓、导迎鼓、得胜鼓、达卜、那噶喇、蚌札、达布拉、鼗鼓、班鼓、牍、绰板、点鼓、口琴、大钹、小钹、柏且尔、结莽聂兜布、铙、铜鼓、金、钖、月锣、才锣、操锣、铜点、接足、钲、铎、铮、云磬、錞、木鱼、小板、梆板、卜鱼、节、戏竹。西洋乐器有罢东（baton指挥棒）、徐透（sitar卧琴）、批霞拿（piano钢琴）、哈泼（harp竖琴）、孟独铃（mandolin曼多林）、朋乔（banjo班卓琴）、其他（guitar吉他）、古孟独铃、梵哑铃（violin提琴）、倭尔马尼哑姆（harmonium风琴）、採迺斯塔（celesta钢片琴）、丁百尼（tympanum定音鼓）、劈壳洛（piccolo短笛）、薄姆劈壳洛（Bohm — piccolo）、弗雷脱（flute长笛）、薄姆弗雷脱（Bohm — flute）、渥薄（oboe双簧管）、克拉里捺脱（clarinet单簧管）、罢松（bassoon巴松管）、塞克索风、沙克索风、沙鲁索风（saxophone依次为高、中、低萨克斯号）、格兰隆、脱郎湃（trumpet小号）、脱郎湃倭变斯东、别搿儿（bugle军号）、康奈脱（kornett短号）、斯拉特脱隆蓬（trombone长号）、脱隆蓬倭变斯东、法兰西杭（French horn法国号）、胎脑尔杭、邱罢（tuba大号）、康脱拉倍斯邱罢（conrabass倍低音大号）、立得尔掘鲁姆（little drum小鼓）、欣罢尔（cymbals钹）、拉其掘鲁姆（large drum大鼓）。

乐考十为乐悬（乐舞附），乐考十一为乐歌。此两卷音乐史料价值不大，兹略。乐考十二乐歌（声谱）不仅记歌词，而且用工尺谱记录歌曲（即声谱）。这是一个创新，不仅在《十通》中是唯一的，而且在记载古代音乐著作中也是较少见的。正如作者自己所云："谨按前代史志，凡纪乐章者，只录歌词，不载声谱。班书郊祀志首创其例，后代史家因循不改。所谓乐章者，章则有之，乐则未也，揆厥名义实欠完备。一代制作，必有一代之精神。若录其文，而略其声，无异可视而不可听。吾国古乐之沦湮，此其一绝大原因也。兹辑乐歌并登声谱，欲传制氏之铿锵，特纪伶伦之节奏，使本朝制作声文并传，较诸前代徒载文词、不详乐谱者，当有间矣。"

乐考十三为杂乐，其内涵与以往杂乐内涵不同。据作者在序中所云，其是把"俗部乐、夷部乐、散乐、百戏"统统并入为杂乐，而以往的杂乐一般只是指散乐、百戏等。此卷最有价值的部分是比较全面详细地介绍了西洋音乐中的音阶、音程、音符、音量等乐理知识，并与中国传统乐理进行对比说明。总之，从上述所记录的西洋乐器及此卷所介绍的西洋乐理可以清楚地看到，在清末民初西学东渐的潮流中，西洋音乐已大量渗透到中国的社会生活，逐渐为国民所接受。

乐考十四为彻乐，记录了从嘉庆至宣统年间清廷因凶丧而不作乐之事。

第七章

类书中的音乐文献

第一节　类书的编纂

类书一般指在古代人们把事物分为若干门类，每类之下再分若干子目，然后采集群书中有关资料随类相从，按照一定的方法编排，分别附录于各门类及其子目之下，便于使用者查寻、征引的一种工具书。

三国时期魏文帝命王象、刘劭等编纂《皇览》一书，为我国见诸记载的第一部类书，但目前已亡佚。自《皇览》以后，历代帝王相继仿效，喜欢委派臣下依据皇家藏书纂修巨型类书。此外，一些私家也撰修了不少类书。据《类书流别》载，晋有陆机《要览》；刘宋有何承天、徐爰《合皇览》；齐有东观学士奉敕撰《史林》，萧子良集学士撰《四部要略》；梁有萧琛《皇览抄》，刘峻《类苑》，徐勉等奉敕撰《华林遍略》，刘杳《寿光书苑》，陆罩等奉敕撰《法宝联璧》，陶弘景《学苑》，张缵《鸿宝》，朱澹远《语对》《语丽》；陈有张式《书图泉海》；北魏有《帝王集要》；北齐有祖珽等奉敕撰《修文殿御览》，等等。据粗略估计，六朝人所撰类书，总数在三千卷以上，可惜已全部失传。

见于记载，隋代类书有《长洲玉镜》238卷，《玄门宝海》120卷，杜公瞻《编珠》5卷，虞世南《北堂书钞》174卷。至今，前二书已佚。《编珠》仅存2卷，清高士奇辑《补遗》2卷、《续编珠》2卷；《北堂书钞》则存160卷。

唐代类书近万卷，大部分出自初唐人之手，可以想见类书编纂事业在当时极为发达。这些类书多数已经失传，流传至今的有欧阳询等奉敕撰的《艺文类聚》100卷，徐坚等撰《初学记》30卷，白居易撰《六帖》30卷。唐代编纂类书，在体例上有两大变革。其一，古代资料汇编性质的图书，如《流别》《文选》，专取其文，是为总集；《皇览》《编略》，直书其事，是为类书。自《艺文类聚》开始，合事和文为一编。故《四库全书总目》称："是书比类相从，事居于前，文列于后，俾览者易为功，作者资其用，于诸类书中，体例最善。"其二，如前所述，类书多以事物分类编制，自颜真卿撰《韵海镜源》，分韵而隶事，使巨型类书在门类至多至烦的情况下，提供读者按字检索之便。

五代十国类书不多，并且已全部散亡。宋代类书的编制，又出现新的高潮，除官修大部头类书之外，私家编撰的也不少。现存宋代类书中，比较著名的有吴淑《事类赋》30卷，李昉等奉敕撰《太平御览》1000卷、《太平广记》500卷，王钦若等奉敕撰《册府元龟》1000卷，无名氏《锦绣万花谷》40卷、续40卷，祝穆《事文类聚》前集60卷、后集50卷、续集28卷、别集32卷，刘应李《翰墨大全》125卷，潘自牧《记纂渊海》100卷，王应麟《玉海》200卷、《小学绀珠》10卷，陈元靓《事林广记》前集、后集、续集、别集、新集、外集各2卷，章俊卿《山堂群书考索》前集66卷、后集65卷、续集56卷、别集25卷，陈景沂《全芳备祖》前集27卷、后集31卷，谢维新《古今合璧事类备要》前集69卷、后集81卷、续集56卷、别集94卷、外集66卷，等等。其中百科性的类书以《太平御览》《册府元龟》《玉海》最为有名；不仅卷帙浩繁、内容丰富，而且编制体例也较为合理完备。专科性的类书较为有名的有专收小说的《太平广记》、考证事物起源的《事物纪原》、广收植物的《全芳备祖》等。此外，阴时夫编《韵府群玉》20卷，是现存以韵隶事的最古类书，为清《佩文韵府》所本。

明代编制类书，往往粗制滥造，或任意增删，或引文不注出处，少有可称道者。唯有明成祖永乐年间解缙等奉敕编纂的《永乐大典》22,937卷，辑录宋元以前的图书七八千种，其中包括经、史、子、集、释藏、道经、戏剧、平话、工技、农艺等，郭沫若认为它"不仅在我国文化史上提供了一部最早最大的百科全书，而且在世界文化史中也是出类拔萃的"[①]。此书编成后，因卷帙过多，始终未能刻板。嘉靖时又写有副本一部。正本约于明末被焚

① 郭沫若在1959年影印《永乐大典》的《序》，中华书局1986年版。

毁，副本于清代初中期略有亡佚，而大部分于光绪二十六年（1900年）八国联军侵入北京时，被毁劫一空。

清代初期，特别是康熙、雍正两朝，编纂类书又蔚然成风。当时编纂的类书，主要有敕撰《渊鉴类函》450卷，《骈字类编》240卷，《分类字锦》64卷，《子史精华》106卷，《佩文韵府》443卷，《古今图书集成》10,000卷。清代编纂类书，无论从数量和质量上来说，在中国古代都是相当突出的。

古代类书的编纂，保留了我国许多宝贵的文化遗产，为我们辑佚、校勘古书，查考典故和其他事物的出处，以及研究古代文学、艺术、历史、应用科学各方面提供了大量资料，是一种极为有用的工具书。许多百科性类书在分类中均有乐类，可供音乐史学习和研究者查检、参考和征引。当然，必须指出的是各种类书或多或少也存在着一些问题，如有的类书引文不详出处；或作任意删削；或转抄他书，不按原著摘录，致使以讹传讹等。因此，使用者在阅读引用时，应注意考辨，要尽可能核对原始材料。

限于篇幅，以下选择比较有代表性且有音乐门类的数种类书做简要介绍，使用者可据此举一反三，由此及彼，逐渐熟悉古代类书的查阅。

第二节 《北堂书钞》中的音乐文献

《北堂书钞》是虞世南（558—638）在隋朝任秘书郎时编纂而成，为我国现存最早的一部类书。

据《旧唐书·经籍志》《新唐书·艺文志》和晁公武《郡斋读书志》著录，《北堂书钞》173卷，分为80部，801类，但原书已不可得。现在通行的本子是1989年中国书店据光绪十四年南海孔氏刊本影印本，共160卷，分为帝王、后妃、政术、刑法、封爵、设官、礼仪、艺文、乐、武功、衣冠、仪饰、服饰、舟、车、酒食、天、岁时、地等19部，下再分为852类。每一类先摘录群书的字句，再注出书名和列出原文，但不完全注明出处。

《北堂书钞》所辑材料与后世类书不尽相同，某些条目所辑材料非常丰富，尤其是由于其成书较早，征引的都是隋以前的古书。因此，查检古代，特别是六朝以前的语句典故、各类资料，往往是后世类书所不能替代的。是书所引古书，除集部外，约有八百种，其中有很多已经散佚，正赖此书保存了不少宝贵的材料。《北堂书钞》的缺点主要是引文不连贯，且多不注明出处。

《北堂书钞》自隋末成书后，至宋代已流传不广。明中叶后，世间通行者为陈禹谟校刻本。然陈本讹谬脱落，且臆改增删之处甚多，非为善本。后来，清代孙星衍、严可均、王引之、孔广陶等人先后做了校订工作，光绪十四年（1888年），此凝聚众校雠家心血而得近于原貌的传本付梓刊行，即为南海孔氏刊本。此本较陈本为优，但仍有讹误脱落处。1989年，中国书店据光绪十四年南海孔氏刊本影印发行，是目前较好较流行的版本。日本人山田孝雄编《北堂书钞引书索引》，1973年由日本名古屋采华书林出版，可供我们使用此书时参考。

《北堂书钞》共160卷，其中乐部占8卷。乐部一为乐总，主要辑录历代乐论片段。我们通过查检《北堂书钞·乐部一》，其一可以知道一些乐论或乐制等的原始出处。如"移风易俗，莫善于乐"，这是论乐和论民俗者经常引用的。但是，对于初学者来说，并不一定知道其原始出处于何书。从字面上看，一些人往往从《乐记》等先秦论乐著述中查寻。如查阅《北堂书钞·乐部一》"移风易俗"之句，其下注曰："《孝经》云'移风易俗，莫善于乐'。郑注云：'夫乐感人之情，乐正则心正，乐淫则心淫。'"由此可知，此句源于《孝经》；郑玄的注释则使我们对其有更深的理解。又如"王，宫悬；诸侯，轩悬；卿大夫，判悬；士，特悬"的乐制屡见于历代文献中，但其最早始于何书记载，不是一般人都能了解的。查阅《北堂书钞·乐部一》，我们可从注中知道，其制最早载于《周礼·小胥》："王，宫悬；诸侯，轩悬；郑众注曰：宫悬，四面悬，象宫室四面有墙，故云宫悬也。""卿大夫，判悬，左右之合也；特悬，悬于东方。"其二通过查阅《乐部一》，可以比较便捷地了解到一些重要的音乐史事。如在"阳阿，楚乐也"句下注曰："《淮南子》云：奏雅乐者，始于《阳阿采菱》。许慎注曰：此楚乐也。"又如"遗戎王女乐二八"句下注云："《墨子》曰：秦穆王遗戎王以女乐二八，戎王沈于女乐，不顾国亡，政国之祸。"其三可校正一些古书的讹误。如在"一盛一衰一清一浊"句下注曰："《庄子》云：北门成问于黄帝曰：'帝张《咸池》之乐于洞庭之野，吾始闻之而惧，复闻之而怠，卒闻之而感。'帝曰：'吾奏之以礼义，达之以人情；四时迭起，万物循生；一盛一衰，文武经纶；一浊一清，阴阳调和。’今案：近本《庄子·天运篇》及陈本‘达’作‘建’，‘人情’作‘太清’，‘经纶’作‘伦经’。误也。”

乐部二为歌篇，主要辑录历代与歌相关的史事与议论。其一追溯歌之来源。如“帝俊八子，是始为歌”句下注曰：“《山海经》云：帝俊八子，是始为歌舞。注曰：帝俊，帝舜也。”又如“候人作南音”句下注曰：“《吕氏春秋》云：禹行水见涂山女，禹未之遇。南音，南土女令其妾往候禹于涂山之阳，女乃作歌曰候人，寔始作南音。”其二记述一些歌曲的来历。如“渡漳之歌”句下注曰：“《帝王世纪》云：黄帝使伶伦氏于夏为渡漳之歌。”又如“采葛”句下注曰：“《吴录》云：越王勾践献吴好女，有采葛之歌。”其三记载善歌唱之人。如“韩娥曼声”句下注：“《列子》云：韩娥曼声，行哭一里，老幼悲愁垂涕，相对三日不食。遽而止之，娥还复为曼声，长歌一里，老幼俱忭舞，不能自禁。”其四记录了各种歌唱形式。如“抚弦悲歌”句下注曰：“《风俗通》云：百里奚为秦相，堂上作乐，所赁澣妇自言知音。呼之，援琴抚弦而悲歌。问之，乃其故妻。”又如“千人唱”句下注曰：“司马相如《上林赋》云：奏陶唐氏之舞，听葛天氏之歌，千人唱，万人和。”其五记录歌唱技巧。如“潜气内转，哀音外激”句下注曰：“繁钦《与魏文帝笺》云：都尉薛访车子年十四，能喉转引声，与葭（笳）同音。潜气内转，哀音外激，大不抗越，细不幽散。”其六议论歌曲的功能。如“歌永言”句下注曰：“《尚书·舜典篇》帝曰：夔，命女典乐教胄子。诗言志，歌永言，声依永，律和声。”

乐部三为舞篇，主要辑录历代与舞蹈相关的史事与议论。其一追溯舞之来源。如“帝俊是始为舞”句下注曰：“《海内经》云：帝俊八子是始为舞。”又如“阴康始教民舞”句下注曰：“傅玄《乐府杂诗》云：昔有林号曰阴康，始教民舞，涕气以扬之。”其二记述一些乐舞的来历。如“百兽舞”句下注曰：“《尚书》云：夔曰於予击石，百兽率舞。”又如“四时舞”句下注曰：“《汉书·礼乐志》云：四时舞者，孝文所作，表天下之安和。”其三记载善舞之人。如“飞燕学舞”句下注曰：“《汉书·外戚传》云：赵飞燕属阳阿主家，学歌舞。成帝常过阳阿主作乐，上见飞燕而悦之，召入宫，大幸，立为婕好。”其四记录了各种舞蹈形式。如“持干戚舞”句下注曰：“《五经通义》云：王者之乐有先后者，各尚其德，以武得之先。武乐，持朱干玉戚而舞也。”其五记录舞蹈技巧和舞姿。如“体如游龙”句下注曰：“傅毅赋云：体如游龙，袖如素晲。”又如“擢纤腰以烟起”句下注曰：“奋长袖以飏迴，擢纤腰以烟起。”其六议论舞蹈的功能。如“舞以宣情”句下注曰：“阮籍《乐论》云：故歌以叙志，舞以宣情，然后闻之以采章，昭之以风雅，播之以八音，感之以太和。”又如“舞《云门》以祀天神”句下注曰：“《周礼·大司乐》云：奏黄钟，歌大吕，舞《云门》，以祀天神。”

乐部四至乐部七记载了乐器钟、铎、磬、鼓（附鼓吹）、瑟、琴、筝、筑、箜篌、琵琶、笙、簧、竽、箫、笛、篪、埙、龠、葭、缶、柷敔、筍簴，其对各种乐器的记述长短不一，大致包括乐器的来历、形状结构、特征、作用、音色、演奏及与此乐器相关的史事等。如乐器钟，其来历是凫氏为钟，垂之和钟。其特征是象天，法地；秋分气，秋分之音，霜降则鸣，冬至日击；正五钟，立五行；大不出钧，重不过石。其结构是栾谓之铣，于谓之鼓；带谓之篆，枚谓之景；舞上谓之甬，甬上谓之衡；悬谓之旋，旋虫谓之斡；身缕龙文，上作狮子。其音色是大厚声不发，大薄则声散；气多故声大，近之则音亮；大而短其声疾，小而长其声舒；和之清韵，声响悲激。其演奏是怒而击之则武，喜而击之则乐；出撞黄钟，入撞蕤宾。其与钟有关的史事是宫前自鸣，方朔曰山崩绝；殿前忽鸣，张华曰蜀铜山崩。阖闾伐楚，破九龙之钟；子胥入郢，毁十龙之钟。读者如要了解每一字句的详细情况和出处等，可进一步查阅字句下之小字注文。

乐部八记载四夷乐、倡优及乐律。四夷乐“东方曰韎、南方曰任”句下注曰：“《周礼》春官职云：鞮鞻氏掌四夷之乐与其声歌。郑氏注云：四夷之乐，东方曰韎，南方曰任，西方曰侏离，北方曰禁。”倡优目下则主要记录历代倡优及百戏杂技。如历代倡优有翼为天倡，鳝为乐倡，海西名倡，名倡刘碧玉等；百戏杂技则有角抵，鱼龙之戏，神龟歌舞，舞行绳上，木上俳舞，跳丸跃剑，援戏索上，猨戏云表，殖瓜种枣，吞刀吐火，妓儿走马等。律目下主要记载律之产生，玉律、石律、铜律、竹律诸律，十二律中六律合阳声、六律合阴声。律目还记载历代重大的定律活动，如后夔合律、刘秀校律、张苍正律、刘恭作律等。读者如要进一步了解每一字句的详细情况和出处，可查阅字句之下的小字注文。如“木上俳舞”句下注曰：“石虎《邺中记》云：虎正会殿前下，大四围，上渐小，坐妓儿于上，四面俳舞，或鸟飞，或倒挂也。”

又如“刘恭作律”句下注曰：“荀勖以魏杜夔所制律吕检校，定太乐，作鼓吹八音，与律吕乖错。始知后汉至魏，度渐长于古四分余，而夔依为律吕，故致不韵。而乃部佐著作刘恭依《周礼》制尺，所谓古尺也。依古尺作新律吕，以调声韵，以律量黍，以尺度古乐器，皆与本铭尺寸无差。”

最后必须指出的是，《北堂书钞》乐部引书广泛，而且不少书籍至今已经散佚，因此，其有关音乐史的记载得以依赖是书而流传下来。《北堂书钞》乐部所引之书，主要者有《礼记》《周礼》《乐记》《孝经》《论语》《中庸》《三礼图》《五经通义》《白虎通》《琴操》《乐声图》《乐纬》《乐论》《乐叶图》《毛诗》《韩诗》《韩诗外传》《尔雅》《释名》《说文》《尚书》《左传》《战国策》《国语》《世本》《帝王世纪》《史记》《汉书》《续汉书》《三国志》《东观汉记》《义熙起居注》《汉旧仪》《蜀王本纪》《晋纪》《吴越春秋》《穆天子传》《管子》《韩非子》《孙卿子》《尸子》《淮南子》《六韬》《吕氏春秋》《庄子》《墨子》《列子》《太玄经》《论衡》《山海经》《语林》《家语》《博物志》《古今杂注》《世说》《异苑》《说苑》《新义》《别录》《汉武帝故事》《汉武内传》《风俗通》《俗说》《武陵记》《东阳记》《三齐略记》《三秦记》《幽明录》《神仙传》《三辅决录》《三辅黄图》《荆州先贤传》《襄阳耆旧传》《关中记》《吴录》《荆州记》《邺中记》《晋记》《罗浮山记》《洞历记》《洛阳记》《西京杂记》《续晋阳春秋》等。除此之外，《北堂书钞》还大量引用历代文学作品中有关音乐史事，如楚辞《九歌》《招魂》，司马相如《美人赋》《上林赋》，张衡《南都赋》《西京赋》《七辨》，班固《两京赋》，陆机《七徵》，曹毗《杨都赋》，崔琦《七蠲》，左思《魏都赋》《吴都赋》，傅玄《七谟》《正都赋》《朝会赋》《琴赋》《筝赋》《琵琶赋》，孙该《琵琶赋》，王廙《笙赋》《洛都赋》，阮禹《筝赋》，曹霖《筝赋》，潘岳《闲居赋》，杜预《七规》，王粲《七释》，袁崧《歌赋》，刘桢《鲁都赋》，枚乘《七发》，宋玉《对楚襄王问》《讽赋》《笛赋》，蔡邕《琴赋》《女诫》《瞽师赋》《长笛赋》，嵇康《琴赋》《琴赞》，闵鸿《琴赋》，颜延年《诰琴赋序》，王恂《琴赞》，李尤《琴铭》《笛铭》，崔骃《七依》，孔炜《七引》，刘梁《七举》，张景阳《七命》，曹植《思人赋》，王褒《洞箫赋》，马融《长笛赋》，杜挚《葭赋》，傅休奕《葭赋》，孙楚《葭赋》，贾谊《筍簴赋》，等等。

第三节 《艺文类聚》中的音乐文献

《艺文类聚》是唐初编辑的一部类书，共100卷，百余万字。领修人是唐初著名的书法家、弘文馆学士欧阳询（557—641），同修者有裴矩、陈叔达、令狐德棻、赵弘智、袁朗等十余人。

全书分为天、岁时、地、州、郡、山、水、符命、帝王、后妃、储宫、人、礼、乐、职官、封爵、治政、刑法、杂文、武、军器、居处、产业、衣冠、仪饰、服饰、舟车、食物、杂器物、巧艺、方术、内典、灵异、火、药香草、宝玉、百谷、布帛、果、木、鸟、兽、鳞介、虫豸、祥瑞、灾异等46部，每部又分子目，共727个子目。

《艺文类聚》征引一千四百多种唐以前的古籍，这些古籍流传至今的不足十分之一，其珍贵资料赖此书才得以保存。是书辑录的内容相当丰富，包括政治、文学、艺术、自然知识、礼俗等各个方面，具有重要的文献资料价值。

《艺文类聚》在体例上有较大的创新，它把事与文合编在一起，"事居于前，文列于后"。这就是在每个子目下，先事后文，事的部分摘取各书中有关的资料，文的部分则整篇地引用诗文。引文大致按作品的时代先后顺序排列，查检方便，"使览者易为功，作者资其用"。全书结构谨严，所引故事均注出书名，所引诗文也列出时代、作者和题目。由于它整篇地引用诗文，因此可以称为一部以类相从的文集。从文献资料的角度看，整篇地引用诗文，比起以往类书琐碎零散地摘取词句，显得更有价值。因此，从宋代开始，就有许多学者利用《艺文类聚》进行校勘和辑佚工作。一直持续到明清，张溥辑《汉魏六朝百三名家集》、严可均辑《全上古三代秦汉三国六朝文》，不少诗文就是从本书摘录的。

《艺文类聚》也存在着不少疏漏失误之处，据汪绍楹先生以南宋初绍兴间的刻本作为底本的校勘结果："计据他书及冯舒校本作校记的，约一千六百多条；径据明本改补的，约一千三百多字。两共三千条左右。也就是说在本书每三百多字当中，就可能有一处脱讹倒错。"[①]此外，是书在类目结构上也存在着许多安排不当的问题："其中门目，颇有繁简失宜，分合

① 欧阳询等撰：《艺文类聚·校序》，上海古籍出版社1982年版。

未当。如山水部五岳存三，四渎阙一；帝王部三国不录蜀汉，北朝惟载高齐……道路宜入地部，坛宜入礼部，而列之居处。”①

《艺文类聚》的版本很多，现存最早的版本是南宋绍兴年间的浙江刊刻本。1965年中华书局上海编辑所排印出版了汪绍楹的校定本。1982年上海古籍出版社予以再版。这是以南宋刻本为底本，参校各种本子而成的。全书加了句读，是目前最好的最流行的本子。日本学者中津滨涉曾编了《艺文类聚引书引得》，可供我们使用此书时参考。

《艺文类聚》乐部共4卷。乐部一前半部分是论乐，主要有两方面的内容。其一辑录古文献中有关乐的定义和产生。如《说文》曰：“乐，五声八音总名也。”《礼记》曰：“凡音之起，由人心生也；人心之动，物使之然；感于物而动，故形于声；声相应，故生变；变成方，谓之音；比音而乐之，及干戚羽旄，谓之乐。”其二辑录了历代重要音乐史事。如《乐纬》曰：“黄帝乐曰《咸池》，帝喾曰《六英》，颛顼曰《五茎》，尧曰《大章》，舜曰《箫韶》，殷曰《濩》，周曰《酌》。”《楚辞》曰：“陈钟案鼓造新歌，涉江采菱发阳阿。”《淮南子》云：“奏雅乐者，始于《阳阿采菱》。”由此可见，楚乐已融入雅乐之中。从乐部一所辑《周官》记载可知，先秦之乐有《六乐》《九德之歌》《九磬之舞》《九夏》等。除此之外，《穆天子传》载有《广乐》，《论语》载有《韶乐》等。从是书所辑《汉武故事》和《汉官典职》来看，百戏杂技早在汉代已十分兴盛，如舍利戏于庭，黄龙出水，两倡女对舞绳上，钟磬普唱，鱼龙曼延等。从所辑《五经通义》记载可知，至迟到汉代，我国周边少数民族音乐称为“四夷之乐”，东夷之乐曰抹离，南夷之乐曰任，西夷之乐曰禁，北夷之乐曰昧。还有《五经通义》所云《六乐》为《太一》《咸池》《肆夏》《大夏》《大濩》《大武》，与《周礼·春官·大司乐》所载《云门》《咸池》《大韶》《大夏》《大濩》《大武》等《六乐》略有不同。

乐部一后半部分和乐部二辑录了大量的乐府古诗。这些乐府古诗原是配有乐曲进行歌唱的，遗憾的是《艺文类聚》只辑录歌词，歌曲早已失传。因此，对于今天的读者来说，其文学价值大大超过音乐价值。即使如此，由于其十分完整地辑录了乐府古诗，比起一般古文献只辑录片段来说，具有

① 永瑢等撰：《四库全书总目》，影印浙江翻刻本，中华书局1965年版（下同），第1142页。

不可多得的史料价值。《艺文类聚》所辑乐府古诗按曲名归类编排，便于查检。具体编排形式主要有三种：其一是同一曲名之下再按时代顺序排列。如在《饮马长城窟行》曲名之下，就依次有无名氏原曲，以及后来的魏文帝、晋傅玄、陆机、梁沈约所创作的《饮马长城窟行》。其二是虽然前后曲名不同，但其实是同一首曲子，《艺文类聚》亦把它们归在一起。如古诗《陌上桑罗敷行》，由于其首句是“日出东南隅”，后世故将其曲名改为《日出东南隅行》，《艺文类聚》将其编排在一起，按时代的顺序分别有《陌上桑罗敷行》，以及晋陆机、宋谢灵运、梁沈约、萧子显等创作的《日出东南隅行》等。又如汉班婕妤《怨歌行》，因其诗中有“裁为合欢扇，团团似明月”之句，梁江淹则将其创作的《怨歌行》改名为《拟班婕妤咏扇》，晋傅玄则将其所创作的《怨歌行》改名为《怨诗》，而魏陈王曹植、梁沈约仍沿用《怨歌行》为自己作品命名。其三是把不同曲名但同一类的曲子编排在一起。如宋孝武帝《夜听妓诗》、梁简文帝《听夜妓诗》、梁元帝《春夜看妓诗》、梁何逊《咏妓诗》、周庾信《看妓诗》、陈萧琳《隔壁听妓诗》、隋卢思道《夜闻邻妓诗》等。

乐部三辑录舞与歌。在舞的部分，首先辑录舞的定义：“《尔雅》曰：婆娑，舞也。”其次辑集古文献中记载的诸种舞蹈，如《周官》所载《帔舞》《羽舞》《旄舞》《干舞》，《礼记》所载《大武》，《楚辞》所载《郑舞》，《汉书》所载《武德》《文始》《五行之舞》，《三巴记》所载《巴渝舞》等。再次辑录大量的有关描写古代乐舞的诗赋等，其中最多的是以咏舞诗或舞赋命名的作品。兹节录梁简文帝《咏舞诗》一首和《舞赋》一段，以窥一斑：

娇情因曲动，弱步逐风吹；悬钗随舞落，飞袖低鬟垂。

信身轻而钗重，亦腰羸而带急；响玉砌而迟前，度金扉而斜入……于是徐鸣娇节，薄动轻金；奏巴渝之丽曲，唱碣石之清音；扇才移而动步，鞞轻宣而逐吟；尔乃优游容豫，顾眄徘徊；强纡颜而失笑，乍杂怨而成猜；或低昂而失侣，乃归飞而相附。

在歌的部分，首先，亦辑录歌的定义和产生。如“《说文》曰：咏，歌。

又曰：独歌谓之谣。讴，齐歌也。蔡邕《月令》章句曰：乐声曰歌。”“《山海经》曰：帝俊八子，是始为歌。”“《毛诗·序》曰：情动于中而形于言；言之不足，故嗟叹之；嗟叹之不足，故咏歌之。”其次，辑录了历代善歌之人。如《列子》所载秦青、韩娥，《孟子》所载王豹、绵驹，刘向《别录》所载鲁人虞公等。再次，辑录了历代重要歌曲之曲名。如《阳菱白露》《下里巴人》《葛天氏之乐》《唐歌》《大濩》《晨露》《瓠梁之歌》《盛唐枞阳之歌》等。最后，辑录各种传世歌曲之词。从这些传世歌词可以看出，《艺文类聚》所辑之歌体裁多样，题材广泛。如虞舜所作《元首》《南风》是以君臣、民众为题材的治政歌，燕荆轲《萧萧歌》和汉高祖《大风歌》是即兴抒情咏怀之作，汉司马相如《琴歌》、晋孙绰《情人诗》则描述男女爱情，东汉章帝和桓帝时童谣是反映民俗和社会状况的，齐谢朓和梁沈约《郊庙歌》、齐王融《明王歌辞》等则是歌颂、祭祀神明或圣君明王的，晋陆机《百年歌》和古《莫愁歌》是感叹人生之作。总之，《艺文类聚》所辑录的歌虽然只有歌词，配曲早已失传，但对于我们今天了解这些歌曲反映的内容、风格以及时代背景等提供了不可多得的原始资料。

乐部四辑录了乐器琴、筝、箜篌、琵琶、筍簴、箫、笙、笛、笳等相关史事与诗赋。如琴目之下辑录琴之产生：“《礼记》曰：舜作五弦之琴，以歌《南风》之诗，而天下治。”“桓谭《新论》曰：神农氏继而王天下，于是始削桐为琴，绳丝为弦。”琴之结构：“《广雅》曰：神农氏琴，长三尺六寸六分，上有五弦，曰宫商角徵羽，文王增二弦，曰少宫少商。”有关音乐史事，主要者有《吕氏春秋》所载伯牙鼓琴，钟子期善听；《搜神记》载蔡邕制焦尾琴；《史记》载司马相如以琴挑卓文君；《说苑》载雍门周以琴见孟尝君。《艺文类聚》最大的特点是完整摘录有关描述各种乐器的诗或赋，而稍前于其书的《北堂书钞》则只摘录其中的片段。如有关琴诗赋赞铭就有梁丘迟《题琴朴奉柳吴兴诗》、陈沈炯《为我弹鸣琴诗》、贺彻《为我弹鸣琴诗》、后汉傅毅《琴赋》、马融《琴赋》、蔡邕《琴赋》、晋嵇康《琴赋》、成公绥《琴赋》、殷仲堪《琴赞》、谢惠连《琴赞》、王珣《琴赞》、后汉李尤《琴铭》。这些诗赋赞铭为我们了解当时的某种乐器提供了丰富、完整的第一手资料。如“后汉蔡邕《琴赋》曰：尔乃清声发兮五音举，发宫商兮动角羽，曲引兴兮繁弦抚。然后哀声既发，秘弄乃开；左手抑扬，右手徘徊；指掌反覆，抑案藏摧。于是繁弦既抑，雅韵乃扬。仲尼思归，鹿鸣三章，梁甫悲吟，周公越裳，青雀西飞，别鹤东翔，饮马长城，楚曲明光，楚姬遗叹，鸡鸣高桑，走兽率舞，飞鸟下翔，感激兹歌，一低一昂”。由此我们可以形象、生动、具体地了解到古琴演奏高超美妙的技艺、色彩斑斓的内容和超凡脱俗的意境。

第四节 《初学记》中的音乐文献

《初学记》是唐玄宗李隆基为便于诸皇子作文时检查事类而命集贤院学士徐坚等编撰的一部类书。全书30卷，取材于群经、诸子、历代诗赋及唐初诸家作品，分为天、岁时、地、州郡、帝王、中宫、储宫、帝戚、职官、礼、乐、人、政理、文、武、道释、居处、器用、服食、宝器（花草附）、果木、兽、鸟（鳞介、虫附）等23部，313个子目。

该书体例与《艺文类聚》基本相同，先为叙事，后是诗文；其略有不同的是前者在叙事与诗文之间还有事对。叙事仍然是摘录古书记载；事对取古代故事或文句熔铸造成对偶，与叙事之间没有必然的联系；诗、文、表、真、箴等则根据叙事而采录，与《艺文类聚》一样，大多辑录全文。《四库全书总目》认为它“在唐人类书中，博不及《艺文类聚》，而精则胜之”。这个评价是比较公允的。乐部的总体情况也是如此，其总的分量不及《艺文类聚》，但在叙事、事对中辑录的内容比较精当、简明，有些重要的音乐史事则是《艺文类聚》所无。总的说来，《初学记》大部分所辑内容源于《艺文类聚》，但后者不能完全代替前者，因此还是有必要对是书略做介绍。以下所述乐部侧重于《艺文类聚》所无且较具音乐价值的内容，相同部分就略而不赘了。

《初学记》的版本较多。现存最早的本子是明世宗嘉靖十年无锡安国的桂坡馆刻本。明清两代的其他刻本几乎都是源出于安本的。1962年，中华书局排印出版了司义祖的点校本，此本采用错误较少的清乾隆年间的古香斋本作为底本，安本可参考之处和清人严可均、陆心源校录的异文，列为校勘表附印在每卷之末。这是目前《初学记》最普及的较好的本子。1979年中华书局重印了此书，并由许逸民编《初学记索引》，分为《事对索引》和《引书索引》两部分，后附笔画检字表，给使用此书带来了方便。

《初学记》乐部分为上下两卷。乐部上再分雅乐、杂乐、四夷乐、歌、舞等五目。从目录结构上看，是书比《艺文类聚》合理些，即删去了《艺文类聚》专门辑录乐府古诗之节目，把论乐分成雅乐与杂乐，四夷乐则提升到目这一级，歌、舞则不变。这种目录结构上的调整，使乐部文学色彩有所淡化，把乐分为雅乐、杂乐和四夷乐，说明《初学记》编者对乐的分类比《艺文类聚》编者已进一步深化。乐部下辑琴、筝、琵琶、箜篌、钟、磬、鼓、箫、笙、笛乐器，与《艺文类聚》相比，增加了磬、鼓，减少了笳。

雅乐一叙事辑录《汉书》中把宫商角徵羽五声与金木水火土五行、仁义礼智信五常及君臣民事物相对应，虽然显得牵强附会，但其代表了当时一种流行的音乐观，从音乐史的角度来看，还是必须了解的。《九夏》是上古著名乐章，但《艺文类聚》论乐只简单辑录《周官》“钟师，掌金奏，凡乐事以钟鼓奏《九夏》”之句，而《初学记》则进一步辑录《周礼》所载《九夏》为王夏、肆夏、昭夏、纳夏、章夏、齐夏、族夏、裓夏、骜夏，从注释中还可以知道，《九夏》之乐用于祭祀、享宴等礼仪之中。雅乐一中所辑录的唐太宗皇帝《三层阁上置音声诗》、薛道衡《奉和月夜听军乐应诏诗》、隋许善心《于太常寺听陈国蔡子元所校正声乐诗》等，也是《艺文类聚》所无的。

杂乐二事对中侏儒戏烂熳乐下注云：“《家语》曰：鲁定公与齐侯会于夹谷，孔子摄行相事。齐宫中之乐俳优侏儒戏于前。《列女传》曰：夏桀既弃礼仪，淫于妇人，求四方美人，积之后宫，造烂熳之乐。”这些辑录都是比较重要的音乐史料，值得关注。杂乐二诗中辑录了不少观妓诗、看妓诗、对妓诗、咏妓诗、得妓诗、奏妓诗等，是研究中国古代乐妓史的原始资料。

歌四叙事中辑录“《韩诗》章句曰：有章曲曰歌，无章曲曰谣。梁元帝《纂要》曰：齐歌曰讴，吴歌曰歈，楚歌曰艳，淫歌曰哇。又有清歌、高歌、安歌、缓歌、长歌、浩歌、雅歌、酣歌、怨歌、劳歌。振振而歌曰凯歌，堂上奏乐而歌曰登歌，亦曰升歌”。这段有关歌的记载简洁、丰富，集中记载了各种类型的歌，是古代音乐史的重要资料。有关《吕氏春秋》所载“昔葛天氏之乐，二人操牛尾，投足以歌八阕”，是音乐史著作中经常引用的，但八阕为何，《北堂书钞》《艺文类聚》等类书则未辑录。歌四事对中八阕下注云：“一曰《载人》，二曰《玄鸟》，三曰《遂草木》，四曰《集五谷》，五曰

《敬天常》，六曰《达帝功》，七曰《作地德》，八曰《总禽兽之极》。高诱注曰：乐之八篇名也。”

舞五叙事中辑录《周礼》中“凡舞，有《帗舞》，有《羽舞》，有《皇舞》，有《旄舞》，有《干舞》，有《人舞》”（《艺文类聚·乐部三》所引缺《皇舞》《人舞》）。此句也是音乐史中有关乐舞的重要史料，但这六舞的具体含义，《北堂书钞》《艺文类聚》等类书都没引注。《初学记》在此句下引注云：“帗，析玉色缯也。羽，析羽也。皇，杂五采羽如凤皇毛，持以舞也。旌（当为旄）舞者，氂牛之尾也。干舞者，兵舞也。人舞者，手舞也。社稷以帗，宗庙以羽，四方以皇，辟雍以旄，兵事以干，星辰以人也。”从此注我们可以知道，此六舞因其所用舞器不同而命名，并用于不同的对象。

乐部下琴一叙事中所辑录的古琴名、善鼓琴者、古琴曲以及十二操、九引均是十分重要的有关古琴的史料，兹节录如下：

梁元帝《纂要》曰：古琴名有清角（黄帝之琴）、鸣廉、脩况、篮脅、号钟、自鸣、空中（号钟，齐桓公琴）、绕梁（楚庄王琴）、绿绮（司马相如琴）、燋尾（蔡邕琴）、凤凰（赵飞燕琴），古之善鼓琴者有瓠巴、师文、师襄（并见《列子》；师襄亦见《家语》，孔子师之，《韩诗》为师堂子），成连、伯牙、方子春、钟子期（并见《琴操》），汉有渤海赵定、梁国龙德。（见刘向《别录》）

《琴操》曰：古琴曲有诗歌五曲：一曰《鹿鸣》，二曰《伐檀》，三曰《驺虞》，四曰《鹊巢》，五曰《白驹》。又有十二操：一曰《将归操》，二曰《猗兰操》，三曰《龟山操》，四曰《越裳操》，五曰《拘幽操》，六曰《岐山操》，七曰《履霜操》，八曰《朝飞操》，九曰《别鹤操》，十曰《残形操》，十一曰《水仙操》，十二曰《怀陵操》。又有九引：一曰《烈女引》，二曰《伯妃引》，三曰《贞女引》，四曰《思归引》，五曰《霹雳引》，六曰《走马引》，七曰《箜篌引》，八曰《琴引》，九曰《楚引》。

琵琶三所录薛收《琵琶赋》中有“惟兹器之为宗，总群乐而居妙”之语，由此可见，薛氏对琵琶在古代众乐器中的地位有独特超前的认识。其理由是该乐器有多变的音色：“应清角之高节，发号钟之雅调”；有很强的表现力：“劲质外宣，磅礴象地”。从此可以看出琵琶乐器的形制在唐代有了较大的进步，其在当时乐器中地位突出。

钟五辑录“《古今乐录》曰：凡金为乐器有六，皆钟之类也。曰钟、曰镈、曰錞、曰镯、曰铙、曰铎。镈，如钟而大。錞，錞于也，圆如椎头，上大下小，所谓金錞和鼓也。镯，钲也，形如小钟，军行为鼓节。铙，如铃而无舌，有柄而执之。铎，如大铃。”这段记录使我们能清楚地区别古代六种属于金类的乐器。

第五节 《太平御览》中的音乐文献

《太平御览》1000卷，北宋中书侍郎平章事李昉（925—996）等14人奉敕编修。是书分为天、时序、地、皇王、偏霸、皇亲、州郡、居处、封建、职官、兵、人事、逸民、宗亲、礼仪、乐、文、学、治道、刑法、释、道、仪式、服章、服用、方术、疾病、工艺、器物、杂物、舟、车、奉使、四夷、珍宝、布帛、资产、百谷、饮食、火、休征、咎征、神鬼、妖异、兽、羽族、鳞介、虫豸、木、竹、果、菜、香、药、百卉等55部。每部之下再分子目，总共有子目4558个。

《太平御览》引书广博，所辑多为经史百家之言，小说和杂书引得较少。据卷首《太平御览经史图书纲目》所载，其所征引的书目达一千六百九十余种，古律诗、古赋、铭、箴、杂书等还不包括在内。其所引的古书，十之七八今已亡佚。因此，是书保存了大量的古代佚书遗文，成为辑佚工作的宝藏。

《太平御览》引书的来源有二：一是从原书辑录，二是间接由北齐的《修文殿御览》、唐代的《艺文类聚》《文思博要》等类书转抄。《太平御览》引书比较完整，多整篇整段的文字，并且注明出处。这对于研究者来说，提供了宝贵的文献资料。其编排体例一般依时代先后顺序排列，先录书名，再录原文。这种编排方式便于读者查检。但该书有的部分也有不按时代顺序排列的，比较杂乱。这两种情况在乐部均有存在，详见下述。

《太平御览》的缺点是征引材料不够谨严，引书字句往往与原书不同，也有为今本所无的，甚至有同引一书前后不一致，书名与篇目相混的现象。加上相当一部分材料是转引其他类书，未能核对原书，所以存在不少错误。因此，读者如要引用时，除要核对原文外，还得加以考辨判断。

《太平御览》版本甚多，在宋代已几经刊刻，明清两代也有多种刻本。1935年上海商务印书馆影印宋刊本出版，收入《四部丛刊》（三编）。1960年中华书局缩印了商务印书馆的影宋本，这是目前最流行的较好的本子。从《太平御览》中查阅资料，可以利用1934年商务印书馆出版钱亚新编的《太平御览索引》和1935年哈佛燕京学社引得编纂处出版洪业等编的《太平御览引得》。

从总体上看，《太平御览》乐部与以往类书乐部相比，有两个比较明显的变化：其一是篇幅增加较多，乐部共有22卷，单子目歌就有4卷。而且卷下许多子目是以往类书所没有的，如鼓吹乐、宴乐、女乐、筑、准、簧、埙、柷敔、羯鼓、鼙箓、五弦、六弦、七弦、太一、方响、缶、角、铜钵、壤、抚相、舂牍、拍板等。其二分类更加细密，便于查阅。如在子目这一级，乐就细分为雅乐、律吕、历代乐、鼓吹乐、四夷乐、宴乐、女乐、优倡、淫乐等。

乐部一、二为雅乐上、下，以所引书目时代顺序排列，辑录乐之产生、作用以及史事。有关乐的产生和作用，是书主要辑录先秦儒家的音乐观："凡音之起，由人心生也。人心之动，物使之然也。感于物而动，故形于声；声成方谓之音，比音而乐之，及干戚羽毛，谓之乐。乐者，音之所由生也，其本在人心之感于物也。""乐至则无怨，礼至则不争。揖让而天下治者，礼乐之谓也。"是书乐部一、二辑录的音乐史事较多，有的篇幅也较长，兹不能一一介绍，主要者有先秦八音、《六乐》、五声、《九夏》；魏文侯与子夏论乐；吴季札观周乐；郑人赂晋侯以乐师、歌钟二肆及其镈磬、女乐二八；曹魏杜夔善钟律，始复先代之乐；北齐隋万宝常造诸乐器，撰《乐谱》64卷，提出"八音旋相为宫之法"和"八十四调"理论。

乐部三下半部分辑录律吕，篇幅较小。主要者有《周礼》中十二律吕与十二月相对应的理论；《吕氏春秋》所载黄帝诏伶伦为音律；《乐书》所云旋宫法，《古今乐录》所载以管候气法等。

乐部四为历代乐，主要者有《吕氏春秋》所载葛天氏之乐，黄帝之乐《咸池》，颛顼之乐《承云》，帝喾之乐《唐歌》，帝尧之乐《大章》，大禹之乐《夏龠》《九成》，殷汤之乐《大濩》《晨露》，周之乐《大武》。《乐纬》所载与《吕氏春秋》不同者有颛顼之乐《六茎》，帝喾之乐《五英》，舜之乐《箫韶》，禹之乐《大夏》。乐部四自汉开始至唐之乐主要辑录正史所载，如《汉书》载西汉主要有《高庙乐》《房中祠乐》《武德》《文始》《五行》《昭德》《四时》《昭容》等，《三国志》载曹魏有《武始》《咸熙》《章斌》等乐舞，《宋书》载晋朝有《正德》《大豫》等乐舞，《梁书》载梁朝有《大壮》《大观》等乐舞，《唐会要》载唐朝有《破阵乐图》和《功成庆善乐》等。

乐部五记载鼓吹乐和四夷乐。据《太平御览》编者的理解，鼓吹乐即军乐也，因此鼓吹乐目之下所辑录的大致包括三种：其一，“鼓吹，盖短箫铙歌，军乐也”；其二，“横吹，有双角，即胡乐以从军也”；其三，“凯乐，鼓吹之歌曲也，《周官·大司乐》：王师大献捷奏凯乐……兵乐曰凯”。《太平御览》所辑录的四夷乐包括边疆少数民族音乐和邻国之乐，主要者有禅国、扶娄国、龟兹、疏勒、安国、西凉、康国、骠国、高昌、南诏、扶南、天竺、高丽、百济等音乐。四夷乐所辑录的资料可为研究少数民族音乐史和中外音乐交流史提供重要的参考。

乐部六宴乐所辑录的范围比较广泛，主要有隋开皇初的七部乐，隋炀帝时的九部乐和唐初的十部乐、坐部伎、立部伎。《太平御览》在所辑录的宴乐中，以清乐为最多，如《唐会要》所载《白云》《公莫》《巴渝》等32曲及《鸟歌万岁乐》《圣朝万岁乐》《夜半乐》《还京乐》等。

乐部六把女乐作为一目，辑录历代有关女乐史事。由于所辑录的史事比较零散，归纳起来大致有以下四类：其一，古代把女乐作为国与国之间的交往进行赠送。如早在春秋时期郑人就赂晋侯以女乐，鲁君受齐国女乐。其二，君王以女乐赏赐臣子。如三国曹魏太祖因夏侯惇征孙权有功赏其妓乐。其三，统治者以女乐享乐。如陈朝章昭达每饮会，必盛设女伎杂乐。其四，记录了一些声色俱佳的女乐，如绿珠、章丹、陈珠等。

乐部七辑录优倡和淫乐。优倡又称倡优、俳优，泛指古代以乐舞戏谑为业的艺人。乐部七辑录的倡优主要为百戏者，如《汉官典职》载：“……以二丈丝系两柱中头间，相去数丈，两倡女对舞行于绳上；又蹹局屈身藏形斗中，钟声并唱，乐毕作鱼龙蔓延，黄门鼓吹三通。”又如《旧唐书·乐志》云：“散乐，非部伍之声，俳优、歌舞、杂奏。”乐部七把弄参军也归入倡优，如《乐府杂录》载：“开元中，有李仙鹤善此戏（弄参军），明皇特授韶州同正参军，以食其禄。”有关淫乐，乐部七所辑录的范围比较宽泛。古代所谓淫乐，比较准确的说法应是乐部七所辑录的《吕氏春秋》所云："乐有适心，亦有过人之情。"当乐"过人之情"时，就成为淫乐了。基于此，乐部七所辑淫乐有郑卫之声："郑音好滥淫志""卫音趋数烦志"。有王莽所献新乐，"闻其乐声曰厉而哀，非兴国之声也"。有隋炀帝时倡优百戏，"异伎淫声"也。

《太平御览》中歌之目篇幅较大，共有四卷，而且条理不大清晰，没有严格按照时间顺序排列。有关歌的内容丰富多彩，形式多样，难以尽述，归纳起来，大概有以下几个方面：其一，所辑录的歌来自各个阶层。有帝王所作，如《尚书》云帝庸作歌；《汉书》载武帝南巡作《盛唐枞阳之歌》。有王公大臣所作，如《乐志》载曹植为《琴调歌》；《楚辞》曰，《九歌》者，屈原所作。有隐士所作，如《史记》载伯夷、叔齐隐首阳山作歌；《论语》载楚狂接舆之歌；《三辅决录》载梁鸿作《五噫之歌》。有田夫村妇所作，如《史记》载箕子朝周过殷墟时有妇人作《麦秀》之诗以歌咏之。其二，歌的内容广泛。有评论时政之歌，如夏朝时《五子之歌》。有抒情咏怀之作，如刘邦《大风歌》，梁鸿《五噫之歌》。有反映民生艰辛之歌，如秦始皇时筑长城之民歌。有歌咏男女爱情之作，如司马相如《琴歌》《美人赋》。其三，歌的咏唱形式多样。有徒歌清唱，如《论语》载楚狂接舆歌而过孔子。有众人齐唱，如《西京杂记》曰："高帝令戚夫人歌出塞望归之曲，侍婢数百皆为之，后宫齐唱，声入云霄。"有歌舞相合，如《旧唐书》载朗州"蛮俗好巫，每淫祠鼓舞必歌俚辞"。有乐器伴奏而歌，如见于乐部八至十一中大量的鼓琴而歌、击壤而歌、援琴抚弦而歌。其四，记录了历代比较著名的歌名及歌曲类型。如古歌曲有《阳陵白露》《朝日鱼丽》《白水》《白云》《江南阳春》《淮南驾辨》《绿水》《阳阿采菱》《下里巴人》《八阕》《唐歌》《南风》《乡云》《晨露》，汉歌曲有《大风》《芝房》《白麟》《朱雁》《交门》《天马》《房中》《盛唐枞阳之歌》《瓠子》《玄云》《步云》，古乐府有《歌行》《艳歌行》《长歌行》《短歌行》《朝歌行》《怨歌行》《前缓声歌行》《后缓声歌行》《櫂歌行》《鞠歌行》《放歌行》《蔡歌行》《陈歌行》，晋宋以后歌曲有《淫豫歌》《杨叛儿歌》《扶风歌》《百年歌》《白日歌》《九曲歌》《采葛妇歌》《桃叶歌》《同声歌》《碧王歌》《四时歌》《子夜歌》《上声歌》《白纻歌》《襄阳白铜鞮歌》《前溪歌》《叹闻歌》《团扇歌》《丁督护歌》

《懊恼歌》。古歌曲之类型，据乐部十一所录的《古乐志》记载，有“齐歌曰讴，吴歌曰歈，楚歌曰艳，淫歌曰哇。又有清歌、高歌、安歌、缓歌、长歌、浩歌、雅歌、酣歌、怨歌、劳歌，振旅而歌曰凯歌，堂上奏乐而歌曰登歌，亦曰升歌”。其五，辑录了一些比较著名的善歌者。如咸黑、秦青、薛谈、韩娥、王豹、绵驹、瓠梁、鲁人虞公、李延年、莫愁、李衮、踏摇娘、许永新、张红等。其六，辑录了一些珍贵的有关歌唱方法。如《乐府杂录》云：“善歌者必先调其气，氤氲自脐间发，至喉乃忆（噫）其词，即分抗坠之音。既得其术，即可致遏云响谷之妙也。”繁钦《笺与魏文帝》[①]曰：“潜气内转，哀音外激，大不抗越，细不幽散，声旧美曲常均。”

乐部十二辑录历代乐舞，其编排也没严格按时代顺序。其主要内容有：其一，辑录历代比较有名的乐舞。如《周礼·春官·乐师》所载《帗舞》《皇舞》《旄舞》《干舞》《人舞》（缺《羽舞》）；《周穆王传》载：有偃师者缚草做人，以五彩衣之使舞；《三巴记》载有《巴渝舞》；曹植《鞞舞序》曰晋初有《杯盘舞》《公莫舞》；《宋书·乐志》载有《拂舞》；《古今乐录》载有《白纻舞》《大壮舞》《大观舞》；《旧唐书》载有《霓裳羽衣舞》。其二，辑录了一些善舞之人，如汉代李延年、赵飞燕，唐代公孙大娘、崇胡子等。其三，辑录了古代舞蹈与音乐的关系。如《左传》云舞所以节八音而行八风也；《旧唐书》载开元中《霓裳羽衣舞》以《云韶乐》和之。其四，记录古代乐舞与礼制的关系。在古代，不仅通过音乐上的宫悬、轩悬、判悬、特悬来区别天子、诸侯、大夫、士的等级关系，而且在乐舞上也有明显的体现。《礼记》云：天子舞行八佾，诸侯舞行六佾，大夫舞行四佾，士舞行二佾。蔡邕《月令》章句曰：“佾，列也，每佾八人。”

《太平御览》乐部十三至二十二为辑录古代各种乐器，其中乐部十三辑录钟、錞于，乐部十四辑录磬、瑟、筝、筑、准，乐部十五、十六、十七辑录琴，乐部十八辑录笛、篪、管、籥，乐部十九辑录箫、笳、笙、竽、簧、埙，乐部二十辑录鼓、柷敔、筍簴，乐部二十一辑录琵琶、羯鼓，乐部二十二辑录觱篥、五弦、六弦、七弦、太一、方响、缶、铎、铙、镯、角、铜钵、壤、抚相、舂牍、拍板。单从以上细目可以看出，《太平御览》所辑乐器种类比以往类

① 据本书上引《北堂书钞·乐部二》，《笺与魏文帝》当为《与魏文帝笺》。

书增加了不少，而且有的乐器在篇幅上也明显扩大，如琴就占了三卷篇幅，琵琶与羯鼓占了一卷篇幅。由于乐器种类多，篇幅大，所辑录的史料甚为繁杂，因此以下摘录一些较重要、具有代表性的史料略做分析说明。

钟目中辑录《周礼·冬官·凫氏》曰：凫氏为钟镈，薄厚之所震动，清浊之所由出，侈弇之所由兴。有说，钟已厚则石，已薄则播。侈则柞，弇则郁，长甬则震。钟大而短[①]，则（其）声疾而短闻；钟小而长，则其声舒而远闻。由此可见，早在先秦时期，人们对钟的特性与音响的效果已有较深刻的认识。《唐杂制》曰："凡私家不设钟磬。三品已上，女乐五人；五品已上，不过三人也。"这说明至少在唐代，钟磬是帝王专用的乐器。

据瑟目所辑录的史料，古代瑟有多种类型，以其弦数即可分为五弦、十五弦、二十三弦、二十五弦、二十七弦。如《吕氏春秋》载："瞽瞍制五弦之瑟，作十五之弦，舞益以八弦，为二十三弦。"《三礼图》曰："雅瑟长八尺一寸，广二尺八寸，二十三弦。其常用者十九弦，其余四弦谓之蕃嬴也。颂瑟七尺二寸，广尺八寸，二十五弦尽用也。"《白虎通》曰："大瑟谓之洒，长八尺一寸，广一尺八寸，二十七弦。"

琴目所辑录的史料丰富，而且不少具有音乐价值的材料以往其他类书也有记录，如古琴曲有歌诗五曲、十二操、九引等。《太平御览》在琴目的史料辑录上比较突出的，并且是以往类书所无的是比较完整、详细地辑录了一些著名琴曲的来历，对后人理解这些作品，了解时代背景，把握作品风格与意境等具有参考价值。乐部十六所辑录的古琴曲来历有《杞梁妻》《伐檀操》《将归操》《岐山操》《三士穷操》《鹿鸣操》《驺虞操》《猗兰操》《龟山操》《白驹操》《越尝操》《拘幽操》《聂政刺韩王》《曾子耕归》《崔子渡河》《屈原自沉》《孔子厄》《霍将军歌》《凤凰来仪》《子安口》《力拔山》《禹上会稽》《箕子吟》《文王思士》《武王伐纣》。中国古代琴曲一般为标题音乐，从其标题及其下来历、内容介绍等，就可大致知道该曲的感情色彩、曲调特征等。如"《曾子归耕》者，曾子之所作也。曾子事孔子十有余年，眷然念二亲年衰，养之不备，欲归而重叹之，于是援琴而鼓之"。"《霍将军歌》者，霍去病之所作也。去病为讨寇，校尉为人少言，勇而有气，使

① "钟大而短"原为"钟木而短"，据《周礼·冬官·凫氏》而改。

击匈奴，斩首二千。后六出，斩首十余万级。益封万五千户，秩禄与大将军等。于是志得意欢，乃援琴而鼓之。”不言而喻，思亲之情与志得意欢，在音乐上的表达是不大相同的。

乐部二十鼓目所辑《大周正乐》中有关各种鼓的记载相当详细繁多，对于了解古代鼓的种类和作用等具有较高的参考价值。如其所记载的鼓有雷鼓、灵鼓、路鼓、足鼓、柱鼓、悬鼓、建鼓、应鼓、齐鼓、提鼓、登闻之鼓、朝鼓、枹鼓、警鼓、铜鼓、节鼓、毛员鼓、鼍鼓、檐鼓、羯鼓、正鼓、和鼓、都县鼓、答腊鼓（俗谓楷鼓）、鸡娄鼓、方鼓等。其中一些鼓在音乐中比较重要，如节鼓“击之以节乐也”；方鼓“以应黄钟一均声”。

琵琶在古代乐器中演奏技巧比较艰深和丰富，乐部二十一琵琶目辑录了不少古代善弹琵琶者，如石季伦、曹纲、裴兴奴、康崑仑、僧善本、贺怀智、孔辉、朱生、孔炜、李谦等。其中一些记载对研究琵琶史很有参考价值。如《乐府杂录》在曹纲、裴兴奴善弹琵琶下注云：“其曹纲善运拨声，若风雨，不事扣弦；其裴兴奴善于拢撚，不拨稍软。时人云曹纲有右手，裴兴奴有左手。”此记载亦可证实拢撚是左手演奏。

第六节 《古今图书集成》中的音乐文献

《古今图书集成》10,000卷，清陈梦雷（1650—1741）原编，后由蒋廷锡（1669—1732）重加编校而成。这是我国现存的规模最大的一部类书。据统计，全书达1. 44亿字，比著名的《大英百科全书》约多三四倍。其编排之得体，分类之详细，材料之丰富，在类书中实在是首屈一指。

全书共分6汇编，32典：1. 历象汇编，包括乾象、岁功、历法、庶征4典；2. 方舆汇编，包括坤舆、职方、山川、边裔4典；3. 明伦汇编，包括皇极、宫闱、官常、家范、交谊、氏族、人事、闺媛8典；4. 博物汇编，包括艺术、神异、禽虫、草木4典；5. 理学汇编，包括经籍、学行、文学、字学4典；6. 经济汇编，包括选举、铨衡、食货、礼仪、乐律、戎政、祥刑、考工8典。每典之下又分若干部，总共为六千一百多部。部是最基本的单位，每部先列汇考，次列总论，有图表、列传、艺文、选句、纪事、杂录、外编等项目。汇考纪述大事，引证各种古书，详其源流；总论收录经、史、子、集各书对该内容的议论；图表不是每部都有，视内容需要用图、表的形式加以说明；列传记载历代名人传记；艺文是采集和该内容有关的诗、文、词、赋等；选句是摘出俪句、对偶，供吟诗作文时使用；纪事是罗列琐细小事；杂录、外编收录前述各项不好安排的有关材料。这里必须指出的是由于古今词义的差别，往往会给现代的读者在查阅此书时带来一些不便。如博物汇编中的《艺术典》，并没有音乐的内容，因为这里的“艺术”是泛指各种技术技能。而在此书中，音乐则归属于经济汇编中的《乐律典》。这里的“经济”与现代的经济在词义上也不相同，是指经国济民，因此把治理国家中最基本的手段，如选举（选拔人才）、食货（经济）、礼乐、戎政（军事）、祥刑（法律）等归入经济汇编。

是书最大的不足之处是引文错误较多。前人龚松琴做过《考证》24卷，订正该书引文的错误和脱漏，用力颇勤，但未订正的疏漏仍然不少。我们在使用该书引文时，务必仔细核对原文，方可确保无误。

《古今图书集成》先后有五次印本。第一次是雍正六年的武英殿铜活字本。第二次是光绪十四年的上海图书集成印书局铅活字本，该版讹字、脱页脱卷甚多。第三次是光绪二十年上海同文书局照铜活字本原式石印一百部，并增加了《考证》24卷。第四次是1934年上海中华书局的缩小铜活字版影印本。第五次是1988年巴蜀书社和中华书局联合重印中华书局的影印本，新增索引一册，并将全书进行统一编码。这是目前比较流行的版本。是书由于卷帙太多，不易翻检，从20世纪初开始，就有人着手编制目录索引，如英人翟理斯1911年编的《古今图书集成索引》，日人泷泽俊亮1934年编的《古今图书集成分类索引》。1986年，巴蜀书社重印《古今图书集成》时，特组织编制是书索引。1988年索引第一册已与全书配套出版。

《古今图书集成》的《乐律典》篇幅较大，共有136卷，二百余万字。其取材广泛，内容丰富，分目细致。限于篇幅，这里只能简略地介绍《乐律典》梗概，使读者对其有一个大致的了解，便于查阅检索。

《乐律典》第一至三十六卷是乐律总部汇考，以时间顺序编排，辑录了从太昊伏羲至清康熙年间四五千年中国古代音乐史发展中的较重要史事，可谓是一部中国古代音乐编年史。“汇考”顾名思义就是汇辑各种古书对某一史事的记载，从而便于读者比较鉴别。《乐律典》也是如此，对于每一条音乐史事，辑录者先简洁扼要地记述其内容，然后以“按”作为题头，征引各种古文献的记载。兹举较简略的一例，以窥一斑：

太昊伏羲氏作二十五弦之瑟，始作荒乐，歌《扶来》，咏网罟，命曰《立基》。

按：《史记》补《三皇本纪》：太皞庖牺氏结网罟以教佃渔，作二十五弦之瑟。

按：《孝经·钩命决》：伏羲乐曰《立基》。

按：《通典》：伏羲乐名《扶来》，亦曰《立本》。

按：《通志》：伏羲乐曰《立基》，或云《扶来》。

按：《路史》：伏羲氏长离徕翔。

注：《三坟》云：因凤来而作乐。长离者，凤也。

爰作荒乐，歌《扶徕》，咏网罟。

注：《辨乐论》云：昔伏羲氏因时兴利，教民畋渔，天下归之，时则有网罟之歌。神农继之，教民食谷，时则有丰年之咏。《扶徕》，即凤来之颂，乃神农之扶犁也。扶，凤；来，犁；音相同尔。是知神农因太昊之乐以镇天下之人，命曰《立基》。

注：以《立基》为《立本》，大渊为大泉，皆唐人避国讳。

斫桐为七尺二寸之琴，绳丝以为弦，弦二十有七，命之曰离。

注：《琴操》云：伏羲作琴以御邪辟，防心淫。《旧琴谱》：伏羲之琴曰龙吟，故卢仝云：五音六律十二徽，龙吟鹤响思庖羲。《尔雅》云：大琴谓之离。《事原》及《太平御览》云：传此琴伏羲所制。《乐录》云：大琴二十七弦。《中华古今》注：乃以为伏羲造二十五弦之琴。而《琴式》谓琴二十弦。郭璞又云：十弦皆失之。窃考伏羲以木王者，三与八者，木之数也。故三其九为之弦，八其九以为其长，非苟然也。《广雅》云：伏羲琴七尺二寸，或云三尺六寸六分。徽天音，操驾辨，以通神明之况，以合天人之龢。

注：《楚辞》云：伏羲驾辨。《吴都赋》所谓超延露而驾辨者。刘渊林云：伏羲造琴制此曲。

絙桑为三十六弦之瑟，以修身理性，反其天真。灼土为埙，而礼乐于是兴焉。

注：《文子世纪》伏羲作瑟三十六弦，盖瑟属阴，故用十六之数。《世本》

云:庖羲瑟五十弦。后黄帝使素女鼓之,哀不自胜。破为二十五弦,具二均声。

以上所引为《乐律典》第一卷乐律总部汇考一首条史事“太昊伏羲氏一则”。其首句为史事内容;其下以“按”为题头的是征引各古文献的记载,这里征引了《史记》《孝经》《通典》《通志》《路史》诸种典籍;再下以“注”为题头再次征引一些古书对以上某些古文献记载进行诠释,如其中征引了《三坟》《辨乐论》《琴操》《旧琴谱》《尔雅》《事原》《太平御览》《乐录》《中华古今》《琴式》《广雅》《楚辞》《吴都赋》《文子世纪》《世本》等。分析以上记载,其一,有关伏羲所制瑟之弦数不一,有二十五弦、二十七弦、三十六弦、五十弦之说。据我们初步判断,当以《史记》所载二十五弦比较可信。其二,伏羲所作之乐名称不一,其实反映历史沿变过程。据传说,伏羲时代人们以渔猎为生,故以网罟之歌名曰《立基》。《通典》为避唐玄宗李隆基国讳,改《立基》为《立本》。伏羲之后的神农时代,人们开始从渔猎进入农耕,因此把伏羲时的网罟之歌改名为《扶徕》之歌,即凤来之颂,扶徕即扶犁的谐音。

总之,《乐律典》第一至三十六卷乐律总部汇考基本上都以上引形式对历代较重要的音乐史事按时代顺序进行辑录,从而构成一部编年体音乐史料汇编。以下简略介绍各卷内容,使读者对《古今图书集成·乐律典》有一大致的了解,便于查阅检索。

《乐律典》第一卷辑录太昊伏羲氏、女皇氏、炎帝神农氏、黄帝有熊氏、少皞金天氏、颛顼高阳氏、帝喾高辛氏、帝尧陶唐氏、帝舜有虞氏、夏禹、启、商汤、纣等时期的音乐史事。第二至三卷辑录周代文王、武王、成王、康王时期的音乐史事。有关周代音乐史事,以辑录《周礼》《诗经》为主。第四卷辑录秦始皇,汉高帝、惠帝、文帝、景帝、武帝、宣帝、元帝、成帝、平帝时期的音乐史事,并附录汉乐章歌词。有关汉代历朝音乐史事,以辑录乐志资料为多,再辅以本纪所载。第五卷辑录东汉光武、明帝、章帝、殇帝、顺帝、桓帝、灵帝、献帝,曹魏文帝、明帝时期的音乐史事,并附录东汉、曹魏时期的乐章歌词。有关东汉、曹魏音乐史事主要辑录《后汉书》和《三国志》中本纪,再辅以《晋书·乐志》《宋书·乐志》的记载。第六卷辑录晋武帝、惠帝、元帝、成帝、穆帝、孝武帝时期的音乐史事,并附录晋时期的乐章歌词。有关两晋的音乐史事，主要辑录《晋书·乐志》和《宋书·乐志》的记载，并辅以各朝本纪的有关记述。第七卷辑录南朝宋武帝、文帝、孝武帝、明帝、顺帝时期的音乐史事，并附录刘宋时期的乐章歌词。有关刘宋时的音乐史事，主要辑录《宋书·乐志》的记载，辅以《南齐书·乐志》《通鉴》《文献通考》等的记载。第八卷辑录南朝齐高帝、武帝，梁武帝、元帝，陈武帝、文帝、宣帝时期的音乐史事，并在齐、梁、陈各朝之后附录乐章歌词。有关齐、梁、陈三朝音乐史事，主要辑录《南齐书·乐志》《隋书·音乐志》《隋书·律历志》《通典》《文献通考》等有关记载。第九卷辑录北朝北魏太祖、太宗、世祖、高祖、世宗、肃宗、孝庄帝、前废帝、出帝，北齐文宣帝、孝昭帝、武成帝时期的音乐史事，并在北齐朝之后附录乐章歌词。有关北魏、北齐的音乐史事，前者主要辑录《魏书》中本纪部分、乐志、律历志等记载；后者主要辑录《隋书·音乐志》的记载。第十卷辑录北周武帝、宣帝，隋文帝、炀帝时期的音乐史事，并在北周、隋朝之后附录乐章歌词。有关北周、隋朝的音乐史事，前者主要辑录《周书》本纪部分、《隋书·音乐志》《文献通考》的有关记载；后者主要辑录《隋书》音乐志、律历志、本纪部分以及《文献通考》等有关记载。第十一、十二卷辑录唐高祖、太宗、高宗、中宗、睿宗、元宗（即玄宗，清避国讳改元宗）、肃宗、代宗、德宗、顺宗、宪宗、穆宗、敬宗、文宗、武宗、宣宗、昭宗、哀帝时期的音乐史事。第十三卷辑录唐乐章歌词。有关唐朝的音乐史事，主要辑录《新唐书》本纪、礼乐志，《旧唐书》本纪、音乐志，以及《唐会要》《资治通鉴》《通典》《文献通考》《册府元龟》《玉海》等有关记载。第十四卷辑录了五代后梁太祖，后唐庄宗、昭宗、废帝，后晋高祖、出帝，后汉高祖、隐帝，后周太祖、世宗，以及辽太宗、圣宗、兴宗、道宗、天祚帝等时期的音乐史事，主要辑录了《五代史》本纪、列传，《辽史》乐志、本纪，以及《册府元龟》《文献通考》《中兴书目》等有关记载。第十五至十九卷辑录了宋太祖、太宗、真宗、仁宗、英宗、神宗、哲宗、徽宗、高宗、孝宗、光宗、宁宗、理宗时期的音乐史事。第二十至二十六卷辑录了宋乐章歌词。有关宋朝的音乐史事，主要辑录《宋史》乐志、本纪以及《玉海》《文献通考》等有关记载。第二十七卷辑录金熙宗、海陵、世宗、章宗、宣宗、哀宗时期的音乐史事，并附录金乐章歌词。有关金朝的音乐史事，主要辑录《金史》乐志、本纪的有关记载。第二十八、二十九卷辑录元太宗、宪宗、世祖、成宗、武帝、仁宗、英宗、文宗、顺帝时期的音乐史事，并附录元乐章歌词。有关元朝的音乐史事，主要辑录《元史》礼乐志、本纪的有关记载。第三十、三十一卷辑录了明太祖、成祖、宣宗、代宗、英宗、宪宗、孝宗、武宗、世宗、穆宗、神宗、愍帝时期的音乐史事。第三十二至三十四卷辑录了明乐章歌词。有关明朝的音乐史事，主要辑录了《明会典》、任氏《乐律志》《明通鉴》《明外史》《大政纪》《明宝训》《春明梦余录》《续文献通考》等有关记载。第三十五、三十六卷辑录清太宗、世祖、圣祖时期的音乐史事，并附录清乐章歌词和中和乐器图、太常寺乐器图。有关清朝的音乐史事，主要辑录了《大清会典》。

《乐律典》第一至三十六卷为乐律总部汇考一至三十六，是按时代顺序辑录历代音乐史事，而乐律总部汇考三十七为其最后一卷，却不大协调，甚至有画蛇添足之嫌地辑录了《尔雅》中的“释器篡”和“释乐篡”，唐段安节《乐府杂录》、宋周密《天基圣节排当乐次》《南渡宫禁典仪》等。辑录者为何将此作为乐律总部汇考的结束部分，我们目前还难以做出解释。

从以上介绍我们可以比较清楚地看出，《古今图书集成》中的《乐律典》乐律总部汇考所辑录的古文献范围不是很广，主要还是集中于正史乐志和本纪、会要会典、《通典》《文献通考》《续文献通考》等，而且所辑录的古文献至今绝大部分尚存。因此，乐律总部汇考主要为读者提供查阅检索的方便，而辑佚和校勘的作用甚小。

《乐律典》第三十八、三十九卷为乐律总部总论一、二，辑录经史子集中比较重要的对乐律等问题的议论。第三十八卷辑录《易经》中的《豫》卦，《春秋》四传中的隐公五年初献六羽、昭公十有五年去乐卒事，《礼记》中的《文王世子》《郊特牲》《乐记》，《荀子》中的《乐论篇》，《吕子》（即《吕氏春秋》，下同）中的《大乐篇》《侈乐篇》《适音篇》《古乐篇》。第三十九卷辑录《史记·乐书》《汉书·礼乐志》《孔丛子·论书》《韩诗外传·论乐》《淮南子·本经训》，董仲舒《春秋繁露·楚庄王》，刘向《说苑·修文》，班固《白虎通·礼乐》，应劭《风俗通》声音、商、角、宫、徵、羽，刘勰《新论·辩乐》[1]《文中子·王道篇》，杜佑《通典》中的《三朝不宜

① 《新论·辩乐》作者不是刘勰，当为刘昼。

奏登歌议》《彻食宜有乐议》,《周子通书》中的《乐上》《乐中》《乐下》,《朱子全书》中的论乐,郑樵《通志》中的论乐、《六经奥论·乐书》,叶时《礼经会元》中的《祭乐》《诗乐》,《性理大全》中的论乐。以上所辑或通篇全录,或仅节录其中一部分。

《乐律典》第四十至四十三卷为乐律总部艺文,主要辑录与音乐有关的历代文、赋、诗、词等。其实第四十至四十二卷所辑录的有关文章,与上述总论中的文章性质上大部分相似,也是对乐律问题的议论。第四十卷艺文一所辑录的文章有黄宪《乐论》、《晋书·乐志》序、嵇康《声无哀乐论》、阮籍《乐论》、《魏书·乐志》序、庾信《贺新乐表》《隋书·音乐志》序。第四十一卷艺文二所辑录的文章有苏颂《禁断女乐敕》、裴守贞《立对破阵、庆善二舞议》、严浚《谏安福门酺乐表》、张渭《进宝应长宁乐表》、杜佑《乐序》等。第四十二卷艺文三所辑录的文章有《宋史·乐志》序、苏洵《乐论》、陈旸《进乐书表》、《元史·礼乐志》序、严嵩《奏进乐书乞典正乐议》等。除此之外,艺文二、三辑录了许多与音乐有关的赋,第四十三卷艺文四辑录了不少与音乐有关的诗、词、曲以及选句等。限于篇幅,这里就不一一胪列了。

《乐律典》总论和艺文中辑录的文章,很多是在子部、集部中,比较零星分散。《古今图书集成》作者把它们从浩瀚的文献中辑录出来,这给读者带来了不少查检上的便利。

《乐律典》卷四十四为乐律总部纪事一,卷四十五为乐律总部纪事二和杂录一,第四十六卷为杂录二和外编。纪事和杂录性质相近,主要辑录一些琐细的音乐史事。从其辑录的内容看,不少材料还是具有较高的研究价值。如纪事一辑录《列子》卷五《汤问篇》载:周穆王时,有偃师者能造倡者(木偶),“趣步俯仰信人也,巧夫!镇其颐,则歌合律;捧其手,则舞应节。千变万化,唯意所适”。如其记载确实可信的话,那中国木偶戏的渊源可上溯至西周时期。又如杂录二辑录沈括《补笔谈》载:“清虽如此,然诸调杀声亦不能不归本律。故有祖调、正犯、偏犯、旁犯,又有寄杀、侧杀、递杀、顺杀,凡此之类,皆后世声律渎乱,各务新奇,律法流散。然就其间,亦自有伦理善工,皆能言之,此不备纪。”这里提到的“犯”和“杀”,是古代宫调理论中的重要问题。

如前所述，乐律总部汇考所辑录的古籍范围较小，主要集中于纪传体正史的乐志、律志和本纪，以及历代会要、会典、《通典》《文献通考》等典章制度方面的文献。与此相反，纪事与杂录所辑录的范围广泛，涉及经史子集，尤其是别史、杂史、杂家、别集、笔记小说等，更是种类繁多、数量浩大。《乐律典》编纂者把有关音乐史事从中辑录出来，真可谓沙里淘金，为读者提供了莫大的查阅检索之便。

乐律总部外编主要是辑录与音乐有关的神仙鬼怪之事，音乐史料价值不大，兹略。

《乐律典》第四十七至六十五卷为律吕部汇考，其编排与乐律总部汇考略有不同，是以古文献时代顺序辑录其中与律吕有关的篇章。第四十七卷辑录《书经》（即《尚书》）中的《舜典》《益稷谟》，《礼记》中的《月令》《礼运》，《周礼》中的《春官》，《国语》中的《景王将铸无射问律于伶州鸠》，《尔雅》中的《释器》《释乐》，《管子》中的《地员》，《吕氏春秋》中的《音律》。第四十八卷辑录《史记》中的《律书》，《汉书》中的《律历志》，《淮南子》中的《天文训》。第四十九卷辑录《后汉书》中的《律历志》，《晋书》中的《律历志》。第五十卷辑录《宋书》中的《律志》，《魏书》中的《律历志》，《隋书》中的《音乐志》。第五十一卷辑录《通典》中的十二律、五声十二律旋相为宫、五声十二律相生法，《宋史》中的《律历志》。第五十二至五十四卷辑录蔡沈《律吕新书》[①]，其中第五十二卷辑录序、黄钟第一、黄钟之实第二、黄钟生十一律第三、十二律之实第四、变律第五、律生五声图第六、变声第七、八十四声图第八、六十调图第九、候气第十；第五十三卷辑录造律第一、律长短围径之数第二、黄钟之实第三、三分损益上下相生第四、和声第五、五声小大之次第六；第五十四卷辑录变宫变徵第七、六十（八）[②]调第八、候气第九、度量权衡第十。此外，该卷还辑录了沈括《补笔谈》中的律吕。第五十五至五十八卷辑录明黄佐《乐典》中的黄钟章第一、大吕章第二、太簇章第三、夹钟章第四、姑洗章第五、中吕章第六、蕤宾章第七、林钟章第八、夷则章第九、南吕章第十、无射章第十一、应钟章第十二。第五十九、六十卷辑录明唐顺之《荆川稗编》中的求元声法、制管之

① 《律吕新书》当为蔡沈之父蔡元定所撰。

② 六十八调当为六十调。

法、十二宫去其中管为七、头管即古管；韩邦奇《苑洛志乐》中的律吕说、律吕直解、黄钟分寸图、黄钟管图、林钟管图、太簇管图、南吕管图、姑洗管图、应钟管图、蕤宾管图、大吕管图、夷则管图、夹钟管图、无射管图、仲吕管图、五声、宫声管图、商声管图、角声管图、徵声管图、羽声管图、起调则例、黄钟宫调、商调、角调、徵调、羽调、黄钟十二宫调、十二商调、十二角调、十二徵调、十二羽调、清角之调、慢角之调、少商之调、下徵之调、全半倍正子则例、十二律为宫七声全半。第六十一至六十五卷辑录明朱载堉《律吕精义》中的总论造律得失，不宗黄钟九寸，不用三分损益，不拘隔八相生，不取围径皆同，新旧法参校，新旧律试验，造尺等。

《乐律典》第六十六至六十九卷为律吕部总论，主要按时代顺序辑录历代比较重要的对律吕的议论。第六十六卷辑录太公《六韬》中的《五音》，汉贾谊《新书》中的《六术》，《后汉书》中的《礼仪志》，《魏书》中的《乐志》，隋牛弘《牛奇章集》中的同律度量议、十六律论，宋陈旸《乐书》中的论律吕围径、论律吕清浊、论三宫无商、论宫商角徵羽五声、辨四声，《朱子大全集》中的答蔡季通、答廖子晦、答张仁叔，元熊朋来《经说》中的律同合声、律吕别名，黄贞文《尚书通考》中的《律吕》。第六十七卷载明吴继仕《乐经原流》中的论五音生于人心、论黄钟为诸律之本、乐经未亡，何瑭《乐律管见》，朱载堉《律吕精义》中的候气辨疑、中黍辨疑。第六十八卷载朱载堉《律吕精义》中的总论律度量衡四器寓法于黍、总论律吕、辨李文利之失、辨何妥之失。第六十九卷载朱载堉《律吕精义》中的辨陈旸之失，陈其愫《经济文辑》中的刘凤论律吕，朱健《古今治平略》中的《明律吕》，孙承泽《春明梦余录》中的《乐旨》。

《乐律典》第七十卷为律吕部艺文，辑录与律吕有关的赋、书、诗等文体的作品，并摘录选句。第七十一卷为律吕部纪事、杂录、外编。这两卷所辑录的内容比较琐细，且大部分音乐史料价值不高，限于篇幅，兹略。

《乐律典》第七十二卷辑录声音部汇考、总论、艺文、选句、纪事、杂录、外编。其大部分内容与音乐史关系不大，但有一些材料还是颇具价值的。如杂录中辑《淮南子·主术训》云："乐生于音，音生于律，律生于风，此声之宗也"；辑录《吕氏春秋·音初篇》中有关东音、南音、西音、北音的记载，都具有参考价值。第七十三卷辑录啸部汇考、艺文、选句、纪事、杂录、外编。汇考辑录的唐孙广《啸旨》，在中国声乐史上具有重要的地位。《啸旨·序》云："夫气激于喉中而浊，谓之言；激于舌而清，谓之啸。"啸有十二法："外激、内激、含、藏、散、越、大沈、小沈、疋、叱、五太、五少。"这十二法均是讲究发音的，如"外激，以舌约其上齿之里，大开两唇，而激其气令其出，谓之外激也"；"含，用舌如上法，两唇俱起，如言殊字，而激其气令声含而不散也"。《啸旨》还形象地描述了十余种不同的声乐表现力，如"流云，古之善啸者听韩娥之声而写之也。淫润流转，妙中宫声，沈浮起伏，若龙游戏春泉，直上万仞，声遏流云，故曰流云。""巫峡猿者，古之善啸者闻而写之也。幽隐清远，若在数里之外，若自外而至，自高而下，杂以风泉群木之响，迥然出于众声之表，中羽之初，日暎空山，风生众壑，特宜为之。"

《乐律典》第七十四至七十九卷为歌部汇考，以古文献时代为顺序，辑录其中与歌相关的篇章片段。第七十四卷辑录《尚书》中的《舜典》，《礼记》中的《乡饮酒义》，《周礼》中的《春官》，《仪礼》中的《乡射礼》《燕礼》《大射仪》，《宋书》中的《乐志》，唐吴兢《乐府古题要解》。这里值得一提的是《乐府古题要解》对今人了解乐府诗歌甚有价值。如"短歌行"是魏晋时常见的乐府诗歌名称，但其意何解，不是一般人所知道的。《乐府古题要解》云："短歌行，右魏武帝对酒当歌，人生几何；晋陆士衡置酒高堂，悲歌临觞；皆言当及时为乐。又旧说长歌、短歌，大率言人寿命长短分定，不可妄求也。"从此记载，我们对长歌行、短歌行之意就豁然开朗了。《乐府古题要解》几乎对两汉、魏晋南北朝的乐府诗歌名称都做了题解，读者可查阅参考。第七十五卷辑录《宋史·乐志》中有关歌的内容，王灼《碧鸡漫志》中有关歌的记载。《碧鸡漫志》与《乐府古题要解》一样，对歌曲进行题解。如其中对唐著名《霓裳羽衣曲》《六幺》《雨淋铃》等的介绍甚为详尽。

第七十六、七十七卷辑录宋郑樵《通志》中有关歌的记载。其中内容可参见本书第六章《十通》中的音乐文献，兹不赘言。第七十八卷辑录明林兆恩《歌学解》序、第一章、第二章，朱载堉《律吕精义》中的辨张敔以黄钟为最浊之非、半律倍律各止于六之图、清声浊声各止于四之图、倨中矩之格图、句中钩之格图、端如贯珠格图、下如队之格图、上如抗之格图、曲如折之格图、止如槁木格图、辨李文察刘濂撰谱之非、冷氏乐谱。第七十九卷载朱载堉《律吕精义》中的撮冷氏旋宫谱、五音谱类、世宗御制乐章谱、释奠大成乐章新旧谱同异考。此卷其下载歌部总论，辑录历代与歌有关的议论。其中有《礼记》中的《乐记》《仲尼燕居》，后汉刘熙《释名》中的《释乐器》，梁刘勰《文心雕龙》中的《乐府》，宋陈旸《乐书》中的《歌上》《歌中》《歌下》《善歌》，明唐顺之《荆川稗篇》中的古度曲之源、乐之邪正在辞不在律、古今乐制辞度曲不同、论短箫铙歌，章潢《图书编》中的乐以声歌为主议、乐诗总论、乐歌总叙，王圻《续文献通考》中的论歌曲。

《乐律典》第八十卷为歌部艺文、选句，第八十一至八十三卷为歌部纪事，第八十四卷为歌部杂录和外编。以上诸卷所辑录的古籍种类甚多，内容丰富，可供研究音乐史者查阅参考。但是由于所引资料琐细，限于篇幅，很难具体介绍，兹略。

《乐律典》第八十五卷至八十八卷第一部分为舞部汇考，按古籍时代顺序，辑录其中与乐舞有关的篇章或片段。第八十五卷辑录《诗经》中的《邶风·简兮》《王风·君子阳阳》《小雅·鼓钟》《商颂·那》，《礼记》中的《月令》《文王世子》《内则》《明堂位》《乐记》《祭统》，《周礼》中的《地官》《春官》，《尔雅》中的《释训》《释器》《乐舞杂释》，《后汉书》中的《祭祀志》，《新唐书》中的《南蛮传》，唐乐史《柘枝谱》，崔令钦《教坊记》中的《软舞》《健舞》，宋叶时《礼经会元》中的《乐舞》《舞位四表图》，孟元老《东京梦华录》中的舞，俞琰《席上腐谈》中的《柘枝》，周密《癸辛杂识》中的《舞谱》，明朱载堉《小舞乡乐谱》中的学舞口诀、学乐教舞人数、《灵星舞》。第八十六卷辑录明朱载堉《律吕精义》中的论舞学不可废之上、舞学十议目录（舞人、舞名、舞器、舞佾、舞表、舞声、拟周南兔置谱、拟召南羔羊谱、舞容、舞衣）。第八十七卷辑录《律吕精义》中的论舞学不可废之下、舞图。尤其是其中六十多幅的乐舞画图，为我们提供了直观形象的古代舞蹈图像。第八十八卷第一部分为舞部汇考四，辑录明王圻《三才图会》中的《乐舞》《帗舞》《羽舞》《皇舞》《旄舞》《干舞》《戚舞》《人舞》、籥、翟、翿、旌、节、麾，《续文献通考》中的历代乐舞、乐工舞人员数、乐工舞人服色、明舞器。第二部分为舞部总论，也是按古籍时代顺序，辑录其中议论乐舞的有关篇章或片段。具体是《春秋》四传中的宣公八年万入去籥，《礼记》中的《乐记》，刘向《五经通义》中的论舞，唐杜佑《通典》中的《舞》，宋陈旸《乐书》中的《乐舞上》《乐舞中》《乐舞下》，郑樵《通志》中的《文武舞序论》，蔡元度《毛诗名物解》中的《舞》。第三部分为舞部艺文一，与第八十九卷舞部艺文二、舞部选句，辑录历代与乐舞有关的赋、诗、歌、曲和佳句等。第九十卷为舞部纪事、舞部杂录和舞部外编，辑录了大量与乐舞有关的历代闲闻轶事，其中一些内容很有参考价值，可供查阅。但由于资料相当琐细繁杂，无法一一列举。

《乐律典》第九十一至一百三十六卷以乐器种类为序，辑录历代古籍中有关此种乐器的记载。每种乐器之下大致也按汇考、总论、图表、艺文、选句、纪事、杂录、外编体例记述。但有些冷僻的乐器，由于古籍记载不多，并不是以上所有项目都有。如五弦，就缺总论、图表、选句、外编。第九十一至九十七卷辑录钟，第九十八卷辑录錞，第九十九卷辑录钲、铙，第一百卷辑录镯、铎、方响、钹，第一百一、一百二卷辑录磬，第一百三至一百一十二卷辑录琴、瑟，第一百一十三、一百一十四卷辑录琵琶，第一百一十五卷辑录箜篌，第一百一十六卷辑录筝、阮咸、五弦，第一百一十七至一百二十卷辑录管箫、龠、篪，第一百二十一至一百二十三卷辑录笛、横吹，第一百二十四卷辑录笳、角，第一百二十五卷辑录贝、觱篥，第一百二十六、一百二十七卷辑录笙、竽，第一百二十八卷辑录埙、缶、瓯，第一百二十九至一百三十二卷辑录鼓，第一百三十三卷辑录鼓吹，第一百三十四卷辑录柷敔、筑、应，第一百三十五卷辑录牍、雅、拍板、壤，第一百三十六卷辑录筍簴、杂乐器（箛、太一、绕梁、铜律、铜锣、刁斗、天宝乐、竹律、立均、乐准、簜、击竹、抃、撞木、鼓拌、戏竹、鱼鼓、琐奈、云锣、点子、海瀛、竹铜鼓、木鱼）。《乐律典》在辑录有关乐器史料方面的一个突出特点是十分重视图的作用，介绍的绝大部分乐器都附了精美的画图，形象直观。如在钟部汇考二中就辑录宋代聂崇义《三礼图》以及《博古图》中有关钟的大量画图，《博古图》甚至还附有钟的铭文拓片和释文。这为我们了解周代至六朝的古钟提供了详细、具体、形象的资料。《乐律典》中乐器画图大部分辑录自《博古图》、《三礼图》和王圻的《三才图会》。《乐律典》在辑录乐器史料方面的另一个突出特点是所收集的资料十分详尽丰富，尤其是其中的钟、磬、琴、瑟、琵琶、鼓等。

《古今图书集成·乐律典》所辑录的各种内容，往往是把原书整部、整篇或整段地抄入，因而完整地保存了不少资料。其中抄录中详注出处，标明书名、篇目和作者，便于查对原文。它采取每部逐项排比事文的方法，材料系统性强。该典成书至今仅近三百年，年代不久，因此其所辑录的图书目前绝大部分都在。从辑佚作用上来说，意义不大。但其书收书之广泛、丰富，编排之系统，信息容量之大，同类材料之集中，对于初学者查检资料，提供了很大的方便。读者可根据拙著提供的《乐律典》分类框架，查阅其中的某些部分，也可借助上述索引进行查检。

第八章
古代音乐著作

第一节　古代音乐著作概况

古代音乐著作指以音乐为主要内容的著作，与著述中包含音乐篇章有时甚难划分清楚，因此，本章所举音乐著作与下章所举著述中的音乐篇章只是就其大体内容而言，很难做到泾渭分明，严格界定划分。古代音乐著作甚多，举不胜举，且大部分收入某部丛书之中。其中收录音乐著作最多的当推本书第二章音乐文献的目录中所介绍的《四库全书》《四库全书存目丛书》《续修四库全书》这一系列。除此之外，尚有一些古代音乐著作散见于其他丛书或以单行本形式存在。这里仅就笔者所见，胪列其主要者如下[①]。

（1）《唐乐曲谱》，宋高似孙辑；（2）《乐学正误》1卷，宋楼钥撰；（3）《艺流供奉志》，元周密撰；（4）《天基圣节排当乐次》，元周密撰；（5）《乾淳教坊乐部》，元周密撰；（6）《逸语》 8卷，明贺隆辑；（7）《律吕直解》2卷，明韩邦奇撰；（8）《乐律管见》2卷，明黄积庆撰；（9）《魏氏乐器图》，明魏双侯传；（10）《词谑》，明李开先撰；（11）《曲论》，明何良俊撰；（12）《曲藻》，明王世贞撰；（13）《曲论》，明徐复祚撰；（14）《谭曲杂札》，明凌濛初撰；（15）《律吕节要》 5卷，不著撰人；（16）《古乐经》3卷，清文应熊伪托；（17）《齐陈氏韶舞乐罍通释》，清陈庆镛撰；（18）《乐经凡例》11卷，清廖平撰；（19）《律吕参解》4卷，清杨云鹤撰；（20）《律吕心法》3卷，清李子金撰；（21）《音律存微》，清伊世衡撰；（22）《乐述》

① 此书目除不与“四库系列”重复外，也不包括琴学著作、乐谱类文献等。

3卷，清毛乾乾撰；（23）《古今乐律集义》1册，清沈琯撰；（24）《八音图考》2卷2册，清部连撰；（25）《乐述可知》7卷，清陈本撰；（26）《大乐元音》7卷卷首1卷，清潘士权辑撰；（27）《律吕精义》不分卷，清蔡拙哉撰；（28）《乐说》2卷，清庄存与撰；（29）《古律经传附考》5卷，清纪大奎撰；（30）《律吕考附九歌解》，清辛绍业撰；（31）《乐经或问》1卷，清李元撰；（32）《志乐辑略》，清倪元坦撰；（33）《律吕新书初解》2卷，清张琛撰；（34）《乐悬考》2卷，清江藩撰；（35）《六律正五音考》4卷，清陈诗撰；（36）《音律指迷》2卷，清周知撰；（37）《律吕指掌》，清孙廷芝著；（38）《律音汇考》8卷，清邱之稑撰；（39）《乐律考》2卷，清徐灏撰；（40）《乐律证原》6卷，清朱继经撰；（41）《律吕考》，清杨在泉著；（42）《礼乐全书》16卷，清张安茂辑；（43）《万寿衢歌乐章》，清彭元瑞辑；（44）《宫调汇录》2卷，清汪汲编；（45）《曲品》3卷，清郁兰生撰；（46）《吹豳录》50卷附校记1卷，清吴颖芳撰；（47）《乐器配音法》，清载武著；（48）《乐器图》，清载武绘；（49）《乐器编》5卷，清张江撰；（50）《双忽雷本事》，清刘世珩辑；（51）《制曲枝语》，清黄周星撰；（52）《传奇汇考标目》，清无名氏撰；（53）《梨园原》，清黄旛绰撰；（54）《艺概》，清刘熙载撰；（55）《曲目新编》，清支丰宜撰；（56）《词余丛话》，清杨恩寿撰；（57）《续词余丛话》，清杨恩寿撰；（58）《小栖霞说稗》，清平步青撰。

第二节 《乐府杂录》

《乐府杂录》是古代一部著名的音乐著作。作者段安节，山东临淄人，唐昭宗“乾宁中为国子司业。善乐律，能自度曲”[①]。该书成于乾宁元年（894年）后，杂记自唐开元以来的乐部、歌舞、俳优、乐器、乐曲及著名歌唱家、乐器演奏家的轶事；末附《别乐识五音轮二十八调图》，图已失传，仅存说明文字。是书是研究唐代音乐、舞蹈和戏曲的重要资料，其不少内容可补《旧唐书》《新唐书》《通典》《唐会要》等有关音乐、舞蹈、戏曲记载之不足。《乐府杂录》别名《琵琶录》，有多种版本，现存本以清代钱熙

① 《新唐书·段志玄传》。

祚校《守山阁丛书》本为最善。《中国古典戏曲论著集成》收入此书，并经校勘。

《乐府杂录》篇幅较小，全书不分卷，但结构井然有序。首列乐部9条，次列歌、舞、俳优3条，次列乐器14条，次列乐曲13条，终以《别乐识五音轮二十八调图》①。以下按其顺序，简要叙述如下。

《乐府杂录》之乐部9条为雅乐部、云韶乐、清乐部、鼓吹部、驱傩、熊罴部、鼓架部、龟兹部、胡部。其中比较有特色的是雅乐部叙述乐悬（宫悬、轩悬、判悬、特悬），其乐器有石磬、编钟、鼓（应鼓、腰鼓、警鼓、雷鼓）、箫、笙、竽、埙、篪、龠、跋膝、琴、瑟、筑等，所奏乐曲根据不同典礼仪式而有《凯安》《广平》《雍熙》《鹿鸣》《大和》《冲和》《舒和》等。雅乐又分坐部伎和立部伎。坐部伎指以打击乐、管弦乐为主的乐队，立部伎指以文舞武舞为主的舞队。鼓吹部即骑马乐，又谓之骑吹，从"天子卤簿用'大全仗'，鼓一百二十面，金钲七十面"可以看出，骑马乐的场面是相当宏大壮观的。驱傩载宫中驱疫逐邪的活动及其音乐，从"用方相四人，戴冠及面具，黄金为四目，衣熊裘，执戈，扬盾，口作'傩、傩'之声以除逐也"可知，唐代傩与后世一脉相承，都是戴假面具的舞蹈。其乐则用"宫悬乐，太常卿及少卿押乐正到四阁门，丞并太乐署令、鼓吹署令、协律郎并押乐在殿前"。有关熊罴部音乐的记载在唐代史籍中并不多见，从《乐府杂录》记载可知，其奏乐比较特殊，演奏时以丈余高的木雕熊罴为架，上置彩绘木板、栏杆，四周围之以帘幕，乐工们均在架上演奏雅乐。从"含元殿方奏此乐也"的记载可知，熊罴部是宫廷音乐。鼓架部中所提到的"拨头"（即钵头）、"代面"、"踏摇娘"历来为研究戏曲史的学者所重视，一般认为是较早的歌舞小戏，其伴奏乐器为笛、拍板和答鼓。龟兹部和胡部均记载少数民族地区音乐，龟兹泛指今新疆南部一带，胡乐从西凉、南诏一带传入。这些音乐民族风味浓郁，在唐代风行一时。

《乐府杂录·歌》主要记录了唐朝善歌者永新和张红红，其中最具价值者是常为后世所引用的歌唱方法："善歌者必先调其气，氤氲自脐间出，至喉乃噫其词，即分抗坠之音。既得其术，即可致遏云响谷之妙也。""舞工"

① 《四库全书总目》第972页记载略有不同："首列乐部九条，次列歌、舞、俳优三条，次列乐器十三条，次列乐曲十二条，终以《别乐识五音轮二十八调图》。"

条记述的是舞蹈的各种形式和所演奏的曲目名称，其中小字注释是古代有关“舞谱”的较早记载。“俳优”条目记载《弄参军》《弄假妇人》《弄婆罗》等剧目和著名演员的轶事，对研究古代戏曲史较有参考价值。

《乐府杂录》记载了琵琶、筝、箜篌、笙、笛、觱篥、五弦、方响、琴、阮咸、羯鼓、鼓、拍板等诸种乐器，其中不少资料常为音乐史研究者所引用，如琵琶手康昆仑斗乐，唐代琵琶演奏中的右运拨左拢撚，黄幡绰造拍板谱等。然后是书叙述了《安公子》《黄骢叠》《离别难》《夜半乐》《雨霖铃》《还京乐》《康老子》《得宝子》《文叙子》《望江南》《杨柳枝》《倾杯乐》《道调子》等曲目的来历。

《乐府杂录》最后部分是有关傀儡子（类似木偶戏）的传说和《别乐识五音轮二十八调图》，后者图已佚，只存有关乐律宫商调方面的论述。

第三节 《琴史》

《琴史》是中国古代七弦琴史专著。作者朱长文（1038—1098），北宋人，字伯原，号乐圃。其祖先越州剡（今浙江嵊州市）人，世仕吴越，居苏州。朱长文19岁中进士，因坠马伤足，家居20年，博览群书，著述甚多。其著作除《琴史》外，还有《春秋通志》20卷，《乐圃文集》100卷以及《琴台志》《墨池阅古》等。元祐中起为苏州教授，后召为大学博士；绍圣间改宣教郎，除秘书省正字兼枢密院编修文字。元符初卒，年六十。

《琴史》一书共6卷，前5卷以时代为顺序胪列历代与琴相关人物156人[①]，其中有精于琴的演奏者如师旷、伯牙、司马相如、桓谭、宗少文等；有致力于琴的理论研究者，如司马子微著《琴传》，薛易简撰《琴诀》，崔遵度著《琴笺》；有进行琴曲创作者，如卫女尝作《思归引》，郑述祖自造《龙吟十弄》，吕才造琴歌《白雪》等曲，赵耶利作琴谱2卷；有擅长欣赏品评琴之演奏者，如钟子期高山流水，邹忌子善推琴之理以通于政；有善制琴者，如蔡邕制焦尾琴，房公造百衲琴；有以琴为题材创作诗赋者，如蔡邕作《琴赋》，嵇康著《琴赋》；有与琴相关之历史名人，如帝舜、孔子、谢安、陶渊

① 《中国大百科全书》（音乐舞蹈卷）和《中国音乐词典》均作156人；《辞海》作166人，内附见者9人；《四库全书总目》作146人，附见者9人。

明、唐太宗、白居易、范仲淹、欧阳修等。

《琴史》最后一卷分11篇：莹律、释弦、明度、拟象、论音、审调、声歌、广制、尽美、志言、叙史，为对琴的专题评论。前几题多论律吕、制度，后几题综论史事，颇有精辟之论。如莹律篇云："夫律本于琴，乐本于律。故知琴者为能知律，能知律者为能知乐也。"从这里可以看出，朱长文认为知琴是知乐的根本。基于这个认识，他在释弦篇和明度篇进一步具体论证："琴之有少宫少商，犹律之有变宫变徵也。或曰周加二声为变，然则律之二变亦本于文武二弦耶。《左传》曰为七音六律以奉五声，谓是也。""凡为乐器以十有二律为之度数，以十有二声为之齐量，言乐而不稽诸度数，言度数而不合诸律，何以为乐？"他在论律与乐的关系之时，还以科学的思考对宋以前的一些立度定律方法提出质疑："历代以来，有制为准弦以定律者，有参校古器以立度者，有累积秬黍以合尺者。制为准弦以定律，则患乎奥远而难继；参校古器以立度，则患乎咫寸之难壹；累积秬黍以合寸，则患乎大小之不齐。"在审调篇中，他从律与调的关系继续阐述知琴、知律对知乐的重要性。"古者推律以立均，依均以作乐，故十二律旋相为均。均有七调，合八十四调，播于八音著于歌颂，而作乐之能事毕矣。"朱长文在尽美篇中对琴的制造也提出了自己的见解，将其概括为"四美"，即"一曰良质，二曰善斲，三曰妙指，四曰正心。""是故良质而遇善斲，善斲既成而得妙指，妙指既调而资于正心，然后为天下之善琴也。"

《琴史》是研究古代七弦琴史的重要著作，作者将历代散见的有关材料首次作出汇集和整理，"于史传记集苟有闻见，皆著于篇"[①]。其侄孙朱正大在是书后记中云："所著《琴史》六卷，经史百家、稗官小说，莫不旁搜博取，上自唐虞，下迄皇宋，凡圣贤之崇尚，操弄之沿起，制度之损益，无不备载。"《四库全书总目》也称其"凡操弄沿起，制度损益，无不咸具，采摭详博，文词雅赡"。其书主要以人物为纲目，汇抄与琴有关的事迹，但不少地方也加上自己言简意赅的评论。如他在记述了嵇康的《琴赋》及《晋书》本传所载夜遇古人授《广陵散》的传说之后，随即指出："此说已怪，不足据也。"对许由的《箕上操》，他提出"太史公尝疑之"，认为"或后人述而

① 《琴史》卷6《叙史》，影印文渊阁《四库全书》本，台湾商务印书馆。

歌之耳”。由此可见，他在《琴史》中虽然主要是在汇抄史料，但并不盲从，总是通过鉴别，对史料的真伪提出自己的见解。

是书作为论述七弦琴的历史在体例上缺乏综合性的通论，以各个人物为纲目编写也显得比较零散，不能形成一个彼此相联系的有机整体。另外，是书所汇抄的史料绝大多数不曾注明出处，这给使用者的进一步查证带来不便。是书目前有文渊阁《四库全书》本等。近人周庆云（1864—1934）著《琴史补》2卷，补录《琴史》未收的琴人事迹；《琴史续》8卷，续录宋代以后的琴人事迹，共收六百余人，引用材料较广，并均注明出处。两书均刊于1919年。此外，近人查阜西也著《历代琴人传》。总之，这些著作都是在《琴史》基础上的继续、补充和发展。

第四节 《乐书》

《乐书》是中国现存历史上较早出现的一部音乐百科著作。作者陈旸，字晋之，北宋时福建闽清人。陈旸于绍圣元年（1094年）中绍圣制科，授顺昌军节度推官。徽宗初年，授太学博士、秘书省正字。后迁太常丞，进驾部员外郎，为讲议司参详礼乐官；又进鸿胪太常少卿、礼部侍郎，以显谟阁侍制提举醴泉观。年六十八，卒。陈旸始编《乐书》于神宗熙宁、元丰（1068—1085）年间，用了近40年的时间完成此书，于靖国元年（1101年）进献给宋徽宗。其书首次刊行在南宋庆元五年（1199年），距成书将近100年；此后元代至正七年（1347年）曾重刊,明代又经朱载堉、张溥两次翻刻。现在常见的是光绪二年（1876年）方浚的重刻本和文渊阁《四库全书》本。

《乐书》共200卷，可分为两大部分。第一部分《训义》，从卷1至卷95，摘录《礼记》《周礼》《仪礼》《诗经》《尚书》《春秋》《周易》《孝经》《论语》《孟子》等10种经书中有关音乐的章节片段，逐条逐句加以解释。其中以诠释《礼记·乐记》的篇幅最大，从卷8至卷32，约占《训义》95卷中的四分之一。从总体上看，陈旸的音乐思想比较保守，少有创新之处。因此，相比之下，这一部分对今人研究古代音乐史参考价值较小，故兹略而不予介绍。

第二部分《乐图论》，从卷96至卷200。此部分以乐律理论、乐器、声乐、舞蹈杂技及典礼音乐等为序进行阐述，其中的乐器、声乐、舞蹈杂技等3项，又各依雅部（庙堂的）、胡部（外族的）及俗部（民间的）来分。是书除文字记述外，还附有插图540幅。以下按其顺序，对每部略做介绍，使我们对这部大型音乐著作有一大致的了解。

《乐书》卷96至卷108为乐律理论，其内容要目包括序乐、原律、备数、审度、和声、嘉量、权衡、累黍、定尺、十二律、五声、八音等。这一部分良莠并存。如在卷96《序乐》中，他对《乐图论》内容的先后安排做了解释："图之以著制器之象，论之以明尚象之意。故先同律，次五声，又次八音，而以歌、舞终之，此乐之大凡也。"即按律吕、五声、八音、歌、舞的顺序依次排列，反映了他对确定音高、产生乐器、声乐到形成乐舞这个过程中一般规律的认识。又如在卷106《八音中》对汉代郑玄的观点提出异议，进行考辨："郑康成以石声'磬'当为'罄'字之误，岂经旨哉？于传有之……石声硁硁以立别，别以致死，石声正则人思死节矣……作石以为磬……钟磬竽瑟和，德音于其终也。"另一方面，陈旸的音乐思想又有浓厚的保守复古倾向，其中最具代表性的是在卷101和卷107提出的"辨四清""明二度"的理论。早在明代，朱载堉对此就做了批评："十二律各自为均，一均之中有七音焉，所谓宫、商、角、徵、羽，及中、和二音也。徵变而为中，宫变而为和，有此中、和二音，七音备而成乐，是用乐学千古不刊之正法也。何妥、陈旸未晓此理，专用五声而黜二变，旋宫既废，黄钟孤立……礼崩乐坏，莫斯为甚。"[①]清代乾隆年间，《四库全书总目》也就此提出了批评："其中惟'二变'、'四清'二条实为纰缪。"从今人的眼光来看，废四清就是只要一个八度以内的12个半音，而将八度以上的4个半音去掉；废二变就是只要宫、商、角、徵、羽，不要变宫、变徵，也就等于只要五声音阶，不要七声音阶。这些显然将音域限制在狭窄的范围内，并减少了诸多半音，从而削弱了音乐的表现力，也脱离了中国音乐的实际情况。

《乐书》卷109至卷150记述乐器，分雅、胡、俗3部，而雅、胡、俗3部的乐器又各依八音（金、石、土、革、丝、竹、匏、木）等制造乐器所用材料的性质来分。陈旸记述乐器时特别重视附上插图，可以使后人通过图像更直

① 冯文慈点注《律学新说》卷1《论有变音无变律第十二》，人民音乐出版社1986年版。

观地了解到它们的形制，否则有些乐器是很难单单通过文字能够让人分辨清楚的。如卷115记载乐器埙时云：“古有雅埙，如雁子；颂埙，如鸡子。其声重浊，合乎《雅》《颂》，故也。”如单从这些文字记载，我们今天很难知道雅埙、颂埙的区别。但是，很幸运的是《乐书》在此文字之前附有2幅插图，使我们一眼就看出它们的区别。雅埙是两两对应四孔，再在其下中间有一孔；而颂埙则相反，是两两对应四孔，再在其上中间有一孔。正因为开孔不同，导致音色有别，“颂埙、雅埙对而吹之，尤协律清和，可谓善矣”。又如卷148所载：“骆驼管，其首如橐驼，因以立名。《唐乐图》有之，非古制也。”如果我们单从这简短的文字的确很难勾画出它的形制，而从所附的插图则准确地知道这是一种少数民族独特的管吹乐器，其特点是其管非平直一条，而是在其管三分之一处像骆驼颈身之弯曲形状，故称骆驼管。

《新唐书·礼乐志》载：“自周、陈以上，雅、郑淆杂而无别”；“开元二十四年，升胡部于堂上”。由此可见，至迟从唐代开始，当时宫廷音乐与民间音乐、少数民族音乐在不少地方已融合在一起，已难以用雅、胡、俗的分类法把它们划分清楚。这种现象在《乐书》乐器部分表现得尤其明显，如陈旸在雅、胡、俗3部中所记述的乐器许多是雷同重复或大同小异。有鉴于此，作者在此仅胪列俗部乐器，读者便可据此推知雅、胡乐部之大概情况。

《乐书》卷133至卷150记录了俗部乐器，金之属有编钟、大镈、博山钟、飞廉钟、仪钟、衡钟、古文钟、千石钟、九乳钟、平陵钟、杜陵钟、华钟、鸣钟、哑钟、毁钟、方响、单铎、双铎、风铎、车铎、贾铎、铜铎、将于、铁笛、铜管、铜琵琶、鼓吹钲、警严钲、刁斗、枪枪、铜角、铜磬、铜钵、铜簾、铁磬、铁簧、金管、铜律、铜龠、铜权，石之属有编磬、石鼓、玉鼓、石钟、玉律、玉琯、玉笙、紫玉箫、白玉箫、玉琴、玉笛、瑶簾、玉方响、玳瑁笛、神钲、石角、梵贝、玉螺，土之属有七孔埙、八缶、八孔埙、水盏、扣瓮、拊瓶、击瓯、击壤、鼓盆、土鞚、腰鼓、瓦琵琶，革之属有扛鼓、羽葆鼓、警鼓、铙鼓、节鼓、鹭鼓、鹤鼓、鼍鼓、连鼓、方鼓、朝鼓、谏鼓、大鼓、常用大鼓、中鼓、小鼓、枹鼓、交龙鼓、三杖鼓、头鼓、聒鼓、和鼓、云花黄鼓、云花白鼓、青鼓、赤鼓、黑鼓、熊罴鼓、漏鼓、街鼓、唐鼓、黄钟鼓、夏至鼓、冬至鼓、圣鼓、散鼓、教坊鼓、抚拍、青角、赤角、黑角，丝之属有颂琴、击琴、一弦琴、十三弦琴、二十七弦琴、月琴、素琴、素瑟、蕃瑟、雅瑟、十九弦瑟、二十七弦瑟、太一乐、天宝乐、双凤琵琶、金缕琵琶、直颈琵琶、曲颈琵琶、阮咸琵琶、云和琵琶、二弦琵琶、六弦琵琶、七弦琵琶、八弦琵琶、五弦筝、十二弦筝、十三弦筝、银装筝、云和筝、鹿爪筝、轧筝、击筑、乐准，竹之属有雅箫、颂箫、籁箫、短箫、燕乐箫、清乐箫、教坊箫、唱箫、和箫、鼓吹箫、李冲箫、凤箫、吹箫、七孔箫、霜条篪、吹篪、双管、七星管、双凤管、太平管、骆驼管、跋膝管、拱辰管、昭华管、箫管、中管、尺八管、竖篴、雅笛、长笛、短笛、双笛、竖笛、手笛、七孔笛、十二律笛、十二厢笛，匏之属有竽笙、凤翼笙、义管笙、云和笙、十七管笙、十二管笙、十二月笙、簌、击竹，木之属有撞木、拊。

从以上所举俗部乐器可以看出，《乐书》网罗之多，引据浩博，不愧为一部音乐百科全书型著作。但其乐器部分记述也存在一些问题，主要有四个方面：一是分类在层次上不大一致，如在丝之属琴类上，把清角、凤凰、绕梁、绿绮、焦尾等历代名琴也作为与颂琴、一弦琴、月琴等不同琴类；又如在琵琶类，把大忽雷琵琶、小忽雷琵琶等唐代著名琵琶与直颈琵琶、曲颈琵琶、阮咸琵琶作为不同类别的琵琶。二是把乐器配件当作一种乐器记载，如在木之属把挂编钟的九龙簴，挂编钟、编磬的大架、小架也摆在木之属乐器中一齐记载。三是在记述八音乐器时，又插入论述琴制、琴徽、琴势、琴声、琴曲等内容，显得在分类上不够严谨统一。四是误将不属于乐器的内容也归于八音。如平、清、瑟是乐调名，陈旸将平清瑟归入瑟类乐器；又如卷146俗部丝之属的鼓筝，卷131匏之属的吹笙是指具体演奏筝、笙乐器的方法，而陈旸也将其归入乐器类记载。

《乐书》卷151至卷164记载歌，亦按雅、胡、俗叙述。雅部歌先论述诗、歌，其次记叙九德歌、五子歌、登歌、彻歌、工歌、卒歌、正歌、间歌、笙歌、遂歌、歌钟、歌磬、歌琴、凯歌、讴、谣等，再次是记载圣朝、郊祀、庙享、诸祠等乐章，最后论述曲调、歌乐。

胡部歌史料价值较大，以国别为目，十分详尽地记载了邻国和周边少数民族诸歌种，其涉及的邻国和少数民族之多，相当突出，如獩貊、马韩、夫余、新罗、日本、勿吉、百济、夷洲、高丽、大宛、焉耆（大食国、可兰国附）、吐蕃、乞寒、于阗、西凉、安国、疏勒、康国、乌孙、天竺、龟兹、高昌、波斯、拂箖、吐谷浑、大辽、鲜卑、獠蛮、邈黎、俚獠、扶南、赤土、婆利、林邑、顿逊、丹丹、附国、投和、哥罗、阇婆、三佛齐、占城、牂柯、交趾、张蕃、龙番、石番、罗番、多摩长、南诏、掸国、扶娄、渤泥、弥臣、古奴、真猎、白狼、大食麻罗拔、骠国、磨些蛮等。尤其值得一提的是陈旸把清乐、九部乐、十部乐列为胡部，反映了汉族与周边邻国、少数民族音乐的融合。清乐原为汉族音乐，后为前秦、后魏所获，成为胡乐；九部乐、十部乐绝大部分为胡乐，而为隋唐宫廷所用。因此，“隋唐之乐虽有雅、胡、俗三者之别，实不离胡声也”。

俗部歌先论述诗、歌，其次是记叙四方歌、房中歌、歌行及汉魏晋南北朝隋唐五代诸朝乐章，最后记载了解曲、入破、犯调。其中解曲、入破、犯调是其他音乐文献较少记载的音乐现象，故较富有史料价值。如“凡乐以声徐者为本声，疾者为解”；“曲终繁声，名为入破”。由此可见，解曲就是快板的乐曲，入破则是以快板作为乐曲的结束。

《乐书》卷165至卷188为舞，也与乐器、歌部分一样，按雅、胡、俗顺序记述。雅部舞先论述乐舞；其次记述大舞：《云门》（又名《大卷》《大章》）《大咸》《大磬》《大夏》《大濩》《大武》《象》《勺》，小舞：《帗舞》《羽舞》《皇舞》《旄舞》《干舞》《人舞》《野舞》；再次记载舞器（相、应、牍、雅、戈、籥、弓矢、戚、扬、翟、鹭、翿、纛、羽葆幢、旌、节、麾、晕干、箾），舞衣；最后记述舞缀兆、舞位、舞佾以及万舞、圣朝乐舞、庙室乐舞、舞人等。在雅部舞有关舞器、舞衣、舞位、舞佾等的记述中附了许多插图，使今人对此有了直观形象的了解。但其在分类叙述上似有不当之处，如万舞、圣朝乐舞、庙室乐舞应在大舞、小舞之后记述。

胡部舞按两种分类记载：其一以舞蹈表演类型划分，如《戟舞》《剑舞》《狮子舞》《骨鹿舞》《城舞》《倒舞》《拨头舞》《弄婆罗门》；其二以地域划分，如《高丽舞》《百济舞》《高昌舞》《龟兹舞》《安国舞》《康国舞》《疏勒舞》《扶南舞》《党项舞》《天竺舞》《越舞》《骠国舞》《南诏舞》《于阗舞》《西南蕃舞》《西梁舞》《东谢舞》《巴渝舞》《悦般舞》《吴夷舞》《广延舞》《马韩舞》《靺鞨舞》《倭国舞》《流求舞》。《乐书》所载邻国和少数民族舞蹈之多，在同类音乐著作中也是不多见的。陈旸在胡部舞中把韎师与《戟舞》《剑舞》等并列作为一种舞蹈，其在分类上也不大一致。“韎师则掌教东夷之乐而已。”显然，韎师是掌教乐舞之官，并非是一种舞蹈。

俗部舞的情况甚为复杂，限于篇幅，不能一一介绍。主要包括两汉三国两晋南北朝隋唐五代乐舞；历代所载舞蹈，如《空玑舞》《武始舞》《咸熙舞》《缉备舞》《簪笔舞》《破阵舞》《庆善舞》《大定舞》《上元舞》《圣寿舞》《光圣舞》《燕乐舞》《长寿舞》《天授舞》《万岁舞》《剑舞》《清商舞》《清乐舞》《软舞》《健舞》《车鼓》《鼓舞》《字舞》《琴舞》《绳舞》《竿舞》等；各种杂乐，如《女乐》《菩萨蛮》《感化乐》《抛球乐》《剪牡丹》《拂霓裳》《采莲》《献花》等；历代所载百戏，如剑戏、地川戏、扛鼎戏、吞刀戏、吐火戏、鱼龙戏、角力戏、代面戏等；历代所载俳倡，如猨骑戏、凤凰戏、参军戏、假妇戏、舞盘伎、缘竿伎等。唐宋等朝乐部，如雅乐部、俗乐部、云韶部、清乐部、鼓吹部、骑吹部、龟兹部、胡部、法曲部、教坊乐等。

从以上俗部舞所载可以看出：其一，反映了唐代宫廷乐舞至宋代完全世俗化的倾向，如《万岁舞》《圣寿舞》《破阵舞》在唐代均是著名的宫廷乐舞，但至宋代已完全世俗化，故陈旸才会将它们归入俗部舞。否则，无法解释陈旸为何将其归入俗部舞。其二，陈旸所谓杂乐的分类比较复杂，既有乐舞，又有杂戏、滑稽戏、杂技等。但其最后把唐乐部都归入舞类似不太妥当，因为唐乐部主要还是以乐为主，如鼓吹部、骑吹乐等。其三，百戏与俳倡界定不是很清楚。俳，原意主要是杂戏、滑稽戏。俳优则指以乐舞戏谑为业的艺人；倡，主要指乐舞戏谑为业的艺人；而百戏指乐舞杂技表演的总称。由此可见，俳倡当更倾向于“戏”，而百戏则更倾向于“杂技”，乐舞则为两者共有之。但陈旸在俳倡中列举了不少仍属于杂技范畴的表演，如上引舞盘伎、缘竿伎以及藏挟伎、杂旋伎、弄枪伎等。

《乐书》卷189至卷200为典礼音乐，记载了吉礼、凶礼、宾礼、军礼、嘉礼五礼之下的用乐情况。这部分与古代礼制关系密切，兹不详述。

纵观《乐书》，其在中国古代音乐史中占有十分重要的地位。其一，在收录文献方面，《乐书》可以说是包罗万象、网罗百氏。《乐书》引用有关文献数十种，较为常见的有《乐书别录》《乐苑》《列子》《吕氏春秋》《国史补》《先蚕仪》《潜夫论》《神仙传》《三礼图》《三辅黄图》等。引文涉及面广，有笔记小说、诸子著作、乐论、地理书等。尤其可贵的是，《乐书》还保存了一些原书早已佚失的音乐论著的内容，如《律书乐图》《大周正乐》《唐乐图》等。正如南宋著名词人杨万里所评价的：此书“远自唐虞三代，近逮汉唐本朝，上自六经，下逮子史百氏，内自王制，外逮戎索，网罗放失，贯综烦悉”[①]。其二，《乐书》大量记载胡俗之乐。陈旸尽管在议论中重雅乐、轻胡俗乐，但在实践中却基本上一视同仁。这从其书乐器、歌、舞等分雅、胡、俗就可看出，而且雅、胡、俗在分量上也不相上下，甚至胡、俗还超过雅部，如俗部舞的篇幅就比雅部舞还多。其三，《乐书》重视图谱的作用。《乐书》共有插图517幅，涉及乐器、乐律、舞姿、舞器、舞位、乐队排列等。这些乐图使我们得以形象地了解当时的乐器形制，舞队、乐队的规模及排列位置等。古代的史学家往往不重视图谱，对此宋代著名学者郑樵曾感叹说：“见书不见图，闻其声不见其形；见图不见书，见其人不闻其语。”[②]如有书无图，则费神多而收效少，所以“为天下者不可以无书，为书者不可以无图谱”[③]。可见，著书必须图书并茂、图文并重，才能收到最佳的表达效果。但是，另一方面，《乐书》也存在着一些不足之处。其一，如上所述，《乐书》从总体上来说条理清晰、富有逻辑，但局部一些地方在分类、排列顺序上还不尽合理。有关这一方面的问题，上文多处地方已经指出，兹不赘引。其二，有些地方记述还欠缺严谨，甚至有疏漏。如前文所提“平清瑟”“鼓筝”“吹笙”等，还有一些插图也不大精确。其三，最大的遗憾是《乐书》没有记谱。早在南宋，楼钥就已发现《乐书》的这个不足，“求其所谓声者，终不可得”[④]。记谱法在宋以前已有之，《乐书》里还有工尺谱字的记载，唐宋时又有许多名曲，但陈旸在《乐书》中对乐谱没有记录。尽管如此，瑕不掩瑜，《乐书》仍是一部里程碑式的著作，保存了古代大量音乐史料，对后世影响深远，至今仍有重要的参考价值。

① 陈旸《乐书·序》，清方氏刊本。

② 郑樵《通志·图谱略·索象》，商务印书馆万有文库本。

③ 郑樵《通志·年谱序》，商务印书馆万有文库本。

④ 楼钥《攻媿集》卷53《乐书正误序》，影印文渊阁《四库全书》本，台湾商务印书馆。

第五节 《乐律全书》

《乐律全书》是中国古代一部著名的音乐论著。作者朱载堉（1536—1611），字伯勤，号句曲山人，河南怀庆府（今沁阳）人，是明代著名的乐律学家、历学家、算学家。其最伟大的成就是在世界音乐史上领先提出十二平均律的等比数列原则，以及解决管口误差问题的"异径管律"的方法。朱载堉是明宗室的世子，为郑恭王厚烷长子，家学渊源来自舅祖何塘所遗著作与厚烷的直接传授。青年时代因悲愤于其父无罪而遭禁锢，放弃王子生活将近19年[①]，潜心学术。其父复爵后，虽以世子身份重入王宫，但仍继续学术研究著述。万历十九年（1591年），朱厚烷去世，朱载堉让爵不袭，自称道人，在怀庆继续倾其心血完成有关著作。

朱载堉一生著述甚丰，除《瑟谱》《律吕正论》《律吕质疑辨惑》《嘉量算经》及一些诗词外，他的主要著作大都收入《乐律全书》中。严格地说，《乐律全书》是一部综合性的著作，涉及律学、乐学、舞学、算学、历学等多种相关学科。有关《乐律全书》所收著作的数目和种类，历代研究者们看法不一，大约有十四五种。但是，从总体上看，所收著作的数目和种类并不影响是书作为音乐论著的性质。因为，全书绝大部分内容是与音乐有关的，即使是算学的问题，也是涉及乐律的计算。是书有关音乐的著述大致有《律吕精义》《律学新说》《乐学新说》《算学新说》《操缦古乐谱》《旋宫合乐谱》《乡饮诗乐谱》《六代小舞谱》《小舞乡乐谱》《二佾缀兆图》《灵星小舞谱》《律历融通》等，其中又以《律吕精义》和《律学新说》最为重要，篇幅也最大，约占全书一半篇幅以上。

《乐律全书》的版本比较流行的是商务印书馆万有文库本和文渊阁《四库全书》本，比较好的版本是万有文库本。前者是明万历郑藩刻本的缩小影印本，讹误夺衍等较少，且所收朱氏著作也较齐。而《四库全书》本缺收《圣寿万年历》2卷、《万年历备考》3卷、《律历融通》4卷。还有《乐律全书》因经过乾隆皇帝钦定，原书谱中"尧谣击壤歌""舜歌""夏训""商

① 陈万鼎《朱载堉研究》第12页云："厚烷在高墙拘留十七年之久，不是《明史》等书所谓十九年。"因此，同书第16页也云："载堉因为家难在宫室外独处十七年。"

颂”等原“仅注字色而不注宫、商，殊失古意，今俱遵旨补注五音”[①]。由此可见，《四库全书》本已在一定程度上改变了是书的原貌。

《乐律全书》作为一部音乐专著，其特点之一是以论述为主。以往的许多音乐著述，以摘抄史料为主，只在其间简短地发表一些自己的音乐观点或评论。与此相反，《乐律全书》则以阐述音乐理论为主，如在八音有关乐器的记述中，不是摘抄历代史料，而是进行论述或考证等。《律吕精义》内篇卷9有关革音之属之下细目就有总序、诸鼓考证、鞞鞉搏拊考证、总论乐悬大概、论诸鼓、论鼙、论鼗、论搏拊、革音四器节奏考等；有关石音之属之下则有总序、磬铭、论磬石所产处、论磬大小不等、论四清不可废、论钟磬不齐击、今议止用一磬等。《乐律全书》在论述中的一个鲜明特色是求真的批判精神，纵观古今，敢于对历史上的著名人物的音乐观点进行针砭，语言尖锐。他对历代重要的各种乐律理论和资料，几乎都加以检阅、评说和总结，并发表自己的见解。如他着力批判汉儒的穿凿附会，认为刘歆的黄钟之实810分，应历一统；林钟之实360分，当期之日；太簇之实640分，应六十四卦等，都不过是“倚数配合，穿凿附会，而与律吕之理全不相关”。又如影响颇为深远的候气之说，他认为那些是“荒唐之所造”，“狂伶妄瞽”的“无稽之言”，有如画工勾描鬼神一样无可凭证[②]。《乐律全书》在论述中的另一个鲜明特色是对古代律吕理论主要是通过数学计算进行严密论证。如最为著名的是他在世界音乐史上最早提出新法密律（即十二平均律）理论和计算方法，取黄钟倍律与黄钟正律的弦长为2：1的关系，采用等比数列，使十二律任何相邻二律之间的弦长比都成相同的比率；任一律的高、低八度之间，亦成倍半关系。当然，朱载堉在批判前人、力求创新的同时，难免也存在着疏漏和错误之处。如有关圆周率的计算，祖冲之在公元5世纪就解决了的问题，他在千年之后不但没有肯定并运用其成果，反而批评祖氏圆周率“密安在哉”[③]。又如是书所论横黍百粒当纵黍八十一粒之说也是没有科学根据的。

《乐律全书》特点之二是记载了大量的乐谱、舞谱和乐器图等。据统

① 《乐律全书·校正条例》，影印文渊阁《四库全书》本，台湾商务印书馆。

② 参见冯文慈点注《律学新说》卷2，人民音乐出版社1986年版。

③ 参见冯文慈点注《律学新说》卷2，人民音乐出版社1986年版。

计，《乐律全书》的全部篇幅，文字约占一半，有60万字左右；另一半为乐谱、舞谱[①]。其中乐谱包括琴谱、歌曲谱，这些乐谱有历史的流传，也有是他亲自从民间采集记录的；舞谱主要是舞蹈动作的绘图，除此之外还有舞蹈队列和舞蹈器具的插图等；乐器图主要是乐器形制图，以及少量的乐队排列图。《乐律全书》中的大量的乐谱、舞谱、乐器图表明作者不仅注重乐律理论的研究，而且也相当重视音乐艺术的实践，从而使《乐律全书》在音乐史研究中富有价值。

《乐律全书》在古代音乐著述中属于卷帙浩繁之作，限于篇幅，兹依万有文库本（共36册）编排顺序，将其内容做一简要介绍，使读者对全书有一大致的了解，便于查阅使用。

第1至第4册为《律学新说》。《律学新说》所论述的内容与《律吕精义》有一定程度的交叉和重复，但也各有侧重。"仅从律学角度对这两部著作（即《律学新说》和《律吕精义》）略加比较来看，前者的主要特点在于首倡新说；后者的主要特点在于数理精详。全面研究朱氏的律学思想，前者不可不读；仔细理解朱氏律学的精审数理，后者不可忽略"[②]。兹将《律学新说》篇目胪列如下，读者可与《律吕精义》参照研读。

《律学新说》卷1为此书最重要的部分，共讨论12个方面的问题：律吕本源、约率律度相求、密率律度相求、密率求方积、密率求圆幂、密率求圆径、造律、吹律、立均、论准徽与琴徽不同、论大阴阳小阴阳、论有变音无变律。《律学新说》卷2、卷3为审度，从多方面对度进行论证：证之以尺步、证之以钱钞、证之以黍粟、证之以律声、证之以身体、证之以器物，五度乃四器之要，并附以《羊头山新记》、纵黍横黍约率密率算法。《律学新说》卷4包括嘉量篇与权衡篇，嘉量篇有古今量法考正辨疑、辨先儒解周鬴之非、辨前汉志斛制之谬、论唐至今斛法近正、论宋范镇斛法之非、论校量器当以水为准概。权衡篇有古今权衡考正辨疑、辨汉制权衡之谬、辨历代权衡之乖、论唐宋以来度量衡与今大同小异、总论律度量衡四者贵乎得中。是书最后附录律学四物谱序。朱氏在《律学新说》阐述的一些乐律思想是富有创见性的，必须引起我们的重视。如他提出数为律本的思想："夫音生

① 参见冯文慈点注《律学新说·律学新说及其作者》。

② 冯文慈点注《律学新说·律学新说及其作者》。

于数者也，数真则音无不合矣。”①他继承了蔡元定的九进位制律数成果，发展了九与十两种进位制的算术思维，创造了纵黍律长（九进位制）和横黍度长（十进位制）相互间以珠算折算的简捷方法。在《律学新说》中计算公式和数值相当多，但其计算范围大体上不过圆及其半径、直径、其内接正方形、外切正方形、圆周率、圆面积、正圆柱体体积，以及算法方面的比例、乘方、开方、勾股定理等等。

第5册为《乐学新说》，对《周礼·春官宗伯·大司乐》进行诠释。朱氏对于古代六乐、六舞之制度，考评甚详，并用释奠大成乐章及图作说明，深信古乐见存，未尝失传。第6册为《算学新说》。《算学新说》之特点，朱载堉在书首就做了开宗明义的说明：“臣所撰新说，凡四种：一曰律学、二曰乐学、三曰算学、四曰韵学。前二者其书之本原，后二者其书之支派，所以羽翼其书者也。夫算学之有书，其亦旧矣。谓之新说何也，且如周径幂积相求之类，旧则疏而新则密，平方不用商除，立方不显廉法之类。旧则繁而新则简，旧以句股为末，专明九章；新以句股为首，专明律历。此其异也，余则文虽小异，要亦殊途同归者也。”由此可见，《算学新说》与以往同类著作不同主要有两个方面：一是其研究算学的目的是为了解决乐律问题；二是新说计算方法比较细密简捷，而以往著作所用方法比较粗疏烦琐。

第7至第18册为《律吕精义》。《律吕精义》为全书最重要部分，又分内篇、外篇。内篇1总论造律得失，阐述造律的三失三要，主张以三要矫三失。不宗黄钟九寸则阐述历史上乐律的十进位与九进位制。不用三分损益，主张计算乐律不用三分损益而别造密率，从而在世界音乐史上领先提出十二平均律的等比数列原则。不拘隔八相生指出新法不拘隔八相生，而相生有四法，或左旋或右旋，皆循环无端也，以证三分损益往而不返之误。内篇2、3不取围径皆同创造性地提出“诸律管虽有修短之不齐，亦有广狭之不等”，这就是著名的解决管口误差问题的“异径管律”的方法。内篇4新、旧法参校总结了古人算律的4种方法：“其一以黄钟为十寸，每寸十分，共计百分；其二以黄钟为九寸，每寸十分，共计九十分；其三以黄钟为八寸一分，不作九寸；其四以黄钟为九寸，每寸九分，共计八十一分。”内篇5新旧律试验主

① 《律学新说》卷1《密率律度相求第三》。

张两种造律方法："其一累黍造尺，依尺造律，吹之试验；其二吹笙定琴，用琴定瑟，弹之试验。"候气辨疑认为"埋管飞灰，此其谬说，乃不经之谈也"。内篇6、7旋宫琴谱认为："吹律定弦，古人本法也；以笙代律，今人捷法也。"并对琴律、五音、操缦进行论述，然后以大量的篇幅记录了旋宫琴谱。内篇8乐器图样以竹、匏、土、丝、金、石、革、木的次序对诸种乐器进行论述，并附上各种乐器形制图。内篇8审度、嘉量和平衡考察了历代与乐律相关的度量衡。

《律吕精义》外篇之目有八，其大概皆古今乐律杂说而为辨论附焉，即讨论历代乐律理论。外篇1辨蔡元定、李照之失；外篇2辨李文利、张敔之失；外篇3辨李文察、刘濂之失；外篇4辨何妥、陈旸之失；外篇5论周乐忌商其谱异常；外篇6、7论礼乐二者不可偏废；外篇8论弦歌二者不可偏废；外篇9论舞学不可废，并附大量舞谱。

第19册为《操缦古乐谱》，记录了古传诸般操缦。所谓操缦，朱氏在开始就做了解释："操缦，盖曲名。操之为言持也，缦之为言缓也；操持歌声，令极缦缓。"是书除了记录古传诸般操缦之外，还兼论与此有关的一些音乐问题。如论学乐自庚歌始，论学乐先学操缦，论学操缦捷径法，论雅琴只按十徽，论古人非弦不歌非歌不弦，论操缦失传遂致雅乐失传，论先学诗乐而后经义益明，论琴瑟先儒旧用管色定弦，论黄弦不可不弹，论定瑟必须吹笙，论学歌诗六般乐器不可缺，论士大夫学乐八音不求备。《操缦古乐谱》"为中国古代乐谱中，最完整之'总谱'记谱法，其价值不言而喻"[①]。

第20册为《旋宫合乐谱》，先列举学乐、学舞所用人数及乐器、陈设乐图；以《诗经·关雎》为例，按演奏古乐方式合乐。所谓"旋宫合乐谱"者，如月建子为黄钟调合乐，月建丑为大吕调合乐……依月按十二律定调，调琴瑟指法，八音节奏，按宫推移。第21至第24册记载《乡饮诗乐谱》一、二、三、四、五、六，以《诗经》中《鹿鸣》《四牡》等诗乐演乡饮酒和乡射礼之笙歌，以及合乐总谱，最后附《关雎》旋律一种，供练习之用。第25册为《六代小舞谱》，朱氏认为黄帝至周武之《云门》《咸池》《箫韶》《大夏》《大濩》《大武》，即《帔舞》《人舞》《皇舞》《羽舞》《旄

① 陈万鼎《朱载堉研究》，故宫丛刊版，第223页。

舞》《干舞》。古教小儿学舞，皆可名小舞。小舞一二佾或一二人，该谱取二佾，故谓之六代小舞。第26册为《小舞乡乐谱》，并附有学舞口诀。第27册为《二佾缀兆图》。《礼记正义·乐记》注云："缀，表也，所以表行列也；兆者，域也，舞者进退所至也。"由此可知，缀兆为舞者舞蹈时之方位。该卷以画图的形式记录各种舞步，并辑录宋儒朱子论舞大略。第28至第30册为《灵星小舞谱》。灵星，汉代祠名。《后汉书·祭祀志》云："高祖令天下立灵星祠，祠后稷，谓之灵星者，以后稷配食天田星也，故谓之灵星。"舞者用童男二人，舞象教田、芟除、开垦、栽种、耕耨、收获等农事，包括舞蹈动作图、舞蹈队列图、舞蹈伴奏谱（即拍鼓板节奏谱）等。

第六节 《律吕正义》

《律吕正义》是清代康熙、乾隆两朝宫廷敕撰的、以乐律学为主要内容的大型音乐著作。全书分上编、下编、续编和后编。其中上编、下编、续编由魏廷珍、梅瑴成、王兰生于康熙五十二年（1713年）奉敕编修，次年书成，康熙命名为《律吕正义》，并以皇帝御定的名义刊布。后编则由允禄、张照等于乾隆十一年（1746年）奉命编纂。总之，《律吕正义》是我国古代史中一部官修的音乐百科专著，具有一定的代表性。该书常见本有影印文渊阁《四库全书》本和商务印书馆影印清乾隆武英殿刻本。

清代至康熙、乾隆两朝，已走向强盛，这就是历史上的所谓"康乾盛世"。封建帝王为标榜文治武功，笼络汉族文人，热衷于编修大型图书，以附庸风雅，粉饰太平。因此，康乾两朝出现了《康熙字典》《古今图书集成》《四库全书》等总结性的巨著，而《律吕正义》正是有关音乐方面的百科著作。如是书对历代一些音乐史料按年代进行分类汇编。后编《乐制考》，叙述自上古至明代，历代乐舞的制作、名称和沿革变迁的状况；《乐章考》则选择列举自汉至明代，历代的郊祀、宗庙、宴飨、鼓吹等各种乐歌。是书所记录的清朝乐歌，均附有律吕谱、工尺谱、古琴减字谱、瑟谱等。虽然这些乐曲大都出自宫廷乐人之手，但也有传统和民间的乐曲，如《踏摇娘》，虽然不能说是很古的乐曲，但它可能具有一定的传统风格。还有瓦尔喀尔（瓦尔喀在今吉林东部，是满族早期聚居区之一），以及蒙古族、藏族和维吾尔族的乐曲。总之，是书保存了明清时代的乐谱和舞谱，可供音乐史研究者参考。康乾时期，西洋音乐已逐渐传入中国，这在《律吕正义》中也有充分的反映。续编《协均度曲》已十分详尽地介绍了五线谱、唱名、升降号、节拍等西洋音乐知识，是研究清代西乐东渐的重要史料。当然，是书作为官修著作，难免存在着较大的局限性，主要有两个方面：一是观点比较保守，总以复古为归宿。如反对朱载堉的"异径管律"和"新法密律"（即十二平均律），认为"同径之说乃十二律吕之定论"，"弦律非旋宫转调之法"，墨守管律和三分损益法。二是编修者的视野主要局限于雅乐部分，对于民间音乐涉及甚少。如后编《乐章考》所收乐歌均是宫廷官方性质的，下编《和声定乐》中所叙述的乐器也以雅乐乐器为限，至于民间常用的乐器，则多未触及。

《律吕正义》上编共分《正律审音》和《旋宫起调》两卷。《正律审音》共讨论12个乐律问题：黄钟为万事根本，黄钟理数，黄钟转生律吕，黄钟律分，定黄钟纵长体积面幂周径，定律吕之长损益相生，定律吕之积损益相生，度量权衡，审定十二律吕五声二变，审定十二律吕高低字谱，十二律吕同径倍半生声应五声二变，黄钟加分减分比例同形得声应十二律吕。《旋宫起调》则讨论6个乐律问题：明管音弦音全半应声之不同，明管律弦度五声二变取分之不同，明丝乐弦音不可以十二律吕之度取分，定丝乐弦音清浊二均之度分，旋宫起调，弦音旋宫转调。其中讨论的一些问题，值得研究音乐理论史的学者注意。如"黄钟理数"之目认为："若无以明其理，即无以精其数；无以精其数，即无以得其声。盖理者数之体，数者理之用，惟理与数相生，故人声与乐器相协，而大乐以成焉。""审定十二律吕五声二变"之目认为："审音之法必取首音与第八音叶合同声以为之准，即首音、八音之间区而别之，以为五声二变，则清浊之相应，高下之相宜，皆赖以生焉。""弦音旋宫转调"认为："丝乐弦音之旋宫转调，与竹乐管音不同，亦由二者生声取分之各异也。"

《律吕正义》下编亦分两卷，较详细说明排箫、箫、笛、笙、头管、篪、埙、琴、瑟、钟、磬、鼓、柷、敔14种乐器的形制构造的变化、尺寸大小，以及发音的特点，并附有一些插图。值得注意的是其乐器的排列顺序与传统的八音（金、石、土、革、丝、竹、匏、木）不同。编者认为："八音之中备律吕阴阳之体，叶宫调声字之全，惟丝竹为最要……竹音之乐，十二律吕为之本，相与比例推求而取其声，由于比例推求而得其数，其围径长短加分减分，总不越乎十二律吕之范围。"而在竹之属乐器中，又以"排箫之制其来最古，律吕十二管备具"。因此，八音乐器，首述排箫。

《律吕正义》续编一卷，是全书较有价值的一部分，介绍欧洲乐理知识。其内容主要取材于基督教传教士葡萄牙人徐日升和意大利人德里格先后传来的乐书。本卷"以其所讲声律节奏，核之经史所载律吕宫调，实相表里，故取其条例形号，分配于阴阳二均、高低字谱，编集成图"。是书较系统地记录了西洋音乐的"五线界声"（五线谱）、"二记纪音"（降号、升号）、六字定位（乌勒鸣乏朔拉唱名）、"三品明调"（高音谱表、中音谱表、低音谱表）、"七级名乐"（调式）、"半分易字"（半音变调）、"新法七字明半音互用"（乌勒鸣乏朔拉犀唱名中全音半音互易为用的各种调式）、"乐音长短之度"（节拍）等。虽然当时编修者对西洋音乐还是陌生的，在理解和翻译方面也不一定都准确，但其在中西音乐交流史中的意义则是重大的。

《律吕正义》后编共130卷（包括卷首上下两卷），其篇幅大约是上编、下编和续编总数的12倍，在编撰体例上总结性的色彩更加浓厚。从卷首至卷61十分详尽地记载了清代初年至乾隆时期的典礼音乐，如祭祀乐（圆丘、方泽、祈谷坛、太庙、社稷坛、朝日坛、夕月坛等）、朝会乐、宴飨乐、导迎乐、行幸乐等，其内容包括烦琐的仪节和相应的乐歌舞蹈。乐歌都配有乐谱，并视所用乐器的不同，采用不同的谱字，有律吕谱、工尺谱、古琴减字谱、瑟谱等。舞蹈则用舞谱的形式记载，绘有舞蹈者连续动作的姿势图像，以及舞蹈者所用的道具。总之，这一部分对于研究清代乾隆以前的宫廷音乐、舞蹈以及礼仪等，具有重要的参考价值。

后编卷62至卷77为乐器考。这一部分的内容与下编相比，明显具有四个特点：其一，更详尽具体地记述各种乐器的形状、结构、尺寸、制造、使用材料、装饰油漆、演奏或发音特点等，并且附有画图。其二，注意辑录历代有关某种乐器的记载，分门别类按时代顺序叙述，使读者比较方便地了解某种乐器的发展演变脉络。其三，其记录的乐器不按八音系统排列，而是按不同奏乐所使用的乐器种类进行叙述，其中重复的乐器在第一次出现时加以介绍。其四，收录的乐器数量种类远远多于下编，还包括一些少数民族的乐器。为了便于读者查检，兹将所收录的乐器罗列如下：中和乐器有麾、镈钟、特磬、编钟、编磬、琴、瑟、排箫、箫、笛、篪、笙、埙、鼓、搏拊、柷、敔，中和舞器有节、干、戚、羽、龠，丹陛乐器有戏竹、方响、云锣、管、笛、箫、笙、大鼓、杖鼓、板，清乐器有云锣、管、笛、笙、手鼓、小杖鼓、板，卤簿乐器有龙鼓、画角、大铜角、小铜角、金、钲、龙笛、杖鼓、板，行幸乐器有大铜角、小铜角、金口角、云锣、管、龙笛、平笛、笙、金、铜鼓、铜点、钹、行鼓、蒙古角，导迎乐器有戏竹、云锣、笛、管、笙、鼓、板，庆隆舞乐器有节、拍、筝、琵琶、三弦、奚琴，笳吹乐器有胡笳、筝、胡琴、口琴，番部合奏乐器有筝、琵琶、番部胡琴、月琴、二弦、三弦、提琴、火不思、轧筝、箫、云锣、笛、管、笙、拍，朝鲜国俳乐器有笛、管、鼓，瓦尔喀舞乐器有觱篥、奚琴、达十、那噶喇、哈尔札克、喀尔奈、塞他尔、喇巴卜、巴拉满、苏尔奈。

后编卷78至卷92为乐制考，按年代顺序排列，叙述自上古至明代，历代重大音乐史事，如乐律的制定，乐章的谱写，乐舞的制作、名称，音乐著作的编写，乐器的制造，中外音乐的交流等。后编卷93至卷112为乐章考，亦按年代顺序选择辑录历代郊祀、宗庙、宴飨、鼓吹等各种乐歌。其起讫时间大都“自汉始以迄于明，而不及周以上者，以既见于《诗》《书》则不必编，其非《诗》《书》所载则又不敢编也”[①]。后编卷113至卷116为度量权衡考，考证历代度量权衡的沿革变迁情况，并论述度量权衡与乐律乐器的关系，认为度量权衡是制器定律之本。

后编卷117至卷120为乐问，以问答的形式，对一些音乐问题进行论述阐发。乐问一论述了6个问题：律由数起，十二律数，律数五音，含少，黄钟围径，三分损益；乐问二论述了7个问题：朱载堉新说，律数往而不返，律数合于易，中声，四倍律，七律，变律；乐问三论述了9个问题：五声二变，律吕分均，弦名假借，弦不易名，八十四声，弦音度分，弦音生声取分不同，还宫皆黄钟，还宫皆哑钟；乐问四论述了13个问题：黄钟不为商，一律可为五音，三统，四乐，三大祀，宗庙不用吕，社稷以下用月律，朝日用太簇，工尺字谱，箫笛字谱，候气，飞灰，八风。

① 《律吕正义》后编卷93。

后编卷121至卷128记录清代初年至乾隆时期的乐歌及乐谱，与上述后编卷首至卷61所载内容大同小异，似乎重复。因此，有些学者认为《律吕正义》后编共120卷[①]。

① 参见中国大百科全书总编辑委员会编《中国大百科全书》（音乐舞蹈卷），中国大百科全书出版社 1989 年版（下同），第 402—403 页，《律吕正义》条目。

第九章

古代著述中的音乐篇章

第一节　古代著述中的音乐篇章概况

古代文献浩如烟海，在众多的诸子百家、史书文集、笔记杂谈等著述中，某些篇章涉及音乐思想或音乐史事，虽然有的篇幅不是很长，但在中国音乐史上占有重要地位，具有很高的史料价值。古代著述中的音乐篇章，数量甚多，且分散在经、史、子、集各部，形式多样，不拘一格，篇幅长短不一，要进行比较全面的胪列介绍是很困难的。这里仅开列一些比较著名、篇幅稍长、较具代表性的篇章[①]，尔后再对其中一些篇章略做介绍，旨在让初学者有一大致的了解。

《周礼》中的《春官宗伯·大司乐》，墨翟《墨子》中的《非乐上》《三辩》《公孟》，荀况《荀子》中的《乐论》，吕不韦《吕氏春秋》中的《大乐》《侈乐》《适音》《古乐》《音律》《音初》，公孙尼《礼记·乐记》，桓谭《新论》中的《琴道》，班固《白虎通》中的《礼乐》，阮籍《阮步兵集》中的《乐论》，嵇康《嵇康集》中的《声无哀乐论》《琴赋》《琴赞》，刘勰《文心雕龙》中的《乐府》《声律》，白居易《白氏长庆集》中的《议礼乐》《沿革礼乐》《复乐古器古曲》，薛易简《琴诀》，范仲淹《范文正公集》中的《今乐犹古乐赋》《与唐处士书》，欧阳修《欧阳文忠公文集》中的《书梅圣俞稿后》，司马光《司马光文集》中的《答景仁论养生及乐书》，周敦颐《通书》中的《乐中》《乐下》，沈括《梦溪笔谈》中的《乐律》《补笔谈·乐律》，朱

① 有关正史部分乐志、律志因有专章介绍，本章不予涉及。

熹《朱文公文集》中的《琴律说》，王灼《碧鸡漫志》中的《序》、卷1、卷2、卷3、卷4、卷5，张炎《词源》中的《序》《讴曲旨要》《音谱》《拍眼》，李贽《焚书》中的《读律肤说》《征途与共后语》，李渔《李笠翁一家言·闲情偶寄》中的《别解务头》《别古今》《剂冷热》《变调第二》《缩长为短》《变旧为新》《授曲第二》《解明曲意》《调熟字音》《字忌模糊》《曲严分合》《锣鼓忌杂》《吹合宜低》《教白第四》《高低抑扬》《缓急顿挫》《声音恶习》等。

第二节 《周礼》中的《春官宗伯·大司乐》

《周礼》是记载周代官制之书，故又称《周官》《周官经》。关于其成书年代、作者及其内容记载的真实性，历经千余年众说纷纭，当代学者比较认同成书于战国时期或西汉时期。据有关专家研究，《周礼》中所载的周代官制是作者依据周代官制的实际情况再加上自己的政治理想而拟构成的。全书分《天官冢宰》《地官司徒》《春官宗伯》《夏官司马》《秋官司寇》《冬官司空》6篇，后《冬官司空》1篇亡佚，西汉武帝时河间献王刘德以《考工记》补之。《周礼》一书称得上善本又通行易得的版本是阮元《十三经注疏》中的汉郑玄注、唐贾公彦疏的《周礼注疏》和清孙诒让《周礼正义》。《周礼》文字艰深，今人林尹《周礼今注今译》可供初学者参考。

《周礼》中的《春官宗伯·大司乐》在历史上最早较详尽地记载了周朝宫廷音乐机构。这个机构的官员和乐师等多至1463人，各有专门职掌。其中大司乐又称大司成，为中大夫，2人，是音乐机构的最高职官，总管音乐行政、乐制、各种典礼音乐的制定和实施、贵族的音乐教育、乐工的训练和管理等。乐师有大乐正，下大夫，4人；乐正，上士，8人；小乐正，下士，16人；共28人。乐师职掌歌舞的总教习和总指挥。大胥，中士，4人，职掌乐工的总监督，并管理人事及学生学籍。小胥，下士，8人，职掌演奏时监督乐工，并管理考试事宜。大师，下大夫，2人；小师，上士，4人。大师、小师共同担任训练乐工及指挥合奏。瞽矇，包括上瞽，上士，40人；中瞽，中士，100人；下瞽，下士，160人；共300人。瞽矇为盲乐师，担任乐器的演奏和唱歌。眡瞭，作为瞽矇的副手，有上士40人，中士100人，下士160人，共300人。典同，中士，2人，掌管乐器制造、修理和调律。磬师，中士4人，下士8人，教授及演奏钟、磬。钟师，中士4人，下士8人，教授及演奏钟、鼓。笙师，中士2人，下士4人，教授及演奏各种管乐器。镈师，中士2人，下士4人，演奏军乐。韎师，下士2人，掌管东南少数民族的音乐舞蹈。旄人，下士4人，掌教授少数民族音乐舞蹈。龠师，中士4人，掌教持羽吹龠的文舞。龠章，中士2人，下士4人，掌击土鼓吹龠。鞮鞻氏，下士4人，掌管四方少数民族音乐。典庸器，下士4人，掌保管及陈设乐器。司干，下士2人，掌保管及发送舞器。除此之外，还有人数众多的府、史、胥、徒等低级职员和工役。

总之，《周礼·春官宗伯·大司乐》中所记载的这个音乐机构，上有音乐舞蹈总管、总教习、总指挥、总监督，中有音乐舞蹈的演奏者、表演者及乐器、舞器的制造、修理、保管、发送者，下有各种职员及工役，分工明确，职责清楚。目前要分清哪些是历史的真实情况，哪些是作者主观拟构的成分，是不太可能的。但起码可以说，其勾画的音乐机构人数之众多、组织之庞大、分工之细致、管理之严密，既反映了周代宫廷音乐机构设置的实际情况，也反映了战国时期的音乐管理思想已发展到一个相当高的水平。

从《周礼》中大司乐和大师的详细职掌可以看出，大司乐不仅管音乐行政，还兼管音乐教育和音乐演出，音乐在治理国家中发挥了重要的作用，体现了先秦儒家重视音乐的思想。首先，音乐是教育贵族子弟的重要内容，这与孔子的教育课程“礼、乐、射、御、书、数”是相吻合的。当时，音乐教育的具体内容是“乐德”“乐语”“乐舞”。所谓“乐德”有六，即“中、和、祗、庸、孝、友”；“乐语”亦有六，即“兴、道、讽、诵、言、语”；“乐舞”则是“《云门大卷》《大咸》《大韶》《大夏》《大濩》《大武》”。其次，音乐是祭祀中的重要内容。《左传·成公十三年》云“国之大事，在祀与戎”，由此可见，祭祀在周代是国家的头等大事。在国家举行的祭祀大典中，音乐是必不可少的，并根据祭祀对象的不同，而采用不同的乐与舞。这就是“乃分乐而序之，以祭，以享，以祀。乃奏黄钟，歌大吕，舞《云门》，以祀天神；乃奏太簇，歌应钟，舞《咸池》，以祭地示；乃奏姑洗，歌南吕，舞《大韶》，以祀四望；乃奏蕤宾，歌函钟，舞《大夏》，以祭山川；乃奏夷则，歌小吕，舞《大濩》，以享先妣；乃奏无射，歌夹钟，舞《大武》，以享先祖。凡六乐者，文之以五事，播之以八音”。周代在祭祀中还根据时序的不同，而采取不同的乐与舞。如“凡乐，圜钟为宫，黄钟为角，太簇为徵，姑洗为羽，雷鼓雷鼗，孤竹之管，云和之琴瑟，《云门》之舞，冬日至，于地上之圜丘奏之，若乐六变，则天神皆降，可得而礼矣；凡乐，函钟为宫，大簇为角，姑洗为徵，南吕为羽，灵鼓灵鼗，孙竹之管，空桑之琴瑟，《咸池》之舞，夏日至，于泽中之方丘奏之，若乐八变，则地示皆出，可得而礼矣”。其三，周代的乐与礼紧密结合，乐服务于礼，在各种仪礼中，什么情况下应奏乐，什么情况下应去乐，什么情况下奏什么乐，都受到礼的严格节制。如“凡乐事，大祭祀，宿县，遂以声展之。王出入则令奏《王夏》，尸出入则令奏《肆夏》，牲出入则令奏《昭夏》。帅国子而舞。大飨不入牲，其他皆如祭祀。大射，王出入令奏《王夏》，及射，令奏《驺虞》。诏诸侯以弓矢舞。王大食，三宥，皆令奏钟鼓。王师大献，则令奏恺乐。凡日月食，四镇五岳崩，大傀异烖，诸侯薨，令去乐。大札、大凶、大烖、大臣死，凡国之大忧，令弛县。凡建国，禁其淫声、过声、凶声、慢声。大丧，莅廞乐器。及葬，藏乐器，亦如之”。其四，从大师的职掌中我们可以了解到《周礼》已十分明确具体地对中国古代音乐的一些基本概念范畴做了阐述，如十二律中六阳六阴、五声、八音、六诗等：“大师掌六律六同以合阴阳之声，阳声黄钟、太簇、姑洗、蕤宾、夷则、无射，阴声大吕、应钟、南吕、函钟、小吕、夹钟。皆文之五声：宫、商、角、徵、羽；皆播之以八音：金、石、土、革、丝、木、匏、竹。教六诗，曰风、曰赋、曰比、曰兴、曰雅、曰颂。”最后还必须指出的是《周礼》的作者已十分重视周边少数民族的音乐，在大司乐之下设置三个官职管理和教授少数民族音乐。其中韎师“掌教韎乐，祭祀，则帅其属而舞之”。“释曰：知舞之以东夷之舞者，以其专主夷乐，以东夷之乐曰韎是也”。旄人“掌教舞散乐，舞夷乐”。鞮鞻氏“掌四夷之乐，与其声歌”。

《周礼》之所以重视音乐，主要源于儒家乐在治国平天下中的政治功能，其在使社会和谐国家安定中发挥重要作用。这就是“以六律、六同、五声、八音、六舞大合乐，以致鬼、神、示，以和邦国，以谐万民，以安宾客，以说远人，以作动物”。

纵观中国古代史，《周礼·春官宗伯·大司乐》中体现的音乐思想，对后世历代封建王朝影响深远，被奉为圭臬。

第三节 《吕氏春秋》中的《古乐篇》

《吕氏春秋》又名《吕览》，作者为战国末期秦国吕不韦及其门客。从《汉书·艺文志》起，《吕氏春秋》就被视为杂家的代表，其思想体系以儒、道为主，兼及名、法、墨、农及阴阳家。全书26卷，内分十二纪、八览、六论，共160篇。其中第五卷中《大乐》《侈乐》《适音》《古乐》，第六卷中《音律》《音初》《制乐》《明理》等集中论音乐，其他如《本生》《重己》《贵生》《情欲》《过理》等篇也有涉及音乐的。在先秦诸子著作中，该书大概是论乐文字最多的，而且其书保存的音乐史料价值较高，常为后世音乐著作、类书等所引用。此书在传刻中误脱衍倒等较多，比较好的常见版本是上海古籍出版社影印的清光绪初年由浙江书局辑刊的《二十二子》中汉高诱注、清毕沅校的《吕氏春秋》。近代以来，一些学者也对《吕氏春秋》进行研究，其中许维遹的《吕氏春秋集释》、陈奇猷的《吕氏春秋校释》均是深见功力之作，很有参考价值。

《吕氏春秋·古乐篇》虽然只是短短的一千余字，但却是我国最早的一部上古音乐编年史。其以时代为序，记载了从远古炎帝（朱襄氏）传说至周代周公时期的音乐史事，上下纵横三四千年，历经原始社会末期和奴隶社会。这些传说虽然不等于历史，大部分还未能得到考古实物的证实，但它却折射出某些历史的真实情况，具有珍贵的史料价值，并被后世频繁引用。笔者以为，对于远古时期的传说，如没有充分的证据否定它，与其信其无，不如信其有。因为历史上许多著名的传说逐渐得到考古发掘的证实，如古希腊的荷马时代就是如此。

炎帝是传说中中华民族的祖先，号烈山氏、厉山氏，又称朱襄氏，是远古原始农耕的创始人之一。因此，《汉书》《世本》《太平御览》等又认为炎帝即神农氏。《古乐篇》首先载："昔古朱襄氏之治天下也，多风而阳气蓄积，万物解散，果实不成，故士达作为五弦瑟，以来阴气，以定群生。"这里反映了音乐起源的一条重要途径，即在原始农耕社会中，人们把音乐作为施行巫术的工具，以达到在干旱中求雨的目的。由此可见，原始音乐是与神秘的巫术祭祀等相联系的。《古乐篇》的记载还可以得到其他古籍的印证。如《世本·作篇》云："神农作琴""神农作瑟"。《广雅》卷8《释乐》载：

"神农氏琴长三尺六寸六分。"

葛天氏是传说中的远古帝号，在伏羲氏之前。传说其治不言而自信，不化而自行，古人认为这是理想中的自然、淳朴之世。《古乐篇》载："昔葛天氏之乐，三人操牛尾投足以歌八阕：一曰《载民》；二曰《玄鸟》；三曰《遂草木》；四曰《奋五谷》；五曰《敬天常》；六曰《达帝功》；七曰《依地德》；八曰《总万物之极》。"《路史》卷7《葛天氏》也有相似的记载："（葛天氏）其及乐也，八士捉矜，投足掺尾叩角乱之，而歌八终，块柎瓦缶，武噪从之，是谓《广乐》。"对比两书记载，虽有不同，如歌舞者3人或8人，歌名《八阕》或《广乐》，但还是可以互相补充来说明一些问题的。从"操牛尾投足以歌"和"投足掺尾叩角乱之，而歌八终"来看，应是音乐与舞蹈结合，载歌载舞的形式。其乐舞的伴奏乐器是"块柎瓦缶"，即原始的打击乐器，可见其旋律性不会很强，当主要是节奏性的伴奏。歌舞者虽说只有3人或8人，但奔放的舞蹈，富有煽动性的节奏，使人们"武躁从之"，场面相当热烈狂欢。《八阕》中的《遂草木》《奋五谷》和《总万物之极》可以反映出，葛天氏时期，农业与畜牧业在社会经济中占重要地位。人们投足高唱《玄鸟》《敬天常》《达帝功》《依地德》，祈求与天地、祖先、图腾沟通，希冀得到他们的保佑，获得丰收与快乐。

有关阴康氏的详细情况，不见古籍记载。据颜师古注《汉书·司马相如传》云："《古今人表》有葛天氏、阴康氏……盖（高）诱不视《古今人表》，妄改易吕氏本文。"由此可见，阴康氏年代当在葛天氏之后，但不是很知名，故连高诱尚不知道。《古乐篇》载："昔阴康氏之始，阴多滞伏而湛积。水道壅塞，不行其原，民气郁阏而滞著，筋骨瑟缩不达，故作为舞以宣导之。"如前所述，朱襄氏是因旱灾而作五弦瑟求神降雨，而阴康氏则因水灾而创作舞蹈抗洪。其所不同的是，阴康氏不是求神恩赐，而是通过舞蹈鼓励士气，强身健体，从而达到战胜洪水的目的。

黄帝，姬姓，号轩辕氏、有熊氏，与炎帝一起被认为是中华民族的祖先。传说认为有很多发明创造，如养蚕、舟车、文字、医学、算数、音律等，都始于黄帝时期。《古乐篇》对黄帝时期十二律的产生作了较具体的记载："昔黄帝令伶伦作为律。伶伦自大夏之西，乃之阮隃之阴，取竹于嶰溪之谷，以生空窍厚钧者、断两节间，其长三寸九分而吹之，以为黄钟之宫，吹曰舍少。次制十二筒，以之阮隃之下，听凤凰之鸣，以别十二律。其雄鸣为六，雌鸣亦六，以比黄钟之宫，适合。黄钟之宫，皆可以生之，故曰黄钟之宫，律吕之本。黄帝又命伶伦与荣将铸十二钟，以和五音，以施英韶，以仲春之月，乙卯之日，日在奎，始奏之，命之曰《咸池》。”虽然以上记载神话传说的色彩比较浓厚，但仅从文字上分析，黄帝时期，中国远古音乐有了较显著的进步。其一，已懂得通过截竹管、铸钟定十二律，并将十二律分成雄雌（即阳阴）各六。其二，十二律的制定是通过听到凤凰鸣叫而受到启发的，这正符合音乐起源中的模仿说。其三，创作了音乐色彩多样、形象丰富、感染力强的音乐作品《咸池》。“其声能短能长，能柔能刚，变化齐一，不主故常。”[①]《庄子·至乐篇》还描述了《咸池》的表演效果：“鸟闻之而飞，兽闻之而走，鱼闻之而下入，人卒闻之，相与还而观之。”

颛顼是传说中古代部落的首领，号高阳氏，据《世本》《大戴礼》《史记·五帝本纪》的记载，其在五帝中后于黄帝而先于帝喾。“帝颛顼生自若水，实处空桑，乃登为帝。惟天之合，正风乃行，其音若熙熙凄凄锵锵。帝颛顼好其音，乃令飞龙作效八风之音，命之曰《承云》，以祭上帝。乃令鱓先为乐倡，鱓乃偃寝，以其尾鼓其腹，其音英英。”《古乐篇》的这段记载与其他古文献校比，在内容上有所不同。如《路史》认为《承云》是黄帝乐舞《咸池》的又一别名，而《古乐篇》则曰《承云》是颛顼令飞龙所作。《汉书·礼乐志》则载：“颛顼作《六茎》。”《乐纬》又云：“颛顼曰《五茎》。”究竟这三个名称所指是同一个乐舞，还是各不相同的乐舞，目前还难以断定。但是鱓在演奏《承云》时，“以其尾鼓其腹，其音英英”则反映出，其曲的伴奏乐器当以鼓为主。

帝喾号高辛氏，是传说中古代部族首领，在五帝中继颛顼之后。帝喾时期，音乐有了很大发展，乐器种类明显增加，尤其是出现了笙、埙、篪等旋律性乐器，说明乐曲的旋律色彩逐渐浓厚，已摆脱了葛天氏、颛顼时期以打击乐器为主，也不像朱襄氏、黄帝时期的单一。《古乐篇》云：“帝喾命咸黑作为《声歌》——《九招》《六列》《六英》。有倕作为鼙、鼓、钟、磬、（吹）、笙、管、埙、篪、（鞀、椎、钟），帝喾乃令人抃或鼓鼙，击钟、磬，吹

① 《庄子·天运篇》，影印浙江书局《二十二子》本，上海古籍出版社 1986 年版。

笙，展管、篪，因令凤鸟、天翟舞之。帝喾大喜，乃以康帝德。”文中所记载的乐器，目前考古发掘已证实的大致有鼓、钟、磬、埙等，由此说明其传说是有一定根据的。

尧号陶唐氏，名放勋，史称唐尧，是传说中父系氏族社会后期部落联盟领袖，在五帝之中继帝喾之后。舜号有虞氏，名重华，史称虞舜，也是传说中父系氏族社会后期部落联盟领袖，在五帝中是继尧之后的最后一帝。传说尧去世后，以禅让制的方式由舜继位。《古乐篇》载：“帝尧立，乃命质为乐。质乃效山林溪谷之音以歌。乃以麋鞈置缶而鼓之，乃拊石击石，以像上帝玉磬之音，以致舞百兽。瞽叟乃拌五弦之瑟，作以为十五弦之瑟。命之曰《大章》，以祭上帝。舜立，仰延乃拌瞽叟之所为瑟，益之八弦，以为二十三弦之瑟。帝舜乃令质修《九招》《六列》《六英》，以明帝德。”分析以上记载，这一时期在音乐史上的最显著发展是对前代乐器、乐章进行改进和增修。他们将朱襄氏时的五弦瑟改进为十五弦、二十三弦瑟；增修帝喾时的《九招》《六列》《六英》3个乐舞，以宣扬帝德。可以说尧舜时代是上古音乐史承前启后的时期，将前代的音乐成就加以继承和发扬光大，以致到了周代才能有六代乐舞的出现。但是，令人遗憾的是，此段记载未提及舜的著名乐舞《韶》（又称《大韶》《韶箾》《箾韶》《箫韶》《韶虞》《招》）。此曲深受后世儒家称赞，如春秋时吴季札在鲁国看到《大韶》的演出，叹为观止；孔子也称《韶》为尽善尽美的乐舞。

从夏禹开始，中国的原始社会开始瓦解。禹的儿子启打破了“禅让制”，建立了第一个奴隶制王朝——夏。以后商汤灭夏，建立商朝；周武王灭商，建立周朝。在夏商周王朝的更替中，音乐也在发生着变化。《古乐篇》载：“禹立，勤劳天下，日夜不懈，通大川，决壅塞，凿龙门，降通漻水以导河，疏三江五湖，注之东海，以利黔首。于是命皋陶作为《夏龠》九成，以昭其功。殷汤即位，夏为无道，暴虐万民，侵削诸侯，不用轨度，天下患之。汤于是率六州以讨桀罪，功名大成，黔首安宁。汤乃命伊尹作为《大濩》，歌《晨露》，修《九招》《六列》（《六英》），以见其善……（周）武王即位，以六师伐殷，六师未至，以锐兵克之于牧野。归，乃荐俘馘于京太室，乃命周公作为《大武》。成王立，殷民反，王命周公践伐之。商人服象，为虐于东夷，周公遂以师逐之，至于海南，乃为《三象》，以嘉其德。”由此可见，在奴隶制国家的建立中，音乐的政治色彩日益浓厚，成为统治者歌功颂德的工具。如禹命皋陶作《夏籥》，以歌颂他的治水之功；商汤命伊尹作《大濩》，以显示他灭夏的功德；周武王命周公作《大武》，以表现他伐纣的武功；周公平殷民之反，逐商人于海南，乃作《三象》，嘉美自己的功德。

《古乐篇》作为上古音乐编年史，并非只是单纯地记载史实，作者还在篇章的首尾表明了自己的观点。《古乐篇》开宗明义云："乐所由来者尚也，必不可废。有节有侈，有正有淫矣。贤者以昌，不肖者以亡。"这就是说音乐是人类社会所不可缺少的。但有适当、过分、正当、淫乱之分，所以能使贤明者功成业就，亦能使不肖者身败名裂。《古乐篇》所载之乐均为"有节""有正"之乐，而未提及"有侈""有淫"之乐，但后者在历史上也不鲜见。如《史记·殷本纪》载商纣"益广沙丘苑台，多取野兽蜚鸟置其中。慢于鬼神。大冣乐戏于沙丘，以酒为池，县肉为林，使男妇倮相逐其间，为长夜之饮"。《古乐篇》的末尾总结说："故乐之所由来者尚矣，非独为一世之所造也。"这是符合音乐产生发展规律的，即音乐的产生发展必须经历一个漫长的过程，并非在短时间内就能形成。

第四节 《礼记》中的《乐记》

《礼记》中的《乐记》是我国古代音乐史上一篇占有重要地位的理论文献，在上下两千余年的封建社会受到极大的重视和提倡，产生了深远而巨大的历史影响。在以儒家思想为正统的中国封建时代，凡探讨和论述音乐的著述，很少有不引用它的文字或转述它的内容。后世著述者把它所表达的音乐思想视为权威的指导性思想，在谈论音乐问题时，总要从中引经据典。

但是，就是这样一篇中国上古史最著名的音乐著述，其成书年代、作者及内容篇目却聚讼纷纭、人言人殊。首先，有关《礼记》成书之时代和汇辑者的问题，从来就说法不一。如孔颖达《礼记正义》在《礼记》大题下引郑玄《六艺论》云："戴德传《记》八十五篇，则《大戴礼》是也；戴圣传《记》四十九篇，则此《礼记》是也。"其后《经典释文》及《隋书·经籍志》则并言戴德删《古文记》成《大戴礼记》，戴圣删《大戴礼记》成《礼记》。但是后世学者对此提出怀疑。如清代学者戴震认为:“凡大小戴两见者，文字多异。《隋志》以前，未有谓小戴删大戴之书者”[①]，因此，《隋书》谓戴圣删戴德之书不足据也。清另一学者毛奇龄也认为:“戴为武、宣时人，岂能删哀、平间向、歆所校之书乎?”[②]总之，他们都认为《礼记》非戴圣删戴德《古文记》而成，甚至戴氏叔侄根本不可能辑《大戴礼记》和《乐记》。今人钱玄认为，据《后汉书·曹褒传》，在后汉和帝(89—105)时，已有《礼记》。其后马融、卢植又有增删，乃成今所存郑玄注《礼记》49篇之本。而且其49篇不是一时一人之作，其中可考者，较多是孔子再传弟子所作[③]。

其次，有关《礼记》第十九篇《乐记》的成书年代及作者，一千多年来也说法不一，至今尚难以定论。《汉书·艺文志》载:“武帝时，河间献王好儒，与毛生等共采《周官》及诸子言乐事者，以作《乐记》。”据此文意，《乐记》为西汉河间献王刘德等人编撰。而《隋书·音乐上》和唐张守节《史记正义》则认为《乐记》作者为战国时代公孙尼子。今人郭沫若亦主此说。今人丘琼荪在《历代乐志律志校释》第一册《序》中认为《乐记》为“汉武帝时杂家公孙尼之作品”。此公孙尼非春秋战国间儒家公孙尼子。

再次，有关《礼记》及《礼记》中《乐记》的篇章问题，文献记载也不大一致。如孔颖达《史记正义》和陆德明《经典释文》都认为《大戴记》85篇，《礼记》49篇;而《隋书·经籍志》则载《小戴礼》(即《礼记》)46篇，《大戴礼》同为85篇。《乐记》原是单独成书的，《史记正义》载郑玄云:“刘向校书得《乐书》二十三篇，著于《别录》。”后来，“此于《别录》属《乐记》，盖十一篇合为一篇。十一篇者，有《乐本》，有《乐论》，有《乐施》，有《乐言》，有《乐礼》，有《乐情》，有《乐化》，有《乐象》，有《宾牟贾》，有《师乙》，有《魏文侯》”。在《史记正义》的《乐书》注文中，张守节随文注明其原来的篇名和章次，这也就是现存《乐记》的脉络。但另一方面，《礼记·乐记》的文字和篇次与《史记·乐书》也有不同的地方。

---

① 《皇清经解》卷565《东原集》，道光九年刊本。

② 《皇清经解》卷164《经问》，道光九年刊本。

③ 参见钱玄等注释《礼记》上，岳麓书社2001年版，第2—7页。

《乐记》除11篇合为1篇入《礼记》得以保存外，其余12篇基本亡佚[①]，仅在孔颖达《礼记正义》和刘向《别录》存有篇名，其次第为《奏乐》第十二、《乐器》第十三、《乐作》第十四、《意始》第十五、《乐穆》第十六、《说律》第十七、《季札》第十八、《乐道》第十九、《乐义》第二十、《昭本》第二十一、《招颂》第二十二、《窦公》第二十三。

《礼记》目前比较通行的善本是中华书局影印的清阮元《十三经注疏》中汉郑玄注、唐孔颖达疏的《礼记正义》，清代朱彬撰《礼记训纂》、孙希旦撰《礼记集解》堪称精校精注之本，今人吉联抗译注的《乐记译注》、钱玄等注释的《礼记》因有白话译文，更便于初学者参考。

《礼记·乐记》的成书时代、作者及篇章结构等存在着诸多问题还无法较圆满地解决，但这并不影响其作为一篇古代著名音乐理论著述具有的价值。其表述的音乐思想，主要有以下几个方面：

其一，探讨了音乐的起源。《乐记》开篇就指出："凡音之起，由人心生也。人心之动，物使之然也。感于物而动，故形于声；声相应，故生变；变成方，谓之音；比音而乐之，及干戚羽旄，谓之乐。""乐者，音之所由生也，其本在人心之感于物也……情动于中，故形于声。"这里比较符合客观实际地提示了音乐产生的过程：大凡声音的发出，是从人心中产生的；而人心的活动，是受外界事物的影响。这就是人心有感于外物而产生活动，因而表现于声响。不同的声音互相配合，因而产生变化；变化形成一定的规律，就称之为"音"。把这些音演奏出来，再配以干戚和羽旄等舞蹈器具，便称为"乐"。

其二，音乐表现不同的感情，因而反映并影响社会的治乱。正由于音乐产生于人心，感于物也，因此"其哀心感者，其声噍以杀；其乐心感者，其声啴以缓；其喜心感者，其声发以散；其怒心感者，其声粗以厉；其敬心感者，其声直以廉；其爱心感者，其声和以柔"。总之，人们的哀、乐、喜、怒、敬、爱各种感情可从音乐上表现出来。进而《乐记》认为，社会的治乱与国家的

① 臧庸《拜经日记》《余嘉锡论学杂著》认为《史记·乐书》"凡音由于人心"至"夫乐不可妄兴也"一段，"夫上古明王举乐者"至篇末一段为《乐记》亡佚之《奏乐》《乐义》两篇文字，故《史记·乐书》所取《乐记》文字不是11篇而是13篇。除此之外，《白虎通义》《风俗通义》《说苑》等可能也保存《乐记》少量原文。

兴亡必然会影响人的思想感情，并从音乐中反映出来；反之，音乐表现的不同，必然也会对社会治乱和国家兴亡，产生潜移默化的影响。这就是经常为后世所引用的："治世之音安以乐，其政和；乱世之音怨以怒，其政乖；亡国之音哀以思，其民困。声音之道，与政通矣。""乐也者，圣人之所乐也，而可以善民心。其感人深，其移风易俗，故先王著其教焉……是故志微、噍杀之音作，而民思忧；啴谐、慢易、繁文、简节之音作，而民康乐；粗厉、猛起、奋末、广贲之音作，而民刚毅；廉直、劲正、庄诚之音作，而民肃敬；宽裕、肉好、顺成、和动之音作，而民慈爱；流辟、邪散、狄成、涤滥之音作，而民淫乱。"但是《乐记》中所表述的音乐与政治的思想在一些地方也显得相当牵强附会，如其把宫、商、角、徵、羽五声同君、臣、民、事、物相比附对应，认为"宫乱则荒，其君骄；商乱则陂，其官坏；角乱则忧，其民怨；徵乱则哀，其事勤；羽乱则危，其财匮。五者皆乱，迭相陵，谓之慢。如此，则国之灭亡无日矣"。

其三，重视音乐的治世功能。《乐记》基于音乐对社会治乱和国家兴亡的重要影响，重视音乐的教化作用，"是故乐在宗庙之中，君臣上下同听之，则莫不和敬；在族长乡里之中，长幼同听之，则莫不和顺；在闺门之内，父子兄弟同听之，则莫不和亲。故乐者，审一以定和，比物以饰节，节奏合以成文。所以合和父子君臣，附亲万民也，是先王立乐之方也"。《乐记》把乐与礼、刑、政相提并论，以为安定社会、国家大治的四大手段之一。"礼乐刑政，其极一也，所以同民心而出治道也。"具体地说，其四者在治理国家中各发挥不同的作用，相辅相成，互相补充："礼节民心，乐和民声，政以行之，刑以防之，礼乐刑政，四达而不悖，则王道备矣。"在这四者中，《乐记》尤其重视礼与乐的相互配合，从各个不同角度反复进行阐述："乐者为同，礼者为异。同则相亲，异则相敬……礼义立，则贵贱等矣；乐文同，则上下和矣。""乐至则无怨，礼至则不争。揖让而治天下者，礼乐之谓也。"《乐记》还根据礼、乐的不同特点，提出在实际施行中的不同做法，即对礼应该鼓励，对乐应该控制。这就是"乐也者，动于内者也；礼也者，动于外者也。故礼主其减，乐主其盈。礼减而进，以进为文；乐盈而反，以反为文。礼减而不进则销，乐盈而不反则放。故礼有报而乐有反。礼得其报则乐，乐得其反则安。礼之报，乐之反，其义一也"。由此可见，因为礼教人克制、减损，做起来比较困难，所以要加以鼓励，以努力去做为美。而乐使人抒发、充盈，做起来比较容易，所以要有控制，以控制为美。这种礼乐并行的思想对后世影响深远，如二十六史中，不少是把礼、乐合为一志的。正由于礼乐在治世中的重要作用，因此，历代“王者功成作乐，治定制礼”。《礼记》在看待历代礼乐的变化时还表现出朴素的辩证思想，即任何事物是随外界条件的变化而不断变化的，礼乐也是如此：“五帝殊时，不相沿乐；三王异世，不相袭礼。”

其四，提出“和乐”与“淫乐”、“德音”与“溺音”两对音乐范畴。《乐记》认为：“凡奸声感人而逆气应之，逆气成象而淫乐兴焉。正声感人而顺气应之，顺气成象而和乐兴焉”。这就是说凡是奸邪的声音感染了人，心中逆乱之气就与之呼应，逆乱之气表现于外，淫邪的音乐就产生了。纯正的声音感染了人，心中顺服之气就与之呼应，顺服之气表现于外，调和的音乐就产生了。因此，《乐记》告诫人们：“奸声乱色，不留聪明；淫乐慝礼，不接心术；惰慢邪僻之气，不设于身体。使耳目鼻口心知百体，皆由顺正，以行其义。”《乐记》在记载魏文侯与子夏有关音乐的问答中，涉及德音与溺音问题。“天下大定，然后正六律，和五声，弦歌诗颂，此之谓德音。”“郑音好滥淫志，宋音燕女溺志，卫音趋数烦志，齐音敖辟乔志。此四者皆淫于色而害于德”，即溺音也。《乐记》这种评判“德音”“溺音”的标准，被后世奉为圭臬。

其五，论述歌唱艺术。《乐记》在子赣问师乙和子贡问乐中探讨了歌唱艺术中的三个问题：首先，乐曲的选择必须适应歌唱者的性格、气质，这样才能引起自己的共鸣，先感动自己才能感动天地万物，更好地发挥乐曲的感染力。这种思想已经涉及艺术创作与人的个性之间的关系。“宽而静、柔而正者，宜歌《颂》；广大而静、疏达而信者，宜歌《大雅》；恭俭而好礼者，宜歌《小雅》；正直而静、廉而谦者，宜歌《风》；肆直而慈爱者，宜歌《商》；温良而能断者，宜歌《齐》。夫歌者，直己而陈德也。动己而天地应焉，四时和焉，星辰理焉，万物育焉。”其次，提出了评判歌唱艺术的标准。“故歌者，上如抗，下如坠，曲如折，止如槁木，倨中矩，句中钩，累累乎端如贯珠。”其意是说歌声上升时高亢有力，下降时深沉厚重；转折时如同突然折断，休止时好像枯木不动；平直时符合矩尺，曲折时好像环钩，连绵不断时如同一串珍珠。再次，论述歌的特征。“歌之为言也，长言之也。说之，故言之；言之不足，故长言之；长言之不足，故嗟叹之；嗟叹之不足，故不知手之舞之足之蹈之也。”这里很好地揭示了歌的特征是“长言”，即把语言的音调拖长，有了曲折变化。正如上文所述，“情动于中，故形于声”，心中喜悦，就要用语言来表达；语言不够达意，就拉长其音调；拉长音调还不够，就发出咏叹；咏叹再不够，就不知不觉地手舞足蹈起来了。《乐记》把歌作为人们表达情绪的某种层面，是难能可贵的。

其六，保存了一些音乐史实。如关于乐舞《大武》的内容，魏文侯与子夏讨论音乐问题等，历来受到重视和引用。

第五节 《梦溪笔谈》中的《乐律》

《梦溪笔谈》作者沈括（1031—1095），是北宋著名的科学家、政治家。他精通音律，著有《乐论》1卷、《三乐谱》1卷、《乐器图》1卷、《乐律》1卷，惜都已亡佚。其流传至今著作是《梦溪笔谈》26卷。卷1至卷12的篇目为故事、辩证、乐律、象数、人事、官政，每一篇目各占2卷；卷13为权智；卷14至卷16为艺文；卷17至卷23为书画、技艺、器用、神奇、异事、谬误、讥谑，每一篇各占1卷；卷24、卷25为杂志；卷26为药议。除此之外，还有《补笔谈》《续笔谈》。1956年上海出版公司出版《梦溪笔谈校证》上下2册，对各卷逐条进行考释校正，并附有各种版本的插图。中央民族学院艺术系文艺理论组编著《〈梦溪笔谈〉音乐部分注释》[①]一书，将书中论乐文字分为51条，加以注释，可供初学者使用。《梦溪笔谈》内容涉及天文、数学、物理、化学、生物、地质、气象、医学、工程技术、文学、史学、美术、音乐等众多方面，其中《乐律一》《乐律二》2卷及《补笔谈》之《乐律》1卷论述有关音乐的各种问题，其思想富有创见，所保存的史料可补正史记载之不足，在中国音乐史上有重要地位。以下简要介绍《梦溪笔谈》之《乐律》中主要内容：

第一，对音乐声学中的一些原理做了科学的解释。沈括作为一名科学

① 中央民族学院艺术系文艺理论组编著：《〈梦溪笔谈〉音乐部分注释》，人民音乐出版社1979年版。

家，通过细致观察和思考，从而科学地解释了音乐声学中的一些现象。如他对声音的共振现象有所观察和试验，并做了记录："琴瑟弦皆有应声，宫弦则应少宫，商弦则应少商"，"欲知其应者，先调诸弦令声和，乃剪纸人加弦上，鼓其应弦，则纸人跃，他弦即不动，声律高下苟同，虽在他琴鼓之，应弦亦震，此之谓正声。"沈括所称之"应声""正声"，就是物理上的共振现象。正由于沈括重视观察和研究音乐上的各种应声现象，因此，他在中国历史上首次提出"声学"的概念。"予友人家有一琵琶，置之虚室，以管色奏双调，琵琶弦辄有声应之，奏他调则不应，宝之以为异物。殊不知此乃常理。二十八调但有声同者即应；若偏二十八调而不应，则是逸调声也……此声学至要妙处也。今人不知此理，故不能极天地至和之声。"沈括还观察到乐器所发出的泛音，认为这是"自然之节"，也将其称为"正声"。他说："所谓正声者，如弦之有十三泛韵，此十二律自然之节也。盈丈之弦，其节亦十三；盈尺之弦，其节亦十三，故琴以为十三徽。不独弦如此，金石亦然。"沈括还用不同发音体声音振动各不相同的原理来分析上古乐钟与宋代乐钟在演奏时效果的不同。"古乐钟皆扁如盒瓦，盖钟圆则声长，扁则声短。声短则节，声长则曲。节短处声皆相乱，不成音律。后人不知此意，悉为圆钟，急叩之多晃晃尔，清浊不复可辨。"圆钟由于延音长，因此在演奏节拍急促的曲调时，就会产生余音相互干扰，音响效果混杂含糊，不成音律的现象。沈括还总结出同一材料的发音体发出音调高低的不同在于其短长厚薄的差异，并以此来辨析史籍记载的错误。"唐《独异志》云：'唐承隋乱，乐簴散亡，独无徵音。李嗣真密求得之，闻弩营中砧声，求得丧车一铎，入振之于东南隅，果有应者。掘之，得石一段，裁为四具，以补乐簴之缺。'此妄也！声在短长厚薄之间，故《考工记》：'磬氏为磬，已上则磨其旁，已下则磨其端。'磨其毫末，则声随而变，岂有帛砧裁琢为磬，而尚存故声哉？兼古乐宫、商无定声，随律命之，迭为宫、徵。嗣真必尝为新磬，好事者遂附益为之说。既云'裁为四具'，则是不独补徵声也。"根据这一原理，沈括科学地解释了以铁为乐器，其音高日久容易下降，而用石与铜为乐器，音高比较稳定的现象。"予尝以问教坊老乐工，云乐声岁久势当渐下，一事验之可见。教坊管色岁月浸深，则声渐差，辄复一易。父祖所用管色，今多不可用。唯方响皆是古器，铁性易缩，时加磨莹，铁愈薄而声愈下。乐器须以金石为准，若准方响，则声自当渐变。古人制器用石与铜，取其不为风雨燥湿所移，未尝用铁者，盖有深意焉。律法既亡，金石又不足恃，则声不得不流，亦自然之理也。"

第二，对古代宫调理论及有关工尺谱字作了整理和论述。沈括根据宋代十二律音高与前代不同的具体情况，重新确定了宋代燕乐所用工尺谱字与传统律名的对应关系："十二律并清宫当有十六声，今之燕乐止有十五声，盖今乐高于古乐二律以下，故无正黄钟声。今燕乐只以合字配黄钟，下四字配大吕，高四字配太簇，下一字配夹钟，高一字配姑洗，上字配中品，勾字配蕤宾，尺字配林钟，下工字配夷则，高工字配南吕，下凡字配无射，高凡字配应钟，六字配黄钟清，下五字配大吕清，高五配太簇清，紧五字配夹钟清。"沈括还就燕乐二十八调各调所用"杀声"（终结音）提出了自己的看法："十二律配燕乐二十八调，除无徵音外，凡杀声：黄钟宫今为正宫，用'六'字；黄钟商今为越调，用'六'字；黄钟角今为林钟角，用'尺'字；黄钟羽今为中吕调，用'六'字；大吕宫今为高宫，用'四'字；大吕商、大吕角、大吕羽、太簇宫，今燕乐皆无。太簇商今为大石调，用'四'字；太簇角今为越角，用'工'字；太簇羽今为正平调，用'四'字；夹钟宫今为中吕宫，用'一'字；夹钟商今为高大石调，用'一'字；夹钟角、夹钟羽、姑洗商，今燕乐皆无……"

有关犯调，隋唐时期指在演奏乐曲中调域或调式的变化。宋人对唐代的犯调理论已经不甚了然，沈括在《梦溪笔谈·乐律》提到了各种犯调，但也没有做进一步具体的解释："然诸调杀声亦不能尽归本律，故有祖调、正犯、偏犯、旁犯，又有寄杀、侧杀、递杀、顺杀。凡此之类，皆后世声律渎乱，各务新奇，律法流散，然就其间亦自有伦理，善工皆能言之，此不备纪。"姜夔引唐人乐书，对诸犯做了解释："犯有正、旁、偏、侧。宫犯宫为正，宫犯商为旁，宫犯角为偏，宫犯羽为侧。"但是陈旸《乐书》对"犯声""犯调"的注，则以宫犯羽为偏，宫犯角为侧。而张炎、王灼等人的记述与理解，又各自不同。总之，宋人对犯调的解释已人言人殊，目前还难以断定是非。

沈括在《乐律》中还对记谱符号敦、掣、住、折声等及与其有关的含义作了探讨。"乐中有敦、掣、住三声，一敦一住，各当一字；一大字住，当二字；一掣减一字。如此迟速方应节，琴瑟亦然。更有折声，唯合字无。折一分折二分，至于折七八分者，皆是举指有深浅，用气有轻重。如笙箫则全在用气，弦声只在抑按。如中吕宫一字，仙吕宫五字，皆比他调高半格，方应本调。唯禁伶能知，外方常工多不喻也。”

第三，留意于歌曲创作艺术和音乐表演艺术的探讨。沈括在歌曲创作艺术中提倡歌曲内容与艺术形式的统一，反对某些人在按谱填词时，不顾曲调所表现的情感而盲目地套用。后者所产生的结果只能是产生没有感染力、曲调与歌词不相和谐的作品。沈括充分肯定了民间歌谣在歌曲内容和艺术形式方面的统一。“今声词相从，唯里巷间歌谣及《阳关》《捣练》之类稍类旧俗。然唐人填曲，多咏其曲名，所以哀乐与声尚相谐会。今人则不复知其声矣，哀声而歌乐词，乐声而歌怨词，故语虽切而不能感动人情，由声与意不相谐故也。”

沈括这种在歌曲创作艺术中追求歌曲内容与艺术形式的统一、注重真情实感的思想也贯穿于音乐表演艺术，主张“其哀乐成于心，然后宣于声，则必有形容以表之。故乐有志声有容，其所以感人深者，不独出于器而已”。他反对那种只是“中节奏谐声律而已”，没有艺术感染力徒具形式的音乐作品。沈括虽然注重音乐必须表现人的内心思想与感情，必须有感染力，但也讲究其表现技巧。如在歌唱中主张“声中无字，字中有声”，反对“念曲”“叫曲”。“古之善歌者有语，谓当使声中无字，字中有声。凡曲止是一声，清浊高下，如萦缕耳；字则有喉、唇、齿、舌等音不同，当使字字举本皆轻圆，悉融入声中，令转换处无磊块，此谓声中无字。古人谓之如贯珠，今谓之善过度是也。如宫声字，而曲合用商声，则能转宫为商歌之，此字中有声也。善歌者谓之内里声。不善歌者，声无抑扬谓之念曲，声无含韫谓之叫曲。”

第四，对乐器考古、乐器制造、演奏技术等给予关注。如沈括曾对一些古琴进行观察研究：“予曾见唐初路氏琴，木皆枯朽，殆不胜指，而其声愈清。又尝见越人陶道真畜一张越琴，传云古塚中败棺杉木也，声极劲挺。”由此，他得出结论：“琴材欲轻、松、脆、滑，谓之四善”；“须多年木性都尽，声始发越”。这个见解，对于选用琴材来说，可谓是经验之谈。沈括对磨制乐器磬也有了解：“考工为磬之法，已上则磨其端，已下则磨其旁。磨之至于击而有韵处，即与徽应，过之则复无韵；又磨之，至于有韵处，复应以一徽。石无大小，有韵处亦不过十三，犹弦之有十三泛声也。此天地至理，人不能以毫厘损益其间。近世金石之工，盖未尝及此。不得正声，不足为器；不得中声，不足为乐。”

第五，记录保存了不少音乐史事，有的还可补正史记载之不足。如《乐律》通过记载杖鼓和《柘枝舞》，使后人了解到唐至宋在音乐上的一些变化。“唐之杖鼓，本谓之‘两杖鼓’，两头皆用杖。今之杖鼓一头以手拊之，则唐之‘汉震第二鼓’也。明帝、宋开府皆善此鼓，其曲多独奏，如鼓笛曲是也。今时杖鼓，常时只是打拍，鲜有专门独奏之妙。”“《柘枝》旧曲，遍数极多，如《羯鼓录》所谓‘浑脱解’之类，今无复此遍。寇莱公好《柘枝舞》，会客必舞《柘枝》，每舞必尽日，时谓之‘柘枝颠’。今凤翔有一老尼，犹是莱公时柘枝妓，云当时《柘枝》尚有数十遍，今日所舞《柘枝》，比当时十不得二三。”又如沈括认为唐宋两朝乐律音高存在较大差异：“本朝燕部乐经五代离乱，声律差舛。传闻国初比唐乐高五律，近岁乐声渐下，尚高两律。”这与《宋史·乐一》开篇所载北宋初年乐律音高情况是一致的。

第六节 《闲情偶寄》中的戏曲音乐篇章

《闲情偶寄》，明末清初李渔（1610—1680）著。李渔字笠翁，又名笠鸿、谪凡。别署有笠道人、湖上笠翁、觉世稗官、随庵主人、新亭樵客等。其平生绝意仕途，从事传奇小说创作、戏曲表演及经营书店等文化活动。著作甚丰，作有传奇《奈何天》《比目鱼》《蜃中楼》《怜香伴》《风筝误》《慎鸾交》《凰求凤》《巧团圆》《玉搔头》《意中缘》10种，合称《笠翁十种曲》。此外，他还有诗文集《一家言》，小说《织锦回文传》，短篇小说集《十二楼》《无声戏》，编辑《芥子园画谱初集》《资治新书》等。李渔的《闲情偶寄》包括词曲、演习、声容、居室、器玩、饮馔、种植、颐养8部，其中《词曲部》论述戏曲创作，《演习部》和《声容部》的若干内容，论述舞台艺术，即他所谓的“登场之道”。李渔在阐述戏曲理论时，不少地方涉及戏曲音乐问题，本节即节录其论述戏曲音乐之篇章略做介绍。

《闲情偶寄》于康熙十年（1671年），由翼圣堂首次雕版印行，题名《笠翁秘书第一种》，分16卷。后来李渔把他的诗文编为《一家言》，《闲情偶寄》改名《笠翁偶集》收入其中，由16卷并为6卷。《笠翁偶集》亦曾单独印行，当时翻刻者颇多，质量都不甚好。现存者以雍正八年（1730年）芥子园所刊《笠翁一家言全集》较好。但此本亦有伪刻者。20世纪二三十年代，普益书局、会文堂书局、宝文堂出过石印本，流行颇广。1936年，《闲情偶寄》收入《中国文学珍本丛书》。20世纪50年代，该书收入《中国古典戏曲论著集成》。1985年，浙江古籍出版社出版了单锦珩校点的《闲情偶寄》。该本以雍正八年芥子园《笠翁一家言全集》为底本，参校诸本，改正了一些错字，重要异同，则出校语。这是目前比较流行的较好的版本。

首先，值得我们注意的是，李渔撰述《闲情偶寄》的指导思想之一是追求创新，不蹈袭前人之说，不剽窃陈言，不网罗旧集。他在《闲情偶寄·序》中云："不佞半世操觚，不攘他人一字，空疏自愧者有之，诞妄贻讥者有之，至于剿窠袭臼，嚼前人唾余，而谓舌花新发者，则不特自信其无，而海内名贤，亦尽知其不屑有也。"他主张创作应该"有则还吾故有，无则安其本无，不载旧本之一言，以补新书之偶缺，不借前人之只字，以证后事之不经"。正由于他有这种创新思想，因此在戏曲理论和戏曲音乐方面能发前人所未发，提出一些具有理论价值和实践意义的观点，至今值得我们借鉴参考。

基于这种追求创新的思想，他在戏曲和戏曲音乐创作上提出要"脱窠臼"："新也者，天下事物之美称也。而文章一道，较之他物，尤加倍焉。戛戛乎陈言务去，求新之谓也。至于填词一道，较之诗赋古文，又加倍焉。非特前人所作，于今为旧，即出我一人之手，今之视昨亦有间焉。昨已见而今未见也，知未见之为新，即知已见之为旧矣。古人呼剧本为'传奇'者，因其事甚奇特，未经人见而传之，是以得名，可见非奇不传。新即奇之别名也，若此等情节业已见之戏场，则千人共见，万人共见，绝无奇矣，焉用传之？是以填词之家，务解传奇二字，欲为此剧，先问古今院本中曾有此等情节与否，如其未有，则急急传之，否则枉费辛勤，徒作效颦之妇……吾谓填词之难，莫难于洗涤窠臼，而填词之陋，亦莫陋于盗袭窠臼。"[①]由此可见，他主张创作戏曲（欲为此剧）和戏曲音乐（填词）不仅要超越前人，还要超越自

① 李渔著、单锦珩校点《闲情偶寄》卷1《词曲部上·脱窠臼》，浙江古籍出版社1985年版（下同）。

我，这样才能不断有新的作品问世；否则，只能是东施效颦，盗袭窠臼，难以创作出传世之作。在戏曲唱腔创作中，他力主推陈出新，随时不断变化，才能保持其长久的艺术生命力，从而受到观众的欢迎。“变调者，变古调为新调也。此事甚难，非其人不行，存此说以俟作者。才人所撰诗赋古文，与佳人所制锦绣花样，无不随时变更。变则新，不变则腐；变则活，不变则板。至于传奇一道，尤是新人耳目之事，与玩花赏月同一致也。使今日看此花，明日复看此花，昨夜对此月，今夜复对此月，则不特我厌其旧，而花与月亦自愧其不新矣，故桃陈则李代，月满即哉生。花月无知，亦能自变其调，矧词曲出生人之口，独不能稍变其音，而百岁登场，乃为三万六千日雷同合掌之事乎？吾每观旧剧，一则以喜，一则以惧。喜则喜其音节不乖，耳中免生芒刺；惧则惧其情事太熟，眼角如悬赘疣。”[①]

李渔的创新并不是追求怪诞，“只当求于耳目之前，不当索诸闻见之外”[②]，这是因为“世间奇事无多，常事为多；物理易尽，人情难尽”[③]。这里他正确地指出了创新要根植于现实生活的土壤，从常事中求新，从人情中求奇。他还告诫人们，创新决不可满足于作品外表的新奇，因为“文字之新奇，在中藏不在外貌，在精液不在渣滓”[④]。脱离内容的求新，只满足于形式上的奇巧，是不会有艺术上的创造的。在创新中，他还能正确处理旧曲与新曲的关系：既重视古乐，力求腔板之正而主张“授童当自古本始”；又兼顾新曲，要求“旧曲既熟，必须间以新词”；反对“谓新剧不如旧剧，一概弃而不习”[⑤]。他虽然主张教学上必须先古后今，这将使学习者“以后所唱之曲腔板皆不谬矣”；但如演出则相反，“盖演古戏如唱清曲，只可悦知音数人之耳，不能娱满座宾朋之目。听古乐而思卧，听新乐而忘倦”[⑥]。可见，他意识到对一般观众来说，新曲比旧曲更富有吸引力，更具有演出效果。因此，他一反中国封建文人士大夫厚古薄今的传统，大胆地把当代戏曲与儒家奉为经典的舜乐《韶》、商汤之乐《濩》相提并论：“吾谓剧本非他，即三

① 《闲情偶寄》卷2《演习部·变调第二》。
② 《闲情偶寄》卷1《词曲部上·戒荒唐》。
③ 《闲情偶寄》卷1《词曲部上·戒荒唐》。
④ 《闲情偶寄》卷2《词曲部下·格局第六》。
⑤ 《闲情偶寄》卷2《演习部·选剧第一》。
⑥ 《闲情偶寄》卷2《演习部·选剧第一》。

代以后之《韶》《濩》也。”①

其次，李渔在戏曲音乐的创作中十分重视要抒发真情实感，这样才能使所塑造的人物个性鲜明。在探讨“情”与“景”的关系时，他认为“景”因“情”而发生艺术效果，“景”是衬托“情”的，主张“即景生情”。“填词义理无穷，说何人肖何人，议某事切某事……则不出情、景二字。景书所睹，情发欲言，情自中生，景由外得，二者难易之分，判如霄壤。以情乃一人之情，说张三要像张三，难通融于李四；景乃众人之景，写春夏尽是春夏，止分别于秋冬。善填词者当为所难，勿趋其易。批点传奇者，每遇游山玩水、赏月观花等曲，见其止书所见不及中情者，有十分佳处只好算得五分……善咏物者，妙在即景生情。”②李渔不仅在创作戏曲音乐时注重“情”，而且在演出时也强调“唱曲宜有曲情”，要求演唱者要全身心投入演唱，做到口唱更要心唱，口中有曲，面上、身上也有曲，而反对口唱心不唱，口中有曲而面上、身上无曲的“无情之曲”。该论认为明曲情、有感情的演唱能以精神贯穿其中，能给演唱以生命，变勉强为自然，变死音为活音。“唱曲宜有曲情，曲情者，曲中之情节也。解明情节，知其意之所在，则唱出口时，俨然此种种情，问者是问，答者是答，悲者黯然魂销而不致反有喜色，欢者怡然自得而不见稍有瘁容，且其声音齿颊之间，各种俱有分别，此所谓曲情是也。吾观今世学曲者，始则诵读，继则歌咏，歌咏既成而事毕矣，至于讲解二字，非特废而不行，亦且从无此例。有终日唱此曲，终年唱此曲，甚至一生唱此曲，而不知此曲所言何事，所指何人，口唱而心不唱，口中有曲而面上身上无曲，此所谓无情之曲，与蒙童背书，同一勉强而非自然者也。虽腔板极正，喉舌齿牙极清，终是第二、第三等词曲，非登峰造极之技也。欲唱好曲者，必……得其义而后唱。唱时以精神贯穿其中，务求酷肖。若是，则同一唱也，同一曲也，其转腔换字之间，别有一种声口，举目回头之际，另是一副神情，较之时优，自然迥别。变死音为活曲，化歌者为文人，只在‘能解’二字，解之时义大矣哉！”③

第三，李渔对戏曲的语言和唱腔提出了性格化的要求，“语求肖似”，

① 《闲情偶寄》卷1《词曲部上·戒荒唐》。

② 《闲情偶寄》卷1《词曲部上，戒浮泛》。

③ 《闲情偶寄》卷2《演习部·解明曲意》。

“务使心曲隐微，随口唾出，说一人肖一人，勿使雷同，弗使浮泛”[①]。他列举《琵琶记》的《琴诉荷池》一出中牛氏和蔡伯喈所唱的曲子，“同一月也，牛氏有牛氏之月，伯喈有伯喈之月”。他们的唱词是不可挪移的。这是因为“所言者月，所寓者心”[②]。因此，要做到戏曲语言唱腔的性格化，方法在于“欲代此一人立言，先宜代此一人立心”[③]。剧作者应“设身处地”代剧中人“梦往神游”[④]。

第四，李渔针对明中叶以来戏曲曲文的流弊，提出曲文、宾白要“重机趣”“贵显浅”“忌填塞”等要求。他着重强调戏曲语言与曲文贵浅不贵深，“曲文之词采，与诗文之词采非但不同，且要判然相反。何也？诗文之词采贵典雅而贱粗俗，宜蕴藉而忌分明；词曲不然，话则本之街谈巷议，事则取其直说明言，凡读传奇而有令人费解，或初阅不见其佳，深思而后得其意之所在者，便非绝妙好词”[⑤]。这是由于戏曲艺术的演出性和群众性所决定的：“文章做与读书人看，故不怪其深，戏文做与读书人与不读书人同看，又与不读书之妇人小儿同看，故贵浅不贵深。使文章之设，亦为与读书人、不读书人及妇人小儿同看，则古来圣贤所作之经传，亦只浅而不深，如今世之为小说矣。”[⑥]他认为“能于浅处见才，方是文章高手”[⑦]。但是，他并没有把“本色”与“文采”对立起来；贵显浅，并不是主张粗俗，不要戏曲语言的文学性。他推崇元杂剧的曲文，“元人非不读书，而所制之曲绝无一毫书本气，以其有书而不用，非当用而无书也，后人之曲则满纸皆书矣。元人非不深心，而所填之词皆觉过于浅近，以其深而出之以浅，非借浅以文其不深也，后人之词则心口皆深矣”[⑧]。

第五，李渔在戏曲的创作中，讲究曲文和宾白必须符合戏曲自身的特征，不仅要性格化和贵显浅，还要悦耳动听、琅琅上口。因为“数言清亮”，就会产生“使观者倦处生神”的剧场效果；只要一句“赘牙”，就会使“听

① 《闲情偶寄》卷2《词曲部下·语求肖似》。
② 《闲情偶寄》卷1《词曲部上·戒浮泛》。
③ 《闲情偶寄》卷2《词曲部下·语求肖似》。
④ 《闲情偶寄》卷2《词曲部下·语求肖似》。
⑤ 《闲情偶寄》卷1《词曲部上·贵显浅》。
⑥ 《闲情偶寄》卷1《词曲部上·忌填塞》。
⑦ 《闲情偶寄》卷1《词曲部上·忌填塞》。
⑧ 《闲情偶寄》卷1《词曲部上·贵显浅》。

者耳中生棘”[①]。这就要求作者在写作曲文和宾白时,“声务铿锵”,讲求声律音韵。“世人但以音韵二字用之曲中,不知宾白之文,更宜调声协律。”[②]因此,他在长期的实践中,摸索总结出一些带有规律性的经验。如“声务铿锵之法,不出平仄、仄平二语是已。然有时连用数平,或连用数仄,明知声欠铿锵,而限于情事,欲改平为仄,改仄为平,而绝无平声、仄声之字可代者……字有四声,平上去入是也,平居其一,仄居其三,是上入去三声皆丽于仄。而不知上之为声,虽与去入无异,而实可介于平仄之间,以其别有一种声音,较之于平则略高,比之去入则又略低。古人造字审音,使居平仄之介,明明是一过文,由平至仄,以此始也……欲求声韵铿锵,而限于情事,求一可代之字而不得者,即当用此法以济其穷。如两句三句皆平,或两句三句皆仄,求一可代之字而不得,即用一上声之字介乎其间,以之代平可,以之代去入亦可。如两句三句皆平,间一上声之字,则其声是仄,不必言矣;即两句三句皆去声入声,而间一上声之句,则其字明明是仄而却似平,令人听之不知其为连用数仄者”[③]。又如他还提出“廉监宜避”,这就是“侵寻、监咸、廉纤三韵,同属闭口之音,而侵寻一韵,较之监咸、廉纤独觉稍异。每至收音处,侵寻闭口而其音犹带清亮,至监咸、廉纤二韵则微有不同。此二韵者,以作急板小曲则可,若填悠扬大套之词,则宜避之”[④]。此外,《闲情偶寄》卷1《词曲部上》中《恪守词韵》《凛遵曲谱》《鱼模当分》《拗句难好》《合韵易重》《慎用上声》《少填入韵》等均是探讨总结戏曲唱词和宾白声律音韵规律的。

李渔认为在戏曲演唱、宾白中,要做到“中听”“好说”,除讲究声律音韵之外,还要注意“调熟字音”“字忌模糊”“曲严分合”等。如他主张“开口学曲之初,先能净其齿颊,使出口之际字字分明,然后使工腔板”[⑤]。否则“如出口不分明,有字若无字,是说话有口,唱曲无口,与哑人何异哉?……常有唱完一曲,听者止闻其声,辨不出一字者,令人闷杀”[⑥]。由此可见,李

① 《闲情偶寄》卷2《词曲部下 · 声务铿锵》。
② 《闲情偶寄》卷2《词曲部下 · 声务铿锵》。
③ 《闲情偶寄》卷2《词曲部下 · 声务铿锵》。
④ 《闲情偶寄》卷1《词曲部上 · 廉监宜避》。
⑤ 《闲情偶寄》卷2《演习部 · 字忌模糊》。
⑥ 《闲情偶寄》卷2《演习部 · 字忌模糊》。

渔认为演唱戏曲必须口齿清晰、字正腔圆，听众才能听清楚演员所唱的内容，从而收到良好的演出效果。

由于李渔在戏曲创作中身体力行，亲自编写剧本，组织排演，因此能清楚地意识到剧本曲文宾白与实际演出效果存在的差距。如"从来宾白只要纸上分明，不顾口中顺逆，常有观刻本极其透彻，奏之场上便觉糊涂者"。其原因是"作者只顾挥毫，并未设身处地，既以口代优人，复以耳当听者，心口相维，询其好说不好说，中听不中听，此其所以判然之故也"①。丰富的舞台实践经验使他深知创作之道，懂得如何追求剧本与演出效果的统一。"笠翁手则握笔，口却登场，全以身代梨园，复以神魂四绕，考其关目，试其声音，好则直书，否则搁笔，此其所以观听咸宜也。"②这种体会，只有在丰富的舞台实践中逐渐摸索才能得出。

第六，李渔在戏曲表演中探讨了演员唱腔与乐器伴奏的关系。他针对当时戏曲器乐伴奏音乐压过演员声乐歌唱的现象，提出戏曲音乐必须以声乐唱腔（肉）为主，器乐（丝、竹）伴奏为辅，器乐伴奏是用来衬托演员歌唱的；否则将喧宾夺主，破坏演唱效果。因此器乐伴奏应配合声乐演唱，使之和谐交融自然。"丝、竹、肉三音……三籁齐鸣，天人合一，亦金声玉振之遗意也，未尝不佳；但须以肉为主，而丝竹副之，使不出自然者亦渐近自然，始有主行客随之妙。迩来戏房吹合之声，皆高于场上之曲，反以丝竹为主，而曲声和之，是座客非为听歌而来，乃听鼓乐而至矣。从来名优数曲，总使声与乐齐，箫笛高一字，曲亦高一字，箫笛低一字，曲亦低一字……以予见论之，和箫和笛之时，当比曲低一字，曲声高于吹合，则丝竹之声亦变为肉，寻其附和之痕而不得矣。正音之法，有过此者乎？"③李渔认为只有这样，戏曲音乐才达到最高水平，即超越三籁齐鸣、天人合一的金声玉振。

李渔还就戏曲音乐中锣鼓的使用提出了原则性的意见，即敲打锣鼓应讲究场合和轻重，以不盖过演员唱腔和宾白为宜。他在卷2《演习部·锣鼓忌杂》中云："戏场锣鼓，筋节所关，当敲不敲，不当敲而敲，与宜重而轻，宜轻反重者，均足令戏文减价。此中亦具至理，非老于优孟者不知。最忌在

① 《闲情偶寄》卷2《词曲部下·词别繁减》。

② 《闲情偶寄》卷2《词曲部下·词别繁减》。

③ 《闲情偶寄》卷2《演习部·吹合宜低》。

要紧关头，忽然打断。如说白未了之际，曲调初起之时，横敲乱打，盖却声音，使听白者少听数句，以致前后情事不连，审音者未闻起调，不知以后所唱何曲。打断曲文，罪犹可恕，抹杀宾白，情理难容。予观场每见此等，故为揭出。又有一出戏文将了，止余数句宾白未完，而此未完之数句，又系关键所在，乃戏房锣鼓早已催促收场，使说与不说同者，殊可痛恨。故疾徐轻重之间，不可不急讲也。"

第七，琴是中国古代格调较高、演奏技巧较难、表现力较强的乐器，加上历代封建文人所创作的琴曲内涵一般较为复杂深奥，因此，如没有较高的音乐修养很难领略欣赏。对此，李渔提出："丝竹之音推琴为首，古乐相传至今，其已变而未尽变者独此一种……琴音易响而难明，非身习者不知，惟善弹者能听。伯牙不遇子期，相如不得文君，尽日挥弦，总成虚鼓。"①李渔的这种说法是符合现代音乐欣赏理论的，即要欣赏高雅的音乐，首先自己必须学习高雅音乐，这样才能真正听懂音乐，具有较高的鉴赏力。俗话所谓"外行听热闹，内行看门道"，说的就是这个道理。

① 《闲情偶寄》卷3《声容部·丝竹》。

第十章
近现代音乐著作

第一节 近现代音乐著作概况

近代[①]，在西学东渐潮流的影响下，中国音乐思想和理论研究呈现出一些新的气象。一些音乐家运用西方的音乐思想和方法来研究中国音乐，提出了有别于旧的研究体系的新思路和新观点，拓展了音乐学研究的领域。这种现象的最重要标志之一就是出现了一批音乐著作，主要有以下几种类型[②]：1.音乐评论及研究，如叶怀德《音乐的动与静》，黎青主《音乐通论》《乐话》，丰子恺《歌剧与乐剧》《艺术论集》《音乐入门》，李凌《新音乐论集》，胡肇清《音乐漫谈》，李元庆《中国音乐调式概述》等；2.乐律学及音响学，如宋育仁《乐律举隅》，欧阳豫等《乐学选集》，冯水《冯氏乐书四种》，王光祈《东西乐制之研究》《音学》，刘复《从五音六律说到三百六十律》《十二等律的发明者朱载堉》，杨荫浏《平均律算解》《钱乐之三百六十律音程比较表》，阴法鲁《先汉乐律初探》，沈士骏《律吕透视》，张厚璜《中西乐律汇通论略》《沟通中西乐律正误》等；3.音乐史及音乐家传记资料，如叶伯和《中国音乐史》，郑觐文《中国音乐史》，许之衡《中国音乐小史》，缪天瑞《中国音乐史话》，王光祈《中国音乐史》，杨荫浏《中国音乐史纲》，朱谦之《音乐的文学小史》《中国音乐文学史》，礼德《外国音乐流

① 本章所指的近代，与史学界把 1840 年鸦片战争作为近代开端略有不同，主要指 1911 年辛亥革命后至 1949 年中华人民共和国成立。

② 限于客观条件，以下书籍有部分笔者还无法查阅到，故对其分类暂时参考《中国音乐书谱志》，但从书名分析，音乐评论及研究、民族音乐理论研究中就有不少著作属于音乐史范畴，其归类不尽科学合理。

传中国史》，徐嘉瑞《中古文学概论》《近古文学概论》，阴法鲁《唐宋大曲之来源及其组织》，张青常《周末的乐器分类法》《中国上古音乐史论丛》，朱寿昌《中西音乐发达概况》，王光祈《欧洲音乐进化论》《西洋音乐与戏剧》《西洋音乐与诗歌》《西洋音乐史纲要》，俞寄凡《西洋音乐小史》《西洋音乐史纲》，周庆云《琴史补二卷》《琴史续八卷》，东京聂耳纪念会《聂耳纪念集》，王光祈先生纪念委员会《王光祈先生纪念册》《人民音乐家冼星海》，杨晦译《悲多汶传》，傅雷译《贝多汶传》，丰子恺《近世十大音乐家》，徐达《世界之名音乐家》等；4.民族音乐理论，如童斐《中乐寻源》，杨荫浏《国乐概论》，刘伯远《兴复国乐问题》，夏承焘《白石道人歌曲斠律》《白石道人歌曲考证》，吕骥《民歌中的节拍形式》，李家瑞《北平俗曲略》，赵景琛《弹词考证》，吴梅《顾曲麈谈》，王国维《录曲余谈》，王芷章《腔调考源》，补庵《补庵谈戏》，华连圃《戏曲丛谭》，梅承杰《粤乐阐微》，阎金锷《汉剧》《川剧序论》，周扬等《论秧歌》，张庚《秧歌与新歌剧》，郑师许《铜鼓考略》，刘复《天坛所藏编钟编磬音律之鉴定》《中国乐器调查》，戴明扬《广陵散考》，王光祈《翻译琴谱之研究》《东方民族之音乐》，冯子胡《京调工尺指南》，方向溪《胡琴研究》，沈敦行译《民族音乐论》，张若谷《歌剧ABC》，叶遇春《西洋歌剧考略》等；5.音乐教育理论，如陈仲子《音乐教授法》，费礼胤《复兴音乐教育法》，贾新风《音乐教育通论》，叶绍钧《中乐初步》《西乐初步》等；6.基本乐理，如徐宝仁《乐典》，谢绍雄《乐理学》，应尚能《乐学纲要》，李凌等《乐理与和声》，宋寿昌《乐谱与旋律》等；7.作曲技术，如王光祈《西洋制谱学提要》《对谱音乐》，朱稣典等《作曲法初步》，向隅《作曲法》，高寿田《和声学》，萧友梅《和声学》，戴逸青《和声与制曲》，贺绿汀《和声学初步》，朱寿昌《伴奏的作法》，缪天瑞《对位法概论》《曲式学》等；8. 声乐理论，如许之衡《曲律易知》，高中立《声乐研究法》，沈秉廉《怎样练习唱歌》，王渐仁《怎样唱歌》等。

除上述八类音乐著述外，近代中国音乐界还编撰出版了不少小学、中学、大专院校音乐教材、音乐知识通俗读物、乐曲解说与欣赏、指挥法、西洋器乐理论及演奏法等。从中国近代的音乐著述概况来看，当时的音乐界呈现出如下几个特点：一是西洋音乐对中国已有较广泛的影响，中国音乐工作者向国人介绍西方的音乐理论、作曲技术、声乐演唱法、器乐演奏法等，并运用西方的音乐理论与方法来研究中国民族音乐、音乐史、乐律学等，创作音乐作品。二是音乐教育空前普及，从音乐教育理论及教材来看，涉及学前音乐教育、普通中小学音乐教育、师范及大专院校音乐教育、音乐院校音乐教育、群众业余音乐教育等。三是音乐文献的种类丰富多彩，有音乐评论及研究、声律学及音响学、中外音乐史及音乐家传记资料、民族音乐理论研究、音乐教育理论及教材、音乐知识通俗读物、基本乐理、作曲技术、乐曲解说与欣赏、声乐理论及声乐练习曲、指挥法、西洋器乐理论及演奏法等。四是出现了一批音乐理论研究者、乐曲创作者、音乐教育者和音乐演奏家、歌唱家等，如王光祈、萧友梅、赵元任、李叔同、黎锦晖、刘天华、黎青主、丰子恺、黄自、聂耳、冼星海、吕骥、张曙、麦新、贺绿汀、马思聪等。

1949年中华人民共和国成立后，音乐事业有了长足的发展，广大音乐工作者在理论与方法上有了显著的提高，其研究领域也进一步拓展延伸。这从音乐著述的编撰和出版中可以明显看出，以下胪列其有代表性者以窥一斑：1. 音乐概论及杂论：李凌《音乐杂谈》（第一、二、三、四集），人民音乐出版社《音乐论丛》（第一、二、三辑）、《音乐译丛》（第一、二、三、四辑），英国柯克著、茅于润译《音乐语言》，日本岸边成雄著、郎樱译《伊斯兰音乐》，德国罗伯特·京特编、金经言译《十九世纪东方音乐文化》，苏联卢那察尔斯基著、井勤荪译《在音乐世界中》，陈聆群等编《萧友梅文集》，沈建军《音乐与科学》，H·格策等编、金经言等译《音乐与数学》，唐林《音乐物理学导论》，山支《音乐与健康》，萧梅《音乐文化人类学》，童忠良等《音乐与数学》，俞人豪《东方音乐文化》，洪民生《中国电视音乐》，贺绿汀《贺绿汀全集》第三、四、五、六卷，王誉声《音乐源流学论纲》，袁静芳《乐种学》等；2. 音乐美学：苏联克列姆辽夫著、吴钧燮译《音乐美学问题》，苏联克列姆辽夫著、中央音乐学院编译室译《苏联音乐美学问题》，波兰卓菲亚·丽莎著、廖尚果等译《音乐美学问题》，奥地利爱德华·汉斯立克著、杨业治译《论音乐的美》，德国恩·迈耶尔著、姚锦新等译《音乐美学若干问题》，于润洋《音乐美学史学论稿》，李凌《音乐美学漫笔》，叶纯之等《音乐美学导论》，蔡仲德《中国音乐美学史论》《中国音乐美学史》，徐民奇等《音乐审美与西方音乐》，蒋一民《音乐美学》，日本野村良雄著、金文达等译《音乐美学》，日本服都正等著、司有仑等译《环境音乐美学》，张前等《音乐美学基础》，郑锦扬《音乐史学美学论稿》，余笃刚《声乐艺术美学》，杨琦《音乐美的哲学思考》，管建华《中国音乐审美的文化视野》，修金堂《音乐美学引论》，日本渡边护著、张前译《音乐美的构成》，王宁一《二十世纪中国音乐美学文献集》，杨易禾《音乐表演美学》，茅原《未完成音乐美学》，修海林等《音乐美学通论》等；3.音乐社会学：德国梅雅尔著、廖辅叔译《音乐与现代社会》，苏联索哈尔著、杨洸译《音乐社会学》，人民音乐出版社《音乐社会学》，曾遂今《音乐社会学概论》等；4.音乐心理学：英国布克著、金士铭译《音乐家心理学》，张前《音乐欣赏心理分析》，普凯元《音乐心理学基础》，罗小平《最新音乐心理学基础》；5.民族民间音乐：人民音乐出版社《民族音乐论文集》，王耀华《民族音乐论文集》，孟文涛《民间音乐研究》，音乐出版社《民族音乐研究论文集》（第一、二、三集），夏野《戏曲音乐研究》，中国艺术研究院音乐研究所《民族音乐概论》，宋大能《民间歌曲概论》，王基笑《豫剧唱腔音乐概论》，高厚永《民族器乐概论》，李元庆《民族音乐问题的探索》，何为《戏曲音乐研究》，武俊达《昆曲唱腔研究》，杜亚雄《中国少数民族音乐》，沙汉昆《中国民歌的结构与旋法》，刘靖之《民族音乐研究》，东方音乐学会《中国民族音乐大系》（古代音乐卷、戏曲音乐卷、民族器乐卷、曲艺音乐卷、歌舞音乐卷），王耀华等《福建南音初探》，赵沨《中国乐器》，于林青《曲艺音乐概论》，蒋菁《中国戏曲音乐》等；6.宗教音乐：周凯模《祭舞神乐：民族宗教乐舞论》，王纯五等《中国道教音乐》，田青《中国佛教音乐选萃》《中国宗教音乐》，王忠仁《中国龙虎山天师道音乐》，袁静芳《中国佛教京音乐研究》，曹本冶《道乐论》，傅利民《龙虎山天师道科仪音乐研究》，蒲亨强《正统道教科仪音乐研究》等；7.音乐史：人民音乐出版社《乐记论辩》，黄翔鹏《溯流探源——中国传统音乐研究》，陶亚兵《中西音乐交流史稿》，杨荫浏等《宋姜白石创作歌曲研究》，日本林谦三著、张庱译《明乐八调研究》，孙玄龄《元散曲的音乐》，任半塘等《隋唐五代燕乐杂言歌辞集》，萧亢达《汉代乐舞百戏艺术研究》，李纯一《中国古代音乐史稿》《我国原始时期音乐初探》，丘琼荪《白石道人歌曲通考》《燕乐探微》，杨荫浏《中国古代音乐史稿》，沈知白《中国音乐史纲要》，汪毓和《中国近现代音乐史》，梁茂春《当代中国音乐》，中国艺术研究院音乐研究所《中国音乐史图鉴》，袁炳昌《中国少数民族音乐史》，刘经树《简明西方音乐史》，钱仁康《欧洲音乐史话》；8.音乐文献整理：丘琼荪《历代乐志律志校释》，中央民族学院艺术系理论组《〈梦溪笔谈〉音乐部分注释》，文化部艺术研究院音乐研究所《中国古代乐论选辑》，吉联抗《琴操》《古乐书佚文辑注》《乐记译注》《春秋战国音乐史料》《〈吕氏春秋〉中的音乐史料》《秦汉音乐史料》《魏晋南北朝音乐史料》《隋唐五代音乐史料》《辽金元音乐史料》《宋明音乐史料》，冯文慈《律学新说》《律吕精义》，任半塘《教坊记笺订》，蔡仲德《中国音乐美学史资料注释》，傅正谷《唐代音乐舞蹈杂技诗选释》，中国舞蹈艺术研究会舞蹈史研究组《全唐诗中的乐舞资料》，金千秋《全宋词中的乐舞资料》，刘崇德《新定九宫大成南北词宫谱校译》等；9.音乐考古学：方建军等《陕西出土音乐文物》，席臻贯《敦煌古乐——敦煌乐谱新译》《丝路音乐暨敦煌舞谱译丛》，日本林谦三著、潘怀素译《敦煌琵琶谱的解读研究》，李纯一《中国上古出土乐器综论》，崔宪《曾侯乙编钟钟铭校释及其律学研究》，王德埙《中国乐曲考古学理论与实践》，牛龙菲《嘉峪关魏晋墓砖壁画乐器考》《敦煌壁画乐史资料总录与研究》等；10.乐律学：缪天瑞《律学》，吴南薰《律学会通》，王子初《荀勖笛律研究》等；11.基本乐理：李重光《音乐理论基础》，缪天瑞《基本乐理》，童忠良等《乐理大全：兼谈音乐知识》，杜亚雄《中国传统乐理教程》等；12.音乐创作理论：王震亚《五声音阶及其和声》，赵宋光《论五度相生体系》，黎英海《汉族调式及其和声》，桑桐《和声的理论与应用》，黄虎威《转调法》，苏夏《和声的技巧》，吴式锴《和声学教程——理论与应用》，张肖虎《五声调式及和声手法》，任达敏《流行音乐与爵士乐和声学》，美国罗伯特·米德尔顿著、郑英烈译《现代对位及其和声》，朱世瑞《中国音乐中复调思维的形成与发展》，李西安等《中国民族曲式》，美国柏西·该丘斯著、许勇三译《大型曲式学》，叶栋《民族器乐体裁与形式》，苏联瓦西连科著、金文达译《交响配器法》，李民雄《民族管弦乐总谱写法》，梁广程《立体声电声乐队配器法》，德国保罗·兴德米特著、罗忠镕译《作曲技法》，奥地利阿诺德·勋伯格著、吴佩华译《作曲基本原理》，苏联尤·丘林著、张洪模译《论音乐写法》，李焕之《论作曲的艺术》，奥地利鲁道夫·雷蒂著、郑英烈译

《调性、无调性、泛调性——对二十世纪音乐中某些趋向的研究》，郑英烈《序列音乐写作基础》等；13.声乐理论：中国音乐家协会《当前声乐创作问题》，傅雪漪《戏曲传统声乐艺术》，卢文勤《京剧声乐研究》，吕白克《声乐研究》，林俊卿《歌唱发音的科学基础》，李凌《歌唱艺术漫谈》，许讲真《语言与歌唱》，王宝璋《咽音技法与艺术歌唱》，苏联那查连科编、汪启璋译《歌唱艺术》；14.器乐理论：匈牙利卡尔·弗莱什著、姚念赓等译《小提琴演奏艺术》，美国伊凡加拉米安著、张世祥译《小提琴演奏和教学的原则》，美国拉斐尔·布朗斯坦著、张世祥译《小提琴演奏的科学》，苏联涅高兹著、汪启璋等译《论钢琴表演艺术》，波兰约瑟夫·霍曼著、李素心等译《论钢琴演奏》，葛德月《朱工一钢琴教学论》，赵晓生《钢琴演奏之道》，吴言韪《中国少数民族乐器大观》，蒋风之《蒋风之二胡演奏艺术》，王耀华《三弦艺术论》，叶明媚《古琴音乐艺术》；15. 指挥法：英国亨利·伍德著、章彦译《亨利·伍德论指挥》，周沛然《合唱指挥法》，熊冀华等《管弦乐总谱读法》，苏联古·康德拉申著、刁蓓华译《指挥家的境界——灵感形成规程》；16.音乐教育：上海文艺出版社《中小幼音乐教育研究》，秦德祥《中外音乐教学法简介》，李凌等《世界音乐教育集萃》，曹理《普通音乐教育学概论》，马东风《音乐教育的理论与实践》，姚思源《论音乐教育》，卢合芝等《音乐教育心理学》，廖家骅《音乐审美教育》，王耀华等《高师音乐教育学》，邹爱民《音乐教育学》。

以上所列16类音乐文献，并非囊括现代中国所有音乐学的成果，其中音乐工具书、乐谱因另有专章叙述，兹不涉及。除此之外，视唱练耳、音乐欣赏等也没列入。总之，现代音乐文献随着音乐学本身不断分化的专门化和综合化、边缘化的过程，内部分类比近代更为丰富多彩，如单作曲技术就细分为和声学、对位法、曲式学、配器法、作曲法等，并出现了许多新的门类，如音乐美学、音乐社会学、音乐心理学、音乐文献整理、音乐考古、宗教音乐研究等[①]。从现代音乐文献中我们还可以看出，有关作曲、西洋器乐理论等著作，近代绝大部分以翻译外国著作为主，而到了现代，除了继续翻译介绍外国有分量的著作外，我国不少音乐工作者还将西洋音乐理论与中

① 以上一些分类近代虽有出现，但数量极少，还很难形成一种新的学科门类，如近代已有音乐美学著作《音乐通论》、音乐心理学著作《声音心理学》，但要说已构成一种新的学科门类，尚属太早。

国音乐实际相结合，撰写出具有中国特色的音乐著作，如黎英海《汉族调式及其和声》、朱世瑞《中国音乐中复调思维的形成和发展》、赵晓生《钢琴演奏之道》等。中国现代音乐文献除学术水准大大提高外，还出现了一些集大成的鸿篇巨制之作，如东方音乐学会主编的《中国民族音乐大系》、中国民间歌曲集成编委会主编的《中国民间歌曲集成》、中国戏曲音乐集成编委会主编的《中国戏曲音乐集成》、中国民族民间器乐集成编委会主编的《中国民族民间器乐集成》、中国曲艺音乐集成编委会主编的《中国曲艺音乐集成》、中国音乐文物大系编委会主编的《中国音乐文物大系》等。

第二节 《东西乐制之研究》

《东西乐制之研究》作者王光祈（1892—1936）是中国近代著名的音乐学家。1920年赴德国留学，初学德文及政治经济学，后改习音乐。1927年入柏林大学读音乐学。1932年任波恩大学汉文讲师。1934年以《中国古代之歌剧》一文获波恩大学博士学位。王光祈自1923年起陆续著有音乐论著17种。其中有介绍、研究西洋音乐的《德国人之音乐生活》《欧洲音乐进化论》《西洋音乐与诗歌》《德国国民学校与唱歌》《西洋音乐与戏剧》《西洋乐器提要》《西洋制谱学提要》《音学》《对谱音乐》《西洋名曲解说》《西洋音乐史纲要》等；阐述、探讨中国音乐和东方音乐，对比研究东西方音乐的《东西乐制之研究》《各国国歌评述》《东方民族之音乐》《翻译琴谱之研究》《中国诗词曲之轻重律》《中国音乐史》等。他还用德语、英语撰写介绍中国音乐的论文，如为《大英百科全书》和《意大利百科大辞典》撰写“中国音乐条目”。除撰写音乐著作和论文外，王光祈还有关于政治、经济、外交、国防和美术、戏剧等著译19种，以及散见于中外报纸书刊的文章、通信数十篇，旅德存稿两卷。1993年1月，人民音乐出版社出版了冯文慈、俞玉滋选注的《王光祈音乐论著选集》（以下简称《选集》），其中上册包括《德国人之音乐生活》（节录）、《欧洲音乐进化论》（节录）、《音乐与人生》、《通信》、《翻译琴谱之研究》（节录）、《论中国古典歌剧》、《东方民族之音乐》、《中西音乐之异同》、《千百年间中国与西方的音乐交流》、《音乐与时代精神》（节录）、《西洋音乐史纲要》（节录）；中册包括

《中国音乐史》；下册包括《东西乐制之研究》、《中国乐制发微》、《音学》（节录）、《声音心理学》（节录）等。《选集》对王氏著述中的原文、数据、引文、标点等进行了校订，凡做了重要改动的，均用“编注”在页脚指明。由于20世纪二三十年代，中国从西方和日本翻译过来的音乐术语尚无通行规范可循，加上王光祈旅居德国，对国内音乐论著情况了解不多。因此，王氏所使用的一些音乐术语和译名等，今日读之略感隔膜。对此，《选集》附有《王光祈常用音乐术语释义》《王光祈译名对照表》，颇便于读者阅读时对照。《选集》最后还附有《王光祈著译论文目录》①，其中还包括待查访的著作、论文，可供研究者检索参考。总之，该《选集》是目前最通行、较全面、校订较精的王氏著述汇编。

在众多的著述中，《东西乐制之研究》是王氏的代表作，可称得上我国运用比较音乐学的方法来阐明中国古代乐制的第一部著作。该书共分甲、乙、丙、丁、戊、己六编。其中甲编为乐制概论，总述音级分析、乐调组织、乐谱种类等。乙编论述中国乐制，探寻中国最古之律，总结了中国古代三分损益、下生上生、隔八相生三种定律之法，考辨了司马迁、郑玄算律之法，以及介绍汉京房六十律、南北朝刘宋钱乐之三百六十律、南宋蔡元定十八律、明朱载堉十二平均律等。乙编还分析了中国古代定律器之进步、乐调之组织和乐谱，其中在中国乐调之组织部分主要论及主调与变调、五音调之旋宫法、七音调之旋宫法、近世所谓翻七调等。丙编介绍欧亚非三洲接壤诸国乐制，主要介绍印度、亚剌伯（阿拉伯）、波斯等国或地区的乐律、乐调和乐谱，同时涉及埃及、亚西利亚、巴比伦和希伯来。丁编介绍古代希腊的乐律、乐调和乐谱。戊编介绍欧洲中古时代之乐制，主要内容包括比昌池（Byzanz，拜占庭）教堂乐制、欧洲大陆乐制和乐谱。己编介绍欧洲近代乐制。在谐和学（即和声学）之发明中叙述了查理罗（即Zarlino，查里诺）、那木（即Rameau，拉莫）、特尔体利（即Tartini，塔尔蒂尼）的有关学说；在欧洲近代乐调之进化中阐述了阳调（即大调）阴调（即小调）之出处以及阳调阴调之旋宫法；在欧洲近代之律中，介绍了查理罗十九律、近代流行之十二平均律、梅尔克都（即Mercator，麦卡托）五十三律、耶可（即Janko，杨科）

① 该目录原载《音乐研究》1984年第3期，《选集》择录其重要部分，并略作改动。

四十一平均律以及二十四平均律等；在欧洲近代定律之法中总结了八阶、五阶、三阶三种定律制；最后介绍了欧洲近代之乐谱。

从《东西乐制之研究·自序》中可以看出，王光祈进行东西乐制比较研究的目的是要唤起国人的爱国主义精神。“我们中国之‘律’与‘调’，非如一般妄人所谓一钱不值之物也。吾国学校唱歌以及国歌制谱，是否应该纯用西调，亦大有研究之余地也。”“今日中国虽万事落他人之后，而乐理一项，独可列诸世界作者之林，而无愧色。”正由于如此，他在其他论著中提出：国乐“必须吾人自行创造”，而“不能强以西乐代庖”[①]。由此可见，他进行东西乐制的比较研究，是“欲使中国人能自觉其为中华民族，则宜以音乐为前导。何则，盖中华民族者，系以音乐立国之民族也……中国人之血管中，固尚有先民以音乐为性命之遗痕也。吾将登昆仑之巅，以黄钟之律，使中国人固有之音乐血液，重新沸腾。吾将使吾日夜梦想之‘少年中国’，灿然涌现于吾人之前。因此之故，慨然有志于中国音乐之业”[②]。

在《东西乐制之研究》中，王氏对所用乐制（Tonsystem）的概念进行了界定，认为“本书所谓‘乐制’，即是详解上述‘音级分析’与‘乐调组织’两个问题，换言之，即是‘律’与‘调’两个问题。此外还有一个问题——乐谱，虽不属于乐制范围之内，然著者为解释乐制便利起见，特将乐谱进化大概附记本书之中，以便阅者参考”[③]。这里的“律”“调”“谱”，大体相当于中国传统乐律学中律制、宫调、乐谱三个方面的内容。作者采用20世纪初日本田边尚雄创用的以平均律半音为0.50音程值的计算方法，对东西方乐制进行比较。其有关比较内容，最集中地体现于该书“乐制概论”中的“中西音级分析表”（或称“中西律表”）和“乐调之组织表”上。“中西音级分析表”将中国最古之律、汉京房之律、刘宋钱乐之之律、南宋蔡元定之律、明朱载堉之律，埃及、巴比伦、希伯来、印度、亚剌伯、波斯之律，希腊4个时期之律，欧洲中古教堂乐制，查理罗之律，梅尔克都之律，耶可之律，现代通行之律，最近发明之律等作了综合比较，最后得出结论是“照理论讲

① 转引自《中国大百科全书》（音乐舞蹈卷），第663页。

② 此段未注出处者，均见于《东西乐制之研究·自序》，影印中华书局1936年版，上海书店《民国丛书》第一编，1989年（下同）。

③ 《东西乐制之研究·乐制概论》。

来，欲得纯粹“rein”之音，则以多分为善；若就实际而论，为谋演奏便利起见，则又以少分为佳。所以欧洲方面，虽有十九律、五十三律、四十一律、二十四律种种理论，而实际上所流行者，在古代则为十二不平均律（或七律），在近代则为十二平均律；其在中国方面亦然，在历史上虽有六十律、三百六十律、十八律种种说法，而在实际上则仍是十二不平均律（朱载堉之十二平均律，似未普及）。照此看来，十二不平均律及十二平均律，实为古今中外盛行之音级分析制度”。“乐调之组织表”则对西洋七音阳调、西洋七音阴调、希腊七音调之一、中国七音调、中国五音调进行了比较，得出的结论是“律之位置，如中国之黄钟、大吕等等，是可以任意推移的。因此之故，中国的律虽只有十二个，而以宫、商、角等等七音与之相配的结果，遂演成八十四个（现在中国通行者则只有七个）。西洋之律虽亦只有十二个，然以阳调阴调两种与之相配的结果，则可得二十四调”[①]。通过比较，作者在该书“补记”中进一步将中国以外的东西方乐制，分别归纳为波斯阿拉伯、印度、希腊-欧洲几个系统，成为以后在《东方民族之音乐》中划分“世界乐系”的端倪。

该书约有一半篇幅用于阐述作者独立研究中国的律学、乐学的成果，其中对中国历代乐律史料，作了初步的整理，提出了一些有价值的见解；另一半分述印度、波斯阿拉伯和其他欧、亚、非接壤国家或地区以及古希腊和中古、近代欧洲的乐制，其内容主要采自德国比较音乐学的已有成果。总之，从王光祈的《东西乐制之研究》及其他一系列论著可以看出，王氏是中国近代民族音乐学的先驱者，最早系统地采用比较音乐学的方法，对民族音乐历史材料，特别是我国历代乐律理论，进行整理和归纳，并广泛对照比较东西方音乐，取得了令人瞩目的成果。

第三节 《音乐通论》

《音乐通论》作者青主（1893—1959）是中国近代音乐学家、作曲家。原名廖尚果，又名黎青、黎青主。早年参加辛亥革命，1912年后，赴德国柏

① 《东西乐制之研究·乐制概论》。

林大学法学系学习，同时学习钢琴和作曲理论。1922年回国。第一次国内革命战争时期曾任国民革命军总政治部秘书等职。1927年广州起义失败后，被国民党通缉，避居香港等地。自此，改名“青主”，开始了“亡命乐坛”的生活。1928年，他在上海经营一间以出版乐谱为主的X书店，出版了自己的作品《大江东去》《清歌集》等。不久，书店倒闭，他应萧友梅之邀任上海国立音乐专科学校教授，并担任校刊《音》和《乐艺》季刊的主编。他在《乐艺》上发表的文章、译文和音乐作品共有60多篇。同时，还编写出版了两部音乐美学著作《乐话》和《音乐通论》，以及与华丽丝合作的歌曲集《音境》等。1934年离开音乐界，曾任教于同济大学。中华人民共和国成立后，先后在上海复旦大学和南京大学从事德文教学。曾译过梅雅尔及丽莎的音乐论著。

青主的音乐学论著中，比较有代表性的是《乐话》（商务印书馆1930年版）和《音乐通论》（商务印书馆1933年版），这是我国近代较早的具有比较完整体系的音乐美学论著，其中《音乐通论》1989年由上海书店收入“民国丛书”，据商务印书馆1947年版予以影印出版。以下对《音乐通论》做简要介绍。

《音乐通论》全书共分七个部分：1.什么是音乐；2.音乐的艺术；3.音乐的原素；4.音乐的分类；5.音乐的艺人；6.音乐的功能；7.音乐的教育；最后是人名附注。在第一部分“什么是音乐”中，青主对中国传统的封建音乐观进行批判，提出“音乐并不是礼的附庸”，“音乐不可以由文人包办”。他之所以产生这种看法，是因为他认为“既然承认音乐是一种独立的艺术，那末，音乐只可以由音乐的艺术家包办，决不可以由文人包办。文人包办音乐，势必会把音乐当作是礼的附庸。音乐做了礼的附庸，即是做了道的一种工具……你们要把音乐的独立生命夺回来，自然要把‘乐是礼的附庸’之说打破，即是要把‘音乐是道的一种工具’之说打破，必要把这一类的学说打破，然后音乐的独立生命才有着落”。青主的这种反封建音乐观，富有中国民主革命的时代特色，旨在坚持音乐是一种独立的艺术。青主在第一部分“什么是音乐”中还极力推崇古代希腊人“把音乐当作是一种的语言”，认为“谁能够彻底明白这一句话的意义，便可以说是彻底知道什么是音乐了”。青主就此还进一步作了发挥，提出：“音乐是一种灵魂的语言，只在这个意义的范围内，我们亦可以把音乐当作是描写灵魂状态的一种形象艺术。如果我们把我们的灵界当作是我们的上界，那末，我们亦可以把音乐当作是上界的语言。”这里，青主所谓的“上界”并不是指非人间的“神界”，也不是指无内容的纯粹抽象物，而是指人们受了外界的影响而产生的、并通过音乐的语言所表达的一种特殊的精神活动方式。

《音乐通论》第二部分“音乐的艺术”主要讨论了音乐创作和表演上的“虚伪”[①]与真善美的关系。青主认为“艺术的本身，本来就是离不开虚伪的，不特艺术创作是如此，就是乐艺的演唱或演奏亦是如此。比如一首充满了哀感的歌，不是很应该令一般听众都感觉得悲从中来么？一般听唱一首充满了哀感的歌的人尚且应该感觉得悲从中来，那末，那个唱歌的人不是亦很应该悲不自胜吗？但是，一个悲不自胜的人，话都说不出来，那里还能够唱出很好的歌呢……创作的艺人和演唱或演奏的艺人是可以虚伪，但是创作成功的作品和表演出去的艺能，无论如何，必要能够令人相信。必要它能够令人相信，然后才配说是一种灵魂的语言，然后才能够在听众里面唤起相当的情感。音乐的艺术，自然是一种尽真、尽善、尽美的艺术。但是所谓尽真、尽善、尽美云云，亦不过是说它能够令人相信它是尽真、尽善、尽美”。青主这里涉及评判音乐艺术的一个标准，即音乐艺术与其他艺术一样需要“虚伪”（虚构），评判其艺术的优劣是看它是否能激发起人们的情感。

《音乐通论》第三部分“音乐的原素”介绍了音乐的四种原素构成：1.声调（ Rhythmus）；2.节拍（Takt）；3.和音（Harmonie）；4.曲调或乐调（Melodie）。青主认为：“不论那一种的音乐原素，除了数理上的成分之外，还有它那种精神上的成分……这就是说就令你晓得使用声调、节拍、和音、曲调这四种原素，但是，如果你做出来的那篇作品，除了悦耳的音响，悦目的光辉，又或轻浮的情感之外，一些实在的内容都没有。这样没有意义的作品，因为不是从作者的灵魂流露出来，所以亦不能够直达别人的灵魂。我们之所谓音乐，是一种灵魂的语言。它既然不能够由灵魂说向灵魂，那末，那里还配说是音乐呢？在外观上看来，它对于音乐的各种原素的使用，都没有错误，按诸所谓音和声调联合起来

① 该书中的“虚伪”一词主要是“虚构”的意思。

便是音乐的定义，并没有违背，但是，因为它缺乏那种精神上的原素的缘故，所以我们到底不可以恭维它是音乐的艺术。”由此可见，青主虽然提出音乐具有数理原素和精神原素，但决定其作为一种艺术主要取决于精神上的原素。只有这样，音乐才能成为一种灵魂的语言，打动人们的灵魂。这种观点，可以说基本上触及音乐的本质特征。

《音乐通论》第四部分“音乐的分类”首先把音乐分为两种基本的类型，即歌乐和曲乐。青主在这两种基本分类中对命名提出了自己的见解：“这里所谓歌乐，就是普通所谓声乐”，“是用人的声音唱出来的音乐”。他之所以这样正名，是因为他认为声乐“除了只使用人的声音之外，兼可以使用乐器的声音。所以所谓声乐就是用人的声音唱出来的音乐，名实上实在是有些不大相符”。接着，他进一步指出：“这并不是把它译作声乐的人译得不对，乃是原日那个西方的名词说得不对。因为这种种缘故，所以我要把这一类的音乐叫作歌乐。第一，因为歌是建筑在音之上；第二，因为只有人们才可以唱歌；第三，因为人们唱出来的歌，不论有没有乐器伴奏着，都可以说是歌。”“这里所谓曲乐，就是普通所谓器乐，所谓器乐，就是说用乐器奏出来的音乐；这个名辞亦是从外国文直译过来的。器乐这个译名虽然比声乐这个译名较为说得去，但是名实上亦有些不大相称。譬如一首乐歌的伴奏，分明是用乐器演奏出来的，这样用乐器演奏出来的一首乐歌的伴奏，是否可以说是器乐？”总之，青主最后归纳总结为“歌是拿来唱的，曲是拿来奏的。凡属拿来唱的音乐作品，不问有没有乐器伴奏着，都是歌乐。一切只拿来奏的音乐作品都是曲乐”。这里，青主不仅仅是在讨论音乐名词翻译问题，更重要的是表明他对声乐、器乐分类的深刻理解。这在当时西乐大量传入中国并被盲目崇拜的背景下，敢于批判西乐命名的不科学，并以严密的逻辑思辨来论证，是难能可贵的。

在歌乐和曲乐基本分类的基础上，青主认为“歌乐是一切音乐的根本”。“歌乐的最初形式就是民歌，这种最初的歌乐，是用不着诗的艺人同它做歌辞，亦用不着音乐艺人同它作曲，它是从民间产生出来的……民歌的特殊地方是能够以最浅显的音乐和歌辞表现最真实的情感。”青主这里总结民歌的本质特征是“最初的歌乐”，“是能够以最浅显的音乐和歌辞表现最真实的情感”，可谓是真知灼见。

对于歌曲的创作，青主主张要达到歌词与乐曲的完美结合，即“所谓歌文和音乐的最良好配合，自然是要把诗艺和乐艺打成一片”。究竟如何才能做到两者的完美结合，他提出：“音乐应该以诗意为依归……一首乐歌的作曲者从某一首诗得到了一定的思想之后，便要依照音乐的法则发挥它的思想，只要和那首诗的形式没有发生冲突，便算尽了作曲的能事，决不能够被一个个的字面限死。”

青主在肯定“歌乐是一切音乐的根本”的同时，对曲乐作了高度的评价，“一切用说话说不出来的情感，只有音乐才可以把它表现出来，因为这个缘故，所以我们要把音乐当作是灵魂的语言。音乐中的曲乐就是最完备、最美满的灵魂的语言”。在曲乐中，青主把其划分为独响乐和交响乐、标题音乐和绝对音乐、歌剧和乐剧等。显然，这是引进西洋音乐的分类法。

《音乐通论》第五部分“音乐的艺人”提出“音乐艺人只应该把自己当作是艺术的工具，不应该存着一个我的观念，这一句话，不论创作或唱奏的艺人都应该奉为最高的信条”。从这个基本观点出发，青主认为音乐艺人“一面压低自己的情感，一面凭着自己的艺能，把相当的情感表现出来，这才是把自己融化在音的情感里面的真正意义”。这就是说，音乐的艺人必须专注在音乐的情感之中，克制自己原来的情感，其表现出来的音乐才能感动听众。青主要求凡学习音乐的人，“第一个重要条件，就是要你晓得审听”，而且认为“引弓乐器最足以增进你的审听能力，因为引弓乐器的音，没有一个不是要你自己把它创造出来”。当“你有了一种健全的审听能力之后，你自然可以创造出很好的音”。青主的这种“审听说”的确是学习音乐的经验之谈。青主还主张在音乐演奏中情感发挥重于技术表现，他引用德国音乐教育家克列兹麻尔的话说：“必要把音乐的精神上的原素提高在一切技术之上，不论那一篇的音乐作品，或里面的那一个部分，你都要教人把他的精神上的原素认识出来。”更难能可贵的是在音乐创作中他主张“因为创作艺人要把众人的心理当作是他的作品的心理，所以他亦不能够离开群众。不错，凡属艺人，因为要站在时代的前头的缘故，所以要把自己提高在群众之上，但是你完全离开了群众，你就有绝大的创作天才，恐怕你的作品亦会超出我们这个世界之外”。青主这种音乐创作源于群众、离不开群众的观点与重视民歌的思想是一脉相承的，对当时的音乐创作富有指导意义。

《音乐通论》第六部分“音乐的功能”提出：由于“音乐是一种能够直达人们的灵魂的语言，那末，要治理人们一切灵魂上的毛病，最好是莫如音乐……音乐是最适合用来唤醒人们的灵魂”。“除了这个普通的最大的功能之外，音乐对于我们的民族性，它还有许多最实在的特别的功能……能够使我们重人道，能够使我们生活渐进于纪律，只有此有定的很好的节拍的音乐，才是对症的良药。我们平日萎靡不振，只有音乐的有声有势的声调才能够唤起那种活泼的气象，内界充满矛盾的，只有音乐的调济适宜的和音，才可免于内界灭裂的惨祸。人生愁苦，只有音乐的最美满的曲调，才能够使我们领略人生美丽，从新得到人生的真正意义……使我们从新得到一个最高的人生的意义。”青主这里虽然有夸大音乐功能之嫌，但对音乐教育功能、社会功能的认识不无道理，即音乐能唤醒人们的灵魂，能协调人们的社会生活，能振奋人们的精神，能使人们摆脱愁苦。

青主在《音乐通论》第七部分“音乐的教育”中对中国的音乐教育提出了自己的主张。他认为中国音乐教育首先要“多设音乐专门学校，用来造就一般音乐师范的人才”。其次，“音乐教育的提倡，同时也应从各大学和各中学入手”；“到了国内的音乐人才已经可以分配到国内的小学校里面去，那末，便可以在健全的基础上面积极施行音乐的教育”。第三，重视音乐师资和教材的质量，认为国内各中学“如果能够得到很好的老师，又能够得到很好的教材，这自然是可以得到相当的成绩的”。第四，提倡其他学科的教师也应重视音乐教育，“主张那些担任别样学科的教师们当授课的时候，遇着应该说及音乐的地方，都不要把它忽略”，“那末，国人的音乐性，必定亦可以逐渐发达”。青主这些有关音乐教育的见解，至今仍有一定的参考价值。

从《音乐通论》及专著《乐话》和论文《给内一般音乐朋友一封公开的信》《我亦来谈谈所谓国乐问题》《音乐当作服务的艺术》等可以看出，青主的音乐思想深受西欧“表现派”理论家H·巴尔及18至19世纪唯心主义哲学的影响。他的音乐思想在当时堪称具有独到见解和批判精神，对一些专业音乐工作者有较大的影响，萧友梅在当时就对他的音乐著作给予很高的评价。

第四节《中国古代音乐史稿》

《中国古代音乐史稿》作者杨荫浏（1899—1984）是中国当代音乐史家、民族音乐学家。杨氏幼年喜爱音乐，6岁向道士学箫、笛、笙、二胡等民族乐器。1911年入天韵社，从吴畹卿学昆曲、琵琶、三弦等。又从美国传教士郝路易（L·S·Ham-mond）女士学习英文、钢琴和作曲法。1936—1937年任北平哈佛燕京学社音乐研究员，在燕京大学音乐系讲授中国音乐史。40年代任国立音乐院国乐系与金陵女子大学音乐系教授及礼乐馆编纂、乐典组主任等职。中华人民共和国成立后，杨荫浏历任中央音乐学院教授及音乐研究所副所长、所长和中国音乐家协会常务理事等职。1980年以后，任中国艺术院顾问。杨荫浏一生致力于中国传统音乐遗产的搜集整理，音乐著述硕果累累。主要有《中国音乐史上新旧音阶的相互影响》、《白石道人歌曲研究》（与阴法鲁合著）、《如何对待五声音阶与七声音阶同时存在的历史情况》、《语言音乐学初探》、《律学的目的性与倾向性》，尤其是晚年总结平生所学而写出的《管律辨讹》和《三律考》，对律学问题提出了全新的学术见解；其《中国古代音乐史稿》则是继旧作《中国音乐史纲》后的一部力作。以下就《中国古代音乐史稿》略做介绍：

《中国古代音乐史稿》是迄今有关介绍中国古代音乐史中篇幅最大、内容宏富的著作，全书分上、下两册，近八十万字。其编排体例以朝代为序，共8编36章，另附图片、曲例索引、图片索引、参考书目索引、名词索引等。由于是书涉及面广泛、内容繁多，很难在有限的篇幅做比较全面的介绍，这里仅择其重要者，使读者对此有一大致的了解。

是书第一编远古，主要涉及音乐的起源、传说中的远古音乐以及原始时代的乐器。第二编夏、商，主要介绍从残存的诗歌看当时人民的生活，奴隶主对音乐的利用，汉民族和周边民族的音乐文化交流以及乐器和乐律等。第三编西周、春秋、战国，主要阐述西周时的大武，音乐的阶级化和等级化（乐县），大司乐与音乐教育，民间音乐（六代乐舞、小舞、散乐、四夷之乐、宗教性的乐舞），与国外音乐文化的交流，乐器和乐律等；春秋战国时的《诗经》《楚辞》中的曲式，说唱音乐的远祖《荀子·成相篇》，民间歌唱家，有关歌唱艺术的理论，琴的演奏技术，音乐文化的地区特点和相互交流，乐器和乐律，儒、墨、道音乐美学理论。第四编秦、汉、三国、两晋、南北朝，主要叙述秦汉时的民歌，音乐机构“乐府”，鼓吹，《相和歌》，大曲中的解、艳、趋和乱，民间舞蹈，古琴曲《广陵散》《胡笳十八拍》，长篇叙事歌曲《焦仲卿妻》，百戏，宫廷雅乐，乐器和乐律（京房六十律、相和三调），音乐文献，儒家音乐美学。三国、两晋、南北朝时的南、北方民歌，清商乐与其他歌舞音乐，鼓吹，少数民族叙事歌曲《木兰诗》，古琴曲《碣石调幽兰》《酒狂》，音乐与宗教，各族音乐文化的大融合，乐器与乐律（钱乐之和沈重的三百六十律、何承天的新律、荀勖的笛律、纯律音阶的应用、笛上三调），阮籍、嵇康、刘勰的音乐思想。第五编隋、唐、五代，主要叙述民歌和民间曲子，民间说唱音乐和佛教变文，民间歌舞，燕乐与雅乐，音乐机构（大乐署、鼓吹署、教坊、梨园），乐器，乐谱和舞谱，八声音阶、燕乐二十八调和八十四调，雅乐派、白居易、元稹的音乐思想。第六编辽、宋、西夏、金，主要叙述了民歌和民间曲子，词人的曲子，南宋词人姜夔和张炎，市民音乐，艺术歌曲（叫声、嘌唱、小唱、唱赚），说唱音乐（鼓子词、诸宫调、覆赚、陶真、崖词、连厢词），散乐和歌舞音乐（大曲、曲破、缠达、单曲），戏曲艺术（傀儡、影戏、南戏音乐），乐器和器乐（细乐、清乐、小乐器、鼓板、教坊大乐、小乐器、鼓板、随军番部大乐、马后乐、器乐乐谱），雅乐和乐律，鼓吹乐和燕乐，音乐理论（燕乐宫调、十八律），周敦颐、沈括、张知白、房庶、陈旸、王灼、郑樵、朱熹等音乐思想或著作。第七编元，主要叙述了民歌、小曲、艺术歌曲，说唱音乐（诸宫调、货郎儿、陶真），杂剧音乐（曲调来源、套数、宫调、旋律特点、节奏特点、务头、曲牌在灵活应用中的变化、伴奏乐器），散曲和南戏（乐谱、《拜月》《吃糠》、南北合套），乐器与器乐，《唱论》和《中原音韵》。第八编明、清，主要介绍了民间歌曲（民歌小曲、少数民族的叙事歌曲、弦索调、明末留存的一些古代歌曲），说唱音乐（弹词、鼓词和牌子曲），歌舞音乐（秧歌、藤牌舞、兄弟民族歌舞、木卡姆、赛乃姆、囊玛），南北曲（宋元明时期声腔之发展、魏良辅“昆山腔”、南北曲比较、汤显祖及其四梦、吴江派或格律派、昆曲），其他主要戏曲声腔（弋阳腔、梆子、皮黄），乐器和器乐（陕西鼓乐、北京寺院音乐、山西八大套、冀中管乐、十番鼓、十番锣鼓、弦索十三套、琴曲、琵琶曲），宫廷音乐，音乐理论（朱载堉和平均律以及异径管律、康熙的《律吕正义》）。

从历史学的角度看，一部专门史著作水平的高低，很大程度上取决于有关史料的搜集、整理和应用。《中国古代音乐史稿》在同类著作中以史料翔实丰富著称。其在所附录的“参考书目”中，共开列了四百四十多种的书目，其中有三百四十余种是古籍书目，广涉经、史、子、集四部，尤以子、集二部为多。中国古典文献浩如烟海，有关音乐史料相当分散，杨氏能几十年如一日地广搜博采，集腋成裘，在古籍中提取相关的音乐文献，爬梳剔抉，探赜索隐，从而在大量、广泛、准确占有史料的坚实基础上，勾画出中国古代音乐史产生、演变和发展的轨迹。如在《中国古代音乐史稿》第四章，杨荫浏在讨论春秋、战国时期的南方民歌时，就汇集了见于《乐府诗集》的《徐人歌》《采葛妇歌》，见于《论语》的《接舆歌》，以及见于《说苑》的《越人歌》和见于《孟子》的《孺子歌》等资料，以说明《九歌》得以产生的深厚背景。

杨氏不仅收集了丰富的史料，而且以深厚的功力，对史料进行考辨，去伪存真，由表及里。作者在考辨中主要采用了三种方法：一是以古代文献资料互证。如杨氏在《中国古代音乐史稿》第221至223页，通过分析考察白居易诗《霓裳羽衣舞歌》及注文、宋代周密《齐东野语》、欧阳修《新唐书·礼乐志》、沈括《梦溪笔谈》中的有关不同记载，从而辨明是非，认为前二者记载符合历史真实面目，而后二者记载有误。《霓裳羽衣曲》“全曲共36段；其中只有曲谱、没有歌词的部分，约占一半。前面的六段器乐，是没有歌词的；若后面的十二段破，只舞不歌，也没有歌词，则余下有歌词的部分，就只是中序且歌且舞的部分——至多十八段，刚合一半”。二是以考古实物与文献记载相印证。如古代琵琶这一名称，从秦汉至隋唐这一漫长的历史时期，曾适用于很多弹弦乐器——长柄的、短柄的、圆形的、梨形的、木面的、皮面的，弦数多一些的、弦数少一些的，都可称作琵琶。杨氏在《中国古代音乐史稿》第130至131页通过傅玄《琵琶赋》的记载与汉石刻画像中鼗鼓、辽宁辑安古墓壁画中的汉琵琶相互印证，从而证实所谓“秦琵琶”就是傅玄《琵琶赋》中的秦朝“弦鼗”（也叫鼗鼓），其形状为圆形，两面蒙皮，用一手持柄摇动发声来演奏；而“汉琵琶”则是“阮咸”，“盘圆柄直……柱有十二……四弦”。三是通过现存的曲子来解释证明历史上的文献记载。如据《都城纪胜》所载，南宋绍兴年间，艺人张五牛听到当时民间称为“鼓板”的一种歌唱艺术中，有分为四段的《太平令》，而创造了一种称为“赚”的新的歌曲形式。杨氏通过现存的昆曲中间，特别是在昆曲的南曲中间，所保存的不少“赚”的种种变异形式，对“赚”进行诠释。这种诠释以有声的曲例为依据，比单纯的文字解释更加到位和形象具体。

黄翔鹏在《中国大百科全书》（音乐舞蹈卷）“杨荫浏”辞条中说：《中国古代音乐史稿》“是继旧作《中国音乐史纲》的一部力作，进一步突破了音乐史写作脱胎于音乐文学史的局限”。据笔者理解，这就是将以往“无声”的以文字叙述为主的音乐史变为“有声”的谱例宏富的音乐史。这个特点发端于杨氏与阴法鲁合作而完成的对宋姜白石道人歌曲的破译，而到了《中国古代音乐史稿》第七编元、第八编明、清，这个特点得到了充分的体现。如杨氏对元杂剧的旋律特点和节奏特点、对南北曲的音阶形式、板眼形式和字调配音通例，对明清器乐合奏陕西鼓乐、北京寺院管乐、山西八大套、十番鼓等乐种的音乐特点，都利用了现存的大量曲例加以剖析和总结。

毋庸讳言，由于时代的局限性，《中国古代音乐史稿》也存在着一些有待于进一步完善的地方。如有些观点显得过于绝对片面，对一些人物的评价就存在这种倾向。但是，从总体上来看，这些不足只是大醇之小疵，《中国古代音乐史稿》堪称是一部划时代的音乐史力作。

第五节 《溯流探源——中国传统音乐研究》

《溯流探源——中国传统音乐研究》（以下简称《溯流探源》）作者黄翔鹏（1927—1997）是中国当代音乐史家、民族音乐学家。1946年秋，黄翔鹏同时考入金陵大学物理系和国立音乐院。1947年，从金陵大学物理系转入国立音乐院理论作曲系，随杨荫浏学民族音乐，随马思琚学钢琴。1950年，入中央音乐学院理论作曲系，随陈德义学配器、江定仙学作曲、马思聪学指挥。1952年留校任作曲系助教，开始从事中国音阶与调式、隋唐二十八调理论的研究。1958年调到音乐研究所，尔后，参加《中国近现代音乐史纲》与《民族音乐概论》的编写。1977年，参加音乐研究所陕、甘、晋、豫4省音乐文物调查活动。1978年，参与了曾侯乙墓出土的乐器与编钟铭文研究，与古文字学家裘锡圭、李家浩共同解释了2800多字的编钟铭文。1985至1988年任中国艺术研究院音乐研究所所长。1992年,《中国音乐文物大系》论证立项,由他担任主编。其一生致力于中国乐律学和音乐史的研究,著述甚多,后收录于论文集《传统是一条河流》《溯流探源》《中国人的音乐和音乐学》《乐问》等。其中最著名的创见是"一钟双音""同均三宫""传统是一条河流"的命题。由于其在传统音乐学研究上的突出贡献,1996年获日本"小泉文夫音乐奖",其论文《曾侯乙钟磬铭文乐学体系初探》于1999年获文化部第一届艺术科学优秀成果论文一等奖。

《溯流探源》是一部论文集,收集了作者对中国传统音乐研究的十四篇论文:《新石器和青铜时代的已知音响资料与我国音阶发展史问题》《先秦音乐文化的光辉创造》《释"楚商"》《"曾篙"钟每钟两音音名与阶名的乐律学分析》《用乐音系列记录下来的历史阶段》《旋宫古法中的随月用律问题和左旋、右旋》《曾侯乙钟磬铭文乐学体系初探》《"八音之乐"索隐(上、下)》《唐燕乐四宫问题的实践意义》《中国古代律学——一种具有民族文化特点的科学遗产》《音乐考古学在民族音乐形态研究中的作用》《"弦管"题外谈》《"琴律"研究》《律学史上的伟大成就及其思想启示》。

该书虽然作为一部论文集,但却贯穿着一条治学思路,即"应尽今人之能,以今人得见之依据,求其古代之真实;古乐及其规律实即埋藏在今乐以及今所能见之古代音乐文物中"①。

在《新石器和青铜时代的已知音响资料与我国音阶发展史问题》中,他提出了已经失传的先秦青铜编钟一钟双音的结构规律,并将其纳入音阶发展史加以研究,阐述了五声音阶和七声音阶的关系,提出了音阶理论和乐学体系理论。随后,在《曾侯乙钟磬铭文乐学体系初探》中,揭示了其乐学体系已经包含了绝对音高与相对音高的概念,八度组与音域概念,相生、相应的音程概念以及由此而生的阶名、变化音名和升、降变化的概念,由非平均律制而出现的十二音位体系中又包括了近似现代"等音"的异律同位概念,更重要的还有与旋宫转调实践相联系的宫调概念以及由标音体现出的

① 黄翔鹏《溯流探源——中国传统音乐研究》,人民音乐出版社1993年版,第289页。

音列、音阶、调式规律等。所有这些方面都很有价值，大多是我们前所未知的先秦乐学的新材料和新观点。

在《八音之乐索隐》上篇中，作者实际上已提出了“同均三宫”的理论。其在该文篇末总结云：“总之，存在着太乐乐府‘清商音阶’的八音之乐，应声在闰、宫之间；又有大业间‘古音阶’的八音之乐，应声在宫、商之间；还有‘新音阶’的八音之乐，应声在和、徵之间。这三种应声用首调唱名来表示时：♭si、♮si、do、♯do、fa、♯fa，可以看出正是我国传统音乐中普遍存在的变化音用法。清楚地显示出古代这三种‘八音之乐’理论全部存在它们的实践基础。”他在《中国传统乐学基本理论的若干简要提示》中，更明确系统地总结了“同均三宫”理论：中国乐学的基本理论中，均、宫、调是三层概念。“均”是统率“宫”的，“三宫”就是同属一均的三种音阶，而分属三种调高。不同的音阶中，“宫”又是统率“调”的，每宫都可以出现“宫”“商”“角”“徵”“羽”五种调式。均、宫、调又各有自己的首音或主音，分别称为“均主”、“音主”和“调头”①。

从黄氏《溯流探源》及其他著作可以看出，其之所以能在音乐学研究方面，尤其是乐律学史方面取得重大突破，这与他的治学思想以及研究方法是分不开的。他的治学思想注重于解决问题，从一点一滴做起，而不是好高骛远，贪图大而空泛。正如他在谢绝一家出版社请其领衔编写一部多卷本《中国音乐通史》时给一位音乐史学家的信中所说的：“至少从咱们在六十年代的合作起，我早就应该从事音乐史写作的了。但我愈是着手这一工作，愈是觉得火候不到。明知许多问题真相不明，明知许多论断是有问题的，明知许多基础没有打好，明知许多课题还要一点一滴做起来，还不如老老实实转过来为新一代人写史作些准备的好。”他的研究方法则是“使史学、文献学、考古学、民族学与民俗学、乐律学等各种音乐学的边缘学科熔于一炉，来进行系统化的综合研究”②。这些，都是很富有启迪意义的。

① 参见黄翔鹏《传统是一条河流》，人民音乐出版社 1990 年版，第 84—85 页。

② 王耀华《中国传统音乐学丛书·总序》，参见王子初《中国音乐考古学》，福建教育出版社 2003 年版。

第六节 《民族音乐概论》

《民族音乐概论》由中央音乐学院中国音乐研究所（今改中国艺术研究院音乐研究所）举办的“民族音乐研究班”集体编写。1960年底，初稿完成。经集体讨论后，于1961年初组织了一部分人员进行修改。参加这次修改的有：郭乃安（主修及绪论）、方妙英（民歌与古代歌曲）、简其华（歌舞与舞蹈音乐）、贾淑英（说唱音乐）、章鸣（戏曲音乐）、傅景瑞（民族器乐）、杨羽健（新音乐形式——现已删去）。随后又由郭乃安主持，与黄翔鹏、吴毓清、古宗智共同做了一次统一修改。修改稿于1961年8月提交教材会议讨论后，郭乃安根据会上的意见做了一次全面的修改，在原有基础上重写了戏曲音乐和民族器乐，对其余各章也作了相当多的改动。1964年，该书曾作为中央音乐学院试用教材出版，事前由郭乃安、李佺民作了修订。1979年，又经郭乃安、李佺民修订，于1980年第二次印刷。

该书第一章民歌与古代歌曲，第一节“民间歌曲”概述了我国民歌的悠久历史传统，从先秦《诗经》《楚辞》、汉魏六朝乐府民歌、相和歌、唐代敦煌“曲子”，直至明清近代民歌。民歌是劳动人民的集体创作，是劳动人民反映生活，表达自己的思想感情、意志和愿望的一种艺术形式，是各种音乐的基础。第二节民间歌曲的艺术特点阐述了民歌总的艺术特点是音乐语言、艺术形式及其手法简明洗练，具有丰富的艺术技巧。民歌主要有四类：劳动号子、山歌、小调、长歌，又各有其不同的特点。第三节古代歌曲，介绍一些具有代表性的我国古代歌曲，包括琴歌、词曲、散曲、套曲、牌子曲以及兄弟民族的史诗歌曲等作品。第四节新民歌介绍了近百年来我国人民创造的一些具有时代气息的新民歌。

第二章歌舞与舞蹈音乐，第一节“历史悠久、丰富多样的歌舞与舞蹈音乐”阐述我国歌舞的古老历史渊源，有原始社会的“击石拊石，百兽率舞”；葛天氏操牛尾投足以歌八阕。奴隶社会的《大濩》《大武》乐舞；封建社会中自汉代兴起至唐代高度发展的“大曲”。近现代，我国民间仍然流行着各种各样的歌舞和舞蹈。其主要有汉族的秧歌、花灯、采茶、二人转、二人台、地花鼓、踩马灯，兄弟民族的十二木卡姆、囊玛、堆谢、安代、农乐舞、长鼓舞、芦笙舞、欢乐舞、鄂尔多斯舞等。第二节“歌舞音乐的一些特点”

总结了民间歌舞的主要特点有：1.密切联系人民的生活，富有生活情趣；2.载歌载舞、歌舞结合；3.歌与舞的结合使歌舞音乐同时具有了民歌的歌唱性与旋律性和舞蹈的节奏性与动作性；4.歌舞音乐的结构形式主要有单歌式、复歌式、曲牌体和板腔体等；5.民间歌舞的器乐伴奏丰富多彩，有以丝竹乐器为主或以打击乐器为主，有的甚至全部用打击乐器。第三节“歌舞和舞蹈音乐的新发展”介绍了在党的文艺方针的正确指导下，由于专业工作者和广大民间歌舞艺术家的合作努力，我国民间歌舞和舞蹈音乐在继承传统的基础上从思想内容到艺术形式都发生了深刻的变化。

第三章说唱音乐，第一节“说唱音乐”概述介绍了说唱音乐的悠久历史传统，早在战国时代《荀子·成相篇》就有类似于后世说唱文学的结构。汉代乐府诗歌中的《陌上桑》《孔雀东南飞》等叙事诗歌可以说是一种早期的说唱音乐形式。隋唐时期，民间流行讲唱故事的“说话”，佛教寺院的说唱活动也很流行。宋朝说唱音乐走向成熟，有“说话”“陶真”“涯词”“鼓子词”“唱赚”“诸宫调”诸种形式。元明时期，新产生和流行的曲种有“货郎儿”“道情”“莲花落”“弹词”等。清代的一些说唱曲种，如单弦牌子曲、大鼓书等，一直流传到现代。我国的说唱音乐品种十分丰富，共有二百多种，大致可分为8类：鼓词类、弹词类、渔鼓类、牌子曲类、琴书类、杂曲类、走唱类、板诵类。其唱腔各不相同，丰富多彩，即使有些曲种共用了若干曲牌，也往往由于流传地区以及所用的语言不同，它们的唱腔风格就各不相同。第二节“说唱音乐的艺术特点”阐述了说唱音乐的艺术特点主要有：1.说与唱的结合；2.唱腔结构有基本曲调反复结构、基本曲调板腔变化结构、曲牌联缀结构、混合结构4种；3.说唱音乐的创腔规律是唱腔要服从内容，服从唱词的内容及语言特点；4.说唱音乐的表演有单口唱、对口唱、帮唱等，其演唱要字正腔圆；5.其音乐伴奏分为“过板音乐”和唱腔伴奏。第三节“说唱音乐的新发展”主要介绍了说唱音乐新发展的两个方面：一是整理传统节目，在演唱方法、唱腔与伴奏音乐上予以改革；二是创造反映现实的新作品，在音乐上革新与发展。

第四章戏曲音乐，第一节“历史悠久、丰富多彩的戏曲音乐”认为我国的戏曲渊源可追溯到先秦的乐舞和俳优、隋唐的参军戏等。宋金时期“杂剧”和“南戏”的出现，标志着我国戏曲艺术形式的确立。元代，杂剧鼎盛，在内容和形式上比宋金杂剧丰富复杂。明代，传奇兴起，并出现了海盐、余姚、弋阳、昆山四大声腔。清代，逐渐形成了以“皮黄腔”为主要腔调而且有全国影响的新剧种“京剧”，许多民间小戏蓬勃发展。我国戏曲音乐，异常丰富多彩。据统计，剧种和腔调达四百种以上。第二节“戏曲音乐的主要特征”阐述了戏曲音乐在声乐唱腔和念白、器乐文武场面的伴奏和各种过场音乐等所具有的民族特点。而且，这些特点和戏曲音乐创作的特点是互相联系的。第三节“戏曲音乐的新发展”总结了其发展的主要特点是能够正确对待戏曲音乐遗产的批判继承与革新创造的关系；戏曲音乐能根据戏剧内容的要求，从生活出发，从当前群众的需要出发来发展传统和进行新的创造。

第五章民族器乐，第一节“历史简述”比较详细地介绍了先人经过长期的创造，为我们留下了多种多样富有特色的民族乐器和器乐演奏形式，以及大量优秀的器乐曲，并且积累了丰富的艺术经验。第二节“丰富多彩富有特色的民族器乐”介绍了种类繁多的民族乐器。据不完全统计，现在仍在使用的民族乐器达二百多种。按照其性能的不同，大致可分为吹、拉、弹、打四类。民族乐器的演奏形式有各种乐器的独奏，还有各种不同组合的合奏。不同的乐器组合，加上不同的曲目和演奏风格，形成了多种多样的器乐乐种。我国传统的民族器乐创作，使用多种多样的标题，主要有标题性的器乐曲、从声乐作品发展而来的器乐曲、非标题性的器乐曲、标题的改易和演变四种。其曲式结构，大致分为单曲和套曲两种。第三节“民族器乐的新发展”阐述了民族器乐新创作的要求，促进了民族乐器的改良和新型民族乐队的建立，以及演奏技术的发展和丰富；反之，后者又促进着前者的发展，使民族器乐创作的表现手法得以不断丰富和提高。

总之，该书广泛吸收了我国当时民族民间音乐理论研究的成果，对我国传统民族音乐形式——民歌和古代歌曲、歌舞与舞蹈音乐、说唱音乐、戏曲音乐、民族器乐的发展源流、各种体裁形式与风格、表现手段上的艺术特点，以及民族音乐发展中形成的优秀传统，均做了系统的归纳、概括和理论阐述，并附有较丰富的曲例。这是第一部全面、系统地论述我国民族民间音乐的著作，从而构筑了我国民族音乐研究的总体框架，对后来的民族音乐研究产生了重大的影响。

第七节 《律学》

《律学》作者缪天瑞（1908—2009）是我国现代著名的音乐学理论家、翻译家、音乐教育家。1926年毕业于上海艺术师范大学音乐科，主修钢琴。尔后在温州、上海、武昌、福建等地中学和师范院校任音乐教师，1946—1949年任台湾省交响乐团编辑室主任、副团长等职。50年代起先后任中央音乐学院教研室主任、教务主任、副院长，天津音乐学院院长，并兼任河北省文化局副局长、天津市音协名誉主席、天津市文联名誉主席。1983年调入中国艺术研究院，任研究员、博士生导师。主要著作有《中国音乐史话》《律学》《基本乐理》等，主要译著有《钢琴基本弹奏法》《对位法概论》《歌曲作法》《作曲法》《音乐的构成》《曲调作法》《曲式学》《和声学》《对位法》等，还合作主编有《中国音乐词典》《中国音乐词典·续编》《中国大百科全书·音乐卷》，以及主编《音乐百科全书》等，其对培养中国音乐人才、普及和提高我国整体音乐水平做出了应有的贡献。

《律学》是我国学者自行编著的一部乐律学基础教材，在长达40余年中进行了三次修订，不断得到完善，从一个侧面反映了我国律学研究的发展历程。该书1950年初版，1963年刊行第一次修订版。第一次修订版主要修改初版以纯律为标准的观点，提出以十二平均律为标准，同时与其他律制相适应的论点；同时修改了初版从纯律角度来看待阿拉伯等民族乐制，认识到阿拉伯等乐制属于另一种乐制体系，即四分之三音体系，并增加了“亚洲非洲若干民族乐制”一章，阐述各个民族乐制的特点。1983年刊行第二次修订版。其篇幅从第一次修订版的八章增至十章，增补了许多内容。如从民族音乐学的角度，重视世界各国的律制、乐制的特点和发展过程，将初版和第一次修订版中的“律史”一章分为“中国律学简史”“欧洲律学简史”“四分之三音体系史料”三章；将“亚非地区几种民族乐制”一章加以补充；各章都配合民族乐制，加入较多的民族调式；对“今天各种律制的应用问题”一章也做了大量的增补。1996年刊行第三次修订版。该版在前次增订版的基础上，将20世纪80年代以来中外有关律学研究的新资料和新成果补充进去或据以修改。主要有：第六章“中国律学简史”除补充详细的有关律史资料，如出土的曾侯乙墓钟律、京房六十律等外，还加进今人对古代律学和民族乐制研究的新成就，并于该章最后改写“律学研究的新时期”一节，历述1911年至今，音乐家和学者致力于律学研究的成果和律学研究机构、教学等发展的形势。第七章“欧洲律学简史”主要加进各种“中庸全音律”和“不规则律”。这些律制在欧洲音乐史上曾起重要的作用，不仅直接影响J.S.巴赫的作品，而且遗风及于贝多芬的作品。该章中还增写了纯律簧风琴和管风琴已进入自动调节的制作水平。第八章由原“四分之三音体系史料”增加资料，写成“阿拉伯—伊朗律学简史”。中国的中立音问题，日本、印度次大陆和土耳其的民族乐制以及印度尼西亚甘美兰乐队的乐制，均保留在第九章里，并改写或补充新的资料。第九章原有非洲若干乐制，因不够系统，已删去，故章名改为“亚洲地区几种民族乐制”。第十章改名“律制的应用”，内容略有增删。

第三次修订版《律学》共十章。第一章“导论”阐述律学的研究范围和理论性质、音的类别和发音原理、国际标准音高、律学的实验等。第二章“音律计算法”介绍了频率比、音程值、对数值、八度值、音分值、平均音程值、振动体长度与音分值的关系等七种不同的计算方法。第三章“五度相生律”论述了五度相生律和五度相生法、五度律大音阶及其特有音程、五度律小音阶及其特有音程、五度律大半音和最大音差等诸方面的问题。第四章“纯律”论述了纯律的产生法、纯律大音阶和普通音差、纯律小音阶、纯律音系网、大半音和小半音等诸方面的问题。第五章“十二平均律”则对五度相生律、纯律、十二平均律三种律制的差异进行对比，并介绍了五声体系、七声体系和四分之三音体系三种乐制在世界各地区的分布。第六章“中国律学简史”首先介绍与古代中国律学有关的音乐知识和问题，然后将中国律学史分为四个时期进行阐述。第一时期为三分损益律发现时期，第二时期为探求新律时期（附笛律和琴律、隋唐燕乐的音阶和调式），第三时期为十二平均律发明时期，第四时期为律学研究的新时期。第七章“欧洲律学简史”将欧洲律学史分为三个时期进行阐述：第一时期为毕达哥拉斯时期，第二时期为纯律时期（附纯律在键盘乐器上的实现——中庸全音律、纯律在无伴奏合唱上的处理法、不规则律），第三时期为十二平均律时期（附纯律和微音）。除此之外，该章还简要介绍了与律学有关的科学研究成果。第八章“阿拉伯-伊朗律学简史”分别介绍了阿拉伯民族乐制与伊朗民族乐制的历史，其共同特征是都采用四分之三音。第九章“亚洲地区几种民族乐制”介绍了中国的中立音问题、日本的民族乐制、印度次大陆的民族乐制、印度尼西亚甘美兰乐队乐制、泰国、缅甸等地的一种乐制和土耳其的民族乐制。第十章“律制的应用”阐述了小提琴的音律、声乐的音律、钢琴的音律、管弦乐队的音律、八度近似性以及我国民族音乐的律制问题。

该书最后还有四个附录：音分值和频率对照表、音律表、本书专名和人名索引、本书历次版本所用主要参考书，可供读者检索查阅。

第八节 《中国音乐文物大系》

《中国音乐文物大系》作为中国音乐考古学的第一项浩大的基础工程，在老一辈音乐家吕骥和考古学家夏鼐的倡导下，由中国艺术研究院、国家文物局、中国社会科学院考古研究所、中国科学院声学研究所共同发起，而于1987年被批准为国家“七五”社科重点项目。该项目由中国艺术研究院音乐研究所承办，音乐学家黄翔鹏为总主编，王子初为执行主编。这一项中国音乐考古学的基础工程汇集了全国数以百计的音乐学、考古学、历史学方面专家指导或参与编撰工作。

经过14年的努力，至2001年《中国音乐文物大系》第一期工程得以完成，出版了湖北、北京、陕西、天津、上海、江苏、四川、河南、新疆、甘肃、山西、山东等12个省（区、市）卷，分10册装订。共收录了文字及数据资料近二百万言，彩色、黑白照片及各类拓片、线描图五千余幅。所收录的文物，从约一万年前的新石器时代直到清代末期，包括大量考古发现的和传世的各种古代乐器、舞具，反映音乐内容的器皿饰绘、砖雕石刻、俑人泥塑、洞窟壁画、书谱经卷等[①]。这些音乐文物年代久远，延绵不绝，种类繁多，体现了中国音乐文化的源远流长和丰富多彩。在这些音乐文物中，不乏历见著录的传世名器，也不乏闻名于史的重大考古发现，但更多的是以往鲜为人知、在该书中第一次集中面世的文物。

① 王子初《中国音乐考古学·前言》，福建教育出版社2003年版。

在《中国音乐文物大系》的编撰过程中，为了谨防由于当前认识的局限而丢弃了某些未被认识的有用材料，该书在收录范围方面掌握得略为宽松。既重形制数据，也及测音资料；既重考古发掘，也收传世器物；既重乐器实物，也不忽视反映古人音乐生活的绘画、雕塑等美术作品。古人乐舞不分，故一些重要的舞蹈文物及至乐舞道具也适量收录。该书以文物收藏地分省（区、市）卷编撰，不以文物出土地域分卷。各省（区、市）收藏品原则上归该省（区、市）卷收录。

该书对音乐文物命名的原则是：1.沿用旧名；2.以器物自铭、器主或墓主命名，如曾侯乙编钟、秦王卑命钟等；3.以出土地命名，一般格式为县（市）名+出土地点名+墓葬号+器种名，如长治分水岭14号墓编磬，当阳曹家岗5号墓瑟等；4.以文物自身显著特征命名，其特征包括纹饰、造型、色泽、材质、年代、文化属性、使用者、收藏者、作器者等方面，如虎纹石磬、龙首铜编磬等。目前在命名中，一般先考虑沿用旧名，无旧名者可用器主、墓主、铭文或用出土地命名，对无处无款无铭的传世、征购、罚没文物，再考虑用文物自身特征命名。该书对音乐文物条目的撰写，一般包括顺序号、条目名称（即文物名称）、时代、藏地（或附馆藏号、田野号）、考古资料（来源）、形制纹饰（画面内容）、音乐性能、文献要目等各方面。

该书各卷在编目分类中以“器类法”为一级分类，即将文物分为乐器、图像两大类。类外文物就近归入其中一类，如少量出土书籍附入图像类。特殊情况单独成辑，如曾侯乙墓专辑。乐器类文物数量种类多时，用“材质法”，即如铜器、玉石器、陶器、漆木（竹）器作二级分类（暗分），继以“种类法”为二级分类。“种类”以下，按大致年代顺序排列各条目。兹举《中国音乐文物大系》中《陕西卷》第一章乐器、《甘肃卷》第二章图像、《湖北卷》第三章曾侯乙墓专辑略做介绍，以对其编目分类有一较具体的了解。

《陕西卷》除卷首陕西音乐文物综述和卷末附录、后记之外，全书共分两章，第一章乐器，第二章图像。第一章乐器之下按种类法分为第一节陶埙、陶角，第二节陶响器，第三节磬，第四节铙、铎、铃，第五节甬钟，第六节镈，第七节钮钟，第八节钲、錞于，第九节腰鼓、锣、钹，第十节瑟、阮咸等。其节下按大致年代顺序排列各条目（即文物名称），如第七节钮钟之下就有：1.凤翔直柄钮钟（2件），2.直柄钮钟，3.眉县金渠钟（5件），4.凤翔钮钟，5.咸阳钮钟，6.乐府钟，7.西安红庙坡陶钟，8.西安范南村92号汉墓陶钟（10件）。

《甘肃卷》除卷首甘肃音乐文物综述和卷末附录、后记之外，全书也分为两章，第一章乐器，第二章图像。第二章图像之下前三节为敦煌莫高窟壁画，按年代顺序分为第一节敦煌莫高窟壁画（北凉、北魏、西魏、北周、隋），第二节敦煌莫高窟壁画（初唐、盛唐、中唐、晚唐），第三节敦煌莫高窟壁画（五代、宋、西夏、元）；尔后三节为其他地方壁画，即第四节安西榆林窟壁画，第五节河西石窟壁画，第六节河东石窟壁画。在洞窟壁画之后，第七节画像砖，第八节墓葬、寺观壁画，第九节石刻，第十节乐舞俑、器皿装饰、岩画、绘画。最后是第十一节书谱，附入第二章图像之末。其节之下是具体图像名称，即条目。如第三节敦煌莫高窟壁画（五代、宋、西夏、元）之下有：1.第61窟经变、佛传故事伎乐图，2.第72窟百戏图，3.第98窟供养人伎乐、火宅及乐舞图，4.第100窟曹议金、回鹘公主出行图，5.第146窟天王伎乐图，6.第55窟伎乐图，7.第130窟飞天伎乐图，8.第327窟飞天伎乐及供养伎乐图，9.第3窟执铃金刚力士图，10.第465窟菩萨伎乐图。

《湖北卷》的编目分类与上述基本相同，唯一有别的是由于其境内出土的曾侯乙墓在音乐史上的重大价值，故在乐器、图像两章之后另立第三章曾侯乙墓专辑。此章第一节概况，第二节出土文物，第三节钟架，第四节编钟，第五节挂钟构件及悬钟方式，第六节钟铭，第七节编钟的组合及演奏，第八节编磬，第九节鼓，第十节瑟，第十一节琴（十弦琴），第十二节均钟（五弦琴），第十三节笙，第十四节排箫，第十五节篪，第十六节乐舞图鸳鸯盒。其节下则按内容的不同设不同类型的条目。如第二节出土文物下设：1.主要出土文物，2.出土乐器概述；第四节编钟下设：1.形制，2.铸造，3.音响；第七节编钟的组合及演奏下设：1.组合及变迁，2.演奏工具，3.演奏方式；第九节鼓下设：1.建鼓，2.有柄鼓，3.扁鼓，4.悬鼓，附1.鹿角立鹤，附2.漆木鹿。

1998年，《中国音乐文物大系二期工程》被批准为国家“九五”艺术学科重点项目，至21世纪初，《江西卷》《湖南卷》《内蒙古卷》《河北卷》《青海卷》《安徽卷》已初步完成，《浙江卷》《辽宁卷》《福建卷》也陆续开始文物普查、测录资料、拍摄图片等工作。我们相信，不久的将来，中国音乐考古学方面迄今规模最大、收录最齐的一部巨著，将圆满完成，并产生巨大的学术价值，发挥书籍文献记载不可替代的作用。

第十一章
乐谱类文献

第一节　乐谱类文献概况

一、宋元以前的乐谱类文献

乐谱是记录音乐符号的载体，是音乐理论和实践发展到一定阶段的必然产物。它的广泛流传受到两个因素的制约：一是记谱法的发展；二是科学技术（如载体、印刷）的提高。

自远古起，人们就用歌声来表达情感。周代有搜集乐歌的“采风”制度，采集来的乐歌，经过数百年的整理和编辑，形成一部乐歌总集《诗》。诗三百皆入乐，但后来歌辞独存，乐声亡佚。先秦时期遗留至今可见的乐谱仅有《礼记·投壶》中记载的一段鼙鼓谱，用“O”和“口”两种符号来表示鲁鼓和薛鼓两种鼓乐的节奏。

汉代乐府盛极一时，《汉书·艺文志》诗赋略的歌诗类书目中记录有《河南周歌诗》七篇、《河南周歌（诗）声曲折》七篇、《周谣歌诗》75篇、《周谣歌诗声曲折》75篇。由于“歌诗”与“声曲折”相对并置，部分学者认为“声曲折”应是依据曲调的高低上下而绘制的一种乐谱[①]。由于这四部著作已全部失传，汉代乐谱的真容也就成了一个谜。

魏晋时期，出现一些古琴“指法”的名称，如嵇康《琴赋》中的踸、踔、磥、硌、搂、捴、擽、捋、缥、缭、撇、挒等。南北朝和隋唐的琴家在指法中

① 参见《中国音乐词典》第360页、李纯一《关于陕西地区的音乐考古》（《中国音乐学》1986年第2期）、田青《佛教音乐的华化》（《世界宗教研究》1985年第3期）。刘再生《“声曲折”之我见》（《中国音乐学》1990年第4期）等。

安排一定的节奏因素，记下一个琴曲的调名及每一指法在弦和徽位上的具体运用，形成了古琴的"文字谱"。现存最早的文字谱《碣石调幽兰》传自梁丘明（494—590），系唐人手抄卷，卷长432.1厘米，宽27.4厘米，现藏东京国立博物馆。光绪年间，黎庶昌、杨守敬将之影入《古逸丛书》，20世纪初又为《琴学丛书》《丛书集成》等收录。

隋唐时期曾出现不少乐谱，单《隋书·经籍志》《旧唐书·经籍志》《新唐书·艺文志》所载就有戴氏《琴谱》4卷、无名氏《乐谱》4卷、萧吉《乐谱集》20卷、刘氏等《琴谱》4卷、陈怀《琴谱》21卷、赵耶利《琴叙谱》9卷、无名氏《外国伎曲》3卷、陈拙《大唐正声新址琴谱》10卷、吕渭《广陵止息谱》1卷、李良辅《广陵止息谱》1卷、李约《东杓引谱》1卷、陈康士《琴谱》13卷等。但今存者寥寥，列举数种存世唐代乐谱如下：

《天平琵琶谱》：录于中唐（公元747年前），其谱不全，只有6行谱字，原件藏于日本奈良正仓院。

《五弦琵琶谱》：录于9世纪，有《平调子》《大食调》《一越调》等28曲，其中7曲据唐人石大娘的遗谱传抄，原件藏于日本阳明文库。

《南宫琵琶谱》：录于晚唐五代时期，共13曲，乃现存唐代搊弹琵琶（手弹琵琶）的珍贵资料，原件藏于日本宫内厅书陵部。

敦煌曲谱：录于晚唐五代时期，共有3件，分别为《琵琶二十谱字表》《浣溪沙》残谱、《敦煌琵琶谱》25首。原藏于敦煌莫高窟，20世纪初为法国人伯希和所劫，现藏于巴黎图书馆东方部。

可见，虽然对记谱法的探索一直没有中断，但由于印刷术尚未获得广泛的运用，宋元前的乐谱多限于手抄，数量稀少，文献的流传和保存受到极大的制约。大部分或毁坏湮灭，或流落异邦，有待于进一步发现。

二、宋元时期的乐谱类文献

罕有乐谱传世的遗憾持续到宋元时期稍得以改观。

1.歌曲方面

南宋赵彦肃所传的唐开元《风雅十二诗谱》是目前所见最早的律吕字谱，为朱熹《仪礼经传通解》所收，后又为熊朋来收入《瑟谱》；姜夔的《白石道人歌曲》是一部附有乐谱的词集，包含俗字谱、减字谱、律吕谱等多种记谱法；南宋陈元靓《事林广记》中有《圆里圆》唱赚词、《愿成双》唱赚谱、《全套鼓板套数》唱赚伴奏谱和唱赚蹴毬图；另有内府刊行的《乐府浑成集》，明戏曲理论家王骥德撰写《曲律》时，尚见其残册，后却不知去向。

2.说唱方面

今天可见的有北宋赵德璘的《元微之崔莺莺商调蝶恋花词》、无名氏的《刘智远诸宫调》残本、金代董解元《西厢记诸宫调》、元代王伯成《天宝遗事诸宫调》等数种。其中以《董西厢》最具代表性，全书采用了正宫、道宫、南吕宫、黄钟宫、大石调、双调、小石调、商调、越调、般涉调、中吕调、高平调、仙吕调、羽调等14个宫调，包括43套缠令和444个曲牌（连同变体在内），不仅存有全部文字，而且还有约148个曲调存于《九宫大成南北词宫谱》中，是目前所知保存最完整的诸宫调作品。

3.戏曲方面

至今尚存全部或一部分乐谱的元代杂剧，约121个剧目、210折，其中存全折乐谱的约86折，全折以外的另曲约260首[①]。杂剧衰落后，部分乐谱赖明清时期的戏曲乐谱和少量的弦索调乐谱流传下来。河北大学刘崇德教授撰有《元杂剧乐谱研究与辑译》一书，辑译今传元杂剧乐谱曲目112种，于2003年5月由河北教育出版社出版，可供参考。

宋元时期乐谱本身传世的并不多，多赖明清时期的戏曲乐谱集保存至今。器乐谱见于史志著录的有吴良辅《琴谱》、李昌文《阮咸弄谱》、喻修枢《阮咸谱》、郑瀛《琴谱》、俞玉《吾琴谱》、苗彦实《琴谱》等，但大多失传。

三、明清时期的乐谱类文献

明清时期乐谱类文献主要包含歌曲、说唱、戏曲、器乐、宗教音乐等五类，多以工尺谱和减字谱记录。

1. 歌曲乐谱

歌曲乐谱有魏皓《魏氏乐谱》，乾隆敕撰《诗经乐谱》，华秋苹《借云馆小唱》，谢元淮《碎金词谱》《碎金续谱》《养默山房诗余》，夏炘《诗乐存亡谱》，佚名《诗乐古谱》，许宝善《自怡轩词谱》，潘奕隽《水云笛谱》，缪阗《昔游补咏三十首徵题》，任兆麟《弦歌古乐谱》。此外，尚有《洞仙

① 杨荫浏《中国古代音乐史稿》，人民音乐出版社 1981 年版，第 532 页。

歌》《太平歌舞》《一江风》等十余种工尺抄本。

清末民初，随着学堂乐歌的兴起，出版了一批乐歌集，如沈心工《学校唱歌集》，曾志忞《教育唱歌集》，李叔同《国学唱歌初集》，王季梁《唱歌游戏》，叶中冷《小学唱歌集》，胡君复《女子新唱歌集》《唱歌集》等。

2.说唱乐谱

说唱乐谱有沈运《北西厢弦索谱》，佚名《子弟书》（残存），佚名《和合调》，瑞甫传抄《滩簧唱本》，汤斯质、顾峻德《太古传宗》等。

3.戏曲乐谱

在戏曲乐谱中，昆曲和南北曲占据绝大多数，单曲集就达百余种，其中影响较大的有程允冒《南九宫十三调曲谱》、吕士雄《新编南词定律》、允禄等《九宫大成南北词宫谱》、叶堂《纳书楹曲谱》、冯起凤《吟香堂曲谱》、王锡纯《遏云阁曲谱》、荀溪生《曲谱大成》、吴增祺《天韵社曲谱》、杜步云《戏曲四十六种》、溵溎深《异同集》、张怡庵《六也曲谱》等。除外，还有相当数量的整出和零折乐谱，单《中国音乐书谱志》收录的整出乐谱就有31种，零折乐谱有725种，它们共同构成了中国戏曲音乐文献中极灿烂的一部分。

4.器乐谱

在器乐谱中，以琴谱数量为最巨，自明朱权刊印《神奇秘谱》后，先后有二百余种琴谱问世，其中卷数较多的有袁均哲《太音大全集》，龚经《浙音释字琴谱》，谢琳《太古遗音》，朱厚爝《风宣玄品》，汪芝《西麓堂琴统》，顾挹江《步虚仙琴谱》，肖鸾《杏庄太音补遗》，黄献《琴谱正传》，杨表正《真传琴谱》，蒋克谦《琴书大全》，张德新《三教同声》，胡文焕《文会堂琴谱》，杨抡《太古遗音》《琴谱合璧》，张大命《阳春堂琴谱》，严澂《松弦馆琴谱》，张廷玉《理性元雅》，尹晔《徽言秘旨》，庄臻凤《琴学心声谐谱》，孔兴诱《琴苑心传》，徐谼《大还阁琴谱》，程雄《松风阁琴谱》，徐常遇《澄鉴堂琴谱》，郭裕斋《德音堂琴谱》，鲁鼒《琴谱析微》，程允基《诚一堂琴谱》，徐祺《五知斋琴谱》，吴文焕《存古堂琴谱》，周显祖《琴谱谐声》，秦维瀚《蕉庵琴谱》，唐彝铭《天闻阁琴谱》，释空尘《枯木禅琴谱》，陈世骥《琴学初津》，李光烈《雅轩琴谱丛集》等。

其他的器乐谱方面，琵琶谱有无名氏《高和江东》[①]、华文彬《琵琶谱》、李祖棻《南北派十三套大曲琵琶新谱》、鞠士林《闲叙幽音琵琶谱》、陈子敬《琵琶谱》、佚名《浦东琵琶谱》、王露《玉鹤轩琵琶谱》等；三弦谱有李蒝廷编《万宝全书》、佚名《弦子月调》、郭仲文《三弦谱》等；筝谱有《山东筝曲真抄本》《山东乐曲抄本》《大埔何育斋先生筝谱》等；器乐合奏谱有周显祖《琴瑟合谱》、吴澄甫《丝竹小谱》、荣斋《弦索备考》、黄晓珊《希韶阁琴瑟合册》和近百种手抄本传世。

5.宗教和典礼乐谱

前者有《西安何家营乐器社鼓乐谱》《智化寺音乐腔谱》《成寿寺京音乐谱》《法音宣流》《西安道派乐器社乐谱》《钧天妙乐全谱》等四十余种；后者有《清邑泮宫乐舞图》《武庙乐谱》《文昌乐谱》《丹陛乐谱》《皇朝乐舞录要》《金陵中祀乐谱考正》《中和乐章》等。

不难看出，随着印刷术的进步和记谱法的完善，明清传世的乐谱逐渐增多，无论在质和量上都达到前所未有的一个高峰。由于距今未远，目前仍有部分手抄本散于民间，尚待进一步发掘。

四、近现代乐谱类文献

清末民初，随着西洋音乐的传入和学堂乐歌的发展，不仅工尺谱记录的传统乐谱得以传抄和出版，以五线谱和简谱记录的乐谱也大量普及流行，大致可以分为歌曲、说唱音乐、戏剧音乐、器乐、宗教和典礼音乐等数类。

1.歌曲乐谱

国外歌曲乐谱有梁得所译《世界名歌集》，李抱忱《混声合唱曲集》，柯政和《世界名曲一百曲集》《女声合唱一百曲集》，天明社编《古今中外名歌集》，沈上达《世界名歌一千首》，醒民出版社编《世界名歌三千曲》，中华乐社编译部编《世界名歌选粹》等。

国内歌曲乐谱中，民歌乐谱有雪深《中国民歌集》，山歌社编《中国民歌选》，中国民间音乐研究会编《河北民歌》，中国音乐研究会编《东北民歌

---

① 另据曹安和先生研究，《高和江东》系出自《弦索备考》的琵琶专谱，乃是一部托古的伪书。见《〈弦索十三套〉派生出来的几种伪乐谱》，《文艺研究》1981年第4期。

选》，鲁迅文艺学院编《陕北民歌选》，张东江《西北民歌集》，李凌《绥远民歌集》，人民文艺工作团编《湖北民歌》，陶今也《蒙古歌曲集》，潘丰《新疆民歌》，王洛宾《西北民歌集》；电影歌曲有莺之编译《电影名歌五百首》，殷梦醒《电影名歌一千首》，金玉谷《电影名歌一千首》，大同出版公司编《电影新歌曲》，影艺出版公司编《电影新歌曲》等；小学歌曲有黎锦晖等《小学歌曲二百首》，钱君匋等《小朋友唱歌集》，陈鹤琴《四季故事唱歌集》，李重青《世界童谣一百曲》，周淑安《儿童歌曲集》，陶虞孙《小学校乐歌选集》，陈恭则《小学活页歌曲选》，李凌、赵沨合编《儿童歌集》，李凌、薛良合编《儿童名歌一百首》等；个人歌曲集有《冼星海遗作选集》《黄自歌集》《姚牧新作品演唱集》《吕铁歌曲集》《沙梅曲集》《麦新手稿》《舒模歌曲集》等；此外，还有抗日救国歌曲、民主运动歌曲等数百种，篇幅所限，不一一举出。

2.说唱乐谱

说唱乐谱有林鸿《泉南指谱》《南曲十三集》，同益出版社编《上海弹词大观》，顾玉笙《联合开篇全集》，杨芝泉《宛曲一隅》，潘贤达《粤曲青华》，祝天豪《全沪申曲集》等。

3.戏剧乐谱

大型昆曲曲集有王季烈《集成曲谱》《与众曲谱》，张馀荪《昆曲大全》，昆山国乐保存会编《昆曲粹存初集》，吴梅《曲选》，徐仲衡《梦园曲谱》，李福谦《怡志楼曲谱》，北京国剧学院昆曲研究会编印《昆曲谱》，褚民谊《昆谱集净》，中国高级戏曲职业学校编印《昆曲谱》等。此外还有百余种整出和零折乐谱。

京剧谱有慨志生《京调工尺谱》，高浣江《京调入门》，佚名《真正京都头等名角曲本》，刘天华《梅兰芳歌曲谱》，许志豪《京剧歌谱一千首》，罗驾新《戏学指南》，孙唯中《中乐秘笈》，国立编译馆辑《北（京）剧曲谱十二种》，李白水、沈乃葵《平剧汇刊》，潘侠风《旧剧集成》等。

地方戏曲谱有寄明《蹦蹦音乐》，马可《珍珠汗衫》，中国民间音乐研究会编《道情曲集》，陈雁容《汉剧乐曲指南》，育乐剧曲研究社编《川剧大成》，暹罗唐双合鱼露厂编《潮州戏曲选集》等。

歌剧、舞剧谱有张庚《秧歌剧选集》，马可等《“白毛女”歌曲全谱》，向隅等《歌剧集》，黄源洛《秋子》，黎锦晖的《葡萄仙子》《三蝴蝶》《月明之夜》《春天的快乐》《神仙妹妹》《麻雀与小孩》《小羊救母》《小小画家》《最后的胜利》《七姊妹游花园》等。

4.器乐谱

民族器乐谱有刘文祥《箫谱大全》，郑觐文《箫笛新谱》，佚名《唢呐牌子曲谱》，中华音乐院国乐研究会《清鼓吹乐谱四十折》，刘天华《胡琴练习谱》，陈振铎《二胡曲选》，佚名《弦子全本谱》，杨宗稷《琴镜》，直臣《蕉窗琴谱》，王宾鲁《梅庵琴谱》，夏一峰《琴荟》，沈肇周《瀛洲古调》，吴承灏《怡怡室琵琶谱》，沈瀚《养正轩琵琶谱》，曹安和、杨荫浏合编《文板十二曲》，盛永祯《粤曲大全》，曹心泉《丝竹锣鼓十番谱》等。

西洋器乐谱有柯政和《钢琴独奏曲集》《口琴合奏曲集》，石人望《标准口琴名曲集》，缪天瑞《简易风琴钢琴合用谱》等。

5.宗教、典礼音乐乐谱

前者有沈允升《梵音指南》，汪家玉《华严字母音谱》，罗宗云《佛化唱歌集》，王君瑾译谱《道教经韵二十六首》，佚名《道教辑要全真正韵》，佚名《南岳道教谱》，阎述诗《新旧约圣诗集》，上海美华浸会书局印《新赞美诗琴谱》，李抱忱《普天用唱集》等；后者有范本崇《上海祀孔谱》，李宁斋《圣学十图附礼乐比考》，安徽祀孔筹备委员会编《文庙文舞谱》等。

据《中国音乐书谱志》，1912至1949年间问世的中国歌曲集1243种；歌舞音乐谱约四十多种；说唱音乐乐谱近二十种；各类戏剧音乐约六百余种（包括南北曲和昆曲194种、京剧157种、地方戏曲21种、歌剧和舞剧225种、其他戏剧30种）；器乐独奏乐谱97种，合奏乐谱八十余种。这些还只是国内部分藏书机构的存世书目，如果加上待访和未发现的部分，数量会更大。

中华人民共和国成立后，随着保护传统音乐力度的加大，乐谱资料的整理和出版工作呈现出众彩纷呈的局面，其中最具意义的是集成工作的开展。

一是《琴曲集成》的编撰。查阜西先生毕生致力于古琴文献的整理工作，在中央音乐学院中国音乐研究所和北京古琴研究会的协助下，查先生等将历代存见的琴谱汇编为两辑。

第一辑收录从唐至明末的谱论，共42种：《碣石调幽兰》《古怨》《事林广记(琴曲)》《新刊太音全集》《神奇秘谱》《五声琴谱》《浙音释字琴谱》《太古遗音》《太古遗音(又本)》《发明琴谱》《风宣玄品》《梧冈琴谱》《琴谱正传》《西麓堂琴统》《步虚仙琴谱》《杏庄太音补遗》《杏庄太音续谱》《太音传习》《五音琴谱》《重修真传琴谱》《玉梧琴谱》《琴书大全》《三教同声》《文会堂琴谱》《绿绮新声》《藏春坞琴谱》《三才图会续集》《太古遗音》《伯牙心法》《太古正音琴经》《太古正音琴谱》《琴适》《松弦馆琴谱》《理性元雅》《思齐堂琴谱》《乐仙琴谱》《太音希声》《古音正宗》《水东游》《徽言秘旨》《义轩琴经》《陶氏琴谱》等。

第二辑收录自清初至1949年之间的琴谱,为避免篇幅过大,对于琴派流传较广较有代表性的谱集,谱论全收;定调理论体系不同的,全面收其琴论;谱式不同或有特点的,尽量收其曲谱;用单行本传写的稀见传统琴曲,有重大改编的琴曲、创作的新曲也给予编收,共98种:《愧庵琴谱》《臣卉堂琴谱》《友声社琴谱》《琴学心声谐谱》《琴苑心传全编》《响山堂琴谱指法》《沚亭琴谱》《大还阁琴谱》《和文注音琴谱》《松风阁琴谱》《抒怀操》《松风阁琴瑟谱》《松声操》《德音堂琴谱》《琴瑟合璧》《徽言秘旨订》《琴谱析微》《蓼怀堂琴谱》《诚一堂琴谱》《一峰园琴谱》《琴学正声》《澄鉴堂琴谱》《五知斋琴谱》《卧云楼琴谱》《东园琴谱》《存古堂琴谱》《立雪斋琴谱》《琴书千古》《治心斋琴学练要》《春草堂琴谱》《龙吟阁秘本琴谱》《敏亭琴剑合谱》《颖阳琴谱》《兰田馆琴谱》《大乐元音》《研露楼琴谱》《琴香堂琴谱》《桐园草堂琴谱》《东皋琴谱》《酣古斋琴谱》《太和正音》《裛露轩琴谱》《自远堂琴谱》《响雪山房琴谱》《小兰琴谱》《萧立礼平沙落雁谱》《虞山李氏琴谱》《琴谱谐声》《指法汇参确解》《峰抱楼琴谱》《天籁阁选谱》《琴学参变》《琴学轫端〉《邻鹤斋琴谱》《律话》《二香琴谱》《梅花仙馆琴谱》《乐山堂琴谱》《一经庐琴学》《律音汇考》《琴谱正律》《悟雪山房琴谱》《行有恒堂录存琴谱》《张鞠田琴谱》《槐荫书屋琴谱》《稚云琴谱》《师白山房琴谱和丝桐撮要》《荻灰馆琴谱》《百瓶斋琴谱》《钱氏十操》《秋水斋琴谱》《钱塘诸氏琴谱》《琴学尊闻》《琴学入门》《青箱斋琴谱》《蕉庵琴谱》《庆瑞琴瑟合谱》《白菡萏香馆琴谱汇要》《天闻阁琴谱》《以六正五之斋琴谱》《希韶阁琴谱》《希韶阁琴瑟合谱》《枕经葄史山房杂抄琴谱》《双琴书屋琴谱》《养性堂琴谱》《绿绮清韵》《友石山房琴谱》《枯木禅琴谱》《鄂公祠说琴》《琴学初津》《十一弦馆琴谱》《桐荫山馆琴谱》《玉鹤轩琴学摘要》《梅庵琴谱》《琴学管见》《琴学丛书》《琴学易知》《沙堰琴编》。

1963年曾出版《琴曲集成》第一辑上册，此后即告中辍。自1981年起由中华书局陆续出版了16册，后因种种原因一直未能完成。直至2010年将其分为30册，一次出齐。整理中，对于原录琴谱出现善本者，予以调换，并增收新发现的琴谱。全书收录各类公私庋藏琴谱约一百五十余种，逐一撰写解题，考辨作者、流派、版本优劣，用力甚劬。收录琴曲约七百首，加上曲名相同而谱本不同者，总计三千余首，是一部具有极高价值的古琴谱文献。

二是中国民族音乐四部集成——《中国民间歌曲集成》《中国民族民间器乐曲集成》《中国戏曲音乐集成》《中国曲艺音乐集成》编撰工作的启动，民间口碑乐谱的抢救发掘也提上重要议事日程。中华人民共和国文化部、中国音乐家协会1979年联合发出《收集整理我国民族音乐遗产规划》的文件，提出有计划、有步骤地在全国范围内对民族民间音乐进行全面、系统的普查搜集工作，并分别按省、自治区、直辖市立卷（共31卷）。1984年，经全国艺术科学规划领导小组批准，四部集成为国家艺术学科重点科研项目，由中华人民共和国文化部、中华人民共和国民族事务委员会和中国音乐家协会主办。三十余年来，在广大文艺工作者的努力下，编撰工作基本完成，不仅搜集了大量的乐谱，而且在编排上也颇具匠心，较好地实现文献形式和内容的统一。

其余乐谱因数量种类繁多，读者可从历年的《全国新书目》和各音乐出版社的出版简报中查询，这里就不一一列举了。

第二节 《白石道人歌曲》

姜夔（1155—1221），字尧章，号白石道人，南宋饶州鄱阳（今江西鄱阳）人。工于诗词，著有《白石道人诗集》《诗说》等；精通音律，曾撰《大乐议》1卷、《琴瑟考古图》1卷等。姜夔生活的时代，正值蒙军南下，南宋国祚将尽之际。他终生不仕，辗转于大江南北，长期的颠沛流离、花红柳绿、应酬唱和使他得以广泛地接触歌妓等下层群众生活。其作品以慨叹身世的飘零和情场的失意为主，偶尔也流露出爱国的激情。

《白石道人歌曲》在宋元时期出现过数个版本，但俱已不传。今日所见的各个版本出自元顺帝至正十年（1350年）陶宗仪抄6卷、别集1卷本。陆钟辉于乾隆八年（1743年）将六卷本合并为四卷本。该本文字舛误较少，内容较完备，为治诗词者所重。20世纪初商务印书馆将之影印入《四部丛刊》，较为易得。乾隆十四年（1749年），张奕枢刻6卷、别集1卷本，该本较多地保存了陶氏抄本的原貌，谱字错误较少，为音乐学者所重，但颇不易得[①]。1913年，朱孝臧将其编入《彊村丛书》，卷数仍其旧，兼用陆、张二刻校勘，较为易得。陆、张、朱三刻词谱俱全，可供音乐研究者校谱之用。其余的数十个不同版本或有词无谱、或只是翻版，基本上没有超出陆、张、朱三刻的范围，兹从略。

古今曾有不少学者涉及《白石道人歌曲》的研究考证。如清代方成培《香研居词麈》卷4"宋俗乐谱"条中曾辨释旁谱；戈载《七家词选》曾论及白石的词；戴长庚在《律话》中为词谱的每一个字注上工尺；张文虎侧重于不同版本的校雠，作校语1卷；唐兰撰《白石道人歌曲旁谱考》，载于《东方杂志》28卷20号；夏承焘在《燕京学报》第12期上发表《白石歌曲旁谱辨》。杨荫浏、阴法鲁合作的《宋姜白石创作歌曲研究》和丘琼荪的《白石道人歌曲通考》是今人研究白石歌曲的二部重要参考书。前者于1957年8月由音乐出版社出版，讨论了记谱符号、音阶形式、宫调系统、绝对音高等问题，并把所有乐曲都译成线谱；后者侧重考辨版本、字谱校勘、声律格调等，于1959年6月由音乐出版社出版。

《白石道人歌曲》分卷因版本各异，现据朱刻6卷本顺序介绍如下：

卷1收录《圣宋铙歌鼓吹曲》和琴歌《古怨》。前者包括14首仿照汉代铙歌体裁创作的歌词。由于唐末动乱，乐章典籍散佚严重，姜夔不满意当时用于郊庙祭祀、帝后册封等庆典的铙歌，遂自制新辞于庆元五年（1199年）进献于尚书。14首歌逐首颂扬历代宋帝为统一全国、抵御外敌而采取的一系列军事行动，依次为《上帝命》（歌颂宋太祖赵匡胤陈桥兵变立国）、《河之表》（960年破泽州）、《淮海浊》（960年讨伐李重进）、《沅之上》（963

① 中国艺术研究院音乐研究所图书馆和上海图书馆有藏。

年取湖南)、《皇威畅》(963年得荆州)、《蜀山邃》(965年灭后蜀)、《时雨霈》(971年灭南汉)、《望钟山》(975年灭南唐)、《大哉仁》(978年降服吴越)、《讴歌归》(978年漳、泉二州归附)、《伐功继》(979年征伐北汉)、《帝临墉》(1004年澶州之战)、《维四叶》(美化文治)、《炎精复》(歌颂南宋政权建立)。每首铙歌都有鲜明的主题,内容虽以鼓吹宋王朝文治武功的内容为主,但也有影射现实、要求抗击外敌的色彩。如第12首《帝临墉》歌描写的就是企图临阵退却的宋真宗在宰相寇准督促下,亲临前线,宋军大败契丹的史事:"帝临墉,六师厉。胡如云,暗九地。帝曰吁,胡儆予。准曰帝,勿庸虞!晋之谢,胡宅夏。骄弗懲,薄兹野。我谋臧,我武扬。帝在兹,胡且亡。椎虞机,激流矢。一酋仆,万胡靡。"琴歌《古怨》是今存最早的古琴减字谱,谱前说明定弦和指法,但清人戴长庚的《律话》和近人冯水的《冯氏乐书》仍有修订,杨荫浏先生也提出32点校勘意见,可供参考。

卷2收录《越九歌》10首。《越九歌》旁缀律吕谱。《古怨》旁缀减字谱,10首《越九歌》分别为:《帝舜》(楚调)、《王禹》(吴调)、《越王》(越调)、《越相》(侧商调)、《项王》(古平调)、《涛之神》(双调)、《曹娥》(蜀侧调)、《庞将军》(高平调)、《旌忠》(中管商调)、《蔡孝子》(中管般瞻调)。每一首歌曲都注明所用的乐调名称,并以十二律吕名来记录音高,具备了现代音名记谱同样的功能。律吕谱后,姜夔还罗列工尺谱字与十二律的对应表,对篪笛拆字法作了说明,有助于对宋代音乐理论的了解。《越九歌》的音律问题比较简单,除偶有误字外,基本上不影响理解。

卷3和卷4分别收录"令"33首和"慢"20首,每一首前都有一段类似解题性质的文字,说明写作的缘起、主旨或曲调来源。"令"和"慢"是宋代曲子的体裁。"令"一般是指较为短小的曲牌,"慢"是指较为长大且委婉抒情的曲牌。"令"中的《鬲溪梅令》《杏花天影》《醉吟商小品》《玉梅令》和"慢"中的《霓裳中序第一》附有宋俗字谱。其中《醉吟商小品》出于唐曲《胡渭州》的琵琶奏法,《玉梅令》的曲调是宋代另一位词人范成大所制。《霓裳中序》则是姜夔取古曲《霓裳曲》中序的曲谱填词而成。

卷5和卷6收录姜夔自度曲和自制曲13首:《扬州慢》《长亭怨慢》《淡黄柳》《石湖仙》《暗香》《疏影》《惜红衣》《角招》《徵招》《秋宵吟》《凄凉犯》《翠楼吟》《湘月》。前12首附有宋俗字谱,这12首的曲调和歌词皆为姜本人所作。每首附有类似解题性质的文字，基本注明所用的俗乐调调名，如中吕宫、仙吕宫、无射宫、黄钟商、仙吕调犯商调等。白石自度曲清新雅致、委婉可人，别有一番风味，正所谓“自制新词韵最娇，小红低唱我吹箫”，最能体现其婉约派词人的当行本色，兼之保存了曲调，历来备受词人和音乐家的重视。后世不少学者曾尝试译谱，但由于俗字谱失传已久，清代四库馆臣见多识广，尚且感觉“宋代曲谱，今不可见，亦无人能歌，莫辨其似波似磔，宛转欹斜，如西域旁行字者，节奏安在？”[①]此外，后世的编者和刻工多疏于音律，对谱字往往只能依样画瓠，所以每传抄和刻版一次，疏漏讹误的概率便会增加一些。因此，译谱之前，最好以张奕枢版本为工作底本，再参照陆、朱二刻的谱字进行比异校勘。

《白石道人歌曲》不仅是研究姜白石音乐创作活动的第一手资料，也是一份珍贵的宋代音乐文献。首先，它保留了我国古代三种记谱法的形式：律吕谱、减字谱和俗字谱。《全宋词》著录词人近1330余家，有谱者仅白石一人。尤其是俗字谱，作为工尺谱的早期形态，其谱字虽在《辽史·乐志》、朱熹《琴律说》、张炎《词源》和陈元靓《事林广记》等亦有记载，但各方记载出入甚大，真正用来记录完整曲调的唯姜夔一人而已。其次，它收录的歌曲类型多样，有祭祀歌曲、有琴歌、有古曲、有琵琶曲、有词调等。如果能够恢复原貌，后人就可以听到一千多年前原汁原味的宋代歌曲，得以了解宋代丰富的歌种。再次，它在歌曲的解题中往往说明曲调的来源和所用乐调名称，并加以解释，从而在已消失的古乐调和今人之间搭起一座桥梁。如卷2《越九歌》以夹钟宫释吴调、以无射商释越调、以黄钟商释侧商调、以无射宫释古平调、以夷则羽释蜀侧调、以林钟羽释高平调、以南吕商释中管商调、以大吕羽释中管般瞻调。通过这些注释，我们就可以得知当时吴调、越调、侧商调、古平调、蜀侧调、高平调等的确切含义。通过与同时代其他文献比较，可作更深入的分析。就拿越调来说，宋仁宗《景祐乐髓新经》和沈括《补笔谈》均认为，“黄钟商为越调”，而《白石道人歌曲》和张炎《词源》均以“无射商”释越调。究其原因，在于前者采用“为调式”系统，而后者采用“之调式”系统。

① 永瑢等撰：《四库全书总目》，第1819页。

第三节 《瑟谱》

熊朋来（1246—1323），字与可，号天慵先生，南宋豫章（今江西南昌）人，咸淳甲戌（1274年）进士。入元后，长期隐居乡里著书立说，传授儒学。精研《三礼》，酷爱音乐，常鼓瑟而歌以自娱。每至一处，"考古篆籀文字，调律吕，协歌诗，以兴雅乐，制器定辞，必则古式，学者化焉"。其事迹载于《元史·儒学传》卷190和《宋元学案·朱学续传》卷49。

熊朋来之所以撰写《瑟谱》，目的在于"瑟教"。他认为，瑟是先秦歌诗的重要乐器，广泛运用于仪礼、乡饮、乡射、大射、燕礼、堂上之乐等场合，为古人所最重。但瑟教荒废后，歌诗遂不传。为了振兴瑟教，熊朋来援据古义，参以新意，撰成《瑟谱》6卷。是书传本不多，编修《四库全书》时，四库馆臣采用永乐大典本，将之收入经部乐类，是较早而常见易得的版本。王德埙先生撰有《熊朋来〈瑟谱〉研究》一文，载于《黄钟》1998年第4期，后收入《中国乐曲考古学理论与实践》[①]一书，可供参考。

《瑟谱》卷1包括"瑟弦律""旋宫六十调图""雅律通俗谱例""指法"四个内容。作者首先以《世本》《尔雅》中"瑟二十五弦，具二均之声"和陈旸《乐书》中"二均之声，以清中双弹之。第一弦黄钟中声，十三弦黄钟清声（除中弦名曰'极清'，不系数）"等记载为根据，设计出二十五弦的古瑟草图。除中央一条弦"极清"外，有二十四弦参与实际演奏。每条弦注上由律吕谱字和工尺谱字组成的"雅律通俗谱"（简称俗部）谱字，如"黄钟合""太簇四""姑洗一""仲吕上""林钟尺""南吕工""应钟凡"等。为了便于演奏，熊朋来借鉴古琴演奏手法，提出一套古瑟指法：辟，即擘，大指向内；乇，即托，大指向外；末，即抹，食指向内；乙，即挑，食指向外；勹，即勾，中指向内；易，即剔，中指向外；丁，即打，名指向内；商，即摘，名指向外；弗，即拂，连勾抹数弦；广，即历，连挑双弦；⺕，即歌，有咏叹字尾遗音，或擘挑拂抹带一声。在"旋宫六十调图"中，作者根据"五声十二律还相为宫成六十调，应六十甲子"，依次罗列从黄钟宫到夷则羽的60调，每个调都注上律名，每五个调按起调毕曲归为一组，如黄钟宫、无射商、夷则角、

---

① 贵州人民出版社 1998 年版。

仲吕徵、夹钟羽五调用黄钟起调毕曲，林钟宫、仲吕商、夹钟角、黄钟徵、无射羽五调用林钟起调毕曲等。从各个乐调的用律来看，如黄钟宫、黄钟商、黄钟角、黄钟徵、黄钟羽所列出的律位虽然都是黄钟—太簇—姑洗—蕤宾—林钟—南吕—应钟，但若其主音不同，自有宫、商、角、徵、羽调式之分。通过对瑟的形制、谱字、指法、乐调名的规范，熊朋来构建起他的瑟学理论体系。

卷2是《诗旧谱》，共12首，系南宋乾道年间（1165—1173）文人赵彦肃传的唐开元《风雅十二诗谱》。赵宋时期的宫廷乐官和儒生骚客常常挑选一些自认为是古代雅乐正声的《诗》乐进行演唱，如北宋胡瑗曾在湖州讲学授徒，从《诗经》中选择数十篇配上埙、龠伴奏，教学生们歌唱，唐开元《风雅十二诗谱》正是在这种风气下流传开来。它先被保存在朱熹的《仪礼经传通解》卷14中，后来又被熊朋来收入《瑟谱》卷2《诗旧谱》。所不同的是，熊朋来给每一首诗谱的律吕谱字都配上了当时流行的工尺谱字。其译谱的标准可见于卷1的“雅律通俗谱例”：

律吕谱字	黄钟	大吕	太簇	夹钟	姑洗	仲吕	蕤宾	林钟	夷则	南吕	无射	应钟	黄钟清	大吕清	太簇清	夹钟清
工尺谱字	合	四下	四上	一下	一上	上	勾	尺	工下	工上	凡下	凡上	六	五下	五上	五紧

笔者选用《朱子全书》中《仪礼经传通解》[①]和四库全书本《瑟谱》中所载的《风雅十二诗谱》进行对校，发现不仅二书所载的谱字颇有差异，而且《瑟谱》中的律吕谱字和工尺谱字之间也有自相矛盾的地方，现列表如下：

诗歌篇名	所用乐调名称	二书谱字相异处	《瑟谱》中二种谱字自相矛盾处	起调毕曲情况
《鹿鸣》三章	正宫（黄钟清宫）	2		黄清—黄清
《四牡》五章	正宫（黄钟清宫）	2		黄钟—黄清
《皇皇者华》五章	正宫（黄钟清宫）	3		黄钟—黄清

① 前37卷以台北中央图书馆的宋嘉定丁丑刊本为底本，续29卷采用宋嘉定壬午刊本为底本。

续表

诗歌篇名	所用乐调名称	二书谱字相异处	《瑟谱》中二种谱字自相矛盾处	起调毕曲情况
《鱼丽》六章	正宫（黄钟清宫）	4		第一、三章黄清—黄清，第二章黄钟—黄钟，第四章黄钟—南吕；第五章蕤宾—林钟。
《南有嘉鱼》四章	正宫（黄钟清宫）	1	1	黄清—黄清
《南山有台》五章	正宫（黄钟清宫）	3		黄清—黄清
《关雎》三章	越调（无射清商）	2		黄清—黄清
《葛覃》三章	越调（无射清商）	2	2	黄钟—黄钟
《卷耳》四章	越调（无射清商）	1		黄钟—黄钟
《鹊巢》三章	越调（无射清商）		1	黄钟—黄清
《采蘩》三章	越调（无射清商）			黄清—黄清
《采蘋》三章	越调（无射清商）	2		黄钟—黄钟

校勘中出现的差异，大致可分为四类：一是缺笔，如《鹿鸣》第一章、《关雎》第三章中的“太”与“大”字等；二是颠倒，如《鱼丽》第六章第一句中的2个谱字，《仪礼经传通解》作“黄、姑”，《瑟谱》作“姑、黄”等；三是误字，如《皇皇者华》第三章第四句“爰”字，《仪礼经传通解》记谱为“黄”，《瑟谱》记谱为“南”。四是自相矛盾，表现在《瑟谱》中个别律吕谱字和工尺谱字之间无法对应。对于这些差异，需要做具体分析。朱熹和赵彦肃是同时代人，《仪礼经传通解》前37卷完成于朱熹生前，在诗谱的版本来源上应更加直接可靠。但熊朋来《瑟谱》晚出不过数十年，是否别有所本尚不得知，故孰是孰非，还有待进一步研究。

卷3、卷4《诗新谱》，系熊朋来从《诗经》中选取21首（段）歌词，为之谱写的新曲。依次是《驺虞》《淇澳》《考槃》《黍离》《缁衣》《伐檀》《蒹葭》《衡门》《七月》《菁菁者莪》《鹤鸣》《白驹》《文王》《白圭》《相在尔室》《崧高》《烝民》《清庙》《载芟》《良耜》《駉》。每首歌曲乐谱也兼用律吕谱字和工尺谱字双行记谱，以精确地表示谱字的音高。如工尺谱字“四”，既可能表示大吕，又可能表示太簇。但若是兼用律吕谱字注明，则可以避免出现混淆的可能性。和《诗旧谱》相比，《诗新谱》无论歌词的篇幅和曲调的变化上都更胜一筹。第9首《七月》歌词达八章之多，而且每章所用的乐调都不一样，这在《诗旧谱》中是从未有过的。首章用南吕商（中管商调），二章用夹钟角（双角调），三章用姑洗商（中管双调），四章用大吕角（高大石角），五章用应钟商（中管越调），六章用无射商（越调），七章用太簇角（中管高大石调），八章用应钟角（中管越角调）。其中第八章所用乐调名，在目录中为“应钟商”，在正文中为“应钟羽”，但从其谱字记载和《瑟谱》全书的义例来分析，其乐调应为“应钟角”，否则其用以毕曲的结音就不可能是夹钟，而应该是大吕或夷则。

卷5《孔子庙释奠乐章谱》，收录18首用于孔庙祭奠用的乐谱，其中用于迎神的《凝安之曲》4首，用于盥洗的《同安之曲》1首，用于奠币的《明安之曲》2首，用于酌献的《成安之曲》10首，用于送神的《宁安之曲》1首，贯穿祭孔仪式的全过程。作者对每一首乐曲的宫调选择可谓煞费苦心，认为迎神曲用黄钟为宫、大吕为角、太簇为徵、应钟为羽，送神曲用黄钟宫以首尾呼应；盥洗用的《同安之曲》根据《礼记·月令》中“姑洗所以修洁”的记载，应用姑洗宫，以达到“阳气洗物洁之”的效果；更有甚者，酌献儒学先圣、先贤时，春丁二月用夹钟宫，秋丁八月用南吕宫。可见，熊朋来在选择乐调时，更多地立足于儒家经典义理，以求得音乐与歌辞的“对应”。尤其值得注意的是，自北宋政和七年（1177年）后，为调式系统已被废止，但近一百年后这种乐调名仍存于熊朋来《瑟谱》中，从某种意义上似乎说明了这些古曲来源之早。

卷6《瑟谱后录》，辑录历代名家和书籍中有关制瑟的文字，来源相当广泛，著作有《尚书》《周礼》《仪礼》《世本》《尔雅》《淮南子》、应劭《风俗通》《汉书·礼乐志》、张华《博物志》、王嘉《拾遗记》、李白《瑟诗》《隋志》、温庭筠《瑟诗》《唐太乐令壁记》、高氏《小史》《皇祐新乐图记》、聂崇义《三礼图》、陈旸《乐书》、吴良辅《乐书》、姜夔《乐议》、朱熹《仪礼经传通解》、蔡元定《律吕新书》《事物纪原》等二十余种，其中有一部分已经亡佚，但其论瑟文字赖《瑟谱》卷6而得以传世。

《瑟谱》和《白石道人歌曲》一样，是宋元时期值得重视的音乐文献。第一，《瑟谱》有较完整的瑟学理论框架，并在卷3至卷5中付诸音乐实践，末卷还有文献回顾和总结，在撰写上具有较强的学术规范。第二，《瑟谱》卷2至卷5保存了大量的宋元时期歌曲曲谱，共计50余首。如果说《白石道人歌曲》侧重于记录宋代曲子词调，更具世俗性，《瑟谱》则将注意力放在儒生吟唱的《诗经》歌曲和祭孔歌曲上，更具庄重的色彩。第三，《瑟谱》具有辑佚、校勘等多方面的文献功用，卷2《诗旧谱》中所载《风雅十二诗谱》可与《仪礼经传通解》本互作校比，卷6《瑟谱后录》提供了一份元代以前关于瑟形制的文献汇编，包含有部分已佚的珍贵资料，为研究者提供参考。

第四节 《魏氏乐谱》

《魏氏乐谱》记录了明末清初魏双侯及其后人在日本传播的明代歌曲音乐。魏双侯（？—1689），名九官，又名九使，字之琰，号尔潜，原籍福建福州，曾数次到安南、日本经商。晚年归化日本，尽心传播明代音乐。其事迹载于《长崎市史》和《魏氏由绪书》。后世乐人将魏双侯传授的乐曲加以搜集整理，汇编成《魏氏乐谱》。20世纪中叶以后，它逐渐引起中日音乐学界的关注，并先后发表关于乐谱研究和翻译的一系列成果。如林谦三先生撰《明乐八调研究》并翻译了8首，杨荫浏先生在《中国古代音乐史稿》中翻译2首，黄翔鹏先生翻译了8首，钱仁康先生在《〈魏氏乐谱〉考析》[①]中翻译15首，王迪先生在《中国古代歌曲七十首》中翻译8首。现今传世的《魏氏乐谱》主要有两种。

一种是日本明和五年（1768年），由魏皓编、平信好师古校订的一卷本。国内较常见的版本是日本明和五年书林芸香堂刻本。收录的50首乐曲中，除《关雎》为《诗经》歌曲外，其余49首皆为历代诗歌。属汉魏六朝的11曲：《江陵乐》《寿阳乐》《估客乐》《敦煌乐》《桃叶歌》《昭夏乐》《江南弄》《天马》《秋风辞》《白头吟》《长歌行》；属隋唐五代的24曲：《杨白花》《甘露殿》《蝶恋花》《沐浴子》《圣寿》《关山月》《清平调》《醉起言志》《行经华阴》《小重山》《游子吟》《太玄观》《阳关曲》《采桑子》《思归乐》《宫中乐》《平蕃曲》《清平乐》《陇头吟》《龙池篇》《月下独酌》

① 《音乐艺术》1989年第4期。

《凤凰台》《大同殿》《玉台观》；属宋代的12曲：《喜迁莺》《玉蝴蝶》《贺圣朝》《瑞贺仙》《万年欢》《洞仙歌》《千秋岁》《水龙吟》《大圣乐》《青玉案》《庆春泽》《齐天乐》；属明代的2首：《杏花天》《风中柳》[①]。

另一种是六卷手抄本《魏氏乐谱一一六》，收录240曲，现藏于东京艺术大学图书馆。据张前先生介绍[②]，手抄本的第1卷内容与刊行本相同，只是在歌词右侧有两行乐谱，一行为歌曲旋律的工尺谱，另一行为器乐伴奏谱，附有各种乐器的记号。第2卷、第3卷各收录50曲；第4卷录30曲[③]，它们也以声诗为歌词，以工尺谱记写旋律。第5卷收录明代宫廷雅乐和诗乐46曲，包括大成殿雅乐曲6首、御制乐章6曲、诗乐30曲、其他旋律诗乐4曲。第6卷收录14曲，其中有4曲与第5卷重复。林谦三先生对后世长原春田编《魏氏乐谱》和其他手抄本进行比较，又发现六卷手抄本没有著录的4首明乐曲：《乌夜啼》《师子序》《乌凄曲》《水中月》。

《魏氏乐谱》中全部是汉文歌词，在歌词的旁边以日语片假名注写汉字发音。乐谱每行八格，节拍整齐，基本上没有节奏记号，需根据谱字音的距离来判断，“丿”号表示与前一音高和节奏相同。记谱采用工尺谱的基本谱字：上、尺、工、凡、合、五、乙，其中“合”字与“六”字并用，清音时写成“厶”，“五”字浊音时写成“四”。高一个八度时谱字最后一笔向上一勾。刊行本的50首乐曲主要使用道宫、小石调、正平调、越调、双角调、黄钟羽、双调、仙吕调等八个宫调，手抄本第五卷和第六卷中《诗经》歌曲和宫廷雅乐则还使用黄钟宫、黄钟商、黄钟角、黄钟徵、仲吕角、仲吕徵等其他六调。起落音大都遵循南宋蔡元定的“起调毕曲”之说。

《魏氏乐谱》在传授中，由于每个学生演奏的乐器不同，故在记写谱字时，往往标记了自己所演奏乐器（如笙、鼓、筝、瑟等）的演奏记号，从而为后世提供了多方面的音高参照系。如笙作为日本雅乐和“明乐”中共同使用的乐器，其记写方式相同，使用“乞、一、工、凡、乙、下、十、美、行、七、比、言、上、八、千”等笙谱谱字。由于日本笙管的笙谱谱字基音和基音之上所构成的和弦属于绝对音高，这就为“歌声”或“笛曲”旋律的工尺谱字翻译

① 习毅《〈魏氏乐谱〉考析》，《文艺研究》2003 年第 2 期。

② 张前《〈魏氏乐谱〉与明代的中日音乐交流》，《中央音乐学院学报》1998 年第 1 期。

③ 最后七曲有词无谱。

提供一个可供参照的音高标准[1]。

《魏氏乐谱》的文献价值是双方面的：一是保存了明代活生生的音乐资料。其所载的240首明代乐曲在我国几乎全部失传，直到清末民初才由我国留学生将其中个别乐曲带回国内，刊登于近代学堂乐歌集上，可谓久为广陵散矣。从调式结构和音乐特点来看，其来源相当古老，和我国古代宫廷乐舞一脉相承，是中国传统音乐研究中一部珍贵的文献。二是作为中日音乐文化交流的产物，《魏氏乐谱》置身于日本文化的氛围中传唱数百年，可以为中日音乐交流、相互影响和受容的研究提供一个极佳的实例。

第五节 《九宫大成南北词宫谱》

《九宫大成南北词宫谱》（以下简称《九宫大成》）的编纂肇始于乾隆初年编修《律吕正义后编》之举。乾隆六年（1741年），为使坛庙朝会乐章"律吕克谐，寻考易晓"和民间俗乐"一律厘正"[2]，开馆修纂《律吕正义后编》。领衔的庄亲王允禄因念"雅乐、燕乐实相为表里，而南北宫调从未有全函"，于是召集周祥钰、邹金生、徐兴华、王文禄、徐应龙、朱廷镠等人负责广采词曲乐谱，历时5年编成这部戏曲史上的鸿篇巨制——《九宫大成》。

《九宫大成》全书82卷，按照宫、商、角、徵、羽顺序作5函，每函10册，由内府以朱墨本印行。至民国初年，其传本日渐稀少，在吴梅、俞粟庐等人倡议下，古书流通处于1923年将内府刊本影印再版。但由于技术等方面的原因，影印本的工尺板眼与刊本有一定的出入。近年来，先后有傅雪漪先生《九宫大成曲谱选译》和刘东升、孙玄龄《中国古代歌曲选》问世，翻译了其中部分曲谱。自1994年起，河北大学刘崇德教授参照《北词广正谱》《南词定律》《纳书楹曲谱》和《集成曲谱》等，对《九宫大成》进行一次较为全面的校订和翻译工作，其成果《新定九宫大成南北词宫谱校译》于1998年7月由天津古籍出版社印行。全书精装八巨册，分为二大部分，第一部分（第一册至第六册）为校译谱，以五线谱排版；第二部分（第七册和

① 徐元勇《〈魏氏乐谱〉研究》，《中国音乐学》2001 年第 1 期。

② 赵尔巽《清史稿 · 张照传》。

第八册）系1923年古书流通处本的再次影印本，一仍原书面貌，不做增删和修订。

《九宫大成》之名，与戏曲宫调的使用情况息息相关。古代音乐理论认为，以七声配十二律吕，可形成84个宫调，但隋唐燕乐常用的有28调，宫声、商声、角声、羽声各七调。28调在后世逐渐流失，至元代初年的北曲用17宫调：仙吕调、南吕宫、中吕宫、黄钟宫、正宫、道宫、大石调、小石调、高平调、般涉调、歇指调、商角调、双调、商调、角调、宫调、越调[①]；至明代南曲又失高平、商角、角调、歇指四调，余13调[②]；清代戏曲音乐进一步化繁为简，采用“五宫四调”，即正宫、中吕宫、南吕宫、仙吕宫、黄钟宫、大石调、双调、商调、越调，这也正是《九宫大成》命名的根据。但虽名为“九宫”，全书的四千余支曲牌却被分入23个宫调中，形成《九宫大成》全书编纂体例上的一个显著特点——“以月令配宫调，以宫调统曲牌”。根据五行学说和宫调声情理论，编撰者认为仙吕、中吕、大石啴缓而骀荡，适宜用于春月；越调、正宫等洪亮震动，适宜用于夏月；南吕、商调等飒爽清越，适宜用于秋月；双调、黄钟、羽调等严凝静正，适宜用于冬月。春夏秋冬共十二个月，每月辖南北各一宫调，配合得当，可以达到“声音意象与四序相合”的效果。一月用仙吕宫、仙吕调，二月用中吕宫、中吕调，三月用大石调、大石角，四月用越调、越角，五月用正宫、高宫，六月用小石调、小石角，七月用高大石调、高大石角，八月用南吕宫、南吕调，九月用商调、商角，十月用双调、双角，十一月用黄钟宫、黄钟调，十二月用羽调、正平调。因羽调即黄钟调，所以实际上全书是按23个宫调来配12个月份，如遇闰，则用仙吕入双角。由于23个宫调中，一方面缺燕乐二十八调中般涉调、高般涉调、道宫、歇指调、歇指角5调；另一方面又多出大石角、高大石角等长期未见使用的数调。所以，一些长期相传为道宫和般涉调的曲牌被归入黄钟调，而大石角、高大石角等调的曲牌又从其他宫调移来，容易引起淆乱，需要加以注意。

在结构安排上，《九宫大成》采用南北曲相间的原则，除四月、十月和十一月外，其余9个月的南北曲卷数均对称相等。南曲分“引”“正曲”“集

① 燕南芝庵《唱论》和周德清撰：《中原音韵》，《中国古典戏曲论著集成》第1集，中国戏剧出版社1959年版。

② 沈璟《南九宫十三调词谱》，明丽正堂本。

曲”三类。集曲原名犯调，是从若干曲牌中，各摘取部分句、段，组成新的曲牌。但《九宫大成南词宫谱·凡例》认为，这种手法与“犯”字名义不相符，应改为“集曲”，犹如“集腋以成裘，集花而酿蜜”。北曲分“只曲”“套曲”两类。“只曲”是单个曲牌，“套曲”由若干首曲牌按一定音乐逻辑关系连缀而成。如只用北曲，即形成北套曲；如兼用南北曲，使它们互相间隔，依次出现，就形成南北合套。

《九宫大成》对曲牌正、变体的选择和处理也颇为精致。传统南北曲对曲牌名重用的称为“前腔”，《九宫大成》将之改称“又一体”。原则上各卷先列出字句最少者为曲牌的正体，凡增句、增字、平仄拈异者为又一体[①]。全书除去北套曲和南北合套28卷，收录单支曲牌的54卷中有24卷的又一体数量超过正体。如十一月黄钟宫卷70，又一体数量甚至达到正体的4倍之多。另一方面，曲牌编排虽有正、变之别，但全书在具体处理中又不拘泥于此，往往在“又一体”中并列数种正体。如仙吕宫正曲《月儿高》4阕，分别引自《月令承应》《锦香亭》《牡丹亭》，前2曲首句4字者，均为正体，后2曲句法用韵各异，是为变体。又如双角只曲《沉醉东风》10阕，分别引自散曲、《雍熙乐府》《元人百种》《七国记》《单刀会》《太平图》，注曰：“首阕至三阕，句法相同，惟第三、第四句，字有增减不同，然皆为正体。第四阕之第三、第四变作上三下四七字两句，押韵与正体有异。第五阕为减句格。第六、七阕为增字格。以下三体，首二句皆减作六字句，中间句法，较前数体，皆大同小异，是为另一体。”

《九宫大成》文本结构图表[②]

<table>
<tr><td colspan="2">曲牌 套曲 / 南北宫调 / 月历</td><td>引子</td><td>正曲</td><td>集曲</td><td>只曲</td><td>北套</td><td>合套</td></tr>
<tr><td rowspan="4">一月</td><td rowspan="2">仙吕宫
4卷</td><td rowspan="2">34（5）
卷1</td><td>33（64）卷2</td><td rowspan="2">149（10）
卷4</td><td rowspan="2"></td><td rowspan="2"></td><td rowspan="2"></td></tr>
<tr><td>78（90）卷3</td></tr>
<tr><td rowspan="2">仙吕调
4卷</td><td rowspan="2"></td><td rowspan="2"></td><td rowspan="2"></td><td rowspan="2">81(97)
卷5</td><td>17卷6</td><td rowspan="2">2
卷8</td></tr>
<tr><td>9卷7</td></tr>
</table>

① 《九宫大成北词宫谱·凡例》。

② 表注i. 闰月单独一卷，用仙吕入双角，收南北合套11套。

ii. 表中未加括号的数字为各卷收入的曲牌(只曲套曲)数，括号内数字为各卷所收的变体数。

iii. 北曲集曲中的“煞”，各“段”分别作一个只曲统计。

续表

月历 \ 南北宫调 \ 曲牌套曲		引子	正曲	集曲	只曲	北套	合套
二月	中吕宫 4卷	23（12）卷9	30（57）卷10 38（26）卷11	53(11) 卷12			
	中吕调 4卷				56(77) 卷13	11 卷14 10 卷15	2 卷16
三月	大石调 3卷	18（1）卷17	55（32）卷18	5（5）卷19			
	大石角 3卷				25(45) 卷20	11 卷21	2 卷22
四月	越调 4卷	21（3）卷23	37（54）卷24 44（30）卷25	20(11) 卷26			
	越角 3卷				45(115) 卷27	19 卷28	2 卷29
五月	正宫 3卷	18（1）卷30	42（90）卷31	60(24) 卷32			
	高宫 3卷				43(68) 卷33	15 卷34	2 卷35
六月	小石调 3卷	18（3）卷36	45（33）卷37	11 卷38			
	小石角 3卷				29(30) 卷39	5 卷40	2 卷41
七月	高大石调 3卷	18（6）卷42	49（42）卷43	15（1）卷44			
	高大石角 3卷				23(31) 卷45	6 卷46	2 卷47
八月	南吕宫 4卷	27（17）卷48	25（84）卷49 41（91）卷50	105(22) 卷51			
	南吕调 4卷				33(87) 卷52	13 卷53 12 卷54	2 卷55
九月	商调 3卷	21（6）卷56	35（78）卷57	97(24) 卷58			
	商角 3卷				41(94) 卷59	14 卷60	2 卷61
	双调 3卷	19（12）卷62	36（91）卷63	26(11) 卷64			

续表

<table>
<tr><th colspan="2">曲牌套曲 / 南北宫调 / 月历</th><th>引子</th><th>正曲</th><th>集曲</th><th>只曲</th><th>北套</th><th>合套</th></tr>
<tr><td rowspan="2">十月</td><td rowspan="2">双角
4卷</td><td rowspan="2"></td><td rowspan="2"></td><td rowspan="2"></td><td>36(154)
卷65</td><td rowspan="2">16
卷67</td><td rowspan="2">2
卷68</td></tr>
<tr><td>97(129)
卷66</td></tr>
<tr><td rowspan="3">十一月</td><td rowspan="2">黄钟宫
4卷</td><td rowspan="2">16（14）
卷69</td><td>22（88）卷70</td><td rowspan="2">44（9）
卷72</td><td rowspan="2"></td><td rowspan="2"></td><td rowspan="2"></td></tr>
<tr><td>34（42）卷71</td></tr>
<tr><td>黄钟调
3卷</td><td></td><td></td><td></td><td>71(119)
卷73</td><td>11
卷74</td><td>2
卷75</td></tr>
<tr><td rowspan="2">十二月</td><td>羽调
3卷</td><td>17（5）
卷76</td><td>34（23）
卷77</td><td>11（5）
卷78</td><td></td><td></td><td></td></tr>
<tr><td>平调
3卷</td><td></td><td></td><td></td><td>24(40)
卷79</td><td>16
卷80</td><td>2
卷81</td></tr>
</table>

《九宫大成》无论对治诗词者、治戏剧者，还是专攻音乐者，都是一座宝藏。首先，它收录曲牌的数量超过了以往的任何一种曲谱，俨如一座庞大的戏曲音乐资料库。据刘崇德教授统计，《九宫大成》共收北曲曲牌597支，乐曲1841首；南曲曲牌1586支，乐曲2774首，共计曲牌2183支，乐曲4615首；北套曲185套；南北合套36套。而清初的其余数种曲谱，如吕士雄《南词定律》收曲牌八百余支，李玉的《北词广正谱》收曲牌四百余支，在数量上远不如《九宫大成》。

其次，《九宫大成》保存了宋金元时期许多珍贵的乐谱资料。宋金时期的乐谱资料有历代词乐乐谱172首、宋南戏乐谱40首、金代《董西厢》诸宫调148曲（占全部乐曲的三分之一）。元代的乐谱有杂剧和散曲之分。《九宫大成》收录元杂剧乐谱110种，其中整折者63套，只曲四百余曲，一些久佚之元杂剧，如《玩江楼》《王魁负桂英》《死葬鸳鸯冢》《伯道弃子》《火烧阿房宫》等，皆靠书中保留的残套只曲得以保存[①]。

再次，《九宫大成》是对明代和清初戏曲文献的一次荟萃。据不完全统计，全书至少收明清134种传奇，现按顺序征引如下[②]：

---

① 刘崇德校释《新定九宫大成南北词宫谱校释·前言》，天津古籍出版社 1998 年版，第 5 页。

② 周维培《曲谱研究》，江苏古籍出版社 1999 年版，第 216 页。

《三元记》《紫钗记》《一种情》《彩楼记》《水浒传》《玉镜记》《人兽关》《宝剑记》《赠书记》《牡丹亭》《占花魁》《金雀记》《醉菩提》《节孝记》《纲常记》《红梨记》《玉簪记》《八义记》《长生殿》《庆有余》《永团圆》《千金记》《经拂记》《怜香伴》《西楼记》《太平钱》《绿牡丹》《海潮音》《十孝记》《广寒香》《望湖亭》《一诺媒》《金明池》《红蕖记》《蕉帕记》《凿井记》《梅花楼》《燕子笺》《梦花酣》《双蝴蝶》《连城璧》《鹴鹴裘》《万事足》《灌园记》《南柯梦》《玩婵娟》《奈何天》《春灯谜》《牛头山》《翻西纱》《太平图》《双熊梦》《金钿盒》《绿衣欢》《双叠缘》《觅水记》《满床笏》《凤求凰》《鸾鎞记》《金串记》《琥珀匙》《女娲氏》《双遇蕉》《花眉旦》《飞龙凤》《花筵赚》《丹晶坠》《祥麟现》《如是观》《忠孝录》《桃花记》《分镜记》《题红记》《状元旗》《百炼金》《英雄谱》《獭镜缘》《广陵仙》《闹花灯》《劝善记》《鸳鸯棒》《翠屏山》《四喜记》《一合相》《摘金园》《风流梦》《双金榜》《疗妒羹》《后七国》《醉月缘》《梅映蟾》《银瓶记》《钗钏记》《金锁记》《虎符记》《四美记》《存孤记》《青衫记》《幻奇缘》《双瑞记》《玉玦记》《紫箫记》《御袍恩》《磨尘鉴》《灵宝刀》《练囊记》《卖水记》《鹦鹉洲》《一文钱》《雌雄旦》《赛金莲》《遇仙记》《寿为先》《文星现》《画中人》《四贤记》《怀乡记》《玉妃仙》《紫霞觞》《美人香》《香囊记》《露绶记》《葛衣记》《埋剑记》《鲛绡记》《全家庆》《珍珠衫》《吉庆图》《雁翎甲》《石麟镜》《双玉人》《意中缘》《运甓记》《绿绮记》。

总而言之，《九宫大成》博采众收、广撷群英，对清初以前的乐谱资料做了一次较为彻底的整理，为后世的曲调钩沉、南北曲研究、曲艺音乐考证提供了大量的实例。自刊行以来，被词曲界视为圭臬。吴梅先生发“《关雎》之乱，洋洋盈耳”之惊叹，称赞“自此书出而词山曲海汇成大观，以视明代诸家，不啻爝火之与日月矣”[①]，并非溢美之词。

① 吴梅《民国影印本〈新定九宫大成南北词宫谱〉序》。

第六节　四大集成

自20世纪80年代以来，在我国广大音乐工作者的努力下，编撰了有史以来规模最大的四部乐谱集成，即《中国民间歌曲集成》《中国民族民间器乐曲集成》《中国戏曲音乐集成》《中国曲艺音乐集成》。

一、《中国民间歌曲集成》

《中国民间歌曲集成》（以下简称《民歌集成》）分别从本地区所采集的大量民间歌曲中进行选编，每卷规模一般为800至1500首，同时撰写民歌概述、歌种释文、歌词方言土语注释，并附上必要的照片和图表。入选的民歌，要求配有原始录音材料。《中国民间歌曲集成》全国编辑委员会由吕骥任主编，贺绿汀、周巍峙、孙慎任副主编。各省设有地方卷编辑委员会，负责日常编写工作。兹就已出版的部分省（自治区、直辖市）卷举三例进行介绍：

1.湖北卷（2卷），杨匡民主编，人民音乐出版社1988年12月第1版。根据民歌音调、方言声调等特点，将湖北省民歌分布划分为鄂东北、鄂东南、鄂中南、鄂西南、鄂西北五个区，分区收录号子、山歌、田歌、灯歌、风俗歌、儿歌等共1380首歌曲。

2.内蒙古卷（2卷），额尔敦朝鲁主编，人民音乐出版社1992年9月第1版。收录1262首歌曲，其中蒙古族民歌625首、汉族民歌400首、达斡尔族民歌80首、鄂温克族民歌116首、鄂伦春族民歌41首。每一民族民歌按照各族的传统分类法分为若干歌种，均以本民族传统称谓命名。如蒙古族民歌分为潮尔音道（潮尔歌曲）、乌日图音道（长调歌曲）、包古尼道（短调歌曲）、安代歌曲、浩德格沁歌曲、博曲（萨满调）六个歌种；达斡尔族民歌分为扎恩达勒、鲁日格勒和雅德根调三个歌种；鄂温克族民歌分赞达拉嘎、奴克该勒和萨满调三个歌种；鄂伦春族民歌分赞达仁、吕日格仁和萨满调三个歌种。

3.上海卷（1卷），江明惇主编，中国ISBN中心1998年6月第1版。收录民歌831首（套），按体裁分为号子151首（套）、田山歌28首、小山歌203首、小调242首、儿歌37首、吟唱调170首。各种体裁下还做了细分，如号子下列搬运号子、船渔号子、建筑号子、农事号子四种。

民歌不仅数量庞大，而且带有浓厚的地域和民族特色。如何将三万多首民歌合理加以编排，并体现出各地方卷的特色，是一个值得注意的问题。《民歌集成》的做法如下：

一是直接按民歌体裁形式分类，各类再按不同歌种或流行地区对各类民歌加以区分和编排，如北京、上海、河南、山西、山东、江苏等省卷。这种体例可以运用于民族成分较单一或行政区划较小的地区。汉族民歌的体裁划分，在国内音乐界尚存争议。有的根据民歌产生的生活条件来划分，有的从演唱形式划分等。《民歌集成》的做法是原则上按歌种罗列，对于这样一部资料性的文献而言，它可以帮助研究者接触各地民歌种类的原生面貌，是比较合适的做法。

二是先按民族分编，然后根据各民族具体情况，按体裁或民族传统习惯作次级分类，再参照语言特点和地域风格编排。如广西、海南、新疆、内蒙古、浙江、湖南、贵州、四川、甘肃、青海、宁夏、河北、黑龙江、辽宁、福建。这种体例适于民族成分较复杂的地区，反映出我国作为多民族国家在音乐文化上的多样性。由于多方面的原因，少数民族留下的书面乐谱文献偏少。通过《民歌集成》的编撰，采集到上万首少数民族民歌，而且编撰中能尊重各民族的传统称谓分类，不搞一刀切或硬性套用汉族民歌的体裁划分标准。如甘肃省卷收录10个民族民歌，每个民族的分类称谓都不尽相同。藏族民歌分为14类：勒（酒曲）、格尔（表演唱）、扎年当玲（扎木聂弹唱）、卓（歌舞曲）、拉依（情歌）、哇唠（劳动歌）、夏依勒（儿歌）、依些耶台格（劳动歌）、啦拉台格（山歌）、朝希台格（酒歌）、瑞母贝台格（婚礼歌）、尺个昼（面具歌舞）、给诏台格（乘凉歌）、噢哎巴些（迎火把歌）；土族分7类：吾让瓦日古道拉（婚礼歌）、斯志嘎力都古道（问答歌）、卡西（山歌）、勒（酒歌）、沙目（巴郎鼓舞）、花儿、酒曲；裕固族分15类：脑玛克耶尔（叙事歌）、玛能能耶尔（婚礼歌）、玛尔至能耶尔（牧歌）、才恩斗巴（赞颂歌）、波导敖马斗（思念歌）、玛尔依姆斯给（奶幼畜歌）、奥赫特垛拉（垛草歌）、斯给垛高多玛（擀毡歌）、莫拉呗哩哩（催眠歌）、莫拉达笛拉（学步歌）、也赫哲能绍斯（也赫哲歌）、昂萨尔哦什得啰（送葬歌）、啦哩啦莫（山歌）、少年（花儿）、划拳耶尔（划拳歌）；哈萨克族分5类：马克塔乌·吉尔（颂歌）、撒合努·吉尔（思念歌）、马哈巴特·吉尔（情歌）、叶恩贝克·吉尔（劳动歌）、土尔木斯·萨勒特·吉尔（风俗歌）。如某个民族民歌分布较为复杂，则再进行地区分类，如福建省卷先按民族分编，然后综合地理方位、行政区划、方言分区、歌种分布、音乐特色等因素，将汉族民歌划分为闽东、闽中、闽南、闽西、闽西北、闽北6个民歌区，各个民歌区下按体裁划分为号子、山歌、小调、灯歌舞歌、唱诗念歌、渔歌、风俗歌、儿歌8类。又如青海省卷对藏族民歌的编排亦有异曲同工之处。

三是先按音乐风格和歌词特点划分民歌区，在各个分区内按体裁进行次级分类。如湖北、陕西、江西等省卷。这种分类法深受20世纪八九十年代民歌研究的影响，继20世纪六七十年代武汉音乐学院杨匡民教授在课堂教学中提出色彩区和三声腔理论后，苗晶、乔建中的《论汉族民歌近似色彩区的划分》于1987年由文化艺术出版社出版。1998年，乔建中研究员又发表了《中国传统音乐的地理特征和中国音乐地理学的建设》一文。这一系列研究表明：民间音乐作为一种古已有之的文化现象，在自然地理和人文地理环境中通过历史的保留和筛选，可以形成一个个具有"类似音乐特质"的区域。湖北省卷首《湖北各地风土及其民歌》一文以翔实的材料论证了本省东北、东南、中南、西南、西北5个分区在民歌音调、旋律进行、调式运用上的特点，将学术研究融入文献的编撰中。但需要注意的是，这种体例的运用必须以编撰者对本地区民歌进行全面准确的把握为前提，否则只会削足适履，使文献价值大打折扣。

二、《中国民族民间器乐曲集成》

《中国民族民间器乐曲集成》（以下简称《器乐集成》）主要编选在人民群众中流传和历史上具有一定影响的民间器乐曲、古典乐曲[①]、寺院宗教乐曲及宫廷音乐，包括编辑说明、前言、概述、目录、民族民间乐曲曲谱及乐种释文、图表和照片、后记、全国编委会和地方编委会名单等。《器乐集成》全国编辑委员会由李凌任主编，黄翔鹏、丁鸣、王民基任副主编。1995年增加副主编袁静芳。各省设有地方卷编辑委员会，负责日常编写工作。兹就已出版的部分省（自治区、直辖市）卷举三例进行介绍：

① 古典乐曲不包括古琴曲。

1.陕西卷（2卷），刘恒之主编，人民音乐出版社1992年12月第1版。收录民间器乐曲（含西安鼓乐、锣鼓乐、丝竹乐、鼓吹乐）520首，宗教乐曲30首。西安鼓乐中附录《殿前喜》和《尺调引令》2首古谱。

2.山东卷（2卷），张凤良主编，中国ISBN中心1994年8月第1版。收录各类器乐曲谱461首（套），分编民间乐曲、宗教音乐、曲阜祭孔音乐三部分。民间乐曲以合奏和独奏作二级分类，前者包括鼓吹乐、弦索乐、丝竹乐、锣鼓乐，按流行地域编排；后者含吹管乐、拉弦乐、弹拨乐等。

3.新疆卷（2卷），周吉主编，中国ISBN中心1996年12月第1版。收录新疆地区民间器乐曲、木卡姆音乐和宗教音乐等共847首（部）乐谱。民间器乐曲按民族为序分编，包括维吾尔、哈萨克、柯尔克孜、蒙古、锡伯、塔吉克、乌孜别克、塔塔尔8个民族器乐曲741首；木卡姆音乐从维吾尔《十二木卡姆》《吐鲁番木卡姆》《哈密木卡姆》《刀郎木卡姆》中各选1部；宗教音乐收入维吾尔、哈萨克、回、锡伯4个民族宗教乐曲102首。

《器乐集成》原则上按器乐曲的音乐体裁和乐种分类，对于少数民族和情况比较特殊的地区，则是先按民族再按音乐体裁或其他约定俗成的传统习惯方法进行分类；对宗教音乐是先按教别、乐种、宫观寺庙、科仪等分类，再按乐曲功能、类别、地区等分列；宫廷乐曲酌情按乐曲的内容或体裁形式分编。其文献特点主要有以下三个方面：

一是编撰体例较为统一。中国传统器乐曲种类繁多，如果没有科学可行的分类法，势必相当混乱。《器乐集成》较好地解决了这个问题，从已出版的各卷来看，除吉林卷外，其余各卷均按类型分编为民间器乐曲、宗教音乐等。民间器乐曲依声部多寡分为合奏音乐和独奏音乐2类，合奏音乐视情况细分为弦索乐、丝竹乐、鼓吹乐、吹打乐、锣鼓乐、其他器乐合奏形式等6小类，独奏音乐酌情细分为吹管乐器乐曲、拉弦乐器乐曲、弹弦乐器乐曲、打击乐器乐曲、其他乐器乐曲等5小类，条目相当清楚。这直接受益于我国传统器乐和乐种学理论研究成果，中国艺术研究院音乐研究所编的《民族音乐概论》将器乐合奏分为打击乐合奏、管乐合奏、弦乐合奏、丝竹乐合奏、丝竹锣鼓合奏5个类别，17个乐种。这种分类法虽然还存在一定的不足，但对于大部分乐种来讲，仍具有类归意义。以后不少著作如高厚永的《民族器乐概论》和袁静芳的《民族器乐》均沿用这种分类法。从这个层面上看，《器乐集成》编撰有赖于学术界的研究成果。但另一方面，《器乐集成》的编撰也促进了学术界对传统器乐研究的深入。它收集到的乐谱为学术研究提供了第一手的可靠资料，其碰到的不适合“五种分类法”的乐种实例又促使学术界对器乐分类法做进一步的思考。

二是收录面广，具有地方特色。《器乐集成》以空前的规模采集了大量的地方乐种文献，抢救不少濒临失传的民族器乐艺术，其中有相当数量的乐种第一次得到较完整的整理。如陕西、甘肃、宁夏、河南等地的鼓吹乐；浙江、湖北、湖南的吹打乐和弦索乐；湖南、江苏等地的锣鼓乐等。截至2005年，19个已出版的地方卷共收集独奏音乐有84种乐器、总曲目2196首。民间乐种216个，总曲目为6572首（套）[①]。《器乐集成》在乐种的文献编排上不囿于教条，如福建南音和惠安北管2个乐种既有歌唱部分，又有器乐部分，难以归入合奏和独奏音乐，就单列综合性一类。又如北京作为元、明、清三代的京都所在地，宫廷音乐占有相当的比重，因而按朝代予以罗列。元代宫廷音乐收祭祀乐，明代宫廷音乐收祭祀乐、宴乐，清代宫廷音乐收祭祀乐、朝会乐、宴飨乐、卤簿乐、凯旋乐、吹打乐。

三是口头、书面文献并重。民间器乐曲的乐谱，往往与实际表演的效果相差甚远。《器乐集成》尽可能根据录音记谱，防止只记骨干音、过于简单化的现象，对“穗子”（华彩乐段）的记录，力求细致准确。如吹打乐将“吹”部和“打”部分别记谱，民间对吹和重奏形式，至少记二部乐谱。锣鼓经念谱注明谱音字的方言读音和四声。各种乐曲明确注明定调方法：丝弦乐器注明定弦法、吹管乐器注明筒音。合奏乐曲注明乐队组成形式、演奏人数及各乐段的主奏乐器。在规范口碑文献记谱的同时，《器乐集成》也重视对古谱等书面文献的采集。如甘肃省卷附录《敦煌曲谱》、江苏省卷附录《华秋苹琵琶谱》、河南省卷附录《开封相国寺乐谱》等，都是相当珍贵的资料。

三、《中国戏曲音乐集成》

《中国戏曲音乐集成》（以下简称《戏曲集成》）各地方卷由序言、凡

① 袁静芳《一项跨世纪的宏伟文化保存工程》，《音乐研究》2005年第1期。

例、本卷编辑说明、综述、图表、剧种音乐和人物介绍等组成。剧种音乐一般收录唱腔、器乐、折子戏等乐谱。《戏曲集成》全国编辑委员会由周巍峙任主编，卢肃、何为、常静之任副主编。各省设有地方卷编辑委员会，负责日常编写工作。兹就已出版的部分省（自治区、直辖市）卷举三例进行介绍：

1.北京卷（2卷），卢肃主编，北京出版社1992年7月第1版。收录仍活跃于北京戏曲舞台上的京剧、北方昆曲、河北梆子（京梆子）、评剧、北京曲剧5个剧种的音乐资料，共收入唱段529首，有关剧目382个，演唱者253人。

2.湖北卷（2卷），方光诚主编，中国ISBN中心1998年3月第1版。收录22个湖北地方剧种音乐资料：清戏、汉剧、荆河戏、南剧、山二黄、东路花鼓戏、黄梅采茶戏、阳新采茶戏、楚剧、荆州花鼓戏、襄阳花鼓戏、远安花鼓戏、梁山调、随州花鼓戏、郧阳花鼓戏、灯戏、柳子戏、堂戏、提琴戏、湖北越调、文曲戏、傩戏等。

3.浙江卷（2卷），洛地主编，中国ISBN中心2001年8月第1版。收录18个剧种的音乐资料：新昌调腔、宁海平调、松阳高腔、昆腔（正昆）、金华昆腔、永嘉昆腔、婺剧、瓯剧、台州乱弹、菇民戏、和剧、绍剧、甬剧、姚剧、湖剧、杭剧、睦剧、越剧。由于菇民戏、和剧两个剧种的音乐腔调类别、结构、形态与相邻地区的婺剧和瓯剧雷同，故不收其唱腔谱。器乐谱集中在正昆、婺剧、绍剧中介绍。折子戏从新昌调腔、正昆、婺剧、绍剧、甬剧、越剧六个剧种选取。

《戏曲集成》按剧种编撰，在体例上比较统一。但由于剧种在传播上具有较强的跨地域性，有的声腔如昆腔唱遍大江南北，形成庞大的声腔系统；有的剧种如京剧、越剧在不少地区都有演出。因此，相对《民歌集成》和《器乐集成》而言，《戏曲集成》尤其需要注意各地方卷的分工协作，以避免重复或缺漏。如1985年6月有关各省在杭州召开昆剧和越剧的编撰协商会议，确定昆剧以江苏卷为主卷，其他卷为分卷，越剧不设主卷；又如河北梆子和评剧虽流行于北京舞台，但经协商，分别由河北省卷和吉林省卷收录它们的基本板式、曲牌和打击乐谱，北京卷只收录其在京的流行情况；又如京剧在湖北扎根历史很长，从艺人员多，活动范围广，故湖北卷酌选有影响的唱腔，以补其主属区卷因篇幅限制所编音乐资料之不足。

《戏曲集成》各剧种中的唱腔排列，一般按其在本剧种中的主体作用先板腔，后曲牌，结构上先单一，后复合。同一腔调，以剧目演出年代或演唱者辈分先后排列，力求体现彼此内在联系和演化的历史过程。《戏曲集成》结合各地的不同情况，对剧种采取不同的编排方法：一是按声腔或剧种的形成时间为序。如湖北省卷收录的22个地方剧种中，已明声腔系属者，按其声腔在湖北出现之先后，依高腔、皮黄腔、打锣腔、大筒腔顺序类编；同一声腔的诸剧种，大体按形成年代的先后并结合其规模大小排序。二是按先地方大戏后民间小戏的顺序。如江西省卷将21个剧种分为2类，其中地方大戏7个剧种，民间小戏14个剧种；湖南省卷将8个地方大戏剧种列前，11个民间小戏剧种列后。三是按流行地区和影响排列。如江苏省卷将15个剧种依发源地、流行区及所用语言情况按先苏南、后苏北顺序排列；四川省卷将影响大、流布广、源于四川本土的剧种及声腔有交叉影响的剧种列前，新兴剧种和外来剧种列后。四是按声腔排序。如河北省卷将26个剧种按梆子腔系、落子腔系、弦索腔系、柳子腔系、秧歌腔系、影调腔、皮黄腔、昆弋腔的顺序编排。

《戏曲集成》在编写中十分注意保存戏曲音乐的地方特色。各地方卷能够尊重老艺人和从事该剧种数十年的音乐工作者的传谱，原则上以最早的录音为准，对唱词中的句、字一般不做校改。在新编的戏曲音乐方面，原则上以作曲者本人传谱为准。对戏曲音乐中的中立音现象，则尽量以存其真。如新疆卷除按常规记谱法外，还使用“⋗”“C”表示升高或降低$\frac{1}{4}$音，使用“↑”“↓”表示升高或降低$\frac{1}{2}$音。

四、《中国曲艺音乐集成》

《中国曲艺音乐集成》（以下简称《曲艺集成》）主要编选全国三百个左右以唱为主或说唱兼备的曲种的音乐资料（只说不唱的曲艺品种除外）。各地方卷包括总序、编辑说明、本卷凡例、综述、曲种音乐、本卷各曲种主要传统曲（书）目、后记等部分。曲种音乐是全书主体，由概述、基本唱腔、器乐曲牌、选段、人物介绍组成。《曲艺集成》全国编辑委员会由孙慎任主编，章鸣、冯光钰任副主编。各省设有地方卷编辑委员会，负责日常编写工作。兹就已出版的部分省（自治区、直辖市）卷举三例进行介绍：

1.江苏卷（2卷），周良主编，中国ISBN中心1994年1月第1版。收录流行江苏27个曲艺音乐曲种音乐资料，分为8类。弹词滩簧类：苏州弹词、启海弹词、扬州弹词、苏州滩簧、常锡滩簧。牌子曲类：扬州清曲、南京白局、盐城牌子曲、清淮小曲、海州牌子曲、徐州丝弦、江南牌子曲。琴书鼓书类：徐州琴书、淮海锣鼓、苏北大鼓。宣卷因果类：宣卷（苏州宣卷、靖江讲经、常州宣卷、无锡宣卷），说因果（无锡评曲、常州道情、溧阳三跳）。渔鼓道情类：扬州道情、盐城道情、赣榆渔鼓。僮子说唱类：僮子说唱（扬州香火、盐城僮子、海州僮子、南通僮子），东台拜香亭。花鼓类：花鼓（扬州花鼓、盐城花鼓、徐州花鼓），叮叮腔。俗唱类：唧呰（丹阳唧呰、金坛唧呰），小热昏（无锡小热昏、常州小热昏），苏州文书，苏州独脚戏，唱春（宜兴唱春、常州唱春、高淳唱春）等。

2.湖南卷（2卷），张引主编，中国ISBN中心2001年2月第1版。收录28个曲艺音乐曲种的音乐资料，按民族分为5个部分。汉族20个：丝弦、太平南曲、祁阳小调、渔鼓、长沙弹词、丧鼓、华容番邦鼓、说鼓、对鼓、师门傩鼓、薅草锣鼓、圣谕、莲花闹、九子鞭、三棒鼓、跳三鼓、干龙船、赞土地、春锣、地花鼓等，再依音乐形态和演唱形式分为丝弦小调、渔鼓弹词、鼓曲鼓词、走表耍唱4类。土家族1个：梯玛神歌。苗族2个：古老话、排话。侗族1个：嘎琵琶。瑶族4个：甘结、嘎堂套、雷却、朵筛。

3.辽宁卷（2卷），王信威主编，中国ISBN中心2002年7月第1版。收录15个曲艺音乐曲种的音乐资料。按民族分为汉族、蒙古族、朝鲜族三个部分，其中11个汉族曲种又按体裁不同分为走唱、鼓曲、琴书、小曲四类。汉族：二人转、单鼓、莲花落、昆高笛曲、东北大鼓、西河大鼓、京韵大鼓、京东大鼓、山东琴书、什不闲、拉洋片、太平歌词；蒙古族：胡仁乌力格尔、好来宝；朝鲜族：盘索里。

《曲艺集成》在编纂中注意协调好四个方面的关系，反映出各地曲艺音乐发展和分布的面貌。

一是协调好各地方卷内各类曲种之间的关系。对于曲种数量较少的地区（如宁夏和天津），《曲艺集成》只是罗列各曲种，不做进一步的归类。对于民族成分单一、曲种数量丰富的地区（如江苏、湖北、山东），按曲种的音乐特点或结构特点归类。如江苏省卷将27个曲种按其唱腔音乐分为八类：弹词滩簧类、牌子曲类、琴书鼓书类、宣卷因果类、渔鼓道情类、僮子说唱类、花鼓类、俗唱类；山东省卷根据唱腔音乐的结构将22个曲种分为三类：曲牌联缀与板式变化的综合类、以板式变化为主的鼓曲类、以曲牌联缀或单曲反复为主体的小曲类。对于民族成分和曲种较复杂的地区（如青海、四川、辽宁），则先按民族分类，然后或按体裁或按民族的习惯作次级分类。如辽宁省卷将15个曲种按民族分为汉族（包括满汉共有）、蒙古族、朝鲜族3编，汉族曲种下再分为走唱、鼓曲、琴书、小曲四类。

二是协调各地方卷间收编曲种的关系。对广泛流传的曲种，《曲艺集成》实行有所侧重的“多卷互见”。如“二人转”流行于东北三省和内蒙古自治区，经协商后确定由吉林省卷反映“二人转”音乐的全貌，其他3个省（区）卷只重点编入具有本地区特色的部分。又如“弹词”发源于苏州，流行于江苏、浙江和上海，经协商确定各卷分别编入本地区著名的流派唱调，其形成的历史情况和早期的流派由江苏卷负责介绍。

三是协调曲艺和其他姊妹艺术的关系。曲艺音乐和民歌、器乐、戏曲息息相通，在相互借鉴中共同发展。有的民歌和民间器乐曲为曲艺吸收，成为曲艺音乐的一部分；有的曲艺音乐则衍变为戏曲，这就必然存在相互交叉的现象。为揭示出民间音乐之间的互动影响，《曲艺集成》有所侧重地选择选编部分交叉乐谱。如陕西卷对已由曲艺形态演进为戏曲形态，但又二者并存于民间的曲种，只收入有明显曲艺形态部分，如丝弦清曲类只收陕西曲子坐唱形式；基本上属民歌形态，但唱腔中有明显说唱因素，能较充分地叙唱故事的曲种，只将其具有说唱因素部分加以选编，如韩城秧歌和陕南花鼓；与民俗、民间宗教有密切联系的曲种，着重编选其内容上具有世俗性、形式上具有说唱性的部分作为主体，民俗、宗教性咏唱性部分作背景介绍。

四是处理各类曲种个性和共性之间的关系。我国的56个民族，几乎每个民族都有自己的曲艺艺术，每个曲种之间时空和民族上的差异不可避免。即使是汉族的一些民间歌唱形式，属性也不明确。《曲艺集成》提出若干条的共性原则：以说唱故事为主体，要有一定的基本曲调和音乐表现程式，要有反映本民族内容的曲目，以娱人为主，受到本民族群众的喜爱和承认。但对于少数民族的曲种，充分尊重它们因各自不同的历史条件和地区发展而形成的不同形态，不以汉族曲种特征来衡量。同时尊重各曲种的民间称谓，如在福建莆田十分盛行的2个曲种——“十番八乐”和“梆鼓咚”，由于各种原因，一度被“雅称”为“十音八乐”和“俚曲”，与民间艺人和当地群众的称呼不符。《曲艺集成·福建卷》对此做了纠正，沿用民间传统称谓。

第十二章

报刊类音乐文献

第一节 报刊类音乐文献概况

自1906年李叔同在日本创办《音乐小杂志》至1949年中华人民共和国成立，中国出版大约二百余种中文音乐期刊和报纸音乐副刊。它们以灵活多样的出版形式、可长可短的出版周期、丰富多彩的登载内容而在近现代音乐文献中占有一席之地，见证了我国近代音乐事业从无到有、从小到大的进程，是近代音乐文献中不可或缺的一部分。

音乐报刊的产生和中国近代音乐文化事业的发展紧密联系在一起。20世纪初，随着学堂乐歌的发端，一些音乐家着手编撰乐歌教材和著作，宣扬资产阶级民主思想，普及音乐教育，从中萌生了中国最早的音乐报刊。20世纪二三十年代，随着新音乐的发展，新式音乐社团、各类音乐师范教育和专业教育机构相继涌现。它们积极开展音乐宣传和教育活动，创办各种各样的音乐报刊。“卢沟桥事变”后，广大音乐工作者积极投身于抵抗外来侵略者、争取民主自由斗争的宣传工作，出版了数十种歌曲集刊和音乐报刊。

中华人民共和国成立后，尤其是改革开放以来，报刊出版事业和音乐事业呈现出一片欣欣向荣的景象，各类音乐报刊相继涌现。据中国艺术研究院音乐研究所李文如先生统计，从1950至2000年底创办的音乐期刊就达一百四十多种。这些音乐报刊已经成为国内音乐界的舆论喉舌，研究者发表学术观点的阵地，音乐工作者加强联系的纽带，国内外音乐界进行学术交流的平台，充分地展示了当代中国音乐界和音乐家的风范。此外，非音乐专业报刊也刊载了部分音乐研究成果，其数量不容小觑。

报刊类音乐文献较为分散，查考颇为困难。张静蔚主编的《中国近代音乐史料汇编》[①]和《中国近现代音乐文论选编》[②]二书可供参考。前者第五、六辑收录发表于辛亥革命前后的音乐论文共37篇，后者收录近现代50年间发表在各类出版物上的音乐文论一百一十多篇，并附有《学堂乐歌曲目索引》。

欲查检报刊类音乐文献，还可利用以下数种检索工具：（1）《中国音乐书谱志》（1994年增订版）中收录从1906至1949年出版的153种中文音乐期刊、8种报纸、46种报纸音乐副刊[③]的目录，注明刊期、编辑者、出版地、出版者、创（停）刊时间、印刷形式、存见情况，并附有刊名汉语拼音索引，是检索近代报纸期刊类音乐文献的重要工具书。（2）由中国艺术研究院音乐研究所资料室编写的《中国音乐期刊篇目汇录（1906—1949）》[④]，收录近现代音乐期刊132种，该书最大的优点在于详细列出刊物现存各期的文章篇目和作者，便于按刊名检索相关资料。（3）人大复印报刊资料索引。原名《音乐舞蹈研究》，自2000年起改名为《舞台艺术》。（4）由李文如先生编著的《二十世纪中国音乐期刊篇目汇编》[⑤]。是书收录1906至2000年创刊的270多种音乐期刊目录，按创刊先后顺序排列，注明编辑者、创（停）刊时间、印刷形式、存见情况，并且详细胪列各期刊物刊载的文章，具有极高的实用价值。

为便于读者检索，拙著按刊载内容将报刊类音乐文献分为研究性音乐期刊、普及性音乐期刊、乐谱类期刊、音乐报纸、非音乐专业报刊中的音乐文献五类。需要说明的是，一些刊物无法明确地加以归类，分类只具有近似的意义。如近代研究性音乐期刊和普及性音乐期刊之间并没有明确的界限。一方面，当时音乐学的研究尚处在起步阶段，研究性期刊中往往刊载一定数量的普及性文章；另一方面，三四十年代由于时局所迫，在绝大多数音乐学院和研究性期刊停办的情况下，学术性较强的论文往往出现在普及性刊物上。

---

① 人民音乐出版社 1998 年版。

② 上海音乐出版社 2004 年版。

③ 据《中国音乐书谱志》统计数字。

④ 文化艺术出版社 1990 年版。

⑤ 文化艺术出版社 2005 年版。

第二节　研究性音乐期刊

一、近代研究性音乐期刊

近代研究性音乐期刊多由各类专业音乐教育机构或新式音乐社团、研究机构创办，以提高音乐理论和实践的专业水准为主旨。这一类刊物数量虽不多，受众面亦较窄，但刊载文章多具有较高的学术含量，出刊较稳定，印刷质量较高，保存亦较完备。如北大音乐研究会编《音乐杂志》，招伟民等编《音乐季刊》，北平国乐改进社编《音乐杂志》，上海国立音乐院编《音乐院院刊》，南京国立礼乐馆编《礼乐》等，现举例介绍以下数种：

（一）《音乐杂志》，北京大学音乐研究会编。1920年3月创刊，共出两卷，每卷10期，其中部分曾再版，其内容与初版本稍有不同，今存第1、2卷。北京大学音乐研究会成立于1919年1月，由当时的北大校长蔡元培任会长，先后聘请萧友梅、陈仲子、王露、纽伦、刘天华等中外知名音乐家为导师。在蔡元培的主持下，《音乐杂志》在办刊上奉行“中西并重、兼收并蓄”的原则，主要体现在：1.提倡新音乐的研究，刊载萧友梅《普通乐理》《乐学研究法》《和声学纲要》，李鸿梁《乐式学纲要》，杨勃《音乐心理论》等论文，还翻译外国学者的论著，如额勒克斯的《音乐的物理基础》，威廉卫伦斯的《音乐才性论》。2.对中国传统音乐研究也不偏废，刊发王露《琴律六十调及八十四调》《述古瑟制及调律》《琴律三准说》《琵琶审音发微》，李荣寿《笙的用法》《说埙》《皮黄的缺点》，杨昭恕《中西音律之比较》《论琴律三声》等一系列学术价值较高的论文；连载由研究会成员整理的60余种传统乐谱，如王露整理的《玉鹤轩琵琶谱》是近代北派琵琶的重要曲谱资料。此外《中国戏剧曲谱》《皮黄曲谱》《中国风俗曲谱五种》《江浙俗曲二种》《淮南民歌谱》等也是近人记录的珍贵曲谱。3.陆续发表部分学者思索中西音乐发展道路异同、探究中国新音乐发展道路的系列文章，其中影响较大的有王露《中西音乐归一说》、萧友梅《中西音乐的比较研究》、杨勃《中西音乐之相合》、陈仲子《欲国乐之复兴宜通西乐说》、刘庭芝《我对于改革中国现在音乐误谬的意见》、李荣寿《我国学校乐歌的误谬》等。

（二）《音乐杂志》，北平国乐改进社编。1928年1月创刊，共出版10

期，今存。北平国乐改进社由刘天华等发起，正式成立于1927年5月，约请萧友梅、赵元任、杨仲子、刘半农、吴梦非、吴稚晖、田边尚雄等多位知名学者为《音乐杂志》撰稿，确保了刊物的学术水平。如刘天华通过刊物阐述其"国乐改进"的主张，相继发表《除夕小唱》《月夜》《闲居吟》《病中吟》《光明行》《改进操》《虚籁》《歌舞引》等多首二胡独奏曲和琵琶独奏曲；赵元任的《"中国派"和声的几个小试验》一文以作者自身创作实践为例，对如何运用西洋多声创作技巧结合中国民族曲调作了理论性的探索；张友鹤连续10期发表《琴学浅说》，介绍古琴演奏和表演的基本知识；袁同礼的《中国音乐书举要》、《西人关于国乐之著作》和《北平图书馆西文音乐书目录》共著录20世纪初存世的乐书129种、琴书116种、其他乐器书籍17种、杂书31种[①]、国外学者研究中国音乐书籍53种，是我国较早的一部音乐专科目录。

（三）《国立音乐专科学校校刊》《乐艺》《音乐杂志》。这三种刊物先后由上海国立音乐专科学校师生和社团组织创办，由于主编和办刊条件的差异，其学术含量亦不尽相同。

《国立音乐专科学校校刊》创刊于1929年11月，出版两期后改名《音》，期数有重复，今存第1至第63期。青主任主编期间，先后编发了一系列音乐哲学、美学文章，有《论音乐的音乐》《论音乐的功能》《音乐的使命和立场》《音乐的派别》《论诗艺和乐艺的独立生命》《音乐的忍受》《怎样才算是美的音乐作品》《论音乐的批评》《论音的审听》等。但1932年后，行政公函、会议通知、学生和教师名单、经费开支、考试和音乐会节目单等各类校务管理文件占据了刊物的主要篇幅。由于其刊期长达7年66期，具有很高的档案资料价值。

《乐艺》创刊于1930年4月，今存1卷第1至第6号。重要论文有萧友梅《古今中西音阶概说》《九宫大成所用的音阶》《对于大同乐会拟仿造旧乐器的我见》《中国历代音乐沿革概略》，青主《论音乐的原素》《音乐的好尚》《歌剧和乐剧》《由音阶、音序、音类、音调、调号、音性说到音类的亲和》《论民歌》《论音节的消长》《论小提琴的音和它的改善》，黄自《音乐

① 主要是历代雅乐论著。

的欣赏》《西洋音乐进化史的鸟瞰》，朱英《整理国乐须从改良曲谱着手》《对于整理国乐之零碎商榷》等。重要乐谱有萧友梅《新霓裳羽衣舞》《秋思》《九宫大成曲谱译例》《夏日春游》，青主《我住长江头》《见也如何暮》《红满枝》，朱英《秋宫怨》，吴伯超《秋感》，朱荇青《长恨曲》等。

《音乐杂志》创刊于1934年1月，今存1卷第1至第4期。重要论文有尤沐勋《从旧体歌词之声韵组织推测新体乐歌应取之途径》，萧友梅《欧美音乐专门教育机关概略》《来游沪平俄国新派作曲家钢琴师亚历山大·列浦您的略传与其著作的特色》，易韦斋《"歌与字声"聒耳谈》《墨子非乐释义》，黄自《调性的表情》，贺绿汀《音阶研究》，乐谱有黄自《旗正飘飘》《赋登楼》《山在虚无缥缈间》，陈田鹤《山中》《牧歌》《望月》《给》，江定仙《恋罢，少女》《静境》《春晚》等。

（四）《礼乐》，1945年10月创刊，又名《礼乐杂志》，曾停刊。1947年3月改名《礼乐半月刊》，期数另起，后又停刊。1948年4月又以《礼乐》的刊名重新出刊，今存《礼乐》创刊号及新1至3期、《礼乐半月刊》创刊号至24期。《礼乐》的创办得到国民政府当局的支持，在纸质和印刷装帧上较为精美。由于它是根据陈立夫提出"复兴乐教"方针，为宣传儒家"制礼作乐"理论，开展现代乐教实践而创办的，所以相当重视对中国传统礼乐制度的宣传和研究。论文主要有何叔达《古乐丛考》《订立黄钟与制定乐律之商榷》，李翊灼《论礼乐为现代当务之急》，杨荫浏《儒家的音乐观》《儒家礼乐设教的几种理论》《周代乐教的取材》《旧乐收集与出版漫谈》，谢锡恩《乐师之道的哲理》，冯伯华《略述民国三年礼制馆之概况》《中国礼俗学纲要介评》，师蛮《旧乐收集工作》《民族音乐之前瞻》等。在弘扬礼乐文化的同时，部分音乐学者也以刊物为阵地，开展理论研究和争鸣。如陈觉玄《改进中国现代音乐戏剧教育的意见》，周永荫《〈琴砚斋琴谱〉音调论考》，阴法鲁《先汉乐律初探》，杨荫浏《歌曲字调论》《谈笛律》《古琴谱式改进刍议》《七弦琴徽分之位置与其音程之比值》《再谈笛律答阜西》，查阜西的《读杨荫浏先生改进古琴谱式》《答〈谈笛律〉》等。

二、现代研究性音乐期刊

中华人民共和国成立后，随着音乐研究和教学水平的提高，研究性期刊的办刊水平有了巨大的提高，其主体是各音乐（艺术）院校学报。如《中央音乐学院学报》（中央音乐学院主办），《中国音乐学》（中国艺术研究院音乐研究所主办），《音乐艺术》（上海音乐学院主办），《中国音乐》（中国音乐学院主办），《黄钟》（武汉音乐学院主办），《艺苑·音乐版》（南京艺术学院主办），《交响》（西安音乐学院主办），《音乐探索》（四川音乐学院主办），《天籁》（天津音乐学院主办），《乐府新声》（沈阳音乐学院主办），《星海音乐学院学报》（星海音乐学院主办）等。此外，由各级文联、音协、艺术馆等社团组织创办的部分音乐期刊也具有很高的学术价值，如《音乐研究》（人民音乐出版社主办）已成为全国中文一级核心期刊。由于篇幅所限，无法一一介绍，兹以《中国音乐学》为例。

《中国音乐学》，中国艺术研究院音乐研究所主办，1985年创刊，郭乃安、张振涛、田青、项阳等先后任主编。刊物以民族音乐学和音乐史学、音乐美学和思想研究为主要内容，逐渐形成民族音乐研究、中国音乐史、音乐美学、音乐心理学、音乐形态学、音乐考古学、乐律学、音乐评论、外国音乐研究、现状研究、争鸣论坛、音乐译文、大学生研究生论稿等多个栏目，发表许多有影响的乐评、资讯和学术论文。

坚持百家争鸣、百花齐放，鼓励学术讨论，是《中国音乐学》办刊的一个重要特色。如该刊分别于1987年、1988年、1992年、1997年连续发表饶宗颐、许健、吴钊、郑祖襄、冯洁轩五位学者的8篇文章，大大深化了关于汉代音乐文献中“徽”字确切含义和琴徽产生历史年代的讨论。又如黄翔鹏先生提出的“同均三宫”理论，引发学术界的关注。该刊不但先后发表童忠良、崔宪、李成渝等支持方的论文,还以较大的篇幅发表了杨善武《关于“同均三宫”的论证问题》（1999年第1期）、王誉声《非“同均三宫”论》（1999年第4期）等文章，促进讨论的深入进行。

邀请学术界同仁，以笔谈会的形式就学术界普遍关注的专题开展学术讨论，是《中国音乐学》办刊的另一个重要特色。如1980年在南京召开“全国民族音乐学学术讨论会”后，民族音乐研究在中国获得很大的发展，但对于学科名称等问题从一开始就存在争议。《中国音乐学》1985年创刊号开辟了民族民间音乐研究笔谈会专栏，邀请武俊达、毛继增、沈洽、吴犇、高厚永、袁炳昌、乔建中、晓岚、薛艺兵、周吉、红帆、苗晶、周大风、简其华、伍国栋、杨友鸿等学者就民族民间音乐研究的学科界定、研究方法、田野调查的注意事项等问题展开讨论。又如为了加强音乐史学研究中的方法论探讨，刊物于1989年第2期开辟专栏，刊登冯文慈、修海林、戴嘉枋、郑祖襄、洛秦、冯洁轩、田可文、杨燕迪、郑锦扬、向延生等人的文论，指出以史料考据为主的“旧方法”在新形势下仍然需要加以重视和运用；以系统论为中心的“新方法”在基本思想上和唯物辩证法相通，它们是从宏观到微观、从抽象到具体的一个中间层次，是对立统一哲学原理的一种具体化、模式化，可以丰富和补充原有的研究方法体系；任何一种方法都不是绝对地适用于一切对象和任务，不同的研究对象和研究任务，需要采用与之相适应的不同方法，或一种，或多种。类似的专题讨论还有中青年音乐理论家座谈会、音乐理论读书研讨会、音乐资料管理研讨会、音乐翻译问题研讨会、音乐舞蹈创作座谈会、《贺绿汀音乐论文选集（二）》笔谈会等。每一次座谈都有相应的成果问世，为中国音乐学研究提供了理论导向。

第三节　普及性音乐期刊

一、近代普及性音乐期刊

相对研究性期刊而言，近代普及性音乐期刊侧重于推广普及音乐知识、宣扬政府（政党或社会团体）的音乐文化政策，以短篇的音乐评论和乐事时讯报道为主。这一类刊物数量较多，部分还得到政府或政党的支持，社会影响力较广泛，如李叔同编《音乐小杂志》，张无为编《灿花集》，上海中华口琴会编《中华口琴界》，江西省推行音乐教育委员会编《音乐教育》，陈嘉震等编《艺声》，上海美术专门学校编《音乐教师的良友》，新音乐社编《新音乐》，上海新兴音乐社编《音乐世界》，宋文焕等编《儿童音乐》，音乐知识社编《音乐知识》，丁善德编《音乐杂志》，南方音乐社编《南方音乐》，上海音乐教育协进会编《音乐评论》等。下面择要介绍2种：

（一）《音乐教育》，江西省推行音乐教育委员会编印，缪天瑞主编。1933年4月创刊，1937年12月停刊，共出刊57期，全部保存至今。其刊载内容大致可分为四类：1.促进中小学音乐教育的文章，如缪天瑞《适用的小学音乐科用书（审查小学音乐科用书报告）》《儿童节奏乐队组织法》，程懋筠《江西省推行音乐教育委员会之使命及计划》《关于学校唱歌科的对话》《关于省会中学学校唱歌竞赛会的感想》《关于省会小学校唱歌竞赛会的感想》《五线谱实际教学问题研究》，晏即曙《唱歌的导引法》，刘忠谋《小学音乐教学的环境及方法》，李世骏《音乐科在小学教育上的重要点》，李垂铭《选择小学唱歌教材的标准》，蔡敏然《小学音乐教学要点》，易之《小学音乐教材的今昔》，青主《小学唱歌问题》，青柳善吾《音乐教育论》，陈洪《部定初中音乐课程标准检讨》，北村久雄《儿童音乐生活的内容及其指导》，胡敬熙《儿童音乐教育讲座》《儿童音乐教育座谈》，刑爱鹤《小学唱歌采用固定唱名法的倾向》，柯政和《小学模范音乐教科书的编辑经过》，钱光毅《部颁小学课程标准内几个值得讨论的问题》《从部编小学音乐教材说到黎锦晖》，邹敏《音乐教育心理学》，赵鸿章《半年来矫正儿童错误的经过》，王抒情《六年来教学的印象》，刘已明《中学音乐教学经验谈》，王浪《音乐教育与音乐教师》，俞绂棠《一个乡村师范的音乐教学》，倪筱璲《四年来的小学音乐教育》，戴春碧《我的音乐教学经验谈》，廖正斌《川北一角的音乐教育及其他》，罗音境《在困难的小学音乐教学中所发生的感想》，流云《简谱正谱的迁移问题》，李福臻《浙江东阳小学音乐教育的情况》等。2.普及音乐知识和促进社会民众音乐教育的文章，如缪天瑞《音乐史讲座》《和声学讲座》《乐式学讲座》《曲调作法》，钱君匋《北欧各国的音乐》《英国的音乐》《南欧各国的音乐》，萧而化《长音阶和短音阶》《音阶唱法》《动机的认识》，谢崇琛《风琴的弹奏法》，丰子恺《爵士音乐》，天澎《关于钢琴的话》《力度的故事》《卡农与复加》《乐器浅说》《组曲和舞曲》《音乐的构成》，莫利斯《和声学》，陈品中《笙的吹奏法及其他》，格雷《关于绝对音乐与标题音乐》，张贞黻《钢琴杂谈》《介绍新的中国乐器》《关于提琴》，陈雪清《梵哑铃的沿革史》，郭鸣臬《唱歌通病》，穆静《斯加底那维亚的音乐》，石浚《什么是管弦乐队》，李树化《乐器简述》，爱林《瑞典音乐概论》，钱学森《机械音乐》，周邦《笙的改良》，高中立《近代音乐与诗的交涉》，何安东《关于平等隐伏八度和五度》等。3.音乐评论和调查文章，如程懋筠《改良中国音乐刍议》《低级文化民族的歌谣》，裘德煌《改良旧剧的我见》《各县流行戏曲之检讨》，萧而化《怎样的才是好音乐》《〈涉江〉赞》，青主《什么是民族社会主义的音乐》

《我亦来谈谈所谓国乐问题》，萧友梅《音乐的势力》，唐学咏《音乐的社会作用》，柯政和《中国音乐的发达概况》《新国乐的建设》，李镜澂《中国戏曲退步说》，李任公《中西歌咏术的比较》，陈子鹤《中国音乐改造的动向》，怀玉《一塌糊涂的刘诚甫的音乐辞典》等。4.乐谱，如程与松《救国义勇军军歌》，赵元任《全国运动大会会歌》《中华我中华》《我是北方人》，陈田鹤《燕子的歌》《天神似的英雄》《战歌》《秋天的梦》《哀挽一位民族解放的战士》，程懋筠《抗日军歌》《怀旧》《汗血歌》，江定仙《黎明》《前途》《岁月悠悠》《打杀汉奸》等。

（二）《新音乐》，新音乐社编。1940年1月在重庆创刊，先后由李凌、林路、赵沨等主编。刊物因故数次不能正常出刊，曾迁桂林、上海、北京等地，先后由读书出版社、立体出版社、北京出版社出版。刊名有时加月刊、丛刊。今存第1、3、4、6、8、9卷各第1至第6期，第2、5卷各第1至第4期，第7卷第1至第5期。《新音乐》受重庆八路军办事处领导，在国统区广大群众中产生了广泛而深远的影响。其刊载的主要内容有：1.进步音乐文论，其中关于新音乐的有李凌《新音乐运动到低潮吗？》《略论新音乐》《我们应该怎样理解新音乐与新音乐运动》，赵沨《中国新音乐运动史的考察》《论音乐的现实主义》，光未然《向着民族新音乐的道路前进》，马思聪《中国新音乐的路向》《新音乐的新阶段》，李焕之《音乐为人民服务的几个问题》，金紫光《新音乐运动漫谈》；关于民族音乐的有李凌《论新音乐的民族形式》，赵沨《音乐的民族形式》，冼星海《民歌与中国新兴音乐》，夏白《关于四川的民谣和民乐》，天风《陕北民歌的曲式》《绥远民歌研究》，薛良《民间歌谣的讨论》等；国外译文有柴科夫斯基《我怎样创作》，肖斯塔科维奇《为人民，为和平》《论音乐》，赫联尼柯夫《反对音乐批评和音乐学中的世界主义和形式主义》，库哈尔斯基的《苏联作曲家的重要任务》，大卫·欧温《谈美国歌剧》，菲尔莫《器乐的过去和现在》等。2.音乐普及知识，除定期开展音乐知识问答、经验交流、乐讯报道外，还组织"歌剧特辑""聂耳纪念特页""星海纪念专页""唱歌方法""唱法问题特辑""简谱系统问题讨论""绥远民歌特辑""新音乐运动专辑""普及与提高""指挥法特辑"等数个专题栏目，融知识性和趣味性于一体。3.音乐创作，国内歌曲如冼星海《新年大合唱》《打倒汪精卫》《黄水谣》《保卫黄河》《军民进行曲》《梁红玉》《生产大合唱》《路是我们开》，郑律成《古城颂》《军队进行曲》，马可《咱们工人有力量》，亚威《乘胜追击》；国外歌曲如《夜莺曲》《喀秋莎》《啊，静静的顿河》《放我去吧，母亲》《青年团员之歌》《伏尔加之歌》等。

二、现代普及性音乐期刊

现代普及性音乐期刊侧重于大众音乐文化，注重刊物的实用性和通俗性，如《钢琴艺术》（人民音乐出版社主办）、《儿童音乐》（中国音乐家协会主办）、《歌迷》（上海音乐出版社）、《国际音乐交流》（中央人民广播电台主办）、《演艺圈》（北京市文化局主办）、《音像世界》（中国唱片总公司主办）等。

《钢琴艺术》，人民音乐出版社主办，1996年2月创刊，原为双月刊，自2002年起改为月刊，至今已出版二百多期。

近年来，我国钢琴教育事业获得长足的发展。专业钢琴教育体制日臻完善，培养出孔祥东、周挺、许忠、江晨、李云迪、郎朗等一批在国际琴坛上颇具影响力的钢琴家。社会业余钢琴"学习热"也处在方兴未艾之中，琴童和考级学生的数量剧增。为了满足专业工作者和钢琴音乐爱好者的需要，《钢琴艺术》将其定位为融知识性和实用性为一体的期刊，使其成为"钢琴专业工作者和爱好者的朋友和参谋，畅所欲言的园地，沟通大家的桥梁"[①]。

刊物登载的稿件包括钢琴文献研究、钢琴表演技巧及演奏技法交流、钢琴曲创作、钢琴教学心得和教学方法、钢琴伴奏经验谈、钢琴业余考级辅导、钢琴业余教学辅导、中外钢琴家介绍、钢琴音乐史和乐器史介绍、钢琴音乐及演奏评论、钢琴爱好者听乐所感、钢琴书谱评介、海内外乐坛见闻、业余学琴者及其家长学乐体验、钢琴知识、钢琴制作、调律、使用、保养知识等，逐渐形成数个颇具特色的栏目。

"中国钢琴家""访谈录"专栏主要介绍国内外知名钢琴家的成长经历，其中李翠贞、范继森、李嘉禄、朱工一等已故钢琴家一般由其入室弟子撰写回忆文章，周广仁、殷承宗、刘诗昆等健在钢琴家主要采用访谈录形

① 《钢琴艺术》发刊词，1996年第1期。

式，直接请本人畅谈其学艺经历及对钢琴表演、教学、创作等方面的见解。由于受访者多是重大音乐事件的亲历者，采访者又为同行钢琴家（如赵晓生、鲍蕙荞、周铭孙等），所以使访谈的文献价值较高，成为研究当代中国钢琴艺术发展史的重要文献资料。

“演奏技法”“教学研究”专栏是钢琴界交流表演心得体会、探讨教学方法的平台，如但昭义的《论钢琴演奏的声音技巧》，乔治·勒克坦伯格《18世纪键盘音乐中的装饰音》，赵屏国《钢琴套曲〈四季〉的演奏与教学》，李雪梅《巴托克〈小宇宙〉的钢琴技术课题与个性特征》，周薇《钢琴教学研究的历史与现状》，孙维权《提高即兴伴奏水平的五点建议》，波里斯·贝尔曼《如何指导高级阶段钢琴学习者选择曲目》等，对于我国现有的业余钢琴教学尤具参考价值。

“理论研究”“理论探讨”专栏反映出学者对钢琴艺术的深层次思考。如冯效刚在刊物创办伊始就提出应加强钢琴文献学（The Literature of the Piano）课程设置的建议，认为钢琴学习者应在对钢琴文献进行梳理、分类、选择、研究的基础上，对钢琴作品的作曲技法、语义、文本符号、演奏风格作较深入的探讨[①]。其他较具代表性的文章还有拉赫玛尼诺夫《优秀钢琴演奏的十大特点》（刁蓓华译），魏廷格《关于中国钢琴艺术的概念及其理论研究概述》，黄泓《谈巴赫〈平均律钢琴曲集〉的版本》，陈世宾《莫扎特钢琴奏鸣曲中的赫米奥拉节奏》，徐东妮《勃拉姆斯钢琴音乐创作的二重性模式》等。

“学琴指南”“新教材辅导”“考级辅导”“专家答疑”等专栏邀请专家对教学中可能遇到的困难进行解答。在当前庞大的业余钢琴师资队伍中，时有追求经济效益、疏于业务的现象。有的教师没有受过系统的训练，甚至连基本弹奏法都没有分清，却教了数十个学生。针对这种现象，刊物发表一系列文章，如但昭义《钢琴的基本弹奏法》，李斐岚《车尔尼599练习曲程度的钢琴教学方法及教材应用》，吴岩《幼儿钢琴弹奏的注意力及分离训练法》，吴元、常桦《钢琴考级作品演奏指南》，吴元等人《中央音乐学院海内外钢琴考级（新版）教程解释》，周铭孙《全国钢琴考级演奏（业余）

① 冯效刚《钢琴文献学浅议》，《钢琴艺术》1996 年第 2 期。

考级（跨世纪新版）曲目新解》等文都具有很强的实用性和针对性。

“学琴感悟”“读者心声”“家长谈琴”等专栏为学生、家长和教师提供交流学经验的场所，极大地增强刊物的趣味性和普及性。“琴坛乐讯”“琴坛动态”等专栏则介绍国际琴坛时事、音像制品出版信息、国内外钢琴比赛赛讯等，极大地方便了国内外钢琴界的交流。

第四节 乐谱类期刊

一、近代歌曲集刊

歌曲集刊是在抗击日本侵略者、争取民族解放、民主自由的斗争中产生的，在此之前虽有部分音乐报刊载有一定数量的乐谱，但并未成为刊物的主体内容。由于战时条件所限，大部分歌曲集刊刊期较短、篇幅小、印刷质量难以保证，但它们刊登的歌曲具有鲜明的时代气息，富有战斗激情，极大地激励人民群众的斗争热情，产生了巨大的影响。因数量较多，故单独列出予以介绍。

据不完全统计，从1937至1949年，先后有以下近40种歌曲集刊出版：（1）《战歌周刊》（月刊），中华全国音乐界抗敌协会战歌社编，1937年10月创刊，后改名为《战歌》；（2）《救亡歌声》（月刊），四川救亡音乐教育促进会主编，1938年8月创刊；（3）《每月新歌选》（不定期），林路、龙发济主编，1939年5月在桂林创刊；（4）《歌咏岗位》（月刊），云南省歌咏协会编委会编，1940年5月创刊；（5）《歌曲月刊》，陕甘宁边区音乐协会编，1940年9月创刊，1941年先后改名《歌曲旬刊》和《歌曲半月刊》；（6）《歌选》，一二九师政治部出版，1941年1月创刊，后改名《抗日先锋歌集》；（7）《歌曲创作月刊》，邱望湘、姚以让编，1941年1月创刊；（8）《乐风副本》（季刊），重庆乐风月刊社编，1941年4月创刊；（9）《新歌曲》（月刊），许庆民编，1941年7月创刊；（10）《冲锋歌声》，晋察冀军区第三军分区政治部出版，约1942年创刊；（11）《歌岗副刊》，徐守廉、李仁荪选编，约1942年创刊；（12）《战斗歌声》，晋西北军区政治部出版，约1942年创刊；（13）《大众歌选》（不定期），山东省文协编，1943年3月创刊，第八期起改名《大众歌声》；（14）《战士歌集》，山东省文协编，约1943年创刊；（15）《七七七活页歌选》（不定期），延安群众歌曲社编，1944年5月创刊，后改名为《群众歌曲》；（16）《连队歌唱》，晋察冀军区政治部抗敌剧社编辑出版，约1944年创刊；（17）《群众歌声》，冀察群众剧社编，约1944年创刊；（18）《解放歌声》（不定期），晋察冀边区音乐界协会编，1945年9月创刊；（19）《滨海歌集》，滨海军区政治宣传队编印，1946年6月创刊；（20）《大家唱》，内蒙古丰镇县大家唱编辑室编，约1946年创刊；（21）《群众歌曲》，华北联大文艺工作团编印，约1946年创刊；（22）《群众歌曲》，平原文工团编，约1946年创刊；（23）《人民歌声》，广西百色人民歌声社编，约1946年创刊；（24）《乐坛歌选》，桂林乐坛歌选社编，1947年4月创刊；（25）《歌讯》，中华全国新音乐工作者联谊会香港分会编，约1947年7月创刊；（26）《战斗歌声》，晋绥军区政治部战斗剧社编，约1947年创刊；（27）《伊江歌声》，仰光伊江合唱团编印，1948年3月创刊，后改名为《伊江歌选》；（28）《解放歌声》，华东军区政治部编印，1948年8月创刊；（29）《歌曲月刊》，南京音乐教育研究社编辑出版，1948年9月创刊，后改名《歌曲新集》；（30）《战火歌声》，苏北第六军分区政治部战火剧社编印，约1948年创刊；（31）《中原歌声》，中原大学文艺研究室编，1949年1月创刊，后改名《人民歌声》；（32）《解放歌声》，解放歌声社编印，1949年2月创刊；（33）《业余歌咏》，上海业余歌咏社编，1949年4月创刊；（34）《人民歌选》，任策等编，1949年6月创刊；（35）《儿童新歌》，李仲耕主编，1949年9月创刊；（36）《歌选》，上海华东人民广播电台广播乐团编，1949年1月创刊，后改名《广播歌选》；（37）《军大歌选》，华北军政大学政治部编印，1949年初创刊。

近四十种期刊中，保存较完整的有《战歌周刊》《每月新歌选》《大众歌选》《伊江歌声》等数种。许多优秀爱国歌曲通过它们深入到基层群众当中，传唱至今，如刘雪庵《长城谣》《流亡三部曲》，冼星海《黄河大合唱》，贺绿汀《游击队歌》《中华儿女》，郑律成《延水谣》，张曙《日落西山》《赶豺狼》《丈夫去当兵》，吕骥《开荒》，麦新《行军》《大刀进行曲》《反攻进行曲》，马可《边区纺织工人之歌》《肃清亲日派》《新时代进行曲》，任光《不害怕进行曲》《搬煤歌》《高粱叶》《和鬼子们决战去》《高粱红了》，火星《没有共产党就没有新中国》等。

二、现代乐谱类期刊

现代乐谱类期刊主要由各级文化部门主办，刊载群众喜闻乐见的歌曲，大部分采用简谱排版。如《歌曲》（中国音乐家协会主办）、《音乐创作》（中国音乐家协会主办）、《福建歌声》（福建省群众艺术馆主办）、《青年歌声》（青年歌声杂志社主办）、《校园歌声》（贵阳市文联主办）等。

《音乐创作》，中国音乐家协会主办，李焕之、王震亚、王世光、张千一等先后任主编。1955年创刊，因“文革”于1966年停刊，1980年复刊。至今已出刊三百余期，刊载数千首优秀作品，先后办有新人新作、名曲选载、群众喜爱的歌、留学生来稿、探索、外国近现代作品选载、旧曲拾遗、创作笔谈、电子音乐作品等栏目。

《音乐创作》主要刊发中小型器乐和声乐作品，涵盖面广，具有较高的艺术价值，不少作品已成为音乐家的保留曲目。如合唱歌曲有瞿希贤《乌苏里船歌》《牧歌》《飞来的花瓣》，李焕之《秦王破阵乐》，王震亚《水调歌头》，王世光《长江之歌》，罗忠镕《茉莉花》等；独唱歌曲有施光南《在希望的田野上》《多情的土地》，傅庚辰《关山月》，施万春《送上我心头的思念》，金湘《雨中岚山》，铁源《在那桃花盛开的地方》，苏越《血染的风采》，顾春雨《祖国之恋》，雷蕾《少年壮志不言愁》，孟庆云《长城长》等；钢琴作品有蒋祖馨《山花烂漫》《箴言》，汪立三《涛声》《兄妹开荒》《他山集》，黎英海《夕阳箫鼓》，刘敦南《降B大调钢琴协奏曲》，崔世光《山泉》，周龙《五魁》等；小提琴作品有施光南《瑞丽江边》，韩铁华《花儿为什么这样红》等。

该刊在发表老一辈和中年作曲家佳作的同时，还开办“新人新作”专栏，陆续发表了谭盾、何训田、叶小钢、瞿小松、盛宗亮、陆培、秦文琛、陈怡等人在音乐学院就读时创作的作品，如谭盾《牧童的歌》（钢琴曲）、何训田《纪念曲——怀念一位人民英雄》（大提琴曲）、叶小钢《青年前奏曲》（钢琴曲）和《第一小提琴协奏曲》、陆培《山歌与铜管乐》（钢琴曲）、瞿小松《山之女》和《恋》（小提琴曲）等。

为了繁荣音乐创作，该刊编辑部在举办“艺术歌曲（独唱）作品征稿评奖”“少年儿童中国钢琴作品征集评奖”等活动的同时，还邀请王震亚、罗忠镕、高为杰、林华等作曲家以笔谈的形式介绍其从事音乐创作的经验，受到广泛好评，为国内音乐创作的健康发展起了很大的促进作用。

第五节　音乐报纸

一、近代音乐报纸

近代音乐报纸数量较少，发行面窄，发行量不大，刊期短，绝大部分出刊若干期后即转为书本式。

目前常见的近代音乐报纸有8种：（1）《音乐院院刊》，上海国立音乐院编。1929年5月创刊，4开报纸2张共8版，出1期后改为书本式，期数延续。载有萧友梅《古今中西音阶概说》、龙同玉《对于国乐研究整理及教授法之我见》、朱英《琵琶左右手全部指法说明》、冼星海《普遍的音乐》等文。（2）《音乐阵线》，桂林音乐阵线编辑部编。1940年7月创刊，4开报纸1张4版。载有陈田鹤《抗战三年来的新音乐运动》、刘式均《抗战儿童歌咏运动》等文。（3）《星期音乐》，延安星期音乐学校出版。1941年7月创刊，8开报纸2版。（4）《音乐导报副刊》，李绿永等编。约1943年初创刊，4开报纸4版，出6期后改为书本式，期数延续。刊有《中华交响乐团一年来工作概况》《新音乐艺术赐与大众》等文和一定数量的歌曲。（5）《音乐导报》，李绿永等编。1943年10月创刊，4开报纸1张4版，出1期后改为书本式，期数延续。（6）《音乐报》，新音乐社昆明分社编印。1946年4月创刊，每期4开报纸4版，出3期后停刊改出《新音乐》昆明版。（7）《音院生活》，重庆国立音乐院壁报联合会编。1946年4月创刊，4开报纸4版。（8）《乐报》，福州乐报社编。1947年2月创刊，8开报纸2版。

由于主客观条件所限，8种音乐报纸没有很好地保存下来，如《音乐阵线》《星期音乐》《乐报》现仅存创刊号，其余的也只是寥寥数期而已。

二、现代音乐报纸

《音乐周报》，北京市文化局主办。1979年5月30日创刊，原名《北京音乐报》。至2015年已出版一千六百余号，深受广大读者的喜爱，成为全国发行量最大的音乐报纸。

《音乐周报》在办刊上坚持求新求变的原则，根据时代气息和读者需要不断调整版面，使之更为合理完善。20世纪90年代以来，原为四开四版的《周报》先后做了两次较大的改版。第一次改版是于1996年元月起扩大为对开四版，一版（要闻版）提供国内外音乐时事动态，以新闻、要闻、热点话题等栏目提供信息服务；二版突出音乐文化教育、知识欣赏，展示音乐的人文价值；三版以正确的舆论引导音乐生活，提供广阔的海内外交流空间，并刊登译文和文摘；四版是一个五光十色的文化广场和社会音乐活动的窗口，为读者提供市场、消费、娱乐信息和服务。第二次改版是2000年元月，编辑部根据实际情况将《周报》扩版为对开八版，报纸的信息量增加了一倍，内容更加丰富。除第一版仍为要闻版外，第二版为“环球一览”，下设摘译、网情、乐讯专栏，全方位地展示全球各地发生的音乐事件。为了满足喜爱国外流行音乐读者的需要，还特别在月末推出美国流行歌曲最高排行榜《公告牌》。第三版为“论坛·交流”，以健康而有活力的批评推动音乐表演、创作、研究的发展。第四版为“音乐生活”，设焦点乐人、乐人乐事、乐与思、难忘乐人、异乡客、往事留痕、爱乐世态、大师风采、爱乐家庭、音符闲话等栏目。第五版为“北京文化”，将办报触角拓展到音乐之外的戏剧、文学、绘画领域，设八大处（文化杂谈）、我爱北京（个性散笔）、成贤街（人物素描）、回音壁（读者点评）、皇城根（岁时风物）等栏目。第六版为“学校音乐”，反映各类学校音乐教育的情况。第七版为“社会音乐”，设家有琴童、名片金曲、声乐专栏、器乐专栏等。第八版为“服务指南”，通过曲海词苑、新碟放送、原声世界、星之驿站、新书上架、娱乐播放、服务快车、演出资讯等栏目为读者提供服务。此后，在版面安排上又有部分调整，如2003年起将第二版改为“综合新闻”，第三版改为“国内新闻”，第四版改为“国际新闻”等。从数次版面改革可以看出，作为一份拥有广大读者的读物，《音乐周报》颇为注重其实用性和通俗性。

《音乐周报》还十分注重知识性和趣味性并重的原则，经常邀请学者开辟专栏，撰写短小精悍的知识性文章，配以插图，以提高读者的兴趣。如为满足社会（业余）考级学生的需要，开辟考级辅导专栏，约请周铭孙、常桦、泰尔、赵维俭等人对钢琴、小提琴考级教材进行辅导。又如为了增进读者对中国音乐历史和知识的了解，于1996年起相继开办袁炳昌的“少数民族乐器”、杜亚雄的“中国乐理讲座”、乔建中的“老乔谈民歌”、张伯瑜的“20世纪民族管弦乐之发展”、陶亚兵的“中国近代室内乐”、梁茂春的“百年风云百年歌”、江江的“百年老唱片”等专栏。自1998年12月中旬起，不定期刊登黄旭东《还历史以本来面目——近代音乐史若干史实辩证》系列短文，分聂耳化名黑天使写音乐评论、古琴家王露在北京大学任教、音乐艺文社归属问题、《乐艺》杂志编印、抗战时期上海国立音专、抗战时期伪国立音乐院成立、私立广州音乐院成立、马思聪进巴黎音乐院、查阜西生平、《奏定学堂章程》的公布年份、中华美育会与上海师范专科学校、抗战时期国民党政府“三厅”的成立、上海管弦乐团、梅纽因访华时间、中央大学艺术科音乐组成立、杨仲子和刘天华生平等21个专题，对国内部分辞书和近现代音乐史教材中存在的失误做了订正。在此基础上，又于2001年连载戴鹏海《“重写音乐史”：一个敏感而又不得不说的话题》[①]和汪毓和《关于“重写音乐史”——读〈“重写音乐史”：一个敏感而又不得不说的话题〉之后》两篇长文，引发人们对近现代音乐史研究的深入思考。

积极参与音乐界的重大事件，树立良好的舆论导向，是《音乐周报》办刊的一大特色。如1996年9月，针对小提琴协奏曲《梁祝》拟在西安拍卖版权的做法，《音乐周报》刊载景作人、乐昂、石夫、韩映和、刘期相等人评论。有人认为，虽然在现实中存在对作品版权的侵权行为，但没有必要一定采取拍卖作品的形式[②]。也有人主张，要让全社会认识到作品的价值，需要扭转经济、市场杠杆上的倾斜关系，作曲家走走拍卖的路未尝不可[③]。虽然各方意见不一，但都意识到必须健全和完善法制，将版权保护的措施落到实处。又如针对社会业余考级中暴露出来的弊端，《音乐周报》于1997年第17期刊载署名子牛的《结束混乱，还考级真正意义》一文，对“多头”主办考级、为追求功利而盲目拔高程度的现象提出批评，引起热烈的反响。随后又于同年第20期刊出魏廷格的《谁来治理？如何治理？》，对考级组织机构、考级曲目、考试委员资格及“回避”制度、对考级合格者的鼓励等四方面提出建设性意见。文化部门在听取群众、专家意见的基础上，于2002年6月17日正式实施《社会艺术水平考级管理办法》，对考级管理机构、考级机

① 原文刊载于《音乐艺术》2001年第1期。

② 参见《音乐周报》1996年8月9日，第31期。

③ 参见《音乐周报》1996年8月16日，第32期。

构和考官、考级管理、罚则做了原则性的规定。

第六节 非音乐专业报刊中的音乐文献

一、近代非音乐专业报刊中的音乐文献

鉴于单独创办音乐报刊存在的人力和物力困难，部分近代音乐工作者以综合性报纸为依托，利用其流通周期短和组稿、发行上的便利，开辟音乐副刊或音乐专栏，进行音乐知识普及和宣传工作。

从1930年9月《新民报》首创《一次刊》起，先后有39家综合报纸创办46种报纸音乐副刊，其中刊期较长、保存较完好的有：(1)《音乐周刊》，系《新夜报》(上海)副刊，1934年10月创刊，各期均刊在第2版或第3版，内容版式与《上海晨报》副刊《音乐周刊》完全一样，可能是先在《新夜报》登后，次日在《晨报》原样刊登；(2)《音乐周刊》，系《益世报》(天津)副刊，1936年1月创刊，各期大多刊在第11、12版，第12期刊在第14版，第17期刊在第8版，最后数期刊在星期日增刊第2版；(3)《抗战音乐》，系《扫荡报》(桂林)副刊，1939年1月创刊，各期刊在第4版；(4)《音乐与戏剧》，系《抗战日报》(江西吉安)副刊，1939年2月创刊，各期均刊在第4版；(5)《歌咏周刊》，系《南洋商报》(新加坡)副刊，1939年2月创刊，前期大多刊登在第23版，第27期刊登在第31版，第28期至30期刊登在第19版，第32至35期刊登在第15版，第48期为《歌咏周刊周年纪念专号》；(6)《时代音乐》，系《新华日报》(重庆)副刊，1942年2月创刊，各期均刊在第4版；(7)《音乐》，系《星岛日报》(香港)副刊，1947年6月创刊，第1至7期刊在第4版，第8至19期刊在第8版，其他各期刊在第10版或12版；(8)《新音乐》，系《时代日报》(上海)副刊，1947年8月创刊，第1至9期刊在第5版，其他均刊在第3版；(9)《音乐评论》，系《和平日报》(上海)副刊，1948年4月创刊，前期刊在第5版，后期刊在第6版。

除报纸音乐副刊外，从综合性报刊的音乐专栏也可查阅到一定数量的音乐文论。如《新民丛报》1904年第14号和20号刊发曾志忞的《音乐教育论》；《东方杂志》1911年第8卷第4号刊发的孙鼎的《中国雅乐》、1916年6月第13卷第6号刊发陈仲子的《近代中西音乐之比较观》、1917年8月第14卷

第8号刊发童斐的《音乐教材之商榷》；《科学》1916年10月第2卷第10期刊发赵元任的《说时》；《云南教育杂志》1917年第7号刊发我生的《乐歌之价值》、1919年第7号刊发孙时的《音乐与教育》；《教育杂志》1921年1月第13卷第1、2号刊发天民的《艺术教育学的思潮和批判》，1922年10月第14卷第10号刊发吕澂的《艺术和美育》；《中华教育界》1922年8月第12卷第1期刊发吴俊升的《艺术课程概论》、1931年10月第19卷第4期刊发朱稣典的《从小学音乐说到音乐教科书》、1936年11月第24卷第5期刊发胡敬熙的《小学生的演奏》；《中国教育音乐促进会会报》1936年8月第2、3期刊发柯政和的《怎样实行部定的音乐课程标准》；《教育杂志》1947年10月第32卷第4号刊发费锡胤的《小学音乐课程研究》，等等。

二、现代非音乐专业报刊中的音乐文献

（一）各级研究院（所）主办的报刊

各级社会科学研究院、文化部门下属艺术研究院（所）和其他研究性组织创办的刊物中，常常不定期刊载音乐学者的研究成果。其数量之大，涉及面之广，不容小觑。

如《中国社会科学》载有蒋孔阳《评〈礼记·乐记〉音乐美学思想》（1984年第3期）、王元麟《中国舞蹈的独特道路和审美特征》（1987年第6期）、余树声《儒道两家的音乐美学传统》（1990年第5期）、葛晓音《从古乐谱看乐调和曲辞的关系》（1999年第1期）、陈煜斓《近代学堂乐歌的文化与诗学阐释》（2006年第3期）、王小盾《高丽俗乐的中国渊源》（2012年第7期）、《上古中国人的用耳之道——兼论若干音乐学概念和哲学概念的起源》（2017年第4期）。

《文艺研究》载有吕骥《简论"五四"时期的新音乐运动》（1979年第1期）、黄翔鹏《释"楚商"——从曾侯钟的调式研究管窥楚文化问题》（1979年第2期）、吴钊《也谈楚声的调式问题——读〈释"楚商"〉一文后的几点意见》（1980年第2期）、周畅《我国古代音乐美学中的"情"论》（1983年第5期）、黄翔鹏《古曲钩沉和曲调钩沉问题》（1989年第4期）、杨匡民等《今昔楚声探》（1990年第4期）、江林昌《〈九招〉〈九辩〉〈九歌〉乐舞的源起及先秦若干音乐美学理论形成》（1997年第2期）、孙文辉

《古乐〈葛天氏之乐〉的文化阐释》（1997年第2期）、张哲俊《论音乐与感情关系——嵇康〈声无哀乐论〉的音乐思想》（1997年第3期）、黄翔鹏《中国古代歌舞伎乐时期的有关新材料、新问题》（1999年第4期）、李静《民国国歌〈卿云歌〉的诞生与争论》（2007年第3期）、王小盾《关于〈古今乐纂〉和音乐文献的辨伪》（2008年第11期）和《再论音乐文献辨伪的原则和方法》（2010年第5期）、郑祖襄《二辨〈古今乐纂〉"隋代汉乐坐部"记载之伪——与王小盾教授商榷》（2009年第5期）、孙蓉蓉《〈乐纬〉考论》（2010年第11期）、项阳《词牌、曲牌与文人、乐人之关系》（2012年第1期）等。

《民族艺术研究》载有刘蓝《先秦音乐论争三部曲》（1990年第5期）、王勇《昭通傩舞初探：谈傩舞蹈、傩戏流变》（1991年第3期）、郑祖襄《略述两汉时期少数民族音乐》（1991年第4期）、李安明《〈诗经〉音乐之我见：〈诗经〉音乐初探二》（1991年第4期）、桑德诺瓦《中国多元音乐格局定型和变型的若干历史要素》（1999年第3期）、叶明春《论明清审美观念对雅俗音乐审美实践的影响》（2006年第2期）、杨民康《德昂族情歌"阿坡翁"当代发展变异状况的考察与研究》（2011年第1期）、田联韬《藏传佛教诵经音乐研究》（2012年第1期）、萧梅《近现代历史音/像的音乐人类学解读》（2015年第6期）等。

《民族艺术》载有王德埙《东汉古曲〈止息〉第一试释》（1991年第3期）、林琳《古代民族的鼓乐艺术》（1991年第4期）、沈冬《论隋唐燕乐乐部》（1997年第2期）、尹萍《曾侯乙墓出土乐器与先秦音乐文化》（1998年第3期）、洛秦《街头音乐及其在文化商品市场中的意义》（2002年第2期）、孟凡玉《音乐人类学的范畴、理论与方法》（2007年第3期）、王宁《唐戏"钵头"别解》（2008年第4期）、黎国韬《东汉禁中大傩仪执事官考》（2010年第3期）、赵宴会《论乡村草根乐班的经济运作——基于20世纪苏北"唢呐班"经济运作习俗变迁的调查分析》（2015年第5期）、杨民康《中国传统音乐分类法的方法论转型及文化认同特征》（2018年第5期）、于平《六代乐："乐见其善"与"陈乐象德"》（2019年第1期）等。

《故宫博物院院刊》载有郑珉中《论唐琴特点及其真伪问题》（1985年第3期）、万依《清中和韶乐考辨》（1992年第3期）、万依《清代紫禁城坤宁宫祀神音乐》(1997年第4期)、杨元铮《〈永乐琴书集成〉写本真伪的考察》(2015年第1期)、王跃工《乾隆时期宫廷琴事考》(2018年第2期)等。

《敦煌研究》载有郑汝中《"敦煌音乐"中的若干问题》(1986年第2期)、高德祥《唐乐西传的若干踪迹》(1987年第1期)、金建民《关于〈敦煌曲谱〉研究的几个问题》(1987年第3期)、柴剑虹《敦煌舞谱的整理与分析》(1987年第4期)、姜伯勤《敦煌音声人略论》(1988年第4期)、郑汝中《敦煌壁画乐器分类考略》(1988年第4期)、李正宇《敦煌歌舞三札》(1992年第4期)、黎蔷《西域敦煌傩戏考》(1996年第2期)、黎国韬《敦煌遗书戏剧乐舞问题补述》(2012年第1期)、赵昆雨《古道西风别样薰——北魏平城时代的胡风乐舞》(2015年第3期)等。

《新疆艺术》载有王曾婉《汉代胡笳和期布期额》(1983年第4期)、关也维《火不思乐器考略》(1984年第1期)、霍旭初《龟兹舍利盒乐舞图》(1984年第1期)、何昌林《苏祇婆的"五旦"理论》(1984年第1期)、沈贻炜《从唐代流行西域乐舞说起》(1984年第4期)、周菁葆《维吾尔与伊斯兰诸国乐器比较》(1985年第4期)、何昌林《侧商调里唱"伊州"》(1985年第2期)、陈应时《论西域五旦七调》(1985年第3期)、宋兰君《十八世纪的新疆音乐志》(1985年第3期)、李根万《西域琵琶艺人对中原文化的贡献》(1985年第6期)、饶宗颐《敦煌曲与乐舞及龟兹乐》(1986年第1期)、庄壮《敦煌壁画乐队排列艺术》(1986年第2期)、金建民《敦煌曲谱中的〈伊州〉》(1986年第4期)、高德祥《敦煌壁画中的唐代经变伎乐队》(1987年第5期)、陈村《论西域歌舞戏》(1989年第3期)、李石根《中西音乐文化交流与丝绸之路开拓》(1989年第5期)、邵光探《略谈中原与西域文化的相通性》(1990年第1期)、周菁葆《丝绸之路与东西方音乐文化交流》(1990年第6期)、宋博年《丝绸之路与新疆民族音乐文化》(1990年第6期)、黎蔷《丝绸之路文化中的音乐歌舞》(1990年第6期)、戴戡《"非乐"思想古今谈》(1990年第6期)、席臻贯《关于敦煌曲谱研究给饶宗颐先生回信》(1990年第6期)、钱伯泉《最早内传的西域乐曲〈摩诃兜勒〉研究》(1991年第1期)、郑汝中《敦煌壁画舞伎研究》(1991年第2期)、钱伯泉《龟兹琵琶谱研究》(1994年第4期)、周菁葆《丝绸之路上的"排箫"乐器之比较研究》(2017年第3期)。

此外,《中国史研究》《中华文史论丛》《文艺理论研究》《文史》《学术月刊》《文献》《求索》《文史哲》《史学月刊》《文史知识》《文史杂志》等均刊载过不同数量的音乐论文。

（二）高校学报

由于各级师范院校和部分高校设有音乐学院（系、科），其学报也会不定期地刊载音乐专业教师的研究成果。

如《福建师范大学学报》载有王耀华《福建南曲谱字变易年代及其他》（1985.3）、《日本琉球“工工四”谱考源》（1986年第1期）、《明清两种三弦谱试译》（1989年第4期至1990年第1期），郑锦扬《中国古代音乐作品意象的理论与实践》（1989年第1期）、《中国古代的听乐意象》（1992年第4期），宋瑾《中日比较：音乐的东西方关系处理》（1996年第6期）、黄明珠《闽台拍胸舞中“打七响”动律的文化人类学阐释》（2011年第6期）、《闽台闽南族群民间舞蹈文化的硬核共性探析》（2013年第2期）等。《青海师范大学学报》载有张定邦《羌笛源流考》（1990年第3期），王永平《唐代“剑器”舞考》（1990年第3期），郭德慧《孔墨音乐思想比较论述》（1998年第4期）。《西南师范大学学报》[①]载有刘兆吉《〈乐记〉的心理学思想研究》（1982年第1期），艾春华《曲阜孔庙音乐形成、发展及源流》（1983年第4期），庆师等《剖析司马光评唐太宗论乐》（1985年第5期），戴雄《试论孔子的音乐美学思想》（1993年第3期）。《河南大学学报》载有丁承运《宋代琴调研究》（1987年第5期），琚清林《从〈梦溪笔谈〉探北宋唱论》（1992年第5期），黄绍中《宋代仪仗用乐试探》（1992年第5期），马殿泉《宋代宫廷乐团与宫廷音乐》（1993年第5期）。《河北大学学报》载有刘崇德《〈九宫大成〉与中国古代词曲音乐》（1998年第2期）等。

① 前身为《西南师范学院学报》。

第十三章

佛教、道教音乐文献

第一节　汉文大藏经中的音乐史料

一、汉文大藏经的版本

汉文大藏经的刊印，始于北宋，辽、金、元、明、清各代都有刻本。据以前的记录和至目前的发现，共有18个版本，即《开宝藏》《契丹藏》《崇宁万寿大藏》《毗卢藏》《圆觉藏》《资福藏》《赵城金藏》《碛砂藏》《普宁藏》《元代官刻本大藏》《弘法藏》[①]《洪武南藏》《永乐南藏》《永乐北藏》《武林藏》《万历藏》《嘉兴藏》《清藏》。18世纪以后雕造而未毕工者不计。民国以后，我国还出版过两种铅印本藏经，即《频伽藏》和《普慧藏》。除印刷本藏经外，历史上还有石刻佛经，其中最著名的是始刻于隋而完成于明的石刻大藏经《房山云居寺石经》。

历史上除中国刊刻的汉文大藏经外，朝鲜和日本也曾多次翻刻汉文大藏经。朝鲜在高丽王朝曾刻有"丽藏甲本"和"丽藏乙本"。日本刻印的佛经全藏有《弘安本大藏经》、《天海本大藏经》（或称《宽永寺藏》《东山藏》）、《黄檗山大藏经》（或称《铁眼藏》《黄檗藏》）、《弘教书院大藏经》（又称《缩刷藏经》《弘教藏》）、《藏经书院大藏经》（又称《卍藏》）《藏经书院续藏经》（《卍续藏》）、《大正新修大藏经》等。

汉文大藏经以它的鸿篇巨制，版本众多，以及历时久远而闻名于世。然而，木刻的各种版本保存比较完整的只有明清刻本，明以前的刊本几乎全

① 元朝《弘法藏》由于见不到流传下来的实物，究为何物，无法证实，还有疑根本无此藏者。

是残本；即是明清刻本，流传下来的也很少，基本上只能作为文物收藏起来，不能提供研究之用。同时，由于时代的局限性，历代诸版大藏经收录佛经一般不超过1700种、7000卷的规模，都不大完整。20世纪八九十年代，《中华大藏经》编辑局编印了一部集历代各版藏经优点的新编汉文大藏经——《中华大藏经》，所收经籍总数共达四千二百余种，二万三千余卷。

20世纪80年代，在国务院古籍整理出版规划小组的领导下，成立了《中华大藏经》编辑局，由任继愈主持，重编《中华大藏经（汉文部分）》（以下简称《中华藏》）。《中华藏》将历代藏经中的特有经籍按内容体系全部收录；同时，尽可能收集一切有校勘价值的藏经版本作为参校本使用，从而通过新版藏经不仅向读者提供一部佛教典籍的完整资料，还将通过比勘它们的异同，使读者了解历代各版藏经的概况。

《中华藏》分为正续两编。“正编”以《赵城金藏》作底本，按其原有千字文编次的目录体系影印。缺佚部分以《高丽藏》补足，同时将历代藏经中有千字文编次的特有经论，按照内容的性质补入。“正编”所录经籍，除《赵城金藏》外，还有如下诸藏：《房山云居寺石经》《崇宁藏》《毘卢藏》《资福藏》《碛砂藏》《至元录》《普宁藏》《洪武南藏》《永乐南藏》《永乐北藏》《清藏》《高丽藏》。其中《至元录》所载33部238卷，除《圆觉经道场修证义》可据《卍续藏》中补出外，其余已佚部分只能以存目缺经的方式编目。“续编”收录的经籍包括以下各版藏经：《房山云居寺石经》（正编已收者除外）、《频伽藏》、《普慧藏》、《大正藏》、《嘉兴藏续藏》、《嘉兴藏又续藏》、《卍续藏》。

《中华藏》选用的参校本是现存8种有校勘价值的大藏经版本，即《房山云居寺石经》《资福藏》《影印宋碛砂藏》《普宁藏》《永乐南藏》《径山藏》《清藏》《高丽藏》。校勘采用上述各版藏经经籍与底本逐句对校的办法，只勘出经文中的异同及字句错落，不加评注。校勘记参照《赵城金藏》的版式，附于各卷之后，参校本的残缺和严重漫漶部分则略去不校。校勘记亦不作记录。

《中华藏》系按佛藏传统分类编辑的，不尽合理，且卷帙浩繁，加之译者时代的不同，往往产生异名、异译等错综复杂的情况，查阅参考诸多不便。为了便于检索，编者编印7种索引，合为附录一册，随同大藏经一起发行。7种索引是：1.经籍名称首字汉语拼音音节索引；2.经籍名称首字笔画索引；3.同经异名首字汉语拼音音节索引；4.同经异名首字笔画索引；5.译撰人姓名及其译著索引（按时代先后排列）；6.译撰人姓名及其译著索引（按笔画顺序排列）；7.梵文及英文经籍名称索引（按拉丁字母顺序排列）。

二、《高僧传》《大方广佛华严经》《法苑珠林》中的音乐史料

汉文大藏经中有丰富的音乐史料，王昆吾、何剑平编著的《汉文佛经中的音乐史料》征引汉文佛经五百余种，其中比较有代表性者有：后秦佛陀耶舍、竺佛念译《佛说长阿含经》，东晋僧伽提婆译《中阿含经》，南朝宋求那跋陀罗译《杂阿含经》，后秦佛陀耶舍、竺佛念译《四分律》，宋佛陀什、竺道生等译《弥沙塞部和醯五分律》，后秦弗若多罗、鸠摩罗什、东晋卑摩罗叉等译《十诵律》，东晋佛驮跋陀罗译《大方广佛华严经》，唐实叉难陀译《大方广佛华严经》，唐般若译《大方广佛华严经》，唐义净译《根本说一切有部毘奈耶》《根本说一切有部毘奈耶杂事》，南朝梁释慧皎撰《高僧传》，唐玄奘、辩机撰《大唐西域记》，唐道宣撰《续高僧传》，唐道世撰《法苑珠林》，唐澄观撰《大方广佛华严经疏》，宋赞宁撰《宋高僧传》，宋普济撰《五灯会元》。除此之外，日本僧侣所撰有：安然撰《悉昙藏》，失名撰《大原声明博士图》，宗快撰《鱼山目录》，信范撰《悉昙秘传记》，了尊撰《悉昙轮略图抄》，凝然述《声明源流记》《音曲秘要抄》，赖验撰《音律菁花集》，圣尊撰《声明口传》，长惠撰《鱼山私抄》，净严集《悉昙三密抄》，失名撰《大阿阇梨声明系图》等。以下简要介绍三种佛教典籍中的音乐史料，以窥一斑：

南朝梁释慧皎《高僧传》为类传体，共分10门14卷，即：《译经》3卷，《义解》5卷，《神异》2卷，《习禅》《明律》共1卷，《亡身》《诵经》共1卷，《兴福》《经师》《唱导》共1卷，附录（序及总目录）1卷。每门内为若干高僧列传，自后汉至梁初，共正传257人，附见者二百余人。本书每门之后，均有评论。该书有金陵刻经处的单刻本；1992年，中华书局出版的汤用彤注本《高僧传》是目前较流行的版本。

该书主要论述僧家事迹，有较高的史料价值，能补史书记载之不足，其中有关音乐方面的史料，尤其珍贵。如《高僧传·经师》载："然天竺方俗，凡是歌咏法言，皆称为呗。至于此土，咏经则称为转读，歌赞则号为梵呗。昔诸天赞呗，皆以韵入弦管。"由此可见，早期佛教音乐是以呗赞和转读为代表的。呗赞用于佛经偈颂部分的唱诵；转读用于佛经散文部分的咏诵。早期佛教的传入，虽然佛经的唱诵仪式已被汉族僧侣采用，但印度呗赞音乐却因语言与曲调的不吻合而难以被民众所接受。这在《高僧传·经师》中也得到反映："自大教东流，乃译文者众，而传声盖寡。良由梵文音重复，汉语单奇。若用梵音以咏汉语，则声繁而偈迫；若用汉曲以咏梵文，则韵短而辞长。是故金言有译，梵响无授。"在这种情况下，从《高僧传·经师》所载分析，各地僧侣还是采用当地民歌曲调来唱诵佛经的："其浙左、江西、荆、陕、庸、蜀，亦颇有转读，然止是当时咏歌，乃无高誉，故不足而传也。"

弥足珍贵的是，《高僧传》还留下了目前所知有关中国佛教唱诵音乐梵呗创立的最早详细记载，即魏陈思王曹植创鱼山之梵呗。

东晋南北朝时期，佛教音乐除了呗赞和转读外，还有一种形式——唱导。这在《高僧传》中也有反映。《高僧传》10门中就有《唱导》1门，据该书所载，宋释道照唱导的特色是"披览群典，以宣唱为业，音吐嘹亮，洗悟尘心，指事适时，言不孤发"。

《高僧传》中记载的不少僧侣在佛教音乐的传播中发挥了重要的作用。如《高僧传·经师》载："支昙籥，本月支人……特禀妙声，善于转读。尝梦天神授其声法，觉因裁制新声。梵响清靡，四飞却转，反折还喉叠哢。虽复东阿先变，康会后造，始终循环，未有如籥之妙。后进传写，莫匪其法。所制六言梵呗，传响于今。"

《大方广佛华严经》简称《华严经》，又称《杂华经》，有东晋佛驮跋陀罗译60卷本、唐实叉难陀译80卷本和唐般若译40卷本三种，并有唐澄观撰抄《大方广佛华严经疏》《大方广佛华严经随疏演义抄》等注释性著述。该经为华严宗的主要典籍，主要进行佛教理论的探讨，提出了一些相对立的范畴，如"总""别""同""异""成""坏"等所谓"六相"，来说明世界事物相互依存、相互制约的关系。该经在阐述佛理的同时，涉及对佛教音乐的认识。如唐实叉难陀译《大方广佛华严经》卷44提出了"一音"的理论："如帝释妇人阿修罗女，名曰舍支，于一音中出千种音，亦不心念，令如是出。菩萨摩诃萨亦复如是，入无分别界，成就善巧随类之音，于无边世界中，恒转法轮。”卷51亦云：“当知如来亦复如是：于一音中，出无量声，随诸众生心乐差别，皆悉遍至，悉令得解。”“或以一音，周满法界，欲令得解，即皆得解”①。基于辩证的思想，佛教在音乐理论中提出声有善恶：“此菩萨摩珂萨等种种音声，不能惑乱，所谓高大声、粗浊声、极令人恐怖声、悦意声、不悦意声、渲乱耳识声、沮坏六根声。此菩萨闻如是等无量无数好恶音声，假使充满阿僧祇世界，未曾一念心有散乱。”②《大方广佛华严经》认为佛土中的音乐可以使众生闻之而去除欲望：兜率天“常有百千亿那由他自然音乐，此音乐中不出欲想之声”。声之善恶，其本质就在于是否清洗众生的爱欲。

唐般若译《大方广佛华严经》还反映了原始佛教音乐滥觞于动植物崇拜的思想，佛教诵经说法之声接受了鸟声、风林相荡之声的启发。该经卷7载：“宝音乐树，出妙乐器，微风吹动，发和雅音，其音美妙，过诸天乐。”卷15也载：“诸音乐树奏天音乐。种种乐器，悬布树枝。所谓筝、笛、箜篌、琵琶、箫、瑟，如是等乐，不鼓自鸣。闻皆可意，离诸染著。”除音乐树之外，还有音乐鸟：佛菩萨“为作好鸟，发音慰悦”。《大方广佛华严经》甚至认为，大自然的一切声音，均可作为佛教音乐的素材：“予彼一切诸众生前，现种种声。所谓风轮声、水轮声、火焰声、海潮声、地震声、大山相击声、天城震动声、摩尼相击声、天王声、龙王声、夜叉王声、乾闼婆王声、阿修罗王声、迦楼罗王声、紧那罗王声、摩喉罗伽王声、人王声、梵王声、天女歌咏声、诸天音乐声、摩尼宝王声、声闻声、独觉声、菩萨声。以如是等种种音声，宣说喜目观察众生主夜神，从发心所集功德相续次第，所习善根相续次第。”③

唐实叉难陀译《大方广佛华严经》卷32对佛教音乐普度众生的目的进行详尽地阐述：“佛子，菩萨摩珂萨复以此法施所生善根，如是迴向，所谓令一切众生得净妙音，得柔软音，得天鼓音，得无量无数不思议音，得可爱乐音，得清净音，得周遍一切佛刹音，得百千那由他不可说功德庄严音，得

① 东晋佛驮跋陀罗译：《大方广佛华严经》卷26。

② 唐实叉难陀译：《大方广佛华严经》卷19。

③ 唐般若译：《大方广佛华严经》卷18。

高远音，得广大音，得灭一切散乱音，得充满法界音，得摄取一切众生语言音。得一切众生无边音声智，得一切清净语言音声智，得无量语言音声智，得最自在音、入一切音声智。得一切清净庄严音，得一切世间无厌足音，得究竟不系属一切世间音，得欢喜音，得佛清净语言音。得说一切佛法，远离痴翳，名称普闻音；得令一切众生，得一切法、陀罗尼庄严音；得说一切无量种法音；得普至法界无量众会道场音；得普摄持不可思议法金刚句音；得开示一切法音……得断一切众生疑念皆令觉悟音，得具足辩才音，得普觉悟一切众生长夜睡眠音。"

《法苑珠林》唐道世撰，120卷①。该书为类书体，按经论中所说佛家各种故实分类编纂，各篇分有部，各部又分若干子目，并多附有编者的"述意"。该书总六百四十余目，引经、律、论分隶之。其中记载了不少佛教音乐史料，大致分为音乐理论和音乐史事两大类。在音乐理论方面，《法苑珠林》探讨了音乐形式与语言文字、内容的辩证关系，认为内容通过语言文字得到记载，而语言文字依靠音声得到表达，因此，歌辞好则内容得到更好反映，声响妙则歌辞更加畅达。"褒述之志寄在咏歌之文，咏歌之文依乎声响，故咏歌巧则褒述之志申，声响妙则咏歌之文畅。"②另一方面，作者认为神理没有声音，通过言辞表达意思；言辞没有踪迹，借助文字来表示声音。这就是"神理无声，因言词以写意；言辞无迹，缘文字以图音；故字为言蹄，言为理筌"③。佛教音乐中有关于八种声的说法，大致指把不同发音技巧用于不同发音部位，进而对其效果所作的分类。有关这种声音的分类，在《法苑珠林》卷15有比较具体的描述："如来梵声相，谓佛于喉藏中有妙大种，能发悦意和雅梵音，如羯罗频迦鸟；及发深远雷震之声，如帝释鼓。如是音声具八功德：一者深远，二者和雅，三者分明，四者悦耳，五者入心，六者发喜，七者易了，八者无厌。"

在音乐史事方面，《法苑珠林》的一些记载对研究佛教音乐史有较大的参考价值。如魏陈思王曹植作鱼山梵呗的传说，标志着中国佛教唱诵音乐梵呗的创立。又如卷94载："唐贞观二十年，西国有五婆罗门，来到京师，善

① 《中华大藏经》本作 100 卷。

② 唐道世《法苑珠林》，卷 49，商务印书馆《四部丛刊》本（下同）。

③ 唐道世《法苑珠林》，卷 118。

能音乐、祝术、杂戏、截舌、抽肠、走绳、续断。又至显庆以来，王玄策等数有使人向五印度。西国天王为汉使设乐，或有腾空走索、履屐绳行，男女相避，歌戏如常；或有女人手弄三仗刀、矛、枪等，掷空手接，绳走不落；或有截舌自缚，解伏依旧，不劳人功。如是幻戏，种种难述。”这些记载反映了唐代印度地区音乐、杂技等东传中国的情况。《法苑珠林》还通过记录印度佛经中的故事，保存了佛教音乐在印度本土的流传情况。如卷50载：“《百缘经》云：昔佛在世时，舍卫城中有诸人民，各自庄严，作唱伎乐，出城游戏。至城门中，遇值佛僧入城乞食，诸人见佛欢喜礼拜，即作伎乐供养佛僧，发愿而去。佛即微笑语阿难言：‘此诸人等由作伎乐供养佛僧，缘此功德，于未来世一百劫中不堕恶道，天上人中最受快乐，过百劫后成辟支佛，皆同一号，名曰妙声。’以是因缘，若人作乐供养三宝，所得功德，无量无边，不可思议。”这里反映了原始佛教时期印度伎乐供养佛僧的史实。

该书所引史事，必注出典。所引经论，必以书名在前，曰“依某经某论曰。”引传记则书名或在前或在后。书名在前者则曰“某书曰”，在后者则注曰“出某书”或“见某书”，数条同出一书者则云“右若干条同出某书”。凡耳闻目击之事，无记载可述者，亦必注明某人所说。总之，是书所载，皆为有征，甚合史法，故为清代汉学家所重。该书所引典籍，除佛经外，约有140余种。

第二节 《中国民族民间器乐曲集成》中的佛教音乐文献

中国现存的佛教音乐文献，经过广大音乐工作者的努力，大部分已收集在《中国民族民间器乐曲集成》[①]。从20世纪90年代初至2001年6月，已出版的各省、自治区、直辖市的分卷中载有汉传佛教音乐曲目的有陕西、湖北、山东、浙江、宁夏、湖南、辽宁、甘肃、河北、河南、江苏、四川、山西、内蒙古、福建等15卷。由于各地区的情况不同，各分卷对佛教音乐曲目的编排体例略有不同，如按佛教乐曲曲种、佛教派别、佛事仪规、佛曲分布地区、

① 有关《中国民族民间器乐曲集成》的详细情况，请参见本书第十一章乐谱类文献。鉴于目前未能设立宗教音乐专卷，为了完整保存宗教音乐文化，各集成分卷把凡在宗教场所作为宗教仪式有机组成部分的器乐曲和声乐曲同时收入。

佛教寺庙等进行编排。读者在查阅前，可先参看袁静芳《中国汉传佛教音乐文化》附录二《中国民族民间器乐曲集成》各省（市）卷所载汉传佛教音乐曲目目录。兹举较有代表性者三例，使读者对此有一大致的了解，便于需要时可以举一反三地检索。

一、《中国民族民间器乐曲集成·陕西卷》中的佛教音乐文献

陕西省的佛教音乐，数量较少，留存下来的历史资料和乐曲不多。而且分布地区较小，大部分在陕南的汉中地区寺庙里有乐班的演奏活动。陕南的佛教乐曲有经韵，即梵呗，是念诵性的歌唱，还有以管子主奏的鼓吹乐和锣鼓乐。使用的乐器有管子、笛子、二胡、板胡及大堂鼓、扁鼓（僧人称越鼓）、头鼓、板鼓、大锣、小锣、乳锣（又称包锣、斗锣、疙瘩锣）、铙、土钹、小钹、苏钹、手鑻子、五音云锣、铛铛等打击乐器。从曲牌名称看，陕西的佛教音乐来源有三个方面：一是寺庙本身相传的佛教乐曲，如《清举》《三声佛》《五声佛》《往生咒》等；二是沿用元明清南北曲曲牌，如《朝天子》《对美人》《豆叶黄》；三是采用吸收民间器乐和戏曲的曲牌，如《鬼推磨》《大开门》《四合四》《狗似恨》《张良辞朝》等。陕西佛教乐曲，就其结构而言，一般均为曲牌形式，其中有的穿靴戴帽，即前有引子，后有尾声；有的则只戴帽不穿靴，有的只穿靴不戴帽。锣鼓乐合奏有联套形式，如《三瑕鼓》。

《中国民族民间器乐曲集成·陕西卷》中的佛教乐曲部分按乐种进行编排，共分鼓吹乐曲、经韵、锣鼓乐曲三部分，然后在每一乐种之下又按地区排列。其中鼓吹乐曲部分榆林市有《三声佛》《往生咒》《五声佛》3首，城固县有《四合四》1首，洋县有《大开门》《上红楼》《豆叶黄》《罗溪》《打一枪》《鬼推磨》《王昭君》《朝天子》《秋寄生》《关调》《对美人》《老引令》《张良辞朝》《深更担水》《海底捞明月》15首。经韵部分仅有榆林市《清举》1首。锣鼓乐部分靖边县有《狗似恨》1首，洋县有《三瑕鼓》1首。

二、《中国民族民间器乐曲集成·湖南卷》中的佛教音乐文献

湖南省的佛教音乐比较兴盛，其按佛教派别的分类大致可分为禅门音

乐和应门音乐。在湖南佛教中，禅门指出家修行于寺庙的信佛者。其赞、偈的唱腔来源有2类：一称“下江腔”，以江苏常州天宁寺、浙江宁波天童寺、观宗讲寺所倡行的为依据，由外地来湘挂单或湘寺僧人挂单彼处，互学交流而来。二是来源于湖南本地的民歌和地方戏曲，有人称之为“湖南唱法”或“衡山腔”。佛教的赞、偈歌唱音乐，大都有法器伴奏，如鼓、木鱼、磬、引磬、大铙、铪、铛、手铃等打击乐器。敲击伴奏时有的仅一两件组合，较多为五六件配合击打。在湖南佛教禅门音乐中，无论赞、偈或其他歌咏体词句，均没有附记旋律音高的曲谱，历代为师徒口传心授，但有时值的标记。法器的演奏方法有全国通用的趋于规范化的点板符号。

在湖南佛教中，应门指民间结庵念佛者。他们不避荤腥，婚娶如常人，以佛教经书仪规为依据，以超度亡灵为己任。应门音乐主要为法事音乐，亦包括赞、偈、咒与真言等。应门佛教所采用的赞与偈大都来源于禅门经典和科仪，但不袭用禅门的唱腔音乐，大都是采用当地熟悉的民间曲调来歌唱；其形式可以一人独唱，也可以几人齐唱。而咒与真言因为代表上天的语言，有一定的神秘性，词义不为外人所知。其唱腔声调为似念似诵的散板式体裁，歌词为用汉字音译写的梵文字音。应门法事中乐器的配置较为丰富，各地各坛口都有不同的方法。如湘阴应门所用的乐器有铛、铪、铃、钹、笛、唢呐、堂鼓、手鼓、铙、小鼓、小锣、大锣等；衡阳应门所用的乐器有笛、大唢呐、小唢呐、四呐子、胡琴、木鱼、磬、鼓、锣、小锣、钹、抄等；武岗应门常用的乐器有木鱼、小引磬、阴阳铛子、小抄、锣、鼓、笛等。应门法事常用乐曲来源有二：一为佛事专用乐曲，如《普庵咒》《如来佛》《下凡尘》《五圣佛》《开坛唢呐》《观音调》《四合开经卷》《冥阳忏》《五圣佛》等；二为大量的民间器乐曲，如《小桃红》《傍妆台》《月月红》《南进宫》《山坡羊》《万年欢》《一枝梅》等。

《中国民族民间器乐曲集成·湖南卷》中的佛教音乐部分首先按佛教派别分为禅门和应门两大类；其次禅门部分再按佛事仪规的不同分为禅门偈赞、瑜伽焰口、水陆道场三类音乐，应门部分之下则分为荐亡道场和法事器乐曲牌两类；最后在各类之下分载诸种乐曲。其具体编排如下：

（一）禅门：禅门偈赞（1）《炉香赞》（四平腔）（2）《三宝赞》（3）《严净赞》（4）《大弥陀赞》（5）《观音灵感真言》（6）《望江南赞》（7）《华

严总赞》（8）《娑婆界》（9）《普陀赞》（10）《香赞》（11）《香云盖》（12）《赞香花灯》（13）《献供养赞》（14）《赞西方》（15）《青山偈》；瑜伽焰口（1）《吉祥会启甘露门开》（2）《佛面犹如净满月》（3）《五方五佛大威神》（4）《稽首皈依苏悉帝》（5）《五方结界》（6）《尘尘刹刹尽圆融》（7）《观音禅定印》（8）《南无甘露王菩萨摩诃萨》（9）《净法界真言》（10）《点净真言》（11）《加持花米真言》（12）《加持铃杵真言》（13）《礼请诸圣贤》（14）《十二因缘咒》（15）《皈依上师三宝赞》（16）《方便自性不坏体》（17）《音乐咒》（18）《志心信礼》（19）《遣魔真言》（20）《伏魔真言》（21）《真空咒印》（22）《莲花真言》（23）《愿将以此胜功德》（24）《宝错花米摄受真言》（25）《谛想清净广大曼答辣》（26）《启告十方》（27）《十方一切刹》（28）《运心供养印》（29）《遣魔印》（30）《变空咒印》（31）《奉食印》（32）《我今奉献甘露食》（33）《破地狱印》（34）《地藏十王起哀怜》（35）《香花迎香花请》（36）《召请真言》（37）《一心召请》（38）《稽首皈依雄》（39）《来受甘露味》（召请文腔）（40）《召请饿鬼印》（41）《召罪印》（42）《摧罪印》（43）《破定业印》（44）《忏悔灭罪印》（45）《妙色身如来施甘露印》（46）《开咽喉印》（47）《诵七如来》（48）《三皈依》（49）《三宝印》（50）《三昧耶印》（51）《无量威德自在光明如来印》（52）《诵乳海真言》（53）《障施鬼印》（54）《普供养印》（55）《六趣偈》（56）《圆满奉送印》（57）《回向偈》；水陆道场（1）《净三业偈》（2）《淋浴偈》（3）《回向偈》（一）（4）《回向偈》（二）（5）《回向偈》（三）（6）《燃香真言》（7）《洒净真言》（8）《奉请真言》（9）结果文（梵白）（10）法器（鼓钹三通）（11）法器（《过街仙》）。

（二）应门：荐亡道场大开路：鸣天告地、扫丧、启水、净厨、荡秽、申发、出朝、音乐（法乐回坛）、结果、开方、观音朝。偈、赞（1）《散花》（2）《幽冥海会》（3）《一魂二魄》（4）《开坛赞》（5）《游地府》（6）《庞眉佬》（7）《阎王忏》（一）（8）《阎王忏》（二）（9）《启请》（圆通腔）（10）《炉香赞》（11）《破五门》（12）《普陀词》（13）《拜忏》（14）《普陀赞》（梅花引）；法事器乐曲牌（1）《青莲歌》（2）《扯波浪》（3）《长流水》（4）《清凉歌》（5）《行香笛》（6）《太平笛》（7）《回坛笛》（8）《观音调》（9）《海棠花》（10）《孤雁向南飞》（11）《开坛唢呐》（12）《哭山坡》（13）《回焚香》（14）《水波龙》（15）《四合开经卷》（16）《金钱沙》（17）《冥阳忏》（18）《八仙赞》（19）《香花请》（20）《三宝赞》（21）《苏经调》（22）《偈子》（一）（23）《偈子》（二）（24）《南海赞》（25）《真言》（26）法器（铙钹锣鼓一）（27）法器（铙钹锣鼓二）。

三、《中国民族民间器乐曲集成·福建卷》中的佛教音乐文献

福建省的佛教如按佛教派别划分，大致可分为丛林派佛教音乐和香花派佛教音乐两大类。丛林，与湖南的禅门相同，指出家在寺庙修行的和尚，日常生活有严格的戒律。其派音乐主要是配合佛教的修行法事、纪念法事和普济法事等，福建的不少著名寺院，如福州鼓山涌泉寺、泉州开元寺、莆田广化寺、厦门南普陀寺等，都有各种各样的法事音乐。福建丛林派佛教音乐，从其来源来看，大致有三类：一是外江调，指的是从外省传入福建的曲调，其中许多曲调为全国各地寺庙所共有，如四大祝延、八大赞等；二是福州调，从其名推测，大致是源于福州地区的佛教音乐曲调，如《戒定真香》《炉香赞》等；三是本地调，系采用当地民间流行的民歌、戏曲或其他民间乐种的曲调，作为佛教音乐来歌唱或演奏，如漳州南山寺演唱的《乞食调》《摇船调》《孔雀诗》《锦上添花》等。

香花，与湖南的应门相同，指在家修行，其日常生活与普通百姓无甚差别，以作法事为业。其派音乐多源于当地的民间音乐，如莆田地区的香花音乐多用莆仙戏、莆仙十番、莆仙八乐的曲调，泉州地区则多用福建南音和高甲戏、泉州十音等。香花派佛教音乐所用乐器较为丰富，常见的管弦乐器有大唢呐、梅花、笛管、笛子、四胡、碗胡、尺胡、三弦、八角弦、走马弦；打击乐器有大鼓、大钵、大钹、二钹、大金、锣、小锣、引磬、木鱼、铛、铜铃、磬。[①]

《中国民族民间器乐曲集成·福建卷》中的佛教音乐部分首先按佛教派别分为丛林派和香花派两大类；其次丛林派部分再按不同地方的寺庙分为莆田广化寺佛教音乐、泉州开元寺佛教音乐、厦门南普陀寺佛教音乐三种，香花派部分则按地区分为福州禅和曲和莆田香花派佛教音乐；最后在

① 参见王耀华《佛教音乐述略》，载《中国民族民间器乐曲集成·福建卷》。

各地区之下分载诸种乐曲。其具体编排如下：

（一）丛林派：莆田广化寺佛教音乐（梵呗）（1）《宝鼎赞》（2）《戒定香金炉放》（3）《如来五分香》（4）《戒定真香》（金线板）（5）《戒定真香》（外江调）（6）《炉香赞》（外江调）（7）《瑶天玉露》（福州调）（8）《瑶天玉露》（外江调）（9）《瑶天玉露》（思明腔）（10）《杨枝净水》（外江调）（11）《唵捺摩巴葛瓦蒂》（12）《唵嘛呢叭》（13）《唵阿穆伽》（14）《中华万岁》（15）《佛宝赞》（福州调）（16）《佛宝赞》（外江调）（17）《念佛功德》（外江调）（18）《佛功德》（19）《佛功德不可量》（20）《药师佛赞》（福州调）（21）《赞礼西方》（22）《极乐国不可量》（23）《三稽首》（24）《虔诚献香花》（25）《人天教主释迦佛》（26）《乌洛伽黑沉水》（27）《香才热》（外江调）（28）《香焚金炉》（金线板）（29）《焚起一柱旃檀香》（30）《乐邦教主》（七偶调）（31）《莲池赞》（32）《稽首皈依法中王》（33）《稽首皈依大觉尊》（外江调）（34）《皈依西方阿弥陀佛》（35）《赞五方》（福州调）（36）《彭祖八百寿长》（37）《春宵梦》（老三宝）（38）《堪叹渔翁》（快板）（39）《堪叹善琴》（琴棋书画之一）（40）《大五方》（41）《梁皇初因启》（42）《呼宝鼎》（43）《钟声偈》（44）《开经偈》（45）《金钟才叩》（46）《洪钟初叩》（47）《娑婆界》（48）《普庵咒》。泉州开元寺佛教音乐（1）《戒香定香与慧香》（2）《心香一炷》（3）《观音偈》（4）《阿弥陀佛无上医王》（5）《稽首皈依佛法僧三宝》（6）《稽首皈依观世音》（7）《皈依西方十六观门》（8）《处世界若虚空》（9）《叹骷髅》（10）《旷野闲游》（11）《骷髅哀哉》（12）《娑婆极苦无人晓》（13）《生前空自爱》（14）《罪山有何极》（15）《李白好贪杯》（16）《贪饮酒谁来愁》（17）《李白好儿郎》（18）《春水满四泽》（19）《春雨和风》（20）《和风吹绿柳》（21）《堪叹渔翁》（22）《堪叹三教圣人》（23）《一更漏声悲》（24）《恩重山丘》（25）《一片贪嗔痴》（26）《一炷旃檀香》（27）《愿生西方》（28）《智慧弘深大辩才》（29）《赞三座》（绕坛）（30）《稽首皈依苏悉帝》（31）《志心信礼》（32）《十方一切刹》。厦门南普陀佛教音乐（1）《戒定真香》（2）《开经偈》（3）《伽蓝赞》（4）《普贤警众偈》（5）《戒定真香》（6）《杨枝净水》（7）《香花灯涂果》（8）《虔诚献香花》（9）《香焚在上方》（10）《灯晃耀》。

（二）香花派：福州禅和曲（1）《万象巍巍》（2）《七宝骞林》（3）《沉坛世界》（一）（4）《沉坛世界》（二）（5）《炉香乍热》（6）《吉子吟》（7）《回坛偈》（8）《步苍苔》（9）《戒定真香》（10）《唪诵》（11）《一切福田》（12）《老渔翁》（13）《祝中华》（14）《香焚在上方》（15）《发露祈思佑》（16）《蜀山楚水》（17）《游七宫》（18）《楚山云》（19）《铁锁重光》（一）（20）《铁锁重光》（二）（21）《宝鼎香飘》（22）《无上道》（23）《浮黎士》（24）《监坛天将》（又名《急板六句赞》）》（25）《十方乐》（又名《季花调》）（26）《道以斋》（27）《导魂章》（又名《吉子吟》）（28）《五字句》（又名《回坛偈》）（29）《飘宝篆》（六普供之一）（30）《花馥郁》（六普供之二）（31）《莲炬吐毫芒》（六普供之三）（32）《华池水》（六普供之四）（33）《果摘金丸》（六普供之五）（34）《梵音雅奏》（35）《麒脯》（七段锦之一）（36）《香篆博山颠》（七段锦之二）（37）《蓬莱会》（七段锦之三）（38）《星象阑干》（七段锦之四）（39）《功德水》（七段锦之五）（40）《东海唵摩》（七段锦之六）（41）《大乐合韶音》（七段锦之七）（42）《旷劫难逢》（43）《叹孤魂》（又名《香花调》）（44）《泉路乐逍遥》（又名《魂赞》）（45）《降斗》（46）《六天母》（47）《菊花调》（48）《平升调》（49）《一色天》（50）《五修行》（51）《热金炉》（52）《倒板偈》（53）《太平篆》（法器）。莆田香花派佛教音乐（1）安奉：《状元游》《傍妆台》《上小楼》《陶金令》《古轮台》《道本无言》《普天乐》；（2）进表：《傍妆台接长科偈》《化炉祈》《公案现成》《五圣佛》《倒拖船》《风入松》《三奉请》《启告》《叨叨令》转《满江风》；（3）建坛：《炉香赞》《恶因谁作》《蛮牌令》《三不戒》；（4）迎真：《傍妆台》《海会》《小叹物》《五更煞》《犯公案现成》《五朵莲花》《剥皮笋》；（5）做供：《水清龙》《大开门接乞食归》《心然五分》《本师释迦牟尼佛》《吟接十供》《一苇渡江》；（6）荐祖：《本莲花》《江头金桂》《满江风》；（7）普施：《赞条》《五方结界》《回向》；（8）九莲：《犯真如礼》《忆多娇》《山坡羊》《整衣礼》接《满江风》《法宝化》《赚》《叨叨令》《供门》《劝世文》（一）《劝世文》（二）《青衲袄》《懒画眉》《梁州序》《误佳期》《大环钥》《降都春》《蛮牌令》《哀夜鹤》《蛮江令》《惜黄花》《青衲袄》《叩拜词》《四供》；（9）进供：《傍妆台》接《回向》《大吹》《木莲花》。

第三节 《道藏》中的音乐史料

一、《道藏》的版本和分类

东汉道教创始之初，经典很少。魏晋南北朝时期，随着道教的发展，各派道士编撰的经典日益增多。一些著名道士开始搜集整理道书。例如南朝刘宋时，道士陆修静广为搜访道书，编写《三洞经书目录》，著录各类道书、符图和医药方技著作等共1228卷，于宋明帝刘彧泰始七年（714年）敕上。唐代开元年间，唐玄宗诏令发使搜访道经，汇编成书，总3744卷。天宝七年（748年），诏令传写，以广流布，名曰《开元道藏》。从此，道书开始正式汇集称"藏"，与佛教一样，各有"藏经"。北宋真宗时，道士张君房奉命主持编修道教典籍，凡4565卷，函目按千字文，起自"天"字，终于"宫"字，为466函，题曰《大宋天宫宝藏》。宋徽宗时，又将《大宋天宫宝藏》扩编为5481卷，并首次在福州闽县雕版印刷，名曰《政和万寿道藏》。这是道书全藏雕版印刷之始。金朝在章宗时曾编刻《大金玄都宝藏》，凡6455卷。蒙古兴起之初，太祖成吉思汗崇奉道教。道士宋德方奉旨主持编刻了《大元玄都宝藏》，共7800多卷。令人遗憾的是，唐宋金元时期编修的《道藏》都没有全藏传本。

流传至今的《道藏》，是由明朝第43代天师张宇初及其弟第44代天师张宇清奉诏主持编修。编修工作始于明成祖即位之初，刊成于明英宗正统十年（1445年），名曰《正统道藏》。明神宗万历三十五年（1607年），又命第50代天师张国祥主持编成《续道藏》。《正统道藏》5305卷，《续道藏》180卷，共5485卷，收入各类道书1476种，分装成512函，每函依千字文顺序编号，起自"天"字，终至"缨"字。由于清代没有刻过全藏，因此，明代正统、万历所刻《道藏》和《续道藏》是至今《道藏》全书的唯一传本。1926年，上海涵芬楼印书馆曾借北京白云观收藏的一部尚基本完整的《正统道藏》影印出版发行。近年来大陆和台湾一些出版社新印的《道藏》，都是从涵芬楼本影印的。其中1988年文献出版社、上海书店、天津古籍出版社共同协作影印的涵芬楼影印本，对北京白云观本残缺各页，经用瞿凤起先生生前查点清楚的表册，借用现藏上海图书馆的上海白云观旧藏本补足，共计补缺一千七百余行，纠正错简17处，还描补缺损字五百余，以成完璧。

此外，还附印明冶城白云霁撰《道教目录评注》4卷，是目前比较完整的版本。2004年，华夏出版社出版了张继禹主编的《道藏》点校本，比较方便阅读。但由于点校者较多，点校质量参差不齐，有些部分存在着一些错误疏漏之处。

明版《道藏》中的各种典籍，是按“三洞四辅十二类”的分类方法编排。三洞即洞真部、洞玄部、洞神部。由于三洞经书是以《上清大洞真经》、《灵宝五篇真文经》和《三皇经》为首的三组经书，因此洞真部或题“上清”，洞玄或题“灵宝”，洞神则题“三皇”或“八帝”，或概名“洞神三皇”。《上清经》是由东晋杨羲、许谧等人陆续制作的一组道经，由此逐渐形成上清派。《灵宝经》则是东晋末葛巢甫以太极真人徐来勒降授太极左仙公葛玄的名义造作的经书，此后又有道士陆续制作，从而形成灵宝派。《三皇经》的成书比以上两组道经都早，后为上清、灵宝道士所传，南朝道士又在此基础上扩充为题名叫“洞神三皇”“洞神八帝”的另一组经书，因此洞神的地位仅次于洞真、洞玄。四辅指太玄部、太平部、太清部、正一部。太玄主要是《道德经》以下经书（包括道家诸子书），太平即《太平经》，太清就是以《太清丹经》为首的金丹服食诸经，正一则是正一道的一组道经《正一法文》。三洞四辅分类法实质上是东晋南北朝道士按当时道书的传承、流别而采取的分类方法，反映了道书的渊源和流派，同时也在一定程度上体现了对当时道教各派高低的评价。

十二类（又称十二部）是指三洞之下的分类，按照现存《正统道藏》的实际分类，它们是：1.本文类；2.神符类；3.玉诀类；4.灵图类；5.谱箓类；6.戒律类；7.威仪类；8.方法类；9.众术类；10.记传类；11.赞颂类；12.表奏类。三洞之下各分十二类，合为三十六部。十二类之中，威仪指斋醮礼仪之书，赞颂指步虚词之类赞扬、歌颂圣尊的辞章，表奏指登坛告盟、启誓传度、忏悔祈福方面的关告词，与道教音乐关系较大。

二、《玉音法事》《会真集》《大明御制玄教乐章》中的音乐史料

《正统道藏》与《续道藏》卷帙浩繁，内容庞杂，其中有大批道教经典、论集、科戒、符图、法术、斋仪、赞颂、宫观山志、神仙谱录和道教人物传记等。据粗略检索，大致有以下诸书中道教音乐史料较为丰富：《老君音

诵诫经》《太上洞玄灵宝智能礼赞》《太上洞玄灵宝真文要解上经》《太上洞玄灵宝授度仪》《上清诸真章颂》《无上秘要》《涂炭斋品》《要修科仪戒律抄》《太上黄箓斋仪》《道门科范大全集》《灵宝玉鉴》《上清灵宝大法》《道门通教必用集》《玉音法事》《无上黄箓大斋立成仪》《灵宝领教济度全书》《道法会元》《道门定制》《道书援神契》《道门十规》《大明玄教立成斋醮仪范》《玄坛刊误论》《度人经》《全真清规》《斋戒录》《金箓斋仪》《洞玄灵宝玉京山步虚经》《玉皇宥罪赐福宝忏》《三官灯仪》《茅山志》《金箓斋三洞先赞咏仪》《南岳小录》《养生秘录》《众仙赞颂灵章》《众仙赞颂歌章》《众仙赞颂玄章》《江淮异人录》《正一旨教斋仪》《正一威仪经》《诸真歌颂》《大明御制玄教乐章》《仙乐集》《太上元始天尊说宝月光皇后圣母天尊孔雀明王经》《步虚经》《灵宝施食仪》《会真集》《汉武帝内传》《太上诸天灵书度命妙经》《玄科》等。兹限于篇幅，简要介绍《道藏》中三种较有代表性的典籍。

《玉音法事》三卷，收入《道藏》洞玄部赞颂类。是书不著撰人，大概为北宋末或南宋编集。是书为道士举行斋醮法事时歌唱赞颂之词曲范本，内载宋真宗、徽宗所制词曲。卷上载有道曲17首：《步虚第一》《步虚第三》《步虚第五》《金阙步虚》《空洞》《奉戒》《三启第一》《三启第二》《三启第三》《启堂颂》《敷斋颂》《大学仙》《小学仙》《焚词》《山简》《水简》《白鹤》。卷中载有道曲33首：《玉清乐引》《玉清乐》《上清乐引》《上清乐》《太清乐引》《太清乐》《散花引》《五言散花》《七言散花》《起敬赞》《三皈依》《敷坐赞》《开经》《宿命赞》《三开经》《解坐赞》《每遇斋毕道》《唱道赞》《华夏赞》《轻声华夏赞》《请五师》《云舆颂》《送五师》《请符使》《步虚词》《三涂颂》《斗经末句》《礼十方》《礼十一曜》《举信礼声范》《关灯举斗位》《三捻上香》《易名三上香》。卷下为唱词总汇，不附乐谱。

该书最大特点是谱式奇特，为蜿蜒曲线，有单线、双线、三线三种形式。曲线大概是提示曲调旋律之走向，从曲线大多数蜿蜒悠长、极少短促平直来看，曲调当是节奏悠缓、曲折婉转。从腔词关系看，歌词多间距疏远，多间以小字衬词，显然是一字多音，腔幅宽长的唱法。曲线有单、双、三线之别，大约是单声部、双声部、三声部的不同。傍注大小两种圆圈，疑是打击乐奏法标记。总之，此谱式虽无具体音高和节奏，但却有明显的象形示意性质。这种曲线谱在元明清南方高腔的手抄本中多有实物可见，由此可以推测，其曲调当属于柔宛抒情的“南音”体系。其次，卷上诸曲，传统道曲占有较大的比重，曲调篇幅均较长，结构独立完整，旋律性较强。卷中诸曲，除御制曲目如《三清乐》《散花》《步虚词》外，其他多数曲目均是单句式的唱词，曲调简单短小，结构的独立完整性也不强，很像当代道乐中的散板引腔一类曲调型。故卷中道曲的重要性当次于卷上。卷下只列唱词，未附曲线谱，很可能是共用卷上卷中的那些曲调。[①]

总之，《玉音法事》是道教科仪音乐史第一部词谱兼备的经韵曲集，囊括了历代和当时流行的大量经韵，首次为道曲标注奇特的曲线谱等，使之成为研究古代道教音乐之宝贵典籍。

《会真集》五卷，约成书于金元间，原题“超然子王吉昌撰”。收入《道藏》洞真部方法类。本书主要论述内丹道法，卷1为图说，内载太极图、五行生数图、四象生八卦图等十余幅，每图后附论说。卷2、卷3为曲集，收入曲子90余首。卷5为词集，收入词七十余首。卷2中所收曲牌名有《行香子》《南乡子》《醉桃源》《醉落魄》《木兰花慢》《减字木兰花》《风入松》《苏幕遮》《墙头花》《墙头花衮》等；卷3中所收曲牌名有《月中仙》《风入松》《绿头鸭》《瑞鹤仙》《浣溪沙》《万年春》《江神子慢》《无俗念》《江梅引》《武陵春》《永遇乐》《长思仙》《黄鹤洞中仙》《一剪梅》《望海潮》《老君吟》《放心闲》《感庭秋》等。

从该集所收录的曲牌名我们初步可以得出以下结论：其一，金元时期的道教音乐主要来源于民间歌曲和戏曲音乐等世俗音乐，其真正属于道教音乐曲牌的很少。其二，其曲牌的范围较广，有北曲《万年春》《苏幕遮》等，南曲《一剪梅》《浣溪沙》《永遇乐》等，有南曲、北曲都有的《风入松》《瑞鹤仙》等。其三，其曲牌历史比较悠久，有唐宋词调《永遇乐》《武陵春》等。其四，当时的道教音乐在形式上已丰富多彩，从曲牌的名称来看，当时的道教音乐曲子体裁有“慢”“引”。“慢”一般是较为长大且委婉抒情的曲牌；“引”则大多为大曲中的某一部分，往往由大曲发展而来。还有同一首曲牌有原曲牌和“减字”“衮”等数种，这说明同一种曲牌可能有多

① 蒲亨强《神圣礼乐——正统道教科仪音乐研究》，巴蜀书社2000年版，第50—58页。

种变体。其五，卷3所载曲牌前一般有“九转功成”“练神合道”“真坐”“伪坐”“气邪”等字样，这说明道教音乐与科仪、内丹修炼是紧密结合的。

《大明御制玄教乐章》1卷，原不题撰人，从内容看，似为明永乐中道士奉敕编撰，有的学者则认为是永乐帝御制。此书收入《道藏》洞神部表奏类。其内容是辑录3种道教斋醮乐章，即《醮坛赞咏乐章》《玄天上帝乐章》《洪恩灵济真君乐章》，后附《玄天上帝词曲》。《醮坛赞咏乐章》依其顺序共有《迎神》《献供》《行道》《请师》《献酒》《送圣》《天下乐》《过声》《圣贤记》《过声》《青天歌》诸曲，形成一套完整的“组曲”。其中主体曲子《天下乐》共有85字，《圣贤记》达189字，而《过声》等过渡曲仅10字或12字。《玄天上帝乐章》依其顺序有《迎仙客》《步步高》《醉仙喜》诸曲，《洪恩灵济真君乐章》则只有《迎仙客》。该书辑录诸曲的最显著特点是每一曲都在歌词旁标注工尺谱。《醮坛赞咏乐章》由于各曲没有重复，各不相同，因此全部都标注工尺谱；《玄天上帝乐章》中《迎仙客》共有8首歌词不同而曲子相同，因此仅在第一首标注工尺谱，其余不予标注；《洪恩灵济真君乐章》则是8首歌词不同曲子相同的《迎仙客》，因此一律不予标注工尺谱，曲谱可参照《玄天上帝乐章》中的《迎仙客》。

《大明御制玄教乐章》中的每一曲工尺谱，全为一字一音唱法，有11首符合“起调毕曲”理论，旋律较为呆板，有北曲风格。少数曲名虽取自民间曲牌，如《迎仙客》《步步高》《醉仙喜》等，但从一字一音的音乐风格来看，当是明代宫廷所用的祭乐。以下摘录一曲，以窥一斑：

迎仙客

一气分，两仪定，静乐国中逢诞圣。
合四一　一尺一　尺工五六工尺工
握枢机，乘化运，妙阐灵贶，普摄妖魔净。
工六一　尺四一　六工尺一　一尺一四合

第四节　《中国民族民间器乐曲集成》中的道教音乐文献

中国现存的道教音乐，经过广大音乐工作者的努力，大部分也同佛教音乐一样，已收集在《中国民族民间器乐曲集成》之中。由于各地区情况不同，各分卷对道教音乐曲目的编排体例略有不同，兹亦举较有代表性者三例，使读者对此有一大致的了解，便于需要时可以举一反三地检索。

一、《中国民族民间器乐曲集成·江苏卷》中的道教音乐文献

道教在江苏省南部流传比较普遍，多属正一派。其派的法事活动大致有祀神、斋醮、功课三类。苏南的道教音乐演唱部分即经韵，主要有赞、偈、咒、颂、步虚、诰、符等，其形式大多为四言、五言、七言词体的上下句，或起承转合四句式和多段体的复合结构，演唱的方式有近似于清唱的“吟”，也有众乐伴奏的“咏”。苏南道教的音乐器乐演奏的形式主要是丝竹乐和吹打乐的伴奏与合奏，特别是苏州、无锡地区的道家吹打具有非常浓郁的特色，其结构可分为曲牌吹打和套曲吹打两类。

江苏的道教音乐中，较具代表性的是茅山与玄妙观。两者虽同属正一道，但其科仪音乐因历史沿革、传授系统、应用场合、服务对象等诸多方面因素的不同，其风格特点也有所区别。如茅山的斋醮科仪的科目主要有《茅山上清宗坛斋醮科仪》《三茅宝忏》《玉皇忏》《三茅经》《清静经》《葛仙翁诰》《许真君诰》《三清四御诰》《三茅诰》等；玄妙观的科目主要有《全符》《全表》《火司朝》《安澜潮》《八仙朝》《瘟司朝》《宿启朝》《散坛朝《斋天》《三宝忏悔》等。茅山道教师承关系历来十分严格，诵唱、乐器均由各房道长传授，20世纪仍然保持了出家的庙规。因沿袭上清派传统仪轨，与它地相异，诵经拜忏、祭祀活动只能在本山宫观进行。因此茅山派音乐能代代相传至今，较好地保留了传统音乐的风格特征。苏州玄妙观音乐却具有鲜明的吴地色彩，吸收了苏南一带昆曲、时调、山歌等民间音乐，来改变和发展它旧有的科仪音乐的内容和形式，以适应当地民众新的生活习俗与宗教信仰的要求。

《中国民族民间器乐曲集成·江苏卷》中的道教音乐部分首先按道教科仪的各种科目分类；其次在各科目之下分载诸种乐曲。其具体编排如下：（一）三茅表：（1）《净坛颂》（2）《卫灵咒》（3）《熏表》（4）《开天符》（5）《小礼经》（6）《收尾》；（二）三茅宝忏：（1）《香赞》（2）《志心朝礼》（3）《三茅诰》；（三）玉皇忏：（1）《香赞》（2）《至心朝礼》；（四）上

清日诵晚课：《步虚》；（五）三宝忏悔设食玄科：（1）《三召偈》（2）《天堂颂》（3）《三宝香赞》（4）《启圣》（5）《忏悔》（6）《乐法颂》（7）《解座偈》；（六）清微供天行道朝元科仪：（1）《香赞》（2）《洒净》（3）《净天地咒》（4）《乾元偈》（5）《烧香颂》（6）《卫灵咒》（7）《发炉颂》（8）《薰疏》（9）《金玉韵》（10）《玄音偈》（11）《云舆颂》（12）《献茶》（13）《三信礼》（14）《献宝颂》（15）《稽首颂》（16）《勤修颂》（17）《复炉》（18）《圣德颂》；（七）全功·全符：（1）《步虚》（2）《香偈》（3）《水偈》（4）《净天地咒》（5）《香供养》（6）《玉清符》（7）《符官颂》；（八）全功·全表：（1）《天师颂》（2）《洒净》（3）《解座偈》（4）《演道》（5）《唱道》（6）《熏坛咒》（7）《化坛卷帘符》（8）《瑶坛偈》（9）《分灯》（10）《金玉科》（11）《降圣偈》（12）《请圣》（13）《普供养》（14）《烧香》（15）《玉炉香》（16）《散花》（17）《珠帘赞》（18）《洛阳歌》（19）《十献》（20）《新水令》（21）《卫灵咒》（22）《发炉颂》（23）《开天符》（24）《焚表颂》（25）《出堂颂》（26）《天师颂》（27）《结坛》；（九）经韵散曲：（1）《开经》（2）《弹经（一）》（3）《弹经（二）》（4）《转简偈》（5）《斗姆赞》（6）《破狱赞》（7）《散花》（8）《香献》（9）《总十献》（10）功课——《香赞》（11）《经赞》。

二、《中国民族民间器乐曲集成·山东卷》中的道教音乐文献

当代山东省的道教音乐以全真派为主，比较著名的全真派宫观有崂山太清宫、泰山碧霞寺等。除此之外，还有众多的村庙道士，其宫观大都建在村边，与民众直接生活在一起。

山东全真道士课诵“经韵”、演奏器乐曲，是该派的日常功课。在经韵中，崂山韵因受当地语调及民间文艺形式的影响，具有较强的地方特色。由于崂山地处胶东，而胶东曾盛产地瓜，因此崂山韵又被戏称为“地瓜韵”。全真派器乐只用于合奏，独奏较少见，尚未见到为经韵伴奏的例子。器乐曲的主奏乐器为管子，其余乐器“随”奏。在器乐演奏时，殿坛的法器多不使用。山东全真道音乐的一个突出特点是保存的乐谱数量多，而且比较完整。如收藏在泰山岱庙内全真道士的手抄谱本，计有大管子谱、小管子谱、云锣谱等100余首。山东道教乐谱本记写的曲谱，均系采用宋俗字谱及工尺谱写的固定唱名记谱法。

《中国民族民间器乐曲集成·山东卷》中的道教音乐部分首先按道教宫观分类；其次在各宫观之下分载诸种乐曲。其具体编排如下：（一）泰山岱庙道曲：（1）《七调迎仙客》（2）《迎风辇》（3）《游仙台》（4）《大香柳娘》（5）《过桥引》（6）《大月儿高》（7）《拾供养》（8）《青山宝》（9）《送三宝》（10）《双悲调》；（二）崂山经韵：（1）《澄清韵》（2）《步虚》（3）《大赞》（4）《小赞》（5）《崂山吊挂》（6）《大皈依》（7）《弥罗诰》（8）《忏悔文》；（三）胶东村庙道曲：（1）《上字调套曲》（2）《乙字调套曲》（3）《勾凡调套曲》（4）《靠凡调套曲》；（四）其他道曲：（1）《临清歌》（2）《太平歌》（3）《念经曲》（4）《南杂技》（5）《老君赞》。

三、《中国民族民间器乐曲集成·湖北卷》中的道教音乐文献

自古以来，湖北省的道教比较兴盛，境内寺庙宫观遍布各地，其中最为著名的是尊神真武的发祥地武当山和“十方丛林”之一的武昌长春观。武当山的道教为全真派，其科仪音乐有浓厚的殿堂气息。修习《全真正韵》（又称《十方韵》）是全真道通用的经韵，全靠师辈的口传心授与道徒的记忆。武当山的道教音乐以《全真正韵》为核心，是一种宗教仪式音乐，起着宣扬教义、渲染法事情节的作用，并贯串于各项科仪活动之始终，其类别可分为“韵腔”与“曲牌”两大类。韵腔是在道教科仪中使用的歌腔，道众习称为“韵子”，是武当山道教音乐的核心部分。不同的科仪内容和用途，使韵腔形成了讽经、念咒、诵诰和咏唱4种不同的歌腔形态。曲牌是指演奏器乐曲牌，为适应念咒、符箓、禹步等科仪内容及配合科仪活动的形体动作需要，并在开坛之前、转坛之际、结坛之尾渲染气氛。曲牌可分为三类：一是正曲，主要用于科仪的正式程序中，基本曲目不多。二是耍曲，主要用于科仪活动的正式程序开始之前，为开坛做准备，也用于结坛之后。演奏这类曲牌的时间，视需要可长可短。耍曲基本曲目较多，且多数为世俗的民间器乐曲。三是法器牌子，系指在科仪音乐中，用作韵腔的伴奏和演奏的打击乐器牌子。这类曲子虽为数不多，地位却十分重要。如在咏唱韵腔时，有时笙、管、笛可以不用，而打击乐器却不可少。武当山的道教音乐在传承、流变中也不断吸收了一些民间俗乐，如《雪花飘》《四川调》等就是。这些曲牌，

在明清以来的俗曲、地方戏曲、说唱和丝弦乐中常用。武当山的道教音乐与佛教音乐也互相渗透、交互融摄。如道、佛音乐中有不少名称完全相同的曲目，常见者有《五声佛》《三皈依》《叹骷髅》。

湖北民间流传的主要是道教中的正一道教派，称为“伙居道”“伙居子”“伙居仙”等。伙居道不住宫观而散居民间，除为民众红白喜事做法事及执乐外，有时也参加当地的各种民俗喜庆活动，其身份更接近于民间艺人。民间伙居道的音乐与宫观道乐的分类基本相同，也是由韵腔和曲牌这两大部分组成。伙居道不重修持，多事符箓和黄白之术，其科仪音乐风格多样，既有殿堂气息浓厚的赞、韵，又有场坑风貌鲜明的偈、引；在音乐中也吸收了民间音乐丰富自己，以群众熟悉的音韵，使自己的音乐符合当地民众欣赏习惯与审美情趣，从而达到其事神娱人的行道效果。在湖北伙居道中流传这样一种说法，即“三里不同道，十曲九不同”。这就是说，各地的伙居道，虽有基本相同的经卷科仪，但在念唱吹打上却有区别，演奏器乐曲牌是如此，诵念经文也一样，即使是演奏同一首曲牌或诵唱同一首韵腔也有不同的风格与特点，甚至面目全非。

《中国民族民间器乐曲集成·湖北卷》中的道教音乐部分在全真派方面只收集了武当山宫观道乐，而正一派则收集民间伙居道乐。因此，其在编排体例上首先分为武当山宫观道乐与民间伙居道乐两大类。其次在武当山宫观道乐之下把韵腔与各主要科仪、器乐曲牌中的正曲、要曲、法器牌子等两个层次的目录作为一个层次并列，而民间伙居道乐之下则分韵腔与器乐曲牌两类，层次清楚。再次武当山宫观道乐韵腔之下再分玄门日诵早课（坤道）与玄门日诵晚课（乾道）两种，最后才是各种曲子；而其余因韵腔并列的萨祖铁罐施食祭炼科范、科仪曲选以及器乐曲牌·正曲、器乐曲牌·要曲、器乐曲牌·法器牌子之下直接分载诸种曲子。民间伙居道乐在韵腔和器乐曲牌之下直接分载诸种曲子。其具体编排如下：

一、武当山宫观道乐：（一）韵腔：1.玄门日诵早课（坤道）：（1）《澄清韵》（2）《举天尊》（3）《吊挂》（4）《香供养》（5）《提纲》（6）《反八天》（7）《提纲》（8）《念咒腔》（9）《诵诰腔》（10）《玉清宝诰》（11）《上清宝诰》（12）《中堂赞》（13）《忏悔文》（14）《小赞》（15）《土地咒》（16）《三皈依》；2.玄门日诵晚课（乾道）：（1）《步虚》（2）《举天尊》（3）

《吊挂》(4)《香供养》(5)《提纲》(6)《反八天》(7)《提纲》(8)《念咒腔》《玄蕴咒》(9)《提纲》(10)《斗姆宝诰·拜诰》(11)《斗姆宝诰·诵诰》(12)《救苦宝诰》之一(13)《救苦宝诰》之二(14)《救苦宝诰》之三(15)《小赞》(16)《土地咒》(17)《大皈依》。(二)萨祖铁罐施食祭炼科范(集曲):(1)《步虚》(2)《干倒拐》(3)《提纲》(4)《三炷香》(5)《慈尊座》(6)《东华引》(7)《三清宫》(8)《仰启咒》(9)《黄箓斋》(10)《三供养》(11)《酆都咒》(12)《破十八狱》(13)《叹文》(14)《小救苦引》(15)《幽冥引》(16)《召请》(17)《叹骷髅》(18)《五芽符命》(19)《五厨经》(20)《放食》(21)《八天》(22)《三皈依》。(三)科仪曲选:(1)《澄清韵》(2)《单吊挂》(3)《双吊挂》(4)《反八天》(5)《忏悔文》(6)《小赞》(7)《步虚》(8)《吊挂》(9)《香花送》之一(10)《香花送》之二(11)《诵念表》(12)《大启请》(13)《小启请》(14)《三宝赞》(15)《鸿雁赞》(16)《救苦经》。(四)器乐曲牌·正曲:(1)《木本经》(真板)(2)《木本经》(花板·之一)(3)《木本经》(花板·之二)(4)《大五声佛》(直板)(5)《大五声佛》(花板)(6)《小五声佛》(直板)(7)《小五声佛》(花板)(8)《小开门》(直板)(9)《小开门》(花板)(10)《白鹤翅》。(五)器乐曲牌·耍曲:(1)《万年欢》(2)《十面镜》之一(3)《十面镜》之二(4)《四川调》(5)《雪花飘》(6)《背靠背》(7)《闹台尾》。(六)器乐曲牌·法器牌子:(1)《天下同》(2)《行路词》(3)《下水船》(4)《铙钹偈子》(5)《转经》(6)《直板》(7)《三镲板》(8)《五镲板》(9)《九镲板》。

二、民间伙居道乐:(一)韵腔:(1)《述职》(2)《忏文》(3)《踩八卦》(4)《赈济》(5)《安坛》(6)《澄清韵》(7)《志心朝礼》(8)《化斋腔》(9)《荡秽》(10)《启请》。(二)器乐曲牌:(1)《七星板》(2)《细平板》(3)《水波浪》(4)《过街清》(5)《发擂(一)》①《木本经》(文曲)②《打曲头》之一③《要孩儿》(6)《发擂(二)》①《木本经》(武曲之一)②《对口曲》之一③《木本经》(武曲之二)(7)《四明镜》(8)《打曲头》之一(9)《打曲头》之二(10)《小酒令》(11)《尾声》。

第十四章
使用与音乐学相关的工具书

"工欲善其事，必先利其器"。从事音乐学研究工作，同样少不了要利用工具书。因为，一个人即使读书很多，而且非常专心致志，他也不可能把所有的知识和材料都记在脑子里。尤其对于一个初学者来说，更要培养自己利用工具书进行独立工作的能力，以便在学习或从事教学科研的过程中，力求收到"事半功倍"的效果。有关工具书种类和数量甚多，以下简要介绍四种与音乐理论研究关系密切工具书的概况和使用。

第一节　从丛书中查找与音乐相关的书籍

从丛书中查找与音乐相关的古籍，目前比较常用的有《四部丛刊书录》《四部备要书目提要》《丛书集成初编目录》《四库全书总目》《中国丛书综录》等。如要从丛书中查找与音乐相关的近代书籍则可查阅《中国近代现代丛书目录》。

《四部丛刊》是20世纪二三十年代商务印书馆刊行的一部大丛书，收书共四百八十余种。所谓"四部"，指的是四部分类法的"经、史、子、集"。该丛书的最大特点是在强调实用性外，十分重视版本的精良。编者从涵芬楼（商务印书馆专贮珍贵图书的藏书楼）和私人藏书家的藏书中，选择宋元旧刻、明清精刻、抄本、校本和手稿本，加以影印出版，故其版本价值很高，对考订古籍很有帮助。如《吕氏春秋》，历两千余年，经多次传抄翻刻，各种讹误势所难免，各种版本良莠不齐。其中比较完善且通行者，当推《四部丛刊》影印明宋邦乂刊本。又如《太平御览》1000卷，是根据藏于日本的宋版影印的，版本精良，实属难得。查检《四部丛刊》的工具书，有孙毓修编的《四部丛刊书录》。全书亦按经、史、子、集四部编排，每书除著录书名、卷数、撰者外，并详载版本、收藏图记，可视为一种善本书目。

《四部备要》是中华书局自1924年分集辑印的一部大丛书，共收书336种。《四部备要》的特点是比《四部丛刊》更注重实用性，所收各书以常见常用和带注的为主，有的还采用了清代学者整理过的本子。因此，《四部备要》所收之书比《四部丛刊》所收的同类书要好读得多。《四部备要》还收了很多词曲，且有系统，这对研究音乐史有较高的参考价值。全书按经、史、子、集四部编排，尤其是集部中的总集收录宋六十名家词、元曲选等，是研究词曲、戏曲的重要参考资料，诗文评中的宋张炎《词源》则是《四库全书》《四部丛刊》所没有收录的，更显难得。①查检《四部备要》的工具书，有中华书局编印的《四部备要书目提要》。它是一部解题式书目，对所收录的每书，先写"著者小传"，然后照录"四库提要"。如此书《四库全书总目》未著录，或《四库全书总目》虽著录而标注本晚出的，或成书于编纂《四库全书总目》之后的，则由编者撰写"本书述略"，简述作者、内容得失和特色等，最后记载"卷目"。总之，《四部备要书目提要》对于我们了解见收于《四部备要》中的图书很有帮助，是一部较有用处的工具书。

《丛书集成初编目录》是专供查找《丛书集成初编》所收古籍之用的，1960年由上海古籍书店根据商务印书馆在中华人民共和国成立前编的《丛书集成初编目录》重编而成。《丛书集成初编》是商务印书馆编辑的一部大型丛书，汇集了自宋代至清代的重要丛书100部，将这100部丛书所收的全部图书剔除重复后分类编排，多收难得的孤本和名家校刻的精本。如艺术类中所收的《乐书要录》是唐代乐律学著作，在国内早佚。清末，由驻日使节搜寻归国并予翻刻，今以《丛书集成》影印本和《佚存丛书》本较常见。该丛书共收有丛书子目4107种，分为总类、哲学类、宗教类、社会科学类、语文学类、自然科学类、应用科学类、艺术类、文学类、史地类等，其中艺术类收有音乐著作二十多种。该丛书目录前有《丛书百部提要》，简介这100部丛书的编者、内容和特点，后附用四角号码编排的书名和未出书名两个索

① 《词源》对于研究宋元以来宫调系统和记谱法的变迁、古代乐谱的译解等，都有重要的参考价值。

引。凡一书有二三个书名的，均在索引中重见。

《四库全书总目》（又称《四库全书总目提要》）200卷，清纪昀等人编撰。这是我国封建时代最后也是最大的一部官修图书目录，共著录收入《四库全书》的图书3461种，未收入《四库全书》的存目图书6793种，总计10,254种。该书卷首有乾隆的所谓"圣谕"，四库馆臣所上的"表文"及"职名""凡例"，记载了全书的纂修过程和编写体例。其所著录的每一种书都撰有一篇提要，论述"各书大旨及著作源流""列作者之爵里""考本书之得失"，以及辨订"文字增删，篇帙分合"等等。一直到今天，《四库全书总目》对于了解我国古籍的源流、文字异同、著者事迹，仍是一部考证精详十分有用的古籍目录工具书。《四库全书总目》按经、史、子、集四部44类编排，一些比较复杂的小类再细分子目。每一大类、小类的前面有小序，子目的后面有案语，扼要地说明这一类著作的源流以及所以分这一类目的理由。由于其具体分类和有关音乐学的著录已在第二章目录学部分介绍，兹不赘言。《四库全书总目》版本较多，主要有1789年的武英殿刊本和1795年浙江翻刻武英殿本。浙本虽据殿本重刻，但校正了殿本的不少错误。1965年中华书局影印了浙江翻刻本，参用殿本和粤本相校，做校记附后，并更原名《四库全书总目提要》为《四库全书总目》，书后附有《四库撤毁书提要》《四库未收书提要》《四角号码书名及著者姓名索引》。这是目前较通用的版本。

《四库全书总目》虽然考订精详，但由于全书工程浩大，编纂时间急迫，因此全书难免存在着不少错误失当之处。如一些重要的目录学著作未能善加征引，对一些书的版本源流也没彻底弄清楚，有些书甚至根本没有见到原本。近人余嘉锡（1883—1955）撰《四库提要辨证》24卷，参阅了大量文献资料，对《四库全书总目》论述的部分图书，从内容、版本到作者家世生平，都作了翔实的考辨。全书征引繁富，功力深厚，按《四库全书总目》原书目次编排，先摘原文，然后指出它的错误所在，条理清晰，便于对照阅读。该书有多种版本，较新一版于1980年由中华书局再版，改正了旧版若干错字，并加以标点重排，对我们阅读最为方便。还有近人胡玉缙撰、王欣夫辑的《四库全书总目提要补正》60卷、补遗1卷、《四库未收书目提要补正》2卷，与《四库提要辨证》一样，也是一部订正《四库全书总目》各类错误的专用工具书。撰者从乾隆嘉庆以来大量的藏书志、读书志、笔记、日记、文集里广泛搜集了有关考辨《四库全书总目提要》错误缺失的材料，按提要原来的次序排列，汇为一编。此书以辑录清人至近人研究《四库全书总目提要》的成果为主，当然也包括了撰者自己的研究心得，其所订正的书籍共有2300多种，数量上远远超过《四库提要辨证》，但考辨较为简略。此书对于我们今天使用《四库全书总目》有一定参考价值。1964年由中华书局出版，书后附有书名四角号码索引，可供查检之用。

《中国丛书综录》（以下简称《综录》），上海图书馆编，1959至1962年由中华书局出版。全书共分三册，第一册是《总目分类目录》，收集全国41个主要图书馆所藏丛书2797种，包括汇编和类编两部分。汇编分类纂、辑佚、郡邑、氏族、独撰五类，类编分经、史、子、集四类。每种丛书详列书名、种数、编撰者姓名、刻印年月及地点，并以子目附于后。每一子目也注明卷数和撰者的时代、姓名。目录后附"全国主要图书馆收藏情况表"及"丛书书名索引""索引字头笔画检字"。这一册主要供读者查检某一丛书收了哪些书以及各个图书馆的收藏情况。如要了解《琴学丛书》收录多少种有关琴学著作，从书末"丛书书名索引"就可在第一册第742至743页类编·子类·艺术类查到《琴学丛书》所收录的所有琴书，并在第1084至1085页《全国主要图书馆收藏情况表》第2035号查到该丛书在北京图书馆、首都图书馆、北京师范大学图书馆、清华大学图书馆、上海图书馆、复旦大学图书馆、上海图书出版社图书馆、辽宁省图书馆、吉林市图书馆、哈尔滨市图书馆、山东省图书馆、山东大学图书馆、南京图书馆、浙江图书馆、福建师范大学图书馆、武汉大学图书馆、四川省图书馆、重庆市图书馆、四川大学图书馆、黑龙江省图书馆、广西壮族自治区第一图书馆、广西壮族自治区第二图书馆、宁夏回族自治区图书馆、中央民族学院图书馆均有收藏全书，而在中国科学院图书馆和安徽省图书馆藏有残缺丛书。[①]读者就可根据上述提供的情况就近前往借阅。

第二册是《子目分类目录》，子目按经、史、子、集排列，反映2797种丛书所收38,891种子目的内容。每条子目后，注明总目中的丛书号数和所在页

① 《丛书书名索引》上的号码，正体字是《总目分类目录》的页码，斜体字是《全国主要图书馆收藏情况表》的顺序号。

码，从页码以检丛书。这一册由于以四部分类，部下又析为类、属，故能让读者了解《综录》某类、属著录书的情况。如只要查阅经部乐类、子部艺术类、集部诗文评、词集、戏曲类等，就可大致懂得《综录》收录了多少音乐著述。另外，如果读者比较熟悉四部分类，也可以直接从这一册查出某书收刻或收抄在哪些丛书中，然后根据读者所在图书馆的收藏情况，从某丛书中找出所需借阅的书籍。

第三册是《子目书名索引》和《子目著者索引》，这两个索引皆用四角号码排列，供检索《子目分类目录》用。书名索引指示每一种书在第二册《子目分类目录》中的位置（即页码和左右行），著者索引反映每一著者的著作名称。索引前附有“索引字头笔画检字”和“索引字头拼音检字”，检索十分方便。如在读者只知需查阅某种书的书名情况下，一般都是先查第三册，根据查出的页码，再翻到第二册，便知某书卷数、作者和收入何种丛书中，就可从某图书馆所藏该丛书中查到某书。如果该丛书比较罕见，读者所在的图书馆没有收藏，那么就再查第一册了解此丛书的收藏单位，以便就近前往借阅。如清代李渔《闲情偶寄》是一部重要的戏曲音乐评论著作，其单行本一般图书馆不易借到。但如果查阅《综录》第三册《子目书名索引》，就可根据查到的页码，从第二册得知该书共16卷，作者李渔，收入《中国文学珍本丛书》第一辑，再翻查第一册《全国主要图书馆收藏情况表》得知，全国41个主要图书馆收藏有该丛书的不多，仅11个图书馆藏有该丛书全书。读者可通过其提供的该丛书的馆藏情况，选择最方便的途径，借阅或复制该书。

总之，《综录》使用十分方便，无论从总目、分类、书名、著者任何一个方面，都可以查到所需要的书，一索即得；而且不但能了解某部丛书的全貌，内容包括哪些书，也可以知道某种书和某作者的著作收在哪些丛书里，还可大致了解某类属书究竟有多少被收录在《综录》所包括的丛书之中。这是一部篇幅宏大，内容丰富，很有使用价值的工具书，是丛书目录的集大成之作，起到了全国各主要图书馆联合目录的作用，基本上取代了以往其他丛书目录。

可能是因为编辑时间仓促，兼受馆藏联合目录性质的局限，《综录》尚存有一定的问题。其一，收录的丛书还不够完备。因为它编入的只是全国

41个主要图书馆收藏的丛书，所以遗漏的不少。如中央民族学院（现中央民族大学）图书馆编印的《中央民族学院图书馆藏丛书目录初稿》，就补有其未收丛书130种。即使仅就这41个图书馆收藏的丛书来说，也还有遗漏的地方。如北京图书馆有《安越堂残稿》13种、《书抄阁抄书》5种，《综录》就没有收入。至于释藏和新学这两类丛书，限于篇幅，《综录》也没有收入。还有近年来编纂的《四库全书存目丛书》《续修四库全书》等大型丛书，《综录》也有待于续补。其二，讹误之处也还存在。该书引用之人名、书名、时代出现错字、漏字，以及著录不够规范的地方亦间有所见。如清郭伯苍撰《云闲堂全集》，错题为《郭氏丛刊》；清戚学标撰《景文堂五种》，也错题为《戚鹤泉所著书》。其三，子目时有遗漏。由于某些丛书系随刻随印，初无定数，故后世各家藏本往往有子目多寡之不同，《综录》所收，有时并非足帙。其四，异名反映欠详。有的丛书，或因转版、翻刻，或因封面、目录、卷端、版心、序跋、题辞、书签等处题名不一，或因诸家目录著录有异，或因习惯称呼与原书所题不尽一致，形成"一书多名"或"同名异书"，《综录》对此虽间有标示，但欠详尽。所有这些，都是读者在使用中必须留意的。还有由阳海清编撰、蒋孝达校订的《中国丛书综录补正》订正了不少错误，增补了一些内容，值得参考。

《中国近代现代丛书目录》，上海图书馆1980年编。该丛书收录了1902年至1949年上海图书馆藏的中文丛书5549种，按丛书名称的笔画为顺序，编成书本式目录。本目录正文之前编有《丛书书名首字索引》，以便读者检寻；目录末附《丛书出版年表》，分年按笔画排列，出版年不详者，则集中排在最后。该书最大的特点是可与《中国丛书综录》互补，因此不收线装古籍丛书，还有《中国医学大成》《四部丛刊》《四部备要》《丛书集成》《国粹丛书》《美术丛书》《古今说海》（《说部丛书大观》）等七种丛书虽系近代出版，但由于《中国丛书综录》已收录，该目录也从略。该丛书包罗近代以来新学的各种学科著述与译作，这正是《中国丛书综录》专以收录古籍丛书所没有的。该目录由于不收的是线装古籍，因此非线装的古籍还是收录不少，如著名的万有文库中的《十通》，至今仍是最流行的善本。还有其所收录的明朱载堉著《乐律全书》，是明万历郑藩刻本的影印本，亦属此书的善本。

该目录中收录的音乐著述有两种情况：一是专门收集音乐书谱的丛书，如人民音乐艺术社《音乐艺术丛书》，音乐艺术社《音乐艺术歌丛》，中国音乐社《音乐丛书》，佳木斯东北书店《音乐丛书》，薛良编《音乐丛书》，上海中华书局《音乐丛刊》，上海美乐图书出版公司《音乐会名歌选集丛书》，东北文化教育工作队《音乐戏剧丛书》，重庆万有书局《音乐知识丛书》，上海万叶书店《音乐理论丛书》，上海音乐教育协进会《音乐教育协进会丛书》，上海音乐教育社《音乐教育社丛书》，上海教育书店《音乐教育社丛书》，北大歌谣研究会《北大歌谣研究会歌谣小丛书》，北平世界编译馆《戏曲音乐丛书》，上海知音乐社《国乐丛书》，上海音乐公司《国立音乐专科学校丛书》，上海商务印书馆《国立音乐专科学校丛书》，音乐教材供应社《中华音乐院丛书》，福建省立音乐专科学校《福建省立音乐专科学校丛书》，上海万象书店《万象音乐丛书》，新四军兼山东军区政治部文工团《歌与剧业务丛书》《歌与剧丛书》，上海沪江书局《歌谣小丛书》，上海中华乐学社《中国民歌连丛》，光华书店《哈尔滨大学戏剧音乐系戏剧音乐丛书》，上海海燕书店《海燕音乐丛书》等；二是一些有关丛书或百科性丛书中收录有音乐书谱，如上海商务印书馆《文艺丛刻》中收录有《西洋演剧史》《宋元戏曲史》，上海正中书局《文艺丛书》中收录有《中西音乐发达概况》，上海梁溪图书馆《文艺丛书》收录有《李笠翁曲话》，王云五《万有文库》中收录有《西洋音乐小史》《音乐通论》《乐府古辞考》《乐律全书》，《中华百科丛书》收录有《西洋音乐史纲要》《音乐概论》等。总之，该目录收录的音乐书谱为研究中国近代音乐史提供了丰富的资料，读者可根据其提供的线索到图书馆借阅。

《中国近代现代丛书目录》由于条件的限制，难免也存在着一些不足之处。其一，收录范围不广，仅限于上海图书馆馆藏。这与《中国丛书综录》搜集全国41个主要图书馆所藏丛书相比，局限性太大。其二，对丛书的界定有待斟酌。所谓丛书，指编印各种单独著作而冠以总名，从数量上看，应两种或两种以上。该目录所收的丛书不少只有一种，把一些冠有丛书名称而实际上名不符实的单行本也列入丛书之中。如1946年中国音乐社编的《音乐丛书》，以下仅列《秧歌舞讲话》一种，总共只有一册25页。1948年重庆万有书局出版的《音乐知识丛书》，也只有郭可诹译著的《歌唱的方法》一种。

1949年上海万叶书店出版的《音乐理论丛书》，也只列缪天瑞编译的《音乐的构成》一种。其三，该目录只编纂丛书书名目录，而缺少像《中国丛书综录》那样的总目分类目录、子目分类目录、子目书名索引、子目著者索引等，故使读者不能从总目、分类、书名、作者等各个角度去检寻。

第二节　从一般工具书中查找与音乐相关的字词

《说文解字》，汉许慎撰。全书原15卷，宋徐铉校定时，以其篇帙较大，乃将每卷分为上下，共30卷。段玉裁《说文解字注》卷数一仍其旧，只因第11篇上注文较多，遂将该篇一分为二，实际有31篇。书后附有段氏古音学著作《六书音韵表》5篇。全书共收字9353个，以小篆为主，兼收古文、籀文。按文字形体及偏旁构造分列540部，首创部首排列法。每字之下，先列篆书，有古文、籀文等异体的列为重文；字头之下的解释，先释义，再释形体构造，后注读音。该书总结了战国以来的“六书”理论，创立了较系统的解释文字的方法，并保存了大部分先秦字体和汉代以前的文字训诂，对研究我国古代语言文字做出了重大贡献。我们在阅读音乐古文献中，要了解某些字的原始含义，《说文解字》是一个重要的参考依据。如“乐”字，《说文解字》的释义是“五声八音总名，象鼓鞞”。据段玉裁的注释，乐就是木架上中间放置大鼓（鼓），两旁放置小鼓（鼙），以象征“乐器多矣”。但是，该书也难免存在着一些缺点和错误。如对一些字的解释故弄玄虚，牵强附会。如“示”字，《仓颉篇》作“现也”，这种诠释简单明了。而《说文解字》则云：“示，天垂象见吉凶，所以示人也；从二，三垂，日月星也。观乎天文以察时变。示，神事也。”还有这部书把部首分为540部，太为琐细，给检索带来困难。因此，早在宋代，文字学家徐铉就批评说：“偏旁奥密，不可意知，寻求一字，往往终卷。”①

《说文解字》问世一千八百多年来，专门研究其书者不下数百家，以清代学者的成就为大，其代表者有段玉裁的《说文解字注》，桂馥的《说文解字义证》，王筠的《说文释例》《说文句读》，朱骏声的《说文通训定声》，

---

① 徐铉《说文解字篆韵谱序》，载徐锴《说文解字篆韵谱》，影印文渊阁《四库全书》本，台湾商务印书馆。

素有《说文》四大家之称，其中段氏《说文解字注》是最为重要的著作。该注广搜材料，对许慎著书之条例，写作之旨意，融会贯通，从而发凡起例，进行阐述，详于注中，对读通《说文》有很大的启发和指导作用。该注还能在注文中提出许多新的看法修订前说，对词义的辨析有独到见解。如许书原文，讽、诵两字，互训义无区别；段注则依据《周礼·大司乐》注，谓“倍（背）文曰讽，以声节之曰诵”；“诵则非直背文，又为吟咏以声节之。《周礼》经注析言之，讽、诵是二，许统言之，讽、诵是一也”。《说文》对讽、诵两字没有加以辨析，段注却把它们分析出来了。当然，段注此书也并非十全十美，主要在于盲目尊许和过于自信，故很难发现许慎《说文》本身的谬误，有些结论也显得主观武断。但是，不管怎样，段氏《说文解字注》仍是目前最流行的版本。该书有嘉庆间原刻本、国学基本丛书本、万有文库影印本、世界书局1936年影印本。1981年，成都古籍书店影印段氏《说文解字注》，改名为《说文解字段注》。同年，上海古籍出版社也整理影印了段注原刻经韵楼藏版，在原本行间字距可能容纳的情况下，对全书加以圈点断句；对一些篆文有刊误及笔画有残缺者，均作适当的改正；篆体正文俱用相应的楷字注明于书眉上，相互对应，便于检认；在书末附检字表，按楷字画数次序编排。因此，上海古籍出版社1981年版《说文解字注》是目前最便于读者使用的版本。

《辞源》是我国近代以来编辑最早、规模较大的一部词典。该书由陆尔奎、方毅、傅运森等任编辑，商务印书馆1915年出版正编，1931年出版续编，后来又多次重印出版。全书收词目10万条，内容包括普通词语、成语、典故和人名、地名、书名以及专科术语等。1958年，根据与《辞海》《现代汉语词典》分工的原则，将《辞源》修订成一部大型古汉语词典。因此，新《辞源》删去了旧《辞源》中关于现代自然科学、社会科学和应用技术的全部新词，专收古代汉语词汇和成语，以及关于文史方面的百科性条目，收词一般止于鸦片战争。1961年出版了修订稿第一册。20世纪七八十年代，将全书分为四册出版。

新《辞源》在内容和编排体例上都大大胜于旧《辞源》。每个单字下注汉语拼音和注音字母，并加注《广韵》的反切，标出声纽。《广韵》不收的字，采用《集韵》或其他韵书、字书的反切。释义力求简明确切，凡见于《说文解字》的字，加注《说文解字》的解释。对词目的解释，用浅近的文言，注明其词的来源和它在使用过程中的发展演变。对引文的文字都作了复核，做到正确无误，并注出作者、篇目和卷次，便于读者检对原文。有的词目之末还列举了参阅书目。全书采用繁体字，书前有“部首目录”“难检字表”，书后有“四角号码索引”“繁简字对照表”。新《辞源》共收词目10万条左右，内容正确丰富，体例完备，查检方便，旧版的缺点大多得到纠正，成为一部专供阅读古籍用的有价值的工具书。

《辞海》，陆费逵、舒新城、张相等编，1936年中华书局初版，1947年修改后出合订本，1958年重印。旧《辞海》内容与体例和旧《辞源》基本相同。两书比较，《辞源》偏重于收古汉语词目，《辞海》则重点收百科性词目。凡是当时常见的、流行的语词，如书籍中的古今人名、地名、成语、典故，历史上重要的名物制度、各行各业的名词术语，乃至不断出现的各种新词，都加以收录，范围比《辞源》更广泛，内容比《辞源》更丰富。《辞海》的修订工作开始于1957年，根据与《辞源》《现代汉语词典》的分工原则，《辞海》侧重于综合性词典。1979年，上海辞书出版社出版了《辞海》3卷本，另有一种缩印的1卷本。新《辞海》共收单字14,872字，选收词目91,706条，包括成语、典故、人物、著作、历史事件、古今地名、团体组织以及各学科的名词术语等。所收词目，以解决一般读者在学习、工作中“质疑问难”的需要为主，并兼顾各学科的固有体系，释文用语体，主要是介绍基本的知识，力求简明扼要。书前有前言、凡例、部首表、部首查字法查字说明，书后有附录，计有“中国历史年表”“中国少数民族分布简表”“世界货币名称一览表”等13种和“汉语拼音索引”。全书用简体字，配有插图三千多幅。

1980年，上海辞书出版社还出版了《辞海》分册，共有语词、哲学、经济、政治法律、军事、国际、民族、宗教、历史、地理、文学、艺术、语言文字、文化体育、教育心理、理科、生物、农业、医药卫生、工程技术等20种分册。艺术分册分戏剧、电影、音乐、舞蹈、曲艺、杂技、美术、摄影等类，共收词目3812条，其中戏剧1179条，电影159条，音乐928条，舞蹈183条，曲艺、杂技163条，美术1086条，摄影114条。该分册所收音乐词目可与《中国大百科全书》（音乐舞蹈卷）互相补充参照。虽然其篇幅不大，释义也较简单，但是其所收的一些音乐词目是《中国大百科全书》（音乐舞蹈卷）所没有的，如《羯鼓录》《教坊记》《乐府杂录》《声律通考》等。当然，《中国大百科全书》（音乐舞蹈卷）所收录的一些词目则是《辞海》艺术分册所没有的，如《辞海》不收当代在世的艺术家和他们的著作，而《中国大百科全书》（音乐舞蹈卷）则予以收录。

《中文大辞典》，中国台湾《中文大辞典》编纂委员会编，中国文化研究所1962年出版第一册，至1968年出齐40册；1972年出版修订普及本，合为10册。全书收单字49,888个，词汇371,231条，是一部收录单字和词汇最多的中文大辞典。该书注意中国文字的源流，对于字形和字音依时代先后为次；字义按本义、引申义、假借义顺序排列。单字的采录，包括正体、或体、古字、略字及俗字、后起字，还列有历代文人学者所写的书法。其来源以《康熙字典》为主，并参考古代各种字书。词汇的采录，以成语、术语、格言、叠字、诗词语、人名、地名、职官名、年号、书名、动植物名、名物制度等为主，来源以经、史、子、集文献为主，参考类书和辞书。字义的解释，主要说明构造与本意，各种训义之源流，形音义三者之关系，及其疑义异说。字形，上溯甲骨、金文，以及篆隶楷草之变化，依其时代先后为次。字音，先注该字本义之反切，次列该字见于平水韵的韵目，后用普通话与拉丁字母注音。全书的编制是以单字带词汇，单字原则上按《康熙字典》的部首排列，再依字形起笔为序。全书第1册至38册为辞典正文；第39册为部首总索引，第40册为笔画总索引。

除此之外，有关此类的工具书比较著名的还有《康熙字典》《中华大字典》《大汉和辞典》等，限于篇幅，兹不一一介绍。读者使用大型工具书，如对其不够熟悉，不妨可先阅读其前言、凡例等，待对它的编排体例、检索方法有所了解后再动手查检，就会比较顺利地查到所要检索的内容。

第三节　从索引、引得、通检中查找与音乐相关的资料

索引、引得、通检指查考专书中字、词和句子出处的一种工具书，其特点是把某种书籍中的字、词或句子列为条目，按一定的方法进行编排，注明卷次、篇章、页码等项，以便了解字、词或句子出处。引得是英语index的音译词，意即指点，日本人译为索引。通检则见于我国古籍。我国目前比较常

见的是沿用索引这个名称。

专书索引按取材对象，大致可分为下列八类：1.专书逐字索引。这种索引的特点是把某一书中的每一个字都列为目，按一定的方法进行编排，后缀原书中包含该字的句子，并标明出处。它是专书索引中最为详细的一种，查一字，即可知该字出现在何处，出现过多少次。2.专书字词索引。这种索引不同于前者是以原书一定的字或词列为条目，虽然没有逐字索引那样详细，但作用较相近，仍然是一种用途较大的索引。3.专书词条索引。这种索引的特点是，摘取某书中的重要词语，列为条目，一般以人名、地名、书名等专有名词为主，也收录一些普通语词，加以综合编排。它虽然没有前面两类索引那么详细，但对查考原书的内容，也能提供一定的帮助。4.专书句子索引。前述三类索引都可查考句子，但是，还有一种仅以一种或几种书的句子列为条目，按每句首字笔画进行编排，专供查考句子出处的。这种索引，用处也不小。5.专书专名索引。这种索引只收录一书或若干书中的某种专有名词，如某某书的人名索引、地名索引。6.专书篇目索引。它是把某类书的篇名列为条目的索引，如《清代文集篇目分类索引》。7.专书引书索引。它是把某书中引用过的书名列为条目的索引，如《尔雅注疏引书引得》。8.专书作者索引。它是把某方面或某些书中的作者列为条目的索引，如《全汉三国晋南北朝诗作者引得》。[①]

由于各种专书索引既可从已知字、词或句子查出其在某书中的出处，也可以某一字、词作为关键词查阅其在某书哪些地方出现、出现过多少次，这对于研究者检索古籍来说颇为便利。因此，早在20世纪三四十年代，许多研究机构、学术团体及个人等就开始编纂此类工具书。其中比较著名的有哈佛燕京学社引得编纂处把四部要籍中的群经诸子、前四史、各史艺文志和食货志、宋辽金元明清传记、《太平御览》、佛道藏子目、文选、杜诗等书均编制成引得。中法汉学研究所也编辑出版《吕氏春秋》《论衡》等书的通检八部，后又以巴黎大学北平汉学研究所的名义，出版《山海经》《辍耕录》等书的通检六部。商务印书馆编辑出版了《十通索引》词条索引，开明书店编辑出版《二十五史人名索引》，著名学者顾颉刚编的《尚书通检》

① 王明根等《文史工具书的源流和使用》，上海人民出版社 1980 年版，第 137—138 页。

逐字索引，叶绍钧编的《十三经索引》句子索引，王重民编的《清代文集篇目分类索引》等。20世纪50至70年代，有些人继续编纂了一些专书索引，如《方言校笺及通检》《全上古三代秦汉三国六朝文篇名目录及作者索引》《史记人名索引》《后汉书人名索引》《三国志人名索引》《晋书人名索引》《隋书人名索引》等。这里值得提出的，上海古籍出版社于20世纪80年代大量影印了原哈佛燕京学社引得编纂处编印的各种引得和中法汉学研究所编印的一套通检等。由于燕京学社编纂的引得，编码按所谓“中国字庋撷”编排，其法先将单字分为五类，每类每字再确定五个号码，繁细难记，不易熟练掌握。因此，该社为方便读者，在重印时另行编制四角号码检字表及汉语拼音检字表，附印书后，供查检每一字的庋撷法号码之用。中法汉学研究所编印的通检，虽然已采用笔画排列，但该社在重印时也编制四角号码检字表，附于书后，使检索更加方便。

各种专书索引数量不少，这里不可能也没必要一一介绍，以下简介一些与音乐史关系较大者，使读者有一定的了解。

《周礼引得》附注疏引书引得，燕京大学1940年版，上海古籍出版社1983年重印。该引得以《四部丛刊》影印明翻宋岳氏刊本为准，摘取原书重要字词列目，下引包含该目的句子，后标该句出现的卷、页、面。各目按中国字庋撷编排，附笔画、四角号码和拼音检字，查考便利。又附《各版周礼卷页推算法》，以便查找其他版本。

《礼记引得》，燕京大学1937年版，上海古籍出版社1983年重印。该引得以上海锦章书局1926年影印江西南昌府学本《十三经注疏》的文字为准，凡名词及较重要的动词、形容词皆列为目，下引含有该目的句子，句后标明篇、节。各自按中国字庋撷法编排，附笔画、四角号码和拼音检字。又附《礼记篇次、节数表》和《开明版礼记节数与他版礼记页数互推法》，以便查找其他版本。

《荀子引得》附标校原文，燕京大学1950年出版，上海古籍出版社1986年重印。该引得和标校原文均以王先谦《荀子集释》为准。引得以原书一句为主，逐字或词排列，字或词下皆缀原句，句后皆标页次、篇次。引得按中国字庋撷编排，凡例后附笔画检字。

《吕氏春秋通检》，中法汉学研究所1943年出版，上海古籍出版社1986

年重印。该通检以商务印书馆《四部丛刊》影印明本为准，以词列目，下注该词所在句子；词目按首字笔画编排，一词多见的，则按原书卷、页顺序排列。通检旧版前有各目首字的法文英文拼音检字，以便不习惯用汉字笔画检字者；上海古籍出版社重印时在书后附四角号码检字表，使检索更加方便。通检前还附《各版吕氏春秋卷页推算法》，以便查找其他版本。

《史记及注释综合引得》，燕京大学1947年版，上海古籍出版社1986年重印。该引得依据1903年上海同文书局《二十四史》本，包括有名的三家注（刘宋裴骃《集解》、唐司马贞《索隐》、唐张守节《正义》）。此外，还收录了日本泷川资言的《史记会注考证》。这是一部词条引得，它摘取《史记》及上述注释中的人名、地名等重要词语列为目，目下注该词所在句子，句后标明出处。各目按中国字庋撷编排，附笔画和拼音检字。又附《各版史记卷页推算法》，以便查找其他版本。除此之外，燕京大学还编纂了《汉书及补注综合引得》《后汉书及注释综合引得》《三国志及裴注综合引得》等，其编纂体例均同于《史记及注释综合引得》。

最后举例三个，旨在使初学者比较具体地了解专书索引的几种查检方法：其一，通过笔画检字查寻。如查《荀子引得》中“音”字，在九画中查得“音”字为3/01982，这表明在Ⅲ（字体）01982数码，据此在该引得第383页查到“音”及以“音”为字首的“音声”词组。从该“音”字下所列，《荀子》中有包含“音”字的句子共有：其德O足以化之，33/10/32[①]；其德O足以填抚百姓，48/12/102；故厚德O以先之，57/15/95，123/11/123；郑卫之O，77/20/25；言O者予师旷，101/27/129；包含“音声”词组仅有：耳辨OO清浊，10/4/44。其二，通过四角号码检字查寻。如查《礼记引得》中的“乐”字，通过四角号码查得“乐”字为3/66362，这表明在Ⅲ（字体）66362数码，据此在该引得第291至295页查到“乐”及以“乐”为字首的“乐心”“乐之失”“乐之末节”“乐之道”“乐之文”“乐之官”“乐之象”“乐之器”“乐之反”“乐之情”“乐事”“乐吏之贱者”“乐天”“乐正”“乐正子春”“乐正子春之母”“乐人”“乐人之事”“乐食”“乐文”“乐章”“乐官”“乐学”“乐器”“乐群”“乐记”“乐师”“乐教”等词组。从该“乐”字下所列，

① O代表所查检之字“音”，33/10/32代表《荀子》正文第33页第10篇第32行，下同。

《礼记》中有包含“乐”字的句子共有二百七十多条[1]，因条目太多，这里不予胪列。兹举包含有“乐正”的句子：OO崇四术立四教，5/42；是月也命OO入学习舞，6/9；仲丁又命OO入学习舞，6/20；上丁命OO习舞释菜，6/20；上丁命OO入学习吹，6/89；OO司业，8/8。其三，许多引得以一句为主，逐字均列为目，只要查某句中任何一字，均可得知原句。如《周易·坤卦》有“履霜坚冰至”句，在《周易引得》各处做如下排列：

Ⅲ 73383 霜

履O坚冰至

76370 至

履霜坚冰O

84373 坚

履霜O冰至

Ⅳ 82243 履

O霜坚冰至

Ⅴ 01260 冰

履霜坚O至

由此可见，初学者利用索引，可在浩繁的文献中比较便捷地查阅到一些音乐史料。现在，随着计算机技术的突飞猛进，许多卷帙浩繁的古代文献可通过逐字索引准确快速地检索。如《二十四史》《四库全书》目前均有电子计算机逐字检索的光盘，比起上述手工检索的纸质载体在容量和速度上已是不可同日而语。但纸质载体的不受条件限制和无需付资料费、通讯费等，使其还不能完全被取代。因此，此处设专节予以介绍。

第四节　从音乐工具书中查找有关资料

中国音乐工具书目前已形成一定的规模，种类和数量不少，据初步归类和统计，主要者大致有以下九类：1.书目类。中央音乐学院中国音乐研究所编《中国古代音乐书目》，袁同礼编《中国音乐书举要》，中国艺术研究院

① 此“乐”字有两种含义，一是“快乐”之意，二是“音乐”之意。

音乐研究所编《中国音乐书谱志》（先秦—1949年音乐书谱全目），郭树群等编《中国乐律学百年论著综录》，陈建华、陈洁编《中国音乐理论书目大全》等。2.百科类。刘诚甫编《音乐辞典》，刘朴庵编《音乐辞典》，高天康编《音乐知识词典》，中国艺术研究院音乐研究所编《中国音乐词典》（正、续编），中国大百科全书总编辑委员会《音乐舞蹈》编辑委员会编《中国大百科全书》（音乐舞蹈卷），缪天瑞主编《音乐百科词典》等。3.曲集类。中国民间歌曲集成编委会《中国民间歌曲集成》，中国民族民间器乐曲集成编委会《中国民族民间器乐曲集成》，中国戏曲音乐集成编委会《中国戏曲音乐集成》，中国曲艺音乐集成编委会《中国曲艺音乐集成》，文化部文学艺术研究院音乐研究所、北京古琴研究会合编《琴曲集成》（影印本）。4.器乐类。梁广程、潘永璋著《乐器法手册》，中国艺术研究院音乐研究所编《中国乐器介绍》，吴言韪、陈少川编著《中国少数民族乐器大观》，杨德真、乐悦、王逊编著《中国民族民间乐器小百科》，何化均、张式业编著《实用民族乐器法》，刘东升主编《中国乐器图鉴》，刘瑞桢编绘《古今中外乐器图典》，应有勤等编《中国民族乐器图卷》，陈建华编著《管乐器手册》。5.人物类。曹惆生编《中国音乐舞蹈戏曲人名辞典》，北京语言学院中国艺术家辞典编委会编《中国艺术家辞典》，中国音乐家协会编《中国音乐家名录》，异天、戈德主编《中国当代艺术界名人录》，中国当代音乐界名人大辞典编委会编《中国当代音乐界名人大辞典》。6.戏曲曲艺类。上海艺术研究所、中国戏剧家协会上海分会编《中国戏曲曲艺词典》，中国大百科全书总编辑委员会《戏曲曲艺》编辑委员会编《中国大百科全书》（戏曲曲艺卷），李汉飞编《中国戏曲剧种手册》，何为、王琴编《简明戏曲音乐词典》，张丹中主编《中国古代戏曲辞典》，中国戏曲志编辑委员会编《中国戏曲志》。7.考古类。牛龙菲编《敦煌壁画乐史资料总录与研究》，黄翔鹏主编《中国音乐文物大系》。8.年鉴类。中国戏剧年鉴编辑部编《中国戏剧年鉴》，中国艺术研究院音乐研究所中国音乐年鉴编辑部编《中国音乐年鉴》。9.教育类。上海音乐出版社编《中小学音乐教师手册》，实用中小学音乐教师手册编写组编《实用中小学音乐教师手册》，黄凌编著《音乐教师进修指南》，上海音乐出版社编《校园文化活动手册》等。

这里必须说明的是，以上只是一种大致的分类，有的工具书可同属于两类。如《中国民族民间器乐曲集成》既可属曲集类，也可属器乐类；《中国戏曲音乐集成》既可属曲集类，也可属戏曲曲艺类。以上各类音乐工具书中，这里仅举例简介书目类和百科类，曲集类、考古类则在本书另外专章介绍。

《中国音乐书谱志》（先秦—1949年音乐书谱全目），中国艺术研究院音乐研究所编。该书具有联合目录的性质，共有37个图书馆参加，收录国内先秦至1949年之间的中国音乐图书五千余种，包括音乐、歌舞、戏曲、曲艺等各种书目。书目范围除正式出版的图书、乐谱外，还收入了珍贵的抄本、油印本，书末附有索引及待访和散佚的古代书目。该书于1984年第一次出版，1994年第二版时，增补了李文如先生编的1906年至1949年出版的153种中文音乐期刊、8种音乐报纸和46种报纸音乐副刊的名录。这是迄今为止有关音乐书谱报刊方面最完备的书目。该书目按类目分，有关其分类的详细情况，请参见本书第二章音乐文献的目录部分。同类目中的图书，主要按编写年代先后排列，有时为查找便利起见，或照顾册次的顺序将同一作者集中排列。一书包括若干篇，或丛书中包括若干种，其各篇、各种不同类者，各入其类。一书可入两类者，两类内互见。古代音乐理论、典制部分多非专书而包含在史书、文集或丛书之中。这类书，则只收其可以自成篇章的有关部分，在括号内注明所收篇章的篇名或卷数于书名之后。这类书，大多数图书馆均有收藏，而且版本较多，该书目只著录最常见的版本及中国艺术研究院音乐研究所图书馆的代号。曲谱部分中，昆曲曲谱有的用戏名，有的用折名，各图书馆不统一。该书目一仍各馆原著录用名，其用折名者，则尽量查明戏名以括号注于后。该书目著录项目包括条目编号、书名、册数（卷数）或篇名、作者、成书或出版年代（版次或版本）、印本、谱别、出版者、藏馆代号等项。该书目分前期和后期两大部分，以辛亥革命为上、下限；前期部分从先秦至1911年，后期部分从1912年至1949年。书后所附书名索引、报刊名索引采用汉语拼音检索法，书名索引分为检索代号、书名和本书条目编号3项。

《中国音乐理论书目大全》，陈建华、陈洁编纂。该书目可与《中国音乐书谱志》在时间上衔接，编录了1949年至1999年出版的音乐著作与曲谱等。该书目共分为5大类：第一类音乐理论，包括概论·专论·杂论、音乐教育、基本乐理、视唱练耳、民族民间音乐；第二类音乐史纪，包括中外音乐史、音乐家评传；第三类音乐创作，包括和声学、对位法、曲式学、配器法、作曲法；第四类音乐表演，包括声乐演唱、管弦乐器、民族乐器、键盘乐器、其他乐器、指挥法；第五类音乐欣赏，包括音乐欣赏、音乐工具书。该书所收每本书目分4项著录：1.书名（较重要的书谱附有解题）；2.著译者或前人著作的校点注释者及其著作方式；3.出版者；4.出版时间。该书虽名为音乐理论书目，但其实也收录了大量的曲谱。还有在归类上有些地方显得不够严谨，如把音乐工具书归于第五类音乐欣赏之下，以及在第一类音乐理论之下民族民间音乐目中列有大量戏曲唱腔选集，而且好多唱腔选集并无理论文字。该书虽然篇幅不大，按类目查检不会很困难，但作为工具书如能附有书名检索表，对读者将更为方便。

《中国音乐词典》（正、续编），中国艺术研究院音乐研究所中国音乐词典编辑部编。该词典分正编、续编两册。正编所收条目，包括中国音乐的乐律学、创作表演术语、历代的乐种、制度、职官、机构、书刊、人物、作品，以及歌曲、歌舞音乐、曲艺音乐、戏曲音乐、器乐、乐器等的有关名词术语，共3560条（其余参见目800条）。为使读者对中国音乐有更具体的了解，该词典附有谱例、图片、音乐家头像。作品（包括剧目、曲目）凡录制有唱片的，也尽量写明唱片号。正编所收人物一般只限古代音乐家、近代现代已故音乐家（包括戏曲、曲艺音乐家），仅收极少数在世音乐家；作品、著作限收中华人民共和国成立前有影响、有代表性的；歌舞、曲艺、戏曲一般只收与音乐有直接关系的。续编在时间上与正编衔接，主要收录中华人民共和国成立以来至1985年的音乐家、音乐作品、音乐书刊、音乐学校、音乐机构、团体等，还有一部分条目属于对正编的“补遗”，共计选收词目1630条。词典按词目第一句的汉语拼音字母顺序排列。第一字同音时，按阴平、阳平、上声、去声的声调顺序排列；第一字完全相同的，按第二字的上述顺序排列。词典正文后附有词目分类索引和笔画索引，检索方便。该词典词目数量多，内容丰富，释词简明准确，荟萃了我国音乐研究的成果，是一部很有参考价值、用途广泛的综合性工具书。

《中国大百科全书》（音乐舞蹈卷），中国大百科全书总编辑委员会《音乐舞蹈》编辑委员会编。该书分音乐、舞蹈两部分，音乐部分所收条目包括音乐学、音乐基础理论、作曲技术理论、音乐体裁（中国民歌、歌曲、中国民族器乐、外国器乐、中国歌舞音乐、曲艺音乐、戏曲音乐、歌剧、舞剧音乐、配剧音乐、电影音乐、宗教音乐、古典音乐、严肃音乐、通俗音乐、军乐）、人声与歌唱艺术、乐器与演奏艺术、指挥、音乐录制、中国古代音乐、中国近现代音乐、中国少数民族音乐、外国音乐、著名音乐家等。该书在条目分类目录之前附有一篇介绍音乐学科内容的概观性文章；在分类目录中还注意反映条目的层次关系，如音乐体裁下有民歌、中国民歌、山歌等各层次。较长条目设置释文内标题，标题层次较多的条目，在释文前列有本条释文内标题的目录。在重要条目的释文后附有参考书目，供读者选读；并配有必要的插图，以帮助读者更形象具体地了解词目的内容。

该书条目按条目标题的汉语拼音字母顺序并辅以汉字笔画、起笔笔形顺序排列。同音时按汉字笔画由少到多的顺序排列，笔画数相同的按起笔笔形横、竖、撇、点、折等顺序排列。第一字相同时，按第二字，余类推。条目标题以拉丁字母开头的，排在汉语拼音相应字母部的开头部分；条目标题以希腊字母开头的，按希腊字母的习惯发音，分别排在汉语拼音字母部的相应位置。该书在词目正文前有条目分类目录、彩图插页目录，词目正文后有音乐大事年表、汉字笔画索引、外文索引、内容索引，并附繁体字和简化字对照表、外国人名译名对照表等，使读者可从各个角度进行检索，甚为方便。

该书与《中国音乐词典》《辞海·艺术分册》相比，最大的特点是比较全面、详尽、准确地叙述和介绍音乐学科的有关词目，如词目燕乐二十八调、朱载堉、《礼记·乐记》等的释义，都是有关这一问题研究的简要总结，体现了当代有关学术成果。因此，该书可供读者作为进入音乐学科各领域并向纵深前进的桥梁和阶梯。

第十五章

机读型音乐文献

1877年，爱迪生发明留声机和录音筒，标志着音乐文献有声记载的开始。随着科技的进步，蜡质、胶质、磁质、光质等材料陆续进入音乐文献载体的行列。与甲骨、金石、竹木、缣帛、纸张相比，这些新型载体具有"无形"的特点，即人们无法直接用眼睛、耳朵直接看到或听到它们承载和传播的音乐信息，必须借助一定机器设备（留声机、录音机、CD机、VCD机、电脑等）的运行和转换，才能进行阅读聆听。从这个意义上说，可以将这一类新型的文献载体统称为"机读型音乐文献"。换言之，蜡质、胶质音乐文献就是通常所称的唱片，磁质音乐文献就是通常所称的磁带、录像带等，光质音乐文献即通常所称的光盘等。

第一节 蜡质、胶质音乐文献

作为音乐文献载体形式，蜡和胶先后曾被用来制作唱片。这种载体形式的音乐文献曾在中国盛行一时，直至20世纪60年代后，才逐渐为磁质和光质载体所替代。

1877年爱迪生成功研制出录音筒之后数年，经过贝尔（Alexamder Graham Bell）、丁特（Charles Tainter）等人革新，录音筒从锡箔转为蜡质。1887年，埃米尔·伯利纳（Emil Beliner）根据录音筒的原理，研制成一种唱针头由盘心向外运动的单面盘式唱片，奠定唱片工业的基础。20世纪初欧洲出现唱针头由外向盘心运动、每分钟78转的双面唱片。20世纪中叶美国哥伦比亚公司推出每分钟45转和每分钟$33\frac{1}{3}$转的慢转密纹唱片。

1958年，立体声唱片取代单声道唱片，大大提高录音的品质。78转/分的唱片大多数是虫胶唱片，由紫胶虫等昆虫分泌的胶汁等材料制成。经改进，后采用聚乙苯等塑胶材料。这种唱片的生产程序是：采用传声录音的原理带动刻刀在蜡盘（后改为涂有塑胶表皮的铝盘）上制作母版，在母版上镀一层金属制成唱片模版。然后将塑胶放在模版中间，前后加压并加热，冷却后即成一张唱片，若用2个模版即可压制成一张双面唱片。

据上海《飞影阁画报》记载，至迟在1890年滚筒式留声机就已经传入中国。部分艺人曾用“留音蜡筒”技术灌录过戏曲唱段，如汪桂芬灌录的《朱砂痣》中的二黄原板一段和《捉放曹》西皮慢板中的两句，梅雨田灌录的胡琴牌子曲等。但由于蜡筒失真严重、容量小、不易保存，很快就被圆盘唱片取代。

20世纪上半叶中国除了国内的英商百代、大中华、胜利3家公司自行生产唱片外，国外唱片公司也频频来华录音制作唱片。一时之间，涌现出数十种的唱片品牌，其中较知名的有“百代”“丽歌”“胜利”“宝塔”“大中华”“高亭”“蓓开”“新月”“长城”“开明”“和声”“歌林”“国乐”“昆仑”“新乐风”“双龙”“得胜”“峨眉”“福泰”“宝利”“荣利”“百乐”等。近50年时间里，出版的粗纹唱片数达六十余万张。

中华人民共和国成立后，在对老唱片公司进行重组改造的同时，又于1958年成立中国唱片社。同年，中国唱片厂试制成功的密纹唱片使唱片品种、唱片容量和制作质量都得到大幅度提高，缩小了和世界先进水平的差距。据中国音像商务网的统计，从1949至1966年，中国唱片厂及其前身出版各种牌号的唱片计17131个片号，平均每年出版1047个片号，共生产唱片7046. 73万张，平均每年生产440. 42万张。

1982年，立体声薄膜唱片试制成功。中国唱片公司一方面对质量较好的老唱片进行再版，如《金嗓子周璇歌曲选》等；一方面也发行不少新的专题唱片和艺术家专辑唱片，如《群众歌曲二百首》《中国管弦乐作品选》《中国民歌选》《中国旋律轻音乐》《刘天华作品集》《郑律成声乐作品集》《李双江独唱歌曲选》《叶佩英独唱歌曲选》《吴天球独唱歌曲选》《盛中华小提琴独奏曲选》《洞庭秋思》等。

根据唱片音乐的内容，大致可分为戏曲、曲艺、歌曲、器乐四大类，下面分别加以介绍。

一、戏曲唱片

作为具有广泛影响的剧种，京剧在诸多剧种中深受唱片公司青睐，中华人民共和国成立前即相继有二百五十余名京剧演员应约灌制唱片，其中又以老生、青衣两项数量最多。

灌录老生行当的有谭鑫培、余叔岩、言菊朋、马连良、王又宸、王少楼、林树森、高庆奎、贯大元、谭富英、周信芳、露兰春等人。比较有代表性的有谭鑫培的《洪羊洞》《卖马》《庆顶珠》《战太平》《碰碑》《乌盆记》《捉放宿店》《四郎探母》《桑园寄子》等，余叔岩的《搜孤救孤》《珠帘寨》《洪羊洞》《战太平》《状元谱》《乌盆记》《八大锤》《鱼藏剑》《李陵碑》《空城计》《捉放曹》《失街亭》《乌龙院》《打渔杀家》《打严嵩》《摘缨会》等，言菊朋的《卧龙吊孝》《二进宫》《捉放曹》《定军山》《空城计》《碰碑》等。

灌录青衣、花衫行当的有梅兰芳、程砚秋、陈德霖、尚小云、荀慧生、徐碧云、雪艳琴、张君秋、新艳秋、潘雪艳等人。其中以梅兰芳的唱片最具代表性，仅在1920至1936年间，梅兰芳就录制了18批一百七十多面唱片。其中绝大多数都遵循"新旧并举"的思路，每一批唱片中既有他开创的"新戏"，又有传统老戏。如1923年由百代公司录制的六面唱片中，《霸王别姬》《西施》《洛神》是梅兰芳独创的古装戏，《春秋配》是据旧本创作的新剧目，《女起解》虽是老戏，但其中的"反二黄"却是新的唱法。中国唱片社出版部曾整理《梅兰芳唱片和音响资料统计》，刊载于1962年《上海戏剧》，可供参阅。

小生行当唱片有姜妙香《黄鹤楼》《四郎探母》，俞振飞《未央宫》《白门楼》等；武生行当有杨小楼《野猪林》《长坂坡》《汉津口》等；老旦行当有李多奎《滑油山》《目莲救母》等；大面行当有金少山《铡美案》、郝寿臣《鸿门宴》、董俊峰《群英会》、裘桂仙《五台山》等；丑行当的有王华甫《化子拾金》、萧长华《蒋干盗书》、周五宝《小放牛》、筱文林《猪八戒招亲》、詹世辅《丑荣归》、景玉峰《荡湖船》等。

除京剧外，其他剧种也在同时期灌制了数量不等的唱片。如越剧有：

小山宝《卖小糖》，月月红《玉蜻蜓·游庵认母》，楼天红《双镜花·大堂认妻》，支维永《双珠凤·送花楼会》《梁山伯十八相送》，王永春《孟丽君·游上林苑》，张雪芳《相骂本》，施银花《孟丽君看图》《劝秋香》，支兰芳《黛玉葬花》《英台哭灵》，姚水娟《泪洒相思地》《西施浣纱》，竺素娥《龙凤锁·借红灯》《严兰贞索夫》，袁雪芬《绝代艳后》《山河恋》《新梁祝哀史》，徐玉兰《珍珠塔·方卿唱道情》，王文娟《珍珠塔·哭塔》，尹桂芳《贾宝玉哭灵》，玉牡丹《黛玉焚稿》。评剧有：张金红《王小赶脚》《兰桥会》，张乐宾《女秀才移花接木》，金开芳《花魁从良》《循环报》，花莲舫《李桂香打柴》《书囊记》，李金顺《花为媒》《王少安赶船》《不自由的婚姻》《芙蓉花下死》等，白玉霜《双蝴蝶》《杨乃武与小白菜》《活捉王魁》等，刘翠霞《金鱼仙子》《三女性》《一元钱》等。河北梆子有：金刚钻《蝴蝶杯》《秦香莲》《回荆州》《烧骨记》，小香水《桑园会》《南天门》《辕门斩子》《南北合》，云笑天《让成都》《男起解》，王金城《江东计》《战北原》，秦凤云《暗室青天》《珊瑚传》等。乐亭影戏有：李秀《双挂印》《讨荆州》《连环计》《报仇升天》《芦花记》等，张绳武《张彦观画》《天河配》《武家坡》《二度梅》《打棍出箱》等，齐怀《洞庭湖》，康雅亭《打銮驾》。粤剧有：九叔等《拜金花》《苦尽甘来》，马师曾《宝马情姬》《野花香》，半日安《假龙戏凤》《敌忾同仇》，吕文成《红颜白骨》，谭伯叶《打倒汉奸》《蓬仙艳史》《闺留学广》等。昆曲有：韩世昌《疑梦》《瑶台》《偷诗》《游园》《絮阁》，项磬吾《紫钗记·阳关》《牡丹亭·惊梦》《长生殿·絮阁》，俞振飞《玉簪记·琴挑》等。潮州剧有：《石人寻春》《崔如玉》《空谷兰》《文武香球》《唱和山歌》《收蜈蚣精》《梅妃弹琴》《白玉仙》《仁宗会母》《哭街》《云台山》《何文秀》等。川剧有：薛艳秋《秋围报》，陈国藩《困夹墙》，萧克琴《桃花山》，肖楷成《刀笔误》，贾培之《辞曹归汉》，黄佩莲《九华宫》，琼莲芳《杜十娘怒沉百宝箱》，杨云凤《阴阳告》等。滇剧有：李少兰《春秋配》，云何老人《勾践回越》，汪润泉《莺莺听琴》，周锦堂《渡泸江》，挽君《兴汉图》，董竹君《游御园》，栗成之《孔明拜江》等。山西梆子有：十三旦《双锁山》《钉缸》，丁巧云《白蛇传》《芦花记》，丁果仙《法门寺》《牧羊卷》，刘芝兰《走雪山》，筱金梅《金山寺》等。山东梆子有：金蜜蜂《哭剑》，筱海香《三烈配》，孙敦平《玉虎坠》《复楚国》，宝玉谦《八宝珠》。河南梆子有：司凤英《刀劈杨藩》，陈素贞《春秋配》，常香玉《秦雪梅》等。汉剧有：李彩云《三休樊梨花》，刘炳南《收姜维》，余洪元《八义图》等。沪剧有：姚素珍《大出灯》，丁少兰《卖妹成亲》，王筱新《盘夫赠银》，孙是娥《贩子回头》等。闽剧有：傅意依《婆媳盘答》，刘元桂《紫玉钗》，林芝芳《凌秋娟哭诉》，郑奕奏《百蝶香柴扇》《晴雯补裘》等。

二、曲艺唱片

20世纪上半叶先后有二百多名艺人灌制曲艺唱片，涉及近30个曲种。鼓词由于其广泛的民间基础，其唱片数量也相对较多。如京韵大鼓有：刘宝全《大西厢》《古城相会》《丑末寅初》《单刀会》《群英会》《华容道》《南阳关》《博望坡》，白凤鸣《战岱州》《七星灯》，王凤友《马失前蹄》《王二姐思夫》等。梨花大鼓有：赵大玉《古城会》，筱艳芳《宝玉探病》《空城计》等。梅花大鼓有：花四宝《鸿雁捎书》《陈杏元和番》，金万昌《大观园》等。奉天大鼓有：马宝山《忆真妃》，朱重珍《高君宝下南唐》等。乐亭大鼓有：王佩臣《妓女悲秋》《独占花魁》。八角鼓有：何质臣《秋声赋》，常澍田《胭脂》等。平津什鼓有：什不闲《王大娘锯大缸》，赵小福《秦楼悲秋》《喜荣归》，高五姑《哭五更》《七月七》等。

其他曲种的唱片如弹词有：沈俭安、薛筱卿《珍珠塔》《写家信》《初到襄阳》《打三不孝》《看灯》《赠塔》《婆媳相会》，范雪君《秋海棠》，李伯康《杨乃武》等。苏滩有：王美玉等《哭七七》《杨柳青》《玉兰游四门》《新马浪荡大九连环》《借茶》《新梅花落》《小尼姑下山》《张生进殿》《卖草囤》，庄海泉《滑稽道场》《卖青炭》《宣卷十字赞》等。山东琴书有：商业兴《包公案》《杨家将》《王天宝下苏州》，邓九如《老少换妻》《吕洞宾戏牡丹》《梁山伯下山》《刘伶醉酒》等。四川琴书有：李德才《陈姑赶潘》《孙夫人祭江》《满江红》，郭敬之《渔父辞剑》。河南坠子有：乔清秀《双锁山》《吕蒙正赶斋》《兰桥会》《因果报》《昭君出塞》《风仪亭》《三堂会审》《宝钗扑蝶》，董桂芝《祝英台闹五更》《哭长城》《俞伯牙摔琴》，马喜凤《白罗扇》《青蛇探塔》等。

三、歌曲唱片

1931年，黎锦晖率歌舞团为大中华公司灌制他本人创作的10部歌舞剧的歌曲和“家庭爱情歌曲”，揭开了大量录制歌曲唱片的序幕。此后，歌唱家、歌舞团、电影艺人、民间艺人纷纷加入这一行列，使歌曲唱片数量剧增。

歌曲唱片较多由歌、影艺人演唱录制，黎明晖、王人美、黎莉莉、周璇、白虹、王人艺、徐来、周曼华、李香兰、龚秋霞、李丽莲、李丽华、姚莉、严华、严斐等人先后在百代、胜利、大中华公司录制了一批广泛传唱的歌曲。如黎明晖的《梧桐雨》《卖花词》《雪中行军》《麻雀与小孩》《晚来香》，黎莉莉的《新凤阳歌》《妹妹我爱你》《狼山谣》，王人美的《渔光曲》《铁蹄下的歌女》《梅娘曲》《长恨歌》《伏尔加船夫曲》等，周璇的《天涯歌女》《四季歌》《何日君再来》《拷红》《采槟榔》《花样的年华》《夜上海》《高岗上》《花外流莺》《凤凰于飞》《莫负青春》《苏武牧羊》《解语花》等，白虹《春天的降临》《勇健的青年》《祝你晚安》《夜半行》《郎是春风日》，龚秋霞的《蔷薇处处开》《秋水伊人》《女神》《花一般的梦》《卖报歌》，姚莉的《玫瑰玫瑰我爱你》《卖相思》《恭喜恭喜》《秋的怀念》《春风吻上我的脸》《月下对口》《苏州河边》，李香兰的《夜来香》《海燕》《满洲姑娘》《卖糖歌》《花香为情郎》《苏州夜曲》《忘忧草》《第二梦》，白光的《葡萄美酒》《如果没有你》《莫负今宵》《柳浪闻莺》，李丽莲的《广州小姐》《花生米》《牧歌》；辛瑞芳的《抗战进行曲》《满江红》《烽火恋歌》，叶成沛的《伟大中华》《抗战到底》，金焰的《大路歌》《开路先锋》《告别南洋》《桃花扇》，胡蝶的《十九路军》《姐妹花》《空谷兰》等。

在通俗歌曲风靡于大中城市时，声乐表演艺术家也录制了一批高质量的歌曲，但数量相对较少。主要有周淑安《安眠歌》《蚂蚁爱工作》《大公鸡》《外婆桥》《我的世界快乐多》，应尚能《小诗思乡》《教我如何不想他》，郎毓秀《离思》《怀古》《大军进行曲》《爱的呼声》《新婚的甜蜜》《杯酒高歌》《天伦歌》《飘零的落花》《满园的春色》《狂欢之夜》，喻宜萱《郊游》《慈母心》《晚祷》《康定情歌》《夜思》，周小燕《红豆词》《长城谣》等。

四、器乐唱片

与其他种类相比，近代器乐唱片数量较少，其中中国传统乐器演奏的多，西洋乐器演奏的少；合奏形式的多，独奏形式的少；传统音乐作品多，新音乐作品少。[①]

中国传统器乐方面的唱片包括古琴、琵琶、胡琴、扬琴、三弦、单弦、唢呐独奏和器乐合奏等形式。古琴有：卫仲乐《阳春曲》《醉渔唱晚》《阳关三叠》，徐元白《渔樵问答》，夏一峰《良宵引》《静观吟》；胡琴有：孙佐臣《夜深沉》《哭皇天》《反哭皇天》《柳青娘》《小开门》《反八板》《万年欢》，陈彦衡《傍妆台》《柳青娘》《山坡羊》，陈道安《到春来》《柳青娘翻七调》，杨宝忠《夜深沉》《梅花三六》《万年欢正反八岔》；扬琴有：罗绮云《新连环扣》《倒垂帘》，任悔初《花六》《花三六》，李德才《将军令》；三弦有：韩云波《夜深沉》《什牌子》，沈易书《武家坡》《莲英梦惊》《三娘教子》；琵琶有：卫仲乐《塞上曲》，刘天华《飞花点翠》《歌舞引》，王君仪《长相思》《红叶》；单弦有：笑楼居士《彩楼配》《武家坡》《三娘教子》《四郎探母》；唢呐有：任启瑞《句句双》《大姑娘美》；器乐合奏有：百代乐队《翠湖春晓》《金蛇狂舞》《高山流水》《鹧鸪飞》《湘江曲》《虞舜熏风曲》，公益国乐社《雁儿落》《南正营》《到春来》《柳青娘》，北平乐家《小开门接夜深沉》《柳青娘接八板》《八岔接哭皇天》《傍妆台》《银鼎客》，潮州公益社《寒鸦戏水》《串珠帘》《迎仙客》等。

以西洋乐器灌录的唱片中，口琴由于其价廉普及而占据多数，如王庆勋《小夜曲》《浮士德》《龙翔凤舞》《汉宫秋月》《小桃红》《风流寡妇》《连理枝》《巴黎巡礼》，石人望《双双燕》《凤凰于飞》《双鹰进行曲》《春花圆舞曲》，李厚襄《牧歌》《快乐家庭》《百花歌》《林间》《蝴蝶夫人》，王庆隆《化妆舞》《春之花》等。此外，上海工部局乐队也录制过《北平胡同记》《都市幻想曲》《灾民进行曲》《我们都是穷朋友》《贵人的快乐》《贵人的悲哀》《中国交响乐》《饥饿线上》《羔羊的血泪》《羔羊的安慰》《怒吼吧羔羊》等唱片。

蜡质、胶质唱片的出现，是音乐文献载体发展史的一个划时代革新。它

---

① 徐羽中《二十世纪上半叶中国唱片研究》（福建师范大学硕士学位论文），第59页。

对音乐信息保存的完整、直观和形象，是任何一种记谱法或文字记载所无法企及的。但与近现代纸质音乐文献相比，目前对蜡质、胶质音乐文献的整理和研究还显得较为薄弱。1949年后，中国唱片社曾从百代公司遗留下来的三万四千多面旧唱片模板中整理出近一万两千面的唱片模版资料，于1964年编成《中国唱片厂库存旧唱片模版目录》(内部刊物)。

第二节　磁质音乐文献

磁质音乐文献主要指磁带、录像带，其核心部分由磁膜和底层材料组成。磁膜一般是一些金属氧化物颗粒，如含钴的γ一三氧化铁、四氧化三铁、二氧化钴、铁钴镍等，底层材料一般采用塑料或金属(早期是纸)，是磁膜的附着物。录制时，使用特定设备将声音(图像)转化为有规律的电信号，使在磁头下运行的磁膜进行有选择的磁化，记录下所需的信息；播放时，通过将磁膜上的磁信息转变为电信号，再通过相关的设备，可以再现其记录的声音或图像等信息。

1953年，上海钟声电工社试制出中国第一台磁带录音机。经过不断地改进，1979年5月，太平洋影音公司成立，推出中国第一盒卡式立体声录音磁带《朱逢博独唱歌曲选》，品牌“云雀”，标志着我国用现代化设备生产和发行盒式带的开始。同年10月该公司又推出我国第一盒录像带《中国录影集》。由于盒式带易于携带、操作简单，很快就成为一种重要的音乐文献记录载体。如20世纪90年代，由日本株式会社和中国民族音像出版社联合出版的《天地乐舞——中国五十五少数民族民间传统艺能大系》就是一部介绍中国各少数民族音乐艺术的录像文献。限于篇幅，本节侧重于对录音磁带音乐文献的介绍。

磁带录音机出现伊始，我国音乐界的前辈们借助它们记载了许多宝贵的资料。早在1950年，杨荫浏、曹安和先生就亲赴无锡，抢救性地发掘并录制阿炳(华彦钧)的二胡独奏曲《二泉映月》和琵琶独奏曲《大浪淘沙》等曲目。它们与同时期所录的苏南吹打曲、十番锣鼓及稍后所录的河南曲子、西安鼓乐、上海地区的琵琶曲和昆曲、湖南民间音乐和管平湖等名家演奏的古琴曲，都已成为不可再得的“国宝级”音响录音资料。尤其是1956年中国艺术研究院音乐研究所资料室音档组成立后，其采制录音资料的范围空前扩大，采风足迹不仅遍及大江南北的各类民俗文艺活动，而且还邀请民间艺人、团体前来录音，或在各种汇演或观摩演出会上现场采录音响资料。经过几代人的努力，截至1994年，其收藏的录音带达八千余小时，成为中国音乐音响资料搜集的重要基地。在已正式出版的音像资料中，存在曲目重复收录的现象，而部分未能出版的资料却极具文献价值。考虑到本书使用对象多为音乐学专业的学生，故以中国艺术研究院音乐研究所所藏中国音乐音响资料为中心进行介绍。关于商业、娱乐等性质的音像出版资料，兹从略。

一、歌曲录音资料

歌曲录音可分古代歌曲、民间歌曲、现代创作歌曲三项。

古代歌曲曲谱遗留至今的主要有姜白石歌曲、魏氏乐谱、词调、琴歌等，这部分录音虽非古人直接演唱，但可以帮助今人直观地掌握古乐的风格，如姜白石《暗香》《鬲溪梅令》《长亭怨慢》《角招》《霓裳中序》，《魏氏乐谱》中的《陇头吟》《清平调》《秋风辞》，琴歌《凤凰台上忆吹箫》《胡笳十八拍》《浪淘沙》《鹿鸣》《阳关》《渔樵问答》等，词调《八声甘州》《六州歌头》《临江仙》等。

民间歌曲虽然在音像市场的占有份额上不及流行歌曲，但其蕴含的文献价值却丝毫不逊色。除了各研究团体、个人系统地采录民歌录音外，朱仲禄、宝音德力格尔等民间歌手的演唱专辑也向社会公开发行。对民歌研究者而言，不仅要充分运用民歌手留下来的录音，而且还要进行不同录音版本之间的比较。众所周知，民间歌曲在流传中由于多方面的因素，往往容易产生变异，形成庞大的“同宗民歌”曲调家族。它们既保留了母体的若干共性，又繁衍出枝繁叶茂的个性，不仅演唱者之间存在差异，甚至同一演唱者在不同时间、不同场合中的演唱也会发生变化。从文献学的角度而言，要准确地对民歌的形态特征加以分析，就必须尽可能多地参考不同的演唱版本。以《茉莉花》为例，至少有数十个不同版本的录音文献，兹选取部分版本列表如下：

流传地区	演唱者	录音时间[①]	流传地区	演唱者	录音时间
河北塘沽	刘玉婉	1985.1987	河北宝坻	于淑珍	1985. 1987
河北昌黎	曹玉俭	1960.1963.1964.1978.1987.	河北昌黎	刘荣德	1978
河北滦县	刘相林	1963	河北滦县	石玉琢	1978
河北唐山	刘相林	1963	河北沧州	皮冬菊	1978
河北蓟县	杜芳	1963	河北南皮	李玲	1978
山西临汾	单秀荣	1983	山西运城	郝丹玉	1987
辽宁	单秀荣	1987	东北地区	郭颂	1987
江苏扬州	陈鸿虹	1978	山东聊城	佚名	1962

仔细聆听之下，每个版本在音调旋法、唱词、润腔等方面都有各自的特色，所以民歌研究者既要充分运用已有的录音文献，更要学会自己动手、采集现场录音。

现代创作歌曲中，流行歌曲占相当大的分量。自李谷一、朱逢博、程琳等人率先推出自己的个人演唱专辑后，“西北风”、俚俗歌曲、港台歌曲、摇滚歌曲、亚运歌曲、甜歌、情歌等先后充斥音像市场。1988年后，随着卡拉OK这一新的娱乐形式的出现，卡拉OK伴奏带的数量激增。面对不同阶层广泛的市场需求，个别音像公司也曾发行过一些格调不高的盒带。经过政策和舆论的引导后，音像界逐渐迈上健康发展的步伐，出版了一批格调清新、广为传唱的作品，如李谷一《小路》，谢莉斯、王洁实《龙的传人》《笑比哭好》，施鸿鄂、朱逢博《故乡之路》，陈蓉蓉《五彩缤纷》，苏小明《大海的歌》，关牧村《绿色的小雨》，吴国松《点点雨露》，程志《告别海港》，成方圆《梦中的妈妈》，郑绪岚《多情的土地》，沈小岑《谢谢你》《长城谣》，广州部队战士歌舞团《我爱你，中国》等。1991年5月，《中华大家唱〈卡拉OK〉曲库》首次发行，其出版的歌曲，包括30年代优秀歌曲、革命历史歌曲、民族歌剧、戏曲选曲、优秀通俗歌曲及部分较好的港台歌曲和外国名曲，其录音带的销售量一年内就高达200万盒[①]。与此同时，各类经典老歌、军歌以及施光南、王立平、王酩等人创作的艺术歌曲也深受群众的喜爱，如《红太阳》《黄河大合唱》《外国歌曲200首》《难忘的歌》《60首军歌联唱》《在希望的田野上》《红楼梦音乐》等畅销一时。

① 《音乐周报》，1992 年 2 月 14 日第 4 版。

二、曲艺音乐录音资料

音乐研究所采集到的曲艺音乐录音涉及全国一百五十多个曲种，录音资料较丰富的有八角鼓、白族大本曲、大调曲子、单弦、河北小调、河南坠子、湖南丝弦、锦歌、京韵大鼓、青海平弦、山东琴书、陕北道情、四川清音、苏州评弹、西河大鼓、扬州清曲等曲种，荟萃一些流派代表性人物的唱段。

如京韵大鼓方面有白凤鸣的《春景》《大战飞虎山》《风雨归舟》，骆玉笙的《丑末寅初》《伯牙摔琴》《风雨归舟》《和氏璧》《红梅阁》《击鼓骂曹》《祭晴雯》《文人与酒》《卧薪尝胆》《子期听琴》《正气歌》，良小楼的《党的好女儿徐学惠》《李逵夺鱼到江边》，小映霞的《红旗飘》《神仙改行》。

又如苏州评弹有徐天翔的《宝莲灯（点绛唇）》《宝莲灯（离魂）》《宝莲灯（乱鸡啼）》《宝莲灯（钮转调）》《宝莲灯（三环）》《龙女牧羊》，薛筱卿《宝玉夜探》《珍珠塔》，蒋月泉《刀会》《玉蜻蜓·认母》《战长沙》，钟月樵《宫怨》《费家调》《林冲·贞娘自叹》《石榴红·土改》，朱雪琴《东风绝对压西风》《思想插上大红旗》《游水冲出山》《岳母刺字》，徐丽仙《黛玉焚稿》《黛玉葬花》《千朵桃花一树生》《双珠凤·都是你三从四德害死人》《祭夫》等。

三、戏曲音乐录音资料

戏曲音乐录音资料涉及全国的七十多个剧种，主要有白剧、楚剧、川剧、大弦戏、赣剧、歌仔戏、汉剧、河北梆子、河南曲剧、淮剧、黄梅戏、京剧、昆剧、陇剧、眉户调、闽剧、木偶戏、睦剧、评剧、秦腔、上党宫调、耍孩儿、丝弦戏、同州梆子、婺剧、土地戏、新昌高腔、宜黄戏、豫剧、越调、越剧、粤剧、藏剧、云南花灯、壮剧等，其中不乏已故著名艺术家演唱的经典唱段，有的甚至是其生前未公开发行的录音资料。

如黄梅戏有严凤英演唱的《打猪草》《春香传》《江姐》《蓝桥汲水》《牛郎织女·架上累累悬瓜果》《牛郎织女·空守云房无岁月》《牛郎织女·三年日月浓如酒》《女驸马·帽插宫花》《女驸马·永世不忘你的恩》《天仙配·大哥休要泪淋淋》《天仙配·董郎面前匆匆走》《天仙配·天上人

间心一条》。

如京剧有梅兰芳《霸王别姬》《贵妃醉酒》《抗金兵》《打渔杀家》《凤还巢》《宇宙锋》《穆桂英挂帅》，程砚秋《碧玉簪》《窦娥冤》《荒山泪》《锁麟囊》《朱痕记》，荀慧生《红楼二尤》《红娘》《霍小玉》《金玉奴》《荀灌娘》，周信芳《法门寺·二堂舍子》《扫松》《萧何月下追韩信》《徐策跑城》，谭富英《打渔杀家》《八大锤》《洪羊洞》《击鼓骂曹》《将相和》《空城计》《南阳关》《桑园寄子》《捉放曹》，余叔岩《打侄上坟》《卖马耍锏》《乌龙院》《搜孤救孤》《鱼肠剑》，裘盛戎《刺王僚》《断密涧》。

如昆剧有俞粟庐《八阳》《长生殿·赐盒》《长生殿·定情》《长生殿·哭像》《邯郸梦·仙园》《琵琶记·辞朝》《千钟禄·八阳》《西厢记·佳期》《西楼记·折书》，俞平伯《长生殿·密誓》《邯郸梦·扫花》，傅雪漪《长生殿·弹词》《粉蝶儿》《红绣鞋》《金貂记·钓鱼》，高步云《长生殿·赐盒》《长生殿·惊变》《长生殿·酒楼》《长生殿·埋玉》《长生殿·闻铃》《玉簪记·问病》《玉簪记·偷诗》《玉簪记·阻约》，杨荫浏《邯郸梦·云阳》《金锁记·斩窦》《寻亲记·出罪》，曹安和《长生殿·絮阁》《窦娥冤·斩窦》《铁冠图·刺虎》《寻亲记·出罪》《游园》《紫钗记·折柳》等。

四、民间器乐录音资料

中华人民共和国成立初，民间器乐录音资料的采集即被提上议事日程。音乐界前辈奔赴各地采访，并取得丰硕的成果。如杨荫浏先生等采集到“十番锣鼓”大曲和阿炳本人演奏的六首二胡、琵琶曲；以查阜西先生为首的调查小组在短短的两个月中采访了20个城市的百余位琴家，录制长达1500分钟音响资料。据不完全统计，当时参与录音的有管平湖、查阜西、龙琴舫、顾梅羹、姚炳炎、程午嘉、吴景略、喻绍泽、夏一峰、招雪庵、溥雪斋、俞伯荪等数十位老一辈琴家，他们演奏的《高山》《关山月》《广陵散》《胡笳十八拍》《流水》《梅花三弄》《普庵咒》《水仙操》《潇湘水云》《渔樵问答》《醉渔唱晚》《平沙落雁》等名曲，已成为弥足可珍的录音文献。由于琴谱记谱的不确定性，同一个文本经不同琴家打谱后往往出现相异的演奏版本。如《平沙落雁》就有俞伯荪、杨葆元、吴兆基、姚炳炎、管平湖、夏一峰、张子谦、李祥霆、陈长龄、向笙阶、徐晓英、刘正春、乐英、詹征秋、程午嘉、陈尧庭、陈心园、范文远、李达迟、马祝眉、沈草家、吴兰荪、吴仁甫、关仲航、韩伯享、黄渔仙、黄松涛、计钟山、金致祺、刘少椿、王生香、刘景韶、杨清如、周吉荪、张宝亭、招鉴芬、郭同甫、顾梅羹、桂百铸、杨乾斋、杨贤洁、张瞬臣、周兆颐、王永昌、谢孝萍、汪孟舒等近50位古琴演奏家的不同录音版本。研究者在使用这些录音文献时，如能对不同版本进行比照，不仅有助于对琴曲和琴谱的深入研究，而且有助于对不同流派演奏风格的了解。

琵琶曲和二胡曲录音资料也十分丰富。琵琶曲录音的内容相当广泛，有《霸王卸甲》《汉宫秋月》《十面埋伏》《海青拿天鹅》等出自《养正轩琵琶谱》《敦煌曲谱》《瀛洲古调》等古谱中的曲目，有《闺中怨》《倒垂帘》《龙船》《大浪淘沙》等来源于民间的创作，还有《草原小姐妹》《改进操》《狼牙山五壮士》等专业创作曲目。阿炳、卫仲乐、白风岩、刘德海、林石城等人的录音尤具文献价值。二胡曲录音以创作作品为主，有《悲歌》《病中吟》《烛影摇红》《光明行》《独弦操》《汉宫秋月》《空山鸟语》《江河水》《良宵》《三宝佛》《三门峡随想曲》《秦腔主题随想曲》《兰花花叙事曲》《长城随想》等，其中阿炳本人演奏的《二泉映月》《听松》等曲已成绝世音响。

此外，板鼓、板胡、大筒、笛呐、笛子、高胡、鼓、管子、海螺、含箫、喉管、京胡、柳琴、闷笛、阮、三弦、泌胡、唢呐、洞箫、扬琴、筝等汉族乐器和艾介克、巴乌、达普、波伯、大正琴、冬不尔、冬不拉、侗族唢呐、都它尔、嘟噜、独弦胡琴、独弦琴、短箫、哦比、二黄、根卡、哈密艾介克、胡西它尔、卡龙、考姆兹、口弦、库布孜、拉祜小三弦、勒胡、勒浪、科拉罗、傈僳琵琶、鹰骨笛、芦管、芦笙、马布、马骨胡、马头琴、苗族唢呐、纳西胡琴、纳西琵琶、牛角号、扎年、热瓦甫、锐左、萨它尔、斯布斯额、它石、太平箫、弹布尔、铜鼓、吐良等少数民族乐器均有数量不等的独奏曲录音资料。限于篇幅，就不一一介绍了。

和独奏曲一样，民间器乐合奏曲如山西八音会、北方弦索乐、湖南草锣鼓、潮州音乐、北京吵子音乐、广东佛山十番、广东汉乐、广东音乐、冀中吹歌、江南丝竹、辽宁吹鼓乐、闽南十音、闽西十班、山东鼓吹、苏南十番鼓、苏南十番锣鼓、土家族打溜子、皖北番子锣鼓、邯郸永年吹歌等乐种也一直是采录的主要对象。部分乐种如广东音乐、江南丝竹因深受群众的广泛喜爱，其录音不断再版，跨出了原来的流传区域，面向全国发行。

五、宗教音乐录音资料

宗教音乐录音资料采集得较齐全的有山西五台山寺庙音乐、湖南宗教音乐、北京智化寺音乐、苏州道乐等。兹节录部分代表性的录音资料如下：

五台山寺庙音乐录音：黄庙音乐有《拜金门》《棒错吴莲》《褚面大卫》《穿石子》《大八板》《点动一勒面》《叠断桥》《乾枝梅》《革达落吉》《各旦嘛》《国公达旦》《过沙湖》《合字翠黄花》《合字爬山虎》《加贯智仲》《加卫金库》《接太阳》《苦伶叮》《六字真言》《嘛呢》《脑助简比》《千声佛》《乔尼喇嘛》《山坡羊》《散八音》《上字翠黄花》《申措达巴》《水龙吟》《西方赞》；青庙音乐有《翠黄花》《大乘经》《大开门》《方便偈》《工字月儿高》《华严会》《进兰房》《哭灵堂》《快五方结界》《秘魔岩》《爬山虎》《普庵咒》《千声佛》《三皈赞》《散八音》《上经台》《十二层楼》《梳妆台》《四字月儿高》《推碌轴》《万年花》《月儿高》；佛乐焰口有《逼荔真言》《叁礼条》《长行》《皈依西方》《河息》《稽首皈依》《铃杵真言》《六句赞》《念打七声九声》《五方结界》《志心信礼》。

湖南宗教音乐录音：道教音乐有《别龙楼》《步虚诸天》《荡秽咒（水赞）》《道君令》《海河腔》《救苦（梅花引）》《莲花闹》《三皈依（三宝）》《三清宫（赞腔）》《玉林鼓》；佛教音乐有《薛荔多文》《忏悔偈》《唱礼佛号》《承斯善利偈》《大净土文》《跌落金钱》《梵呗（三言偈）》《奉献偈》《观音文（吟）》《回向偈》《稽首皈依圆通教主》《净三业偈》《浪淘沙》《老叹骷髅》《六句书赞（引磬板）》《庞眉老》《启白偈》《青山偈》《清净法身佛》《劝发十愿》《三宝赞》《散仙花》《四五言混合偈》《望江南》《五更歌》《赞佛偈》；祭孔音乐有《御馔昌和之章》《初献雍和之章》《送神德和之章》《亚献熙和之章》《迎神昭和之章》等。

智化寺京音乐录音：《春夏秋冬尾小回回（小哨正调）》《垂四调》《粉蝶儿出六条》《撼动山（背调）》《好事近》《华严会（大哨背调）》《寄生

草（大哨正调）》《金五山》《金字经（皆调）》《锦堂月》《开坛钹》《料峭（小哨正调）》《梅花引》《拿天鹅》《千秋岁》《清江引》《清音（单皮乐）》《山荆子》《水晶宫》《送仙人》《五声佛》《逍遥殿（月调）》《小华严》《雁过南楼》《夜行船》。

苏州道乐录音：《百花园》《步步高》《发擂吹打》《骂玉郎》《散花偈》《太极宫》《中丰韵》《转简偈》《醉仙戏》。

山东崂山经韵录音：《报恩浩》《步虚》《大赞》《单吊挂》《吊挂》《小赞》《小洞清》。

少数民族宗教音乐录音：锡伯族宗教音乐有《阿当古里》《乌孜亚拉依耶》《依里布拉耶》；藏族道得尔音乐有《巴华尔》《姜怀尔》《喇嘛丹真》《智钦加居》；维吾尔族伊斯兰音乐有《道热阿普》《赛热尔普》《日癸热旦姆》《圣人诞生日》《封斋节的"哟兰"》《封斋经》《割礼经》《喊礼拜》《婚礼经》；回族伊斯兰音乐有《胡特巴》；蒙古族原始宗教音乐有《萨满调》，傣族宗教音乐有《献袈裟》《早晨的念经调》等。

以上部分录音资料已经面向社会公众发行，如由"中国音像大百科"录制的"中国佛教音乐系列"录音带出版了《津沽梵音》《五台山佛乐》《潮州佛乐》《常州天宁寺唱诵》《九华山水陆》《云南佛乐》等一批"原汁原味"的录音资料，颇受国内外学术团体和信众的青睐。

几十年来，中国的磁质音乐文献数量之多，很难做出一个确切的统计。这里尤其值得一提的是，在编纂四部民间音乐集成的工作中，许多工作人员克服种种艰辛，深入到基层采集录音，并按录音记谱。单《中国民间歌曲集成》就收录4万首歌曲，未收录的还有相当数量。这数万首歌曲的录音是学术研究的第一手资料。但由于编纂集成的目的在于出版集成曲谱本，从一开始对录音的运用就未做全盘的规划，以致各地按要求随集成本编纂稿一并将录音带送到各总编辑部后，得不到妥善保管，不少早期送交的录音带已逐渐变形乃至消磁。录音磁带寿命不过数十年，如何保护这批珍贵的录音，防止它们"集成"后再度"散失"，必须引起足够的重视。

第三节　光质音乐文献

光质音乐文献（光盘）采用数字方式记录知识信息，主要由盘基、信息记录层、漆保护层三个部分组成。信息记录层是其核心部分，记录膜采用碲合金材料，发射膜采用铝材料。记录信息时，激光束聚集在记录膜上蚀刻成凹坑；读出信息时，激光束穿过凹坑到达铝反射膜，还原出信息。光盘不仅存储量大，而且由于其通过激光束读写，无须接触，可以最大限度地避免机械磨损，大大地延长其使用年限。

光质音乐文献是电子技术和信息技术高度发展的产物，与蜡质、胶质、磁质文献相比，它的信息承载量更大，具有"高保真"品质。CD、VCD、DVD和各类电子光盘问世以来，受到音乐工作者和群众的广泛喜爱。许多唱片公司借助这种新型的载体将原有的老式唱片和磁带、录像带予以再版，兹从略。本节侧重介绍如何从各类电子光盘和网络上查询音乐文献。

电子文献主要包括数据库和网络信息源两种。随着计算机的普及，数据库产业得到较大的发展。由于信息处理技术的进步，数据库从最早的书目检索，发展成为全文数据库和多媒体数据库。目前许多数据库更是联入因特网，使得信息的查询变得更为迅捷。

一、从数据库中查找相关的音乐文献

中国数据库产业始于20世纪70年代中期，起步虽然较晚，但近年来获得长足的发展各类数据库不断涌现。这些数据库的开发单位（或版权拥有者）在出版光盘的同时在网络上先后建立了各具特点的网站，并且通过这个平台为用户提供主要以数据库产品为主的多种信息资源产品的服务。下面介绍几种含音乐文献较多的大型数据库。

1.《四库全书》电子版

《文渊阁四库全书》电子光盘由香港迪志文化出版有限公司和上海人民出版社合作出版，自1999年起相继推出"原文及标题检索版"（167张光盘）、"原文及全文检索版"（182张光盘）、"原文及全文检索网络版"（183张光盘）等数个版本，以满足不同学术用户和个人的需要。下面以"原文及全文检索版"为例，说明其在检索上的强大功能。

全文检索：通过输入字符串或单字，可检索到《四库全书》近8万卷所有与关键词相匹配的资料。书页还提供“全文文本”与“原文图像”两个阅读接口供对照，以便查证数据。用户亦可复制原文图像及文本，或在原文内容页上撰写个人笔记及添加标点，另“全文版”同时提供打印功能，检索结果、内容页及笔记均可随时打印。

分类检索：可按部、类、属、书名、篇目等分类参考书目进行检索。

书名检索：可按部分或整个书名进行检索。

著者检索：可按著者姓名和朝代，检索到所需书目和原文。

高级检索：可按“与”“或”“非”等条件组织进行检索。

除以上五种主要检索功能外，另附八种“关联字”检索，避免因汉字的不同写法而有所遗漏。还附有电子版《文渊阁四库全书简明目录》《四库大辞典》（吉林大学出版社）、《中华古汉语词典》（上海人民出版社，末附清华大学计算机系研制的单字发音系统）、古今纪年换算、干支公元纪年换算、八卦六十四卦表。

2.《国学宝典》电子版

经过多年的扩展建设，《国学宝典》数据库目前共收入历代典籍六千余种，总字数逾20亿字，近20万卷，基本上涵盖了文史研究领域较重要的文献资料，诸如《乐府诗集》《全唐诗》《全唐文》《全宋词》《元曲》《全金元词》《全金词》等均包含在内，且目前仍以每年1至2亿字的速度扩充数据库内容。数据库对所收文献进行分段整理，施以标点，保留正文前后的序跋和部分图表。古籍中的生僻字通过技术手段进行处理后，可以在专用检索软件中正确显示和查询。数据库中的所有典籍都可以实现全文检索，检索结果可以生成文本打印输出，统计任意字词的出现次数和频率。为了方便使用，还不断完善《国学宝典》网上检索系统，即《国学宝典》网络版（http://www.gxbd.com）。它采用国际通用的unicode汉字编码，字库容量大，扩展性强，可在全球所有网络浏览器上正确显示汉字。

3.《古今图书集成》电子版

清代陈梦雷主持编纂的《古今图书集成》是我国现存规模最大的一部类书，凡10,000卷，1.44亿字，将清代以前的古籍文献资料，按经纬交织的原则分类加以编排。由台湾东吴大学研制开发的《古今图书集成》电子版以故宫博物院典藏的清雍正四年铜活字版为底本。据郑恒雄先生的介绍，该数据库具备以下数种检索功能。

(1) 分类层属的检索：可依原有分类的六大汇编、三十二典及各部的顺序检索。如欲查找有关"台湾"的古文献，可点选方舆汇编之职方典，再依序查找台湾府部，即可查阅全部有关台湾的文献。其下可见有关台湾的汇考、艺文、纪事、杂录等，并有台湾之地图。汇考之下又分目，如：建置沿革、疆域、星野、山川、学校、户口等，大抵可依年代查得史事。标目在左，原文在右，相互对应，颇便省阅。如"学校考"中可查有：台湾府学、西定坊书院、镇北坊书院、弥陀室书院、竹溪书院等。在分类层属的检索过程中，亦即于某一汇编或某一典或某一部之范围内，皆可进行以下标题、布尔检索及图谱之检索。

(2) 标题检索：可就已知的标题进行直接检索，如：知曹植有鼙舞歌《圣皇篇》，可径以"圣皇篇"为检索词，输入后即可获知在经济汇编乐律典乐律总部汇考五，即卷五。如以"曹植"为检索词，则可检得含有曹植之文献371笔，显示检索结果清单，清单中列出与标题有关之汇编、典、部及卷第。点选后则有标题提要与全文之对照。

(3) 布尔检索（Boolean Operation Search）：可经由词汇的and、or、not三者分别进行组合检索。如以"郑和"and"西洋"合为检索词，可检得郑和下西洋之相关文献见于各部者计41笔，显示于检索结果清单；此外系统亦将每部下之汇考、总论、列传、艺文、选句、纪事、杂录等作为选项，可进行缩小范围检索。以"郑和"and"西洋"为例，若再点选"列传"则可缩小范围检得各部纪事中之文献共五笔。

(4) 图谱检索：《古今图书集成》包括古籍中大量的图表，不易检得，经由电子版可窥见全书附图及表谱，举凡乐器、舞器、舟车、服饰均可点选，以收左图右史、左右逢源之效。如欲找"琴""麾"，则径以其图名输入即可检得，或于图表目录中选取。

(5) 全文检索：《古今图书集成》全部字数有1.44亿字，使用本系统皆可输入文中之各字词作为检索词语，进行全文检索。

此外，也可以进行古今地名之对照、特殊字之查询等功能。

二、在因特网上查找相关的音乐文献

随着因特网技术的发展，人类社会已迈入网络化电子信息时代。没有国界和时空限制的数字图书馆悄然兴起，数据库纷纷与网络“联姻”，全文检索技术、多媒体技术和超文本技术的运用使网页具备“图文声像并茂”的功能。不仅各大图书馆可以提供网上文献检索服务，而且许多音乐学院、综合性大学和师范院校音乐系所等研究机构纷纷建立自己的网站。此外，港台地区和国外部分音乐网站也提供中国音乐文献或中国音乐专题研究的信息。

由于各类网站数量众多，良莠不齐，这里只介绍在学术研究中比较常用的几个网络数据库。读者如需参考其他音乐文献，可利用网络搜索工具进行查询，如Yahoo、Google、Sohu、Baidu等都是较好的检索工具。

1. CNKI数字图书馆

CNKI全称China National Knowledge Infrastructure，即中国知识基础设施工程。CNKI工程于1995年正式立项，经过多年努力，目前已建成世界上全文信息量规模最大的“CNKI数字图书馆”，目前正式出版了数十个数据库型电子期刊，以下几个数据库可以找到相当数量的音乐文献。

中国期刊全文数据库（CJFD）是以中国学术期刊电子杂志社编辑出版的《中国学术期刊（光盘版）》全文数据库为核心，目前已收录数千种期刊的全文文献，读者可以检索、浏览、下载和打印文摘索引和全文信息。

中国优秀博/硕士论文全文数据库（CDMD）收录博/硕士论文全文，可以在线阅读和打印论文全文。我国现有音乐学博士点多个，各音乐学院、综合性大学、师范类院校大多设有音乐学硕士点，每年产出相当数量的博硕士论文。优秀博硕士论文的选题新颖，论述系统，见解独到，具有独创性，是了解国内外音乐研究动态的重要信息媒介。但是由于学位论文往往没有马上公开出版，收集与利用比较困难。所以中国优秀博硕士论文全文数据库的建设尤具价值。

中国重要会议论文全文数据库（CPCD）收录我国数百个一级学会、协会和相当的学术机构或团体主持召开的国际性和全国性会议的论文全文。

中国重要报纸全文数据库（CCND）收录2000年6月至今国内公开发行

的重要报纸。

2. 中央音乐学院音乐学研究所网站

该网站由中央音乐学院音乐学研究所主办，网站下设基地简介、基地人员、基地活动、资料库等栏目，其中资料库下属的网上图书馆和研究资料项目包含大量的音乐文献信息。

网上图书馆项目提供马思聪专题数据库、中央音乐学院馆藏音乐理论书全文阅览、中央音乐学院馆藏核心期刊全文阅览、中央音乐学院毕业论文全文阅览、中央音乐学院馆藏钢琴乐谱阅览、超星社科图书全文阅览、中国学术期刊全文数据库、中国优秀博/硕士论文全文数据库、中央音乐学院图书馆网上音视频点播、中央音乐学院学位论文全文阅览、中央音乐学院中国解放新中国成立前音乐期刊全文库、中央音乐学院音乐期刊全文检索阅览、中央音乐学院音乐核心期刊全文阅览、国际音乐期刊索引与全文数据库、中图外文音乐期刊全文阅览、剑桥外文音乐期刊全文阅览等10余项网上服务，但目前绝大多数局限于中央音乐学院校园网内用户使用。

研究资料项目包括学位论文摘要、论文采撷、音乐专家档案、文献参考目录。学位论文摘要收录中央音乐学院、香港中文大学音乐系、台湾大学音乐研究所部分博、硕士学位论文的选题。论文采撷收录音乐史学研究，音乐美学、教育学和心理学研究，音乐欣赏与评论，表演与作曲技术理论，中外民族民间音乐等文章。

3.台湾大学音乐学研究所网站

该网站由台湾大学音乐学研究所主办，下设我们的馆阁、我们的办公桌、我们的成员、我们的作品、我们的节目等栏目。“我们的办公桌”和“我们的作品”中包含大量的音乐文献信息。

“我们的办公桌”下设网络资源项目，提供中国台湾地区和国外音乐系所、图书馆、文教机构、音乐报刊、西洋音乐史、民族音乐学等机构或研究专题的连接，只需用鼠标加以点击即可连接到所需要的网站。从图书情报学角度来看，它为读者提供一份颇具价值的网络文献资源名单。

“我们的作品”下分研究生论文、研究生论坛、文献整理三个栏目。研究生论文收录历届音乐学研究生学位论文选题，如需进一步查询论文内容，可登录台湾大学电子学位论文服务。研究生论坛是刊载研究生学术论文的电子期刊，创刊于2002年3月，每年2期。文献整理由较具价值的书目组成，分新（现代）音乐、宗教音乐、客家民歌、原住民音乐、歌仔戏、福佬民歌与说唱音乐、京剧音乐、现代国乐、北管音乐、南管音乐、昆曲、西方古典音乐、音乐与文学、流行音乐等10余个专题收录研究生学位论文、音乐专著、音乐期刊论文，部分书目之下还附有解题。凡学位论文均注明毕业时间和毕业院校，期刊论文均注明杂志名称和发表时间，专著均注明出版时间和出版社名称。若同时涉及不同研究领域的，在各专题下互现。

主要参考文献

书籍

［西汉］司马迁《史记》，中华书局点校本，1959年版。

［东汉］班固《汉书》，中华书局点校本，1962年版。

［南朝］范晔《后汉书》，中华书局点校本，1965年版。

［三国］陈寿《三国志》，中华书局点校本，1959年版。

［唐］房玄龄等《晋书》，中华书局点校本，1974年版。

［梁］沈约《宋书》，中华书局点校本，1974年版。

［南朝］萧子显《南齐书》，中华书局点校本，1972年版。

［南北朝］魏收《魏书》，中华书局点校本，1973年版。

［唐］魏徵等《隋书》，中华书局点校本，1973年版。

［后晋］刘昫《旧唐书》，中华书局点校本，1975年版。

［北宋］欧阳修等《新唐书》，中华书局点校本，1975年版。

［北宋］薛居正等《旧五代史》，中华书局点校本，1976年版。

［元］脱脱等《宋史》，中华书局点校本，1985年版。

［元］脱脱等《辽史》，中华书局点校本，1974年版。

［元］脱脱等《金史》，中华书局点校本，1975年版。

［明］宋濂等《元史》，中华书局点校本，1976年版。

［清］柯劭忞《新元史》，中国书店影印本，1988年版。

［清］张廷玉等《明史》，中华书局点校本，1974年版。

［清］赵尔巽等《清史稿》，中华书局点校本，1977年版。

［唐］杜佑《通典》，影印上海商务印书馆万有文库本，1935—1937年版。

［宋］郑樵《通志》，影印上海商务印书馆万有文库本，1935—1937年版。

［元］马端临《文献通考》，影印上海商务印书馆万有文库本，1935—1937年版。

［清］张廷玉等《续文献通考》，影印上海商务印书馆万有文库本，1935—1937年版。

[清]嵇璜等《续通典》，影印上海商务印书馆万有文库本，1935—1937年版。

[清]嵇璜等《清通志》，影印上海商务印书馆万有文库本，1935—1937年版。

[清]嵇璜等《清通典》，影印上海商务印书馆万有文库本，1935—1937年版。

[清]嵇璜等《清通志》，影印上海商务印书馆万有文库本，1935—1937年版。

[清]张廷玉等《清文献通考》，影印上海商务印书馆万有文库本，1935—1937年版。

[清]刘锦藻《清朝续文献通考》，影印上海商务印书馆万有文库本，1935—1937年版。

[明]董说《七国考》，中华书局点校本，1956年版。

[清]徐天麟《西汉会要》，上海人民出版社点校本，1977年版。

[清]杨晨《三国会要》，中华书局点校本，1965年版。

[宋]王溥《唐会要》，中华书局铅印本，1955年版。

[清]徐松辑《宋会要辑稿》，中华书局影印本，1957年版。

《大清会典事例》，上海商务印书馆石印本，1908年版。

[唐]虞世南编撰《北堂书钞》，中国书店影印本，1989年版。

[唐]欧阳询等编撰《艺文类聚》，上海古籍出版社点校本，1982年版。

[唐]徐坚等编撰《初学记》，中华书局点校本，1962年版。

[宋]李昉等编撰《太平御览》，影印宋刊本，中华书局1960年版。

[清]陈梦雷等编撰《古今图书集成·乐律典》，影印清武英殿铜活字本，巴蜀书社、中华书局1988年版。

[唐]段安节《乐府杂录》，《中国古典文学参考资料小丛书》第一辑，古典文学出版社1959年版。

[宋]朱长文《琴史》，影印文渊阁《四库全书》本，台湾商务印书馆1986年版。

[北宋]陈旸《乐书》，元至正七年福州路儒学刻明修本，参校光绪年间广东方氏刻本。

[宋]朱熹集注《四书集注》，《朱子全书》点校本，上海古籍出版社、江苏古籍出版社2003年版。

[明]朱载堉撰《乐律全书》，影印万历郑藩刻本，商务印书馆万有文库本，1931年版。

《律吕正义》，影印文渊阁《四库全书》本，台湾商务印书馆1980年版。

[清]马国翰辑 《玉函山房辑佚书》，清光绪九年长沙娜嬛馆刊本。

[南宋]姜夔 《白石道人歌曲》，疆村丛书本。

[南宋]熊朋来 《瑟谱》，文渊阁《四库全书》本，参校清道光丁未刻本。

[明]魏皓编 《魏氏乐谱》，日本明和五年书林芸香堂刻本。

[汉]郑玄注、[唐]贾公彦疏《周礼注疏》，影印阮元校刻《十三经注疏》本，中华书局1980年版。

[汉]郑玄注、[唐]孔颖达疏《礼记正义》，影印阮元校刻《十三经注疏》本，中华书局1980年版。

［战国］吕不韦 《吕氏春秋》，影印浙江书局《二十二子》本，上海古籍出版社1986年版。

［北宋］沈括著、胡道静点校《梦溪笔谈校证》，古典文学出版社点校本，1957年版。

［清］李渔著、单锦珩校点 《闲情偶寄》，浙江古籍出版社点校本，1985年版。

［南朝］释慧皎著、汤用彤校注《高僧传》，中华书局点校本，1992年版。

释跋陀罗译《大方广佛华严经》，《中华大藏经》本。

释实叉难陀译《大方广佛华严经》，《中华大藏经》本。

释般若译《大方广佛华严经》，《中华大藏经》本。

释道世《法苑珠林》，商务印书馆《四部丛刊》本。

佚名《玉音法事》，影印《正统道藏》本，台北艺文印书馆，1977年版。

［元］王吉昌《会真集》，影印《正统道藏》本，台北艺文印书馆，1977年版。

佚名《大明御制玄教乐章》，影印《正统道藏》本，台北艺文印书馆，1977年版。

王光祈《东西乐制之研究》，影印中华书局1936年版，上海书店《民国丛书》第一编，1989年版。

青主《音乐通论》，影印商务印书馆1947年版，上海书店《民国丛书》第一编，1989年版。

丘琼荪校释 《历代乐志律志校释》（第一分册、第二分册），人民音乐出版社1999年版。

丘琼荪《白石道人歌曲通考》，音乐出版社1959年版。

杨荫浏《中国古代音乐史纲》，万叶书店1952年版。

杨荫浏《中国古代音乐史稿》，人民音乐出版社1981年版。

杨荫浏、阴法鲁《宋姜白石创作歌曲研究》，音乐出版社1957年版。

曹安和编《元明散曲留存乐谱乐目》（油印本），中国音乐研究所1964年版。

黄旭东等编《查阜西琴学文萃》，中国美术学院出版社1995年版。

查阜西、吴钊编《琴曲集成》，中华书局，1963年版。

中国艺术研究院音乐研究所编《民族音乐概论》，人民音乐出版社1964年版。

黄翔鹏《传统是一条河流》，人民音乐出版社1990年版。

黄翔鹏《溯流探源——中国传统音乐研究》，人民音乐出版社1993年版。

黄翔鹏主编《中国音乐文物大系》（湖北卷、甘肃卷、陕西卷），大象出版社，1996年版、1998年版、1996年版。

陈万鼐《朱载堉研究》，故宫丛刊版，1992年版。

汪毓和编著《中国近现代音乐史》（第三次修订版），人民音乐出版社2009年版。

吉联抗辑注《古乐书佚文辑注》，人民音乐出版社1990年版。

蔡仲德《中国音乐美学史》，人民音乐出版社2004年版。

蔡仲德注释《中国音乐美学史资料注译》，人民音乐出版社1990年版。

俞人豪《音乐学概论》，人民音乐出版社1997年版。

王耀华、乔建中主编《音乐学概论》，高等教育出版社2005年版。

缪天瑞《律学》，人民音乐出版社1996年版。

王耀华《民族音乐论集》，福建教育出版社1988年版。

〔日〕德丸吉彦著、王耀华等译 《民族音乐学》，福建教育出版社2000年版。

袁静芳《中国汉传佛教音乐文化》，中央民族大学出版社2003年版。

乔建中《土地与歌》，山东文艺出版社1998年版。

郑祖襄《中国古代音乐史学概论》，人民音乐出版社1998年版。

王昆吾、何剑平编著《汉文佛经中的音乐史料》，巴蜀书社2001年版。

田青主编《中国宗教音乐》，宗教文化出版社1997年版。

曹本冶、刘红《道乐论》，宗教文化出版社2003年版。

傅利民《斋醮科仪天师神韵》，巴蜀书社2003年版。

蒲亨强《神圣礼乐——正统道教科仪音乐研究》，巴蜀书社2000年版。

李方元《〈宋史·乐志〉研究》，上海音乐学院出版社2004年版。

孙晓辉《两唐书乐志研究》，上海音乐学院出版社2005年版。

王福利《辽金元三史乐志研究》，上海音乐学院出版社2005年版。

赵玉卿《〈乐书要录〉研究》，中央音乐学院出版社2004年版。

牛龙菲《敦煌壁画乐史资料总录与研究》，敦煌文艺出版社1996年版。

王子初《中国音乐考古学》，福建教育出版社2003年版。

童忠良等《中国传统乐学》，福建教育出版社2004年版。

王德埙《中国乐曲考古学理论与实践》，贵州人民出版社1998年版。

中央音乐学院中国音乐研究所编《中国古代音乐史料辑要》，中华书局1962年版。

杨家洛主编《中国音乐史料》，台湾鼎文书局1976年版。

修海林编《中国古代音乐史料集》，北京世界图书出版公司2000年版。

张静蔚编选《中国近代音乐史料汇编》，人民音乐出版社1998年版。

俞玉滋、张援编《中国近现代学校音乐教育文选》，上海教育出版社2000年版。

俞玉滋、张援编《中国近现代美育论文选》，上海教育出版社1999年版。

刘崇德校译《新定九宫大成南北词宫谱校译》(1—8)，天津古籍出版社1998年版。

刘崇德译《碎金词谱今译》，河北大学出版社2000年版。

刘崇德《元杂剧乐谱研究与辑译》，河北教育出版社2003年版。

周维培《曲谱研究》，江苏古籍出版社1999年版。

中国艺术研究院音乐研究所《中国音乐词典》编辑部编：《中国音乐词典》(增订版)，人民音乐出版社2016年版。

中国大百科全书总编辑委员会编《中国大百科全书》(音乐舞蹈卷)，中国大百科全书出版社1989年版。

中国艺术研究院音乐研究所资料室编《中国音乐书谱志》(先秦—1949年音乐书谱全目)，人民音乐出版社1994年版。

陈建华、陈洁编《中国音乐理论书目大全》（1949—1999），上海音乐出版社2003年版。

中国艺术研究院音乐研究所资料室编《中国音乐期刊篇目汇录（1906—1949）》，文化艺术出版社1990年版。

李文如编《二十世纪中国音乐期刊篇目汇编》，文化艺术出版社2005年版。

郭小林、胡扬吉编著：《音乐文献学与音乐文献检索》，四川文艺出版社2002年版。

李纪有等编《图书馆专业基本科目名词简释》，书目文献出版社1984年版。

张蕴珊等编《英汉图书馆学词典》，商务印书馆1982年版。

周继良主编《图书分类学》，武汉大学出版社1989年版。

张舜徽《中国文献学》，中州书画社1982年版。

赵国璋、潘树广主编《文献学辞典》，江西教育出版社1991年版。

倪波、张志强主编《文献学导论》，贵州科技出版社2000年版。

杜泽逊《文献学概要》，中华书局2001年版。

张三夕主编《中国古典文献学》，华中师范大学出版社2003年版。

姚名达《中国目录学史》，上海古籍出版社2002年版。

来新夏《古典目录学》，中华书局1991年版。

［清］永瑢等《四库全书总目》，影印浙江翻刻武英殿本，中华书局1965年版。

余嘉锡《四库提要辨证》，中华书局1980年版。

余嘉锡《目录学发微》，中国人民大学出版社2004年版。

胡玉缙、王欣夫辑《四库全书总目提要补正》，中华书局1964年版。

高路明《古籍目录与中国古代学术研究》，江苏古籍出版社1997年版。

严绍璗《汉籍在日本的流布研究》，江苏古籍出版社1992年版。

张舜徽主编《中国史学名著题解》，中国青年出版社1984年版。

上海图书馆编《中国丛书综录》，中华书局1959—1962年版。

戴南海《版本学概论》，巴蜀书社1989年版。

毛春翔《古书版本常谈》，上海人民出版社1977年版。

李致忠《古书版本学概论》，书目文献出版社1990年版。

王明根、吴浩坤《文史工具书的源流和使用》，上海人民出版社1980年版。

程千帆、徐有富《校雠广义》，齐鲁书社1991年版。

张舜徽《广校雠略》，中华书局1963年版。

陈垣《校勘学释例》，中华书局1959年版。

陈垣《史讳举例》，科学文献出版社1958年版。

许慎著、段玉裁注《说文解字注》，上海古籍出版社1981年版。

王小盾《中国音乐文献学初阶》，北京大学出版社2014年版。

王小盾《隋唐音乐及其周边》，上海音乐学院出版社2012年版。

论文

赵沨《中国音乐史文献资料要目引览》,《音乐研究》1984年第4期。

许勇三《音乐文献之我见》,《音乐学习与研究》1985年第1期。

王小盾《音乐文献学和中国音乐学的学科建设》《黄钟》,1989年第4期。

郭林《论音乐文献学》,《音乐探索》1990年第3期。

郭林《中国古代音乐文献述要》,《四川图书馆学报》1990年第5期。

冯洁轩、秦序《中国音乐(古代部分)文献学建设》,《中国音乐年鉴》1991年。

郭旗《音乐文献的特征》,《星海音乐学院学报》1997年第3期。

赵玉卿、郑莲《古典音乐文献学漫谈》,《交响》1998年第4期。

冯文慈《中国古代音乐文献目录概要》(上、下)《中央音乐学院学报》2000年第3、4期。

邓琪《现代信息技术对音乐文献和音乐文献工作的影响》,《音乐探索》2001年第3期。

宋显彪《数字音乐文献信息的获取》,《音乐探索》2002年第3期。

孙国忠《音乐文献导论》,《音乐研究》2003年第2期。

单亚莉《1985年以来我国音乐文献学研究综述》,《交响》2003年第2期。

杨和平《当代音乐学中音乐文献史料的整理与研究》,《南京艺术学院学报》(音乐及表演版)2003年第1期。

孙晓辉《音乐文献学的古典与现代》,《黄钟》2004年第2期。

吉联抗《琴操考异》,《音乐研究》1982年第2期。

齐从容《唐代音乐史书记略:段安节和他的〈乐府杂录〉》,《音乐探索》1991年第1期。

张前《〈魏氏乐谱〉与明代的中日音乐交流》,《中央音乐学院学报》1998年第1期。

尚红《〈吕氏春秋·古乐篇〉中的音乐史料研究》,《星海音乐学院学报》1998年第1期。

邱星《集诸史之精粹 开乐典之先河》,《黄钟》1998年第4期。

苗建华《陈旸〈乐书〉的历史介值》,《中国音乐》1999年第4期。

王小盾、喻意志《中国音乐文献学:以杨荫浏为枢纽的两个时期》,《中国音乐学》2000年第3期。

尚红《〈文献通考·乐考〉述评》,《星海音乐学院学报》2000年第9期。

田青《沈约及其〈宋书·乐志〉》,《中国音乐学》2001年第1期。

赵玉卿《〈乐书要录〉的留存情况考证》,《交响》2001年第1期。

郑祖襄《"增其事、省其文",难免疏漏:〈新唐书·礼乐志〉若干记载讨论》,《音乐研究》2001年第4期。

孙晓辉《〈旧唐书·音乐志〉的史料来源》,《音乐研究》2002年第3期。

王福利《从辽金元三史的编纂看其乐志的史料来源》,《黄钟》2002年第4期。

李方元《我国正史〈乐志〉书写的形成与其音乐实践基础》,《黄钟》2003年第3期。

孙晓辉《〈新唐书·礼乐志〉的史料来源》,《中国音乐学》2003年第4期。

汪毓和《中国近现代音乐文献总述》,《中国音乐》2005年第1期。

曹安和《〈弦索十三套〉派生出来的几种伪乐谱》,《文艺研究》1981年第4期。

田青《佛教音乐的华化》,《世界宗教研究》1985年第3期。

钱仁康《〈魏氏乐谱〉考析》,《音乐艺术》1989年第4期。

张前《〈魏氏乐谱〉与明代的中日音乐交流》,《中央音乐学院学报》1998年第1期。

徐元勇《〈魏氏乐谱〉研究》,《中国音乐学》2001年第1期。

习毅《〈魏氏乐谱〉考析》,《文艺研究》2003年第2期。

张淑珍《中国录音制品出版事八十年(1908—1987)》,《中国音乐学》1994年第1期。

后　记

《中国音乐文献学》在丛书主编王耀华教授的支持和指导下，经过近一年的"昼夜兼程"，终于交出初稿。

按照原计划的分工，方宝璋承担并完成第三章音乐文献的版本与校勘，第四章二十六史乐志、律志和艺文志中的音乐文献，第五章会要会典中的音乐文献，第六章《十通》中的音乐文献，第七章类书中的音乐文献，第八章古代音乐著作，第九章古代著述中的音乐篇章，第十章近现代音乐著作，第十三章佛教道教音乐文献，第十四章使用与音乐学相关的工具书等十章近三十万字的撰写。郑俊晖承担并完成第一章绪论，第二章音乐文献的目录，第十一章乐谱类文献，第十二章报刊类音乐文献，第十五章机读型音乐文献等五章共十二万字的撰写。撰写中，二位作者既分工又合作，互相审阅了对方的初稿，并提出修改意见，最后由方宝璋统一定稿。

顾名思义，中国音乐文献学的研究必定要涉及浩如烟海的各种文献，但二位作者所能利用的福建省图书馆、江西省图书馆、福建师范大学图书馆、江西财经大学图书馆都远远不能满足查阅相关文献的全部需要。有好多书，即使查到书目，由于各种原因也无法借阅其最佳版本。在十分有限的时间和经费条件下，我们难以到全国各大图书馆访书，只好求其次，甚至只能借阅比较易得的文渊阁《四库全书》影印本。自然，也无法进行各种版本的考辨鉴别。

据作者所知，我国至今才出版过一部音乐文献学著作，因此，在撰写此书时几乎没有什么可资参考的同类著作。我们在体例上做了尝试，前三章总论中国音乐文献学、音乐文献目录、版本与校勘，然后分章论述各种类型的音乐文献。在分章论述各种类型音乐文献时，我们采用点面结合的方法，先概述总的情况，然后再举例阐述。面上的概述，旨在让初学者对中国音乐文献总貌有一大致的了解，掌握中国音乐文献的类型和数量，便于检索；而点上的阐述，则让初学者对各种音乐文献的编纂体例、内容有一初步具体的接触，便于他们举一反三，进行查阅。在资料的引用上，我们尽可能采用第一手资料，小部分引用第二手资料的也尽量核对其原始资料。但是，这里必须特别说明的是，拙著所介绍的大部分古代类书、典章制度之书等，其所辑录的材料往往与原始出处在文字上不大一样，甚至有不少讹误。由于类书、典章制度之书篇幅过于庞大，且大部分未经点校，如要全部查对原始资料，并加考辨校订，需花费大量时间，并有相当难度。限于时间和学识，作者目前还不可能一一做到。如读者要参考引用其中的内容，请务必查核其原始出处。另外，我们在引用史料时，常常发现某条史料不同版本记载不一，各有正误。因此，有时一条史料是参考了几种版本。还有一些史料虽然主要是参阅了今人的点校本，但我们对断句、标点也时有改动。限于篇幅与体例，上述引用与改动不予注释中说明或讨论。

拙著以言必有据、有几分事实说几分话为指导思想。但由于时间仓促，加上学识所限，书中疏漏错误之处在所难免。恳请各位专家、读者不吝赐教，以期日后渐臻完善。音乐文献学在中国还是一门起步不久的学科，如能为其建设略尽绵薄之力，作者也就聊以自慰了。

拙著在撰写过程中，曾得到诸位师友的热情帮助。丛书主编王耀华教授是蜚声海内外的著名民族音乐学专家，为人谦和，热情宽厚。有幸承蒙他的信任，把编撰拙著的重担交给我们；在撰写中又得到他的悉心指导，并慷慨借阅珍藏的大量资料。在查阅资料的过程中，福建师范大学图书馆林金容、陈碧如、林建华和音乐学院资料室陈丹阳、林云珍，江西财经大学图书馆胡荣、周红卫等多位老师给予诸多的帮助。在此，谨向各位致以深深的谢意！

值此拙著付梓之际，略书后记如上，谨记撰书缘由和过程。

方宝璋
书于莆田学院万贤斋
2019年5月